現代中國
常用漢字 暗記辭典

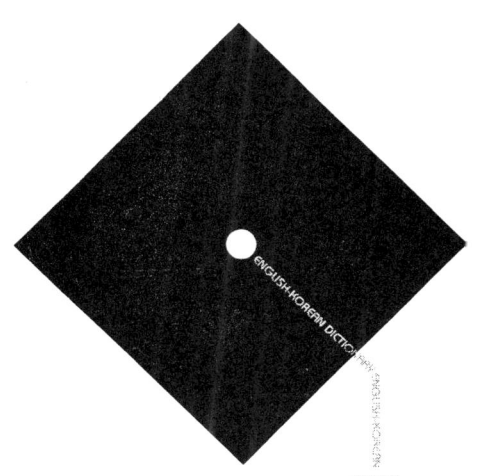

| 머리말 |

지금 세상은 너무나 빠르게 변하고 있습니다.

그 속에서 오늘날 소외되었던 한문의 중요성은 점점 더 우리를 한문 공부를 하지 않을 수 없는 궁지로 몰아 넣고 있습니다. 더욱이 세월이 갈수록 영어의 필요성 못지않게 중국어의 필요성이 강조되고있습니다.

쉽사리 이해할 수 없는 한자 시간은 없고 마음만 조급해집니다. 이러한 독자분의 고민을 풀어드리기 위해 폐사(斃社)에서는 현대감각에 맞게 100% 그림으로 풀이한 **현대 중국 상용 한자 암기 사전**을 출간하였습니다. 이 책이 한문이나 중국어를 배우려는 독자여러분께 큰 도움을 주리라 믿습니다.

아무쪼록 그리되기를 기원하면서 총총 몇자로 머릿말을 대신합니다.

독자 여러분의 건승을 빕니다. 감사합니다.

퀸 출판사 편집부 드림

차 례

머리말	1
차례	2
본문 – 현대 중국상용한자 3500자와	3
본문 – 이에 따른 한자 350자 (계 3850자)	640
판권	640

가

| 
(돼지 시) | 家 家 家 | 家 | jiā 지아
家訓(가훈) 家事(가사)
家屋(가옥) 宗家(종가)
집 가 |

지붕을 덮고 **돼지**를 기르며 사는 곳이 **집**이다

| 
여자의 모양 (계집녀) | 嫁 | jiā 지아
嫁女(가녀)
嫁期(가기)
시집갈 가  |

여자가 남편의 **집**으로 시집가다

| 
벼의 모양 (벼 화) | 稼 | jià 지아
稼器(가기)
稼同(가동)
심을 가  |

벼(모)를 **집** 근처 논에 심다

|  賈 | 賈 | 약 贾 jiǎ 지아
賈船(고선)
영업용의 선박, 화물선
성 가, 값 가, 살 고, 장사 고 |

가방 과 **돈궤**를 놓고 **장사**하다

|  亻
사람이 서 있는 모양 (사람 인) | 價 | 약 价 jià, jiè 지아, 지에
高價(고가) 減價(감가)
株價(주가)
값 가 |

사람이 **장사**할 물건 값

3

가

		kē 커
	可	可決(가결) 可望(가망) 許可(허가) 可觀(가관) **옳을 가**

굽혀인사하며 예물드림은 옳다

		kē 커
 입의 모양 (입구)	呵	呵呵(가가) 呵怒(가노) **꾸짖을 가**

입으로 옳은 짓 하라고 꾸짖다

		kē 커
 싹이 흙위에 돋아나는 모양 (흙토)	坷	坎坷(감가) 길이 험하여 다니기 힘듦 **고생할 가, 길험할 가**

(농사) 흙 일을 하며 옳게 사느라 고생하다

		kē 커
 풀싹이 돋아 나오는 모양 (풀 초)	苛	苛責(가책) 苛虐(가학) **가혹할 가** 

풀을 짓밟듯이 옳은 짓을 구박하니 가혹하다

		gē 꺼
 可 可 굽혀 인사하며 예물드림은 옳다 (옳을 가)	哥	金哥(김가) 朴哥(박가) **성 가, 노래할 가, 형(님) 가** 

모든 분이 옳고 옳아 모든 성씨가 노래하다

	(옳을 가)	gē 꺼
 哥欠 歌 (입크게벌릴 흠)	歌	歌客(가객) 歌曲(가곡) 歌謠(가요) **노래 가**

옳다 옳다 좋다 하며 입을 벌리고 노래하네

 叚	jiǎ 지아 **빌릴 가(빌리다)**	가
잠근 것을 열려고 **열쇠**나 **고리**를 뽑을 **집게**를 **빌리다**		
 사람이 섰는 모양 (사람 인)	jiǎ, jià 지아 假令(가령) 假設(가설) 假裝(가장) 假稱(가칭) **거짓 가, 빌 가**	
사람이 **빌린**것을 주지 않고 **거짓말**을 하다		
☼ ⊖ ⊖ 日 해의 모양(해가 떠서 새날이 온다는 뜻) (해 일, 날 일)	暇 xiá 시아 公暇(공가) 餘暇(여가) **여가(겨를) 가**	
직장에서 쉬는 **날**을 **빌리어** 얻은 게 여가(겨를)이다		
 (사람 인) (영토 규)	佳 jiā 지아 佳實(가실) 佳約(가약) **아름다울 가**	
사람이 **영토**를 관광하니 **아름답다**		
사거리의 모양 (영토 규) (다닐 행)  街 街	街 jiē 지에 街道(가도) 街上(가상) 街路樹(가로수) **거리 가**	
다니기 좋게 **영토** 위에 만들어 놓은 게 **길(거리)**다		
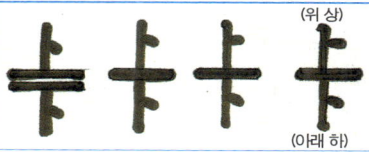 (위 상) (아래 하)	卡 kǎ 카 卡路里(카로리) 칼로리(cal) 卡片(가편)=카드 (위에서 아래로 긁으며 지불하는게 카드다) **음역자 가, 기침할 가**	
위 아래로 다니며 **기침하다**		

가

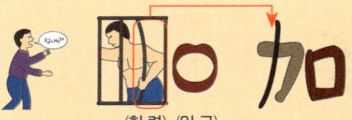 (힘 력) (입 구)	加	jiā 지아 加盟(가맹) 加重(가중) 加入(가입) 加害(가해) **더할 가**

힘을 내라고 입으로 응원하며 사기를 더하다

  나무의 모양 (나무 목)	架	jià 지아 戟架(극가) 架空(가공) **시렁 가** 

벽에 더하여 나무를 걸쳐 놓은 게 시렁이다

 말의 모양 (말 마)	駕	약 驾 jià 지아 駕士(가사) 駕御(가어) **수레 가, 멍에 가** 

목과 등에 더하여 말에 씌운 게 멍에다

 북의 모양 (북 고)	嘉	jiā 쟈 嘉客(가객) 嘉慶(가경) 嘉樂(가악) **기쁠, 아름다울 가**

북을 쳐 흥을 더하여 주니 기쁘다

 입의 모양 (입 구)	咖	kā, gā 카, 가 咖喱(가리) 카레 **음역자 가**

입맛을 더하여 주는 게 카레다

	茄	giè, jiā 치에, 쟈 茄克(가극) 재킷(jacket) **가지 가, 연줄기 가**

(가지포기)풀에 더하여 열리는 게 가지다

 木 木 木 나무의 모양 (나무 목)	枷	jiā 지아 枷鎖(가쇄) 죄인의 목에 씌우는 칼과 발에 채우는 쇠사슬 **도리깨 가, 항쇄 가**

나무를 몸에 **더하여** 고충을 주는게 **항쇄**다

 角 角 角 | 角 | jiǎo, jué 지아오, 쥐에
角度(각도) 牛角(우각)
角逐(각축) 頭角(두각)
뿔 각

코뿔소의 **뿔**을 본뜬 글자

 却 却
(갈 거) | 却 | què 취에
却說(각설) 却下(각하)
棄却(기각) 冷却(냉각)
물리칠 각

가서 몽둥이 든 자를 **물리치다**

  月 月 月
몸통 부분인 갈비뼈의 모양 (몸 육, 고기 육) | 脚 | jiǎo, jué 지아오, 쥐에
脚本(각본)
脚色(각색)
다리 각

몸을 **물리치는**(물러나게 하는) 것이 **다리**다

 刻 刻
(돼지 해)(선칼 도) | 刻 | kè, kě 커, 커
深刻(심각)
板刻(판각)
새길 각

돼지의 모형을 **칼**로 **새기다**

 覺 覺
(덮을 멱)
(볼 견) | 覺 | 약 觉 jué, jiào 쥐에, 지아오
覺書(각서) 知覺(지각)
覺醒(각성) 感覺(감각)
깨달을 각

손에 **필기구**를 들고 무식으로 **뒤덮인** 자가 사물을 **보고 깨닫다**

각
간

gè, gě 꺼, 거

各各(각각)　各自(각자)
各界(각계)　各處(각처)
각각 각

천천히 걸어서 장애물을 각각 넘다

gē, gā, gé 꺼, 까, 거

胳肢(각지)
간지럽히다, 간절이다.
겨드랑이 각

몸통 좌우에 각각 떨어져 있는 게 겨드랑이각다

약 阁 gǎo, gé 가오, 거

巨閣(거각)
高閣(고각)
누각 각, 집 각, 문설주 각

문에 각각 나 있는 게 집의 문설주다

(문 문)

약 搁 gē, gé 꺼, 거

擱坐(각좌)
배가 좌초(坐礁)함
놓을 각

손으로 집에 문을 각각 놓다

(선비 사)

약 壳 qiào, ké 치아오, 커

地殼(지각)
皮殼(피각)
껍질 각

고리를 만들려고
(칠, 두들길 수)   (칠, 두들길 수)

선비가 꺼피가 덮힌 한 나무등걸을 두들겨 껍질을 벗기다

붓 잡은 손 = (손 수)

(눈 목)

kàn 칸

看過(간과)　看板(간판)
看守(간수)　看做(간주)
볼 간

(햇볕을 가리려고) 손을 눈 위에 얹고 보다

	艮	gèn 껀 艮方(간방) 艮止(간지) 艮峴(간현) **멈출 간, 괘이름 간**

정미기에 벼를 붓지 않으면 쌀 나오는 것이 **멈추다**

  (맹수 치) 싹이 흙위에 돋아나는 모양 (**흙 토**)		**약** 垦 kěn 컨 墾發(간발) 新墾(신간) **개간할 간** 

맹수가 **멈추어**서서 **땅굴**을 파듯 **개간하다**

   (맹수 치) 젖가슴의 모양 (**마음 심**)		**약** 恳 kěn 컨 懇惻(간측) 瀝懇(역간) 懇求(간구) 懇切(간절) **간절할 간, 정성 간**

맹수가 **멈추어**서서 먹고 싶은 **마음**이 **간절하다**

   연장통을 이고 진흙속을 헤매는 모양(**진흙 근**)	艱	**약** 艰 jiān 지엔 艱難(간난) 艱辛(간신) **어려울 간** 

(통을) **진흙**에서 이고 **멈추어** 있으니 나가기가 **어려웁다**

(분별할 간) 	柬	jiān 지엔 柬帖(간첩) 쪽지 편지 **분별할 간, 편지 간**

나무를 **눈**으로 **분별하다**

 (분별할 간)    나무를 눈으로 분별하다 (**손 수**)(**분별할 간**)	揀	**약** 拣 jiǎn 지엔 揀選(간선) 揀擇(간택) 分揀(분간) 選揀(선간) **가릴 간**

손으로 좋고 나쁜 걸 **분별**해 **가리다**

간

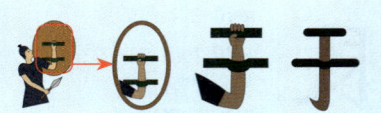

干

gàn 깐
干戈(간과)　干支(간지)
干城(간성)　干拓(간척)
방패 간, 줄기 간

방패를 잡고 있는 모양

칼을 세워 놓은 모양(선칼도, 칼도)

刊

kān 칸
月刊(월간)
停刊(정간)
책 펴낼 간

방패같은 판에 칼로 글을 새겨 책을 펴내다

여자의 모양 (계집 녀)

奸

jiān 지앤
奸巧(간교)　奸黨(간당)
奸婦(간부)　大奸(대간)
간사할 간, 간음할 간

여자가 위기 때 방패로 쓰는 꾀는 간사하다

  月 月
몸통 부분인 갈비뼈의 모양 (몸 육, 고기 육)

肝

gān 깐
肝膽(간담)　肝癌(간암)
肝要(간요)　肝油(간유)
간 간

몸에 들어온 독을 방패같이 막아 분해하는 곳이 간이다

 木　木　木
나무의 모양 (나무 목)

杆

gān 깐
欄杆(난간)
槍杆(창간)
몽둥이 간

나무로 만들어 방패와 맞서는 것이 몽둥이다

대나무 이파리 모양을 본뜬 자 (대 죽)

竿

gān 깐
竿頭(간두)　竿尺(간척)
旗竿(기간)　度竿(도간)
장대 간

대나무로 되어 방패와 맞서는 것이 장대다

(사람 인)  (해돋을 간)		幹 gàn 깐 幹部(간부) 幹事(간사) 骨幹(골간) 根幹(근간) **줄기 간, 재능 간**
초원에 해가 뜨니 사람이 방패 다루는 재능을 익혀 간부가 되다		
 벼의 모양 (벼 화)	秆	gǎn 깐 稻秆(도간) 볏대 **볏짚 간**
벼를 방패 같이 묶어 놓을 게 볏짚이다		
 팔을 휘저으며 달아나는 모양 (달아날 주)	赶	gǎn 깐 赶走(간주) 쫓아내다 **쫓을 간, 달릴 간**
방패를 들고 달아나는 자를 좇다		
 (문 문) (해 / 날 일)		间 jiān 지앤 間食(간식) 間人(간인) 間接(간접) 間或(간혹) **사이 간**
문틈으로 햇빛이 스며 사이로 들어오다		
; 물방울이 떨어지는 모양 (물 수)	澗	涧 jiàn 지앤 冷澗(냉간) 山澗(산간) **산골물 간**
물이 산 사이로 흐르는 것이 산골물이다		
 종이가 없던 옛날에는 대나무 조각을 엮어서 거기다 글을 썼음	簡	简 jiǎn 지앤 簡潔(간결) 簡素(간소) 書簡(서간) 簡略(간략) **편지 간, 간략할 간**
대나무를 엮은 조각 사이에 간략하게 쓴 게 편지다		

간
갈

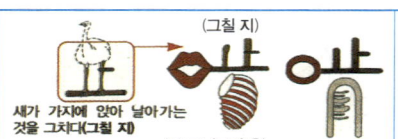

kěn 컨

啃青(간청) 가축이 싹을 먹다.

깨물 간

입으로 뼈에 그치어(붙어)있는 고기를 깨물어 뜯다

hé 허

曷爲(갈위) 어찌하여

그칠 갈, 어찌 갈

날을 잡아 닭목을 칼로 치니 숨이 그치다

풀싹이 돋아 나오는 모양 (풀 초)

gé 꺼

葛藤(갈등) 葛紛(갈분)
細葛(세갈) 虎葛(호갈)

칡(나무) 갈

풀처럼 넝쿨로 생을 그치는 것이 칡(나무)이다

사람이 서 있는 모양 (설 립)

jié 제

竭論(갈론) 貧竭(빈갈)
衰竭(쇠갈) 虛竭(허갈)

다할 갈

서 있는 것을 그치고 쓰러질 만큼 힘이 다하다

옷의 모양 (옷 의)

hè 허

褐博(갈박) 褐夫(갈부)
褐色(갈색) 釋褐(석갈)

갈색 갈, 굵은 베 갈

옷으로 숨이 그친 자에게 입히는 옷이 갈색의 굵은 베옷이다

벌게의 모양 (벌레 충)

xiē 세

蝎子(갈자) 전갈

전갈 갈

벌레로 사막에서 삶을 그친 곤충이 전갈이다

 물방울이 떨어지는 모양 (물 수)	 kě 커 渴求(갈구) 渴望(갈망) 燥渴(조갈) **목마를 갈**

갈 감

물이 나오다 **그치**니 **목 마르다**

 입의 모양 (**입구**)	 hē 허 喝道(갈도) 喝食(갈식) 喝采(갈채) 陰喝(음갈) **꾸짖을 갈**

입으로 일을 **그치**고 쉽 꾸짖다

 선비는 입으로 길한 소리만 한다 (**길할 길**) (선비사) (벼화) (입구)	 jiē 지에 包米秸(포미갈) 옥수숫대 **짚 갈**

벼에서 **길**(요긴)하게 쓰는 게 **짚**이다

  (그릇 명)	약 jiān, jiàn 지엔, 지엔 監督(감독) 監房(감방) 監視(감시) **볼 감, 옥 감** 

신하된 **사람**같이 **평면**이 되게 엎드려 물 **그릇**에 얼굴을 비춰**보다**

 쇠를 다루는 대장간의 모양 (**쇠 금**)	약 jiàn 지엔 監定(감정) 감경하다 **거울 감**

(얼굴을) **볼 수**있게 **쇠**를 윤나게 닦아 만든 게 **거울**이다

 절름발이의 모양 (**절름발이 왕**)	 약 gān 간 尷尬(감개) 난처 어색하다 **어색할 감, 비틀걸음 감**

절름발이의 걷는 꼴이 **보기**에 어**색하다**

감

gān 깐
甘露(감로) 甘食(감식)
甘言(감언) 甘雨(감우)
달 감

컵의 음료수가 **달다**

  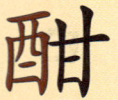

※ 술은 닭이 홰에 오른 저녁에 먹는 음식이라는 데서 술과 닭의 뜻을 가진. 술병을 본뜬 자 (술 유,닭 유)

hān 한
酣睡(감수) 숙면하다
즐길 감

술과 **달콤**한 음식을 먹으며 **즐기다**

   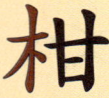

나무의 모양 (나무 목)

gān 깐
蜜柑(밀감)
黃柑(황감)
귤 감

나무 열매로 **단** 맛이 나는 과일이 **귤**이다

(입 크게 벌릴 흠)

qiàn 치앤
嵌花儿(감화인)
꽃모양을 새겨 넣다
새겨 넣을 감, 끼워 넣을 감

산 에서 딴 **단** 과일을 입을 크게 벌리고 **끼워 넣다**

(입 크게 벌릴 흠) 싹이 흙위에 돋아나는 모양 (흙 토)

kǎn 칸
坎子(감자) 두득, 두렁
구덩이 감

흙을 헐떡이며 **입을 크게 벌리고** 퍼올려 만든 게 **구덩이**다

(입 크게 벌릴 흠)   돌 (바위)의 모양 (돌 석)

kǎn 칸
砍刀(감도) 큰 칼
쪼갤 감

돌을 입을 크게 벌리고 헐떡이며 **쪼개다**

컵에 꿀물이 담긴 모양 (달 감)  감싸주는 사람이 짝이다 (짝)	甚	shèn 선 甚急(심급) 甚難(심난) **더욱 심, 심할 심** 
달콤한 사랑을 짝과 함께 하니 쾌락이 **더욱 심하다**		
 싹이 흙위에 돋아나는 모양 (흙 토)	堪	kān 칸 堪輿(감여) 克堪(극감) 難堪(난감) 不堪(불감) **견딜 감**
(흙)땅은 (아무리) **더욱 심한** 충격에도 잘 견디다		
 철창살을 팔로 힘을 써 벌리는 모양 (힘력)	勘	kàn 칸 勘檢(감검) 勘査(감사) **헤아릴 감, 감당할 감** 
더욱 심한 힘을 써 일을 감당하다		
 (귀 이) (두들길 복)	敢	gǎn 깐 敢死(감사) 敢然(감연) 敢行(감행) 敢請(감청) **용감할 감**
못이 귀에 박히듯 꾸짖으며 두들기니 용감하다		
 나무의 모양 (나무 목)	橄	gǎn 깐 橄欖(감람) 감람나무 **감람나무 감**
열대나무 중에 용감하게 잘 자라는 게 감람나무다		
    젖가슴의 모양 (가슴 심, 마음 심)	憨	hān 한 憨笑(감소) 어리석은 웃음, 천진하게 웃다 **어리석을 감**
축첩에 용감하게 마음을 씀은 어리석다		

감

				咸	xián 섄 咸興差使(함흥차사) 咸集(함집) **다 함(모두)**

개를 창으로 때려 잡아 입으로 다먹어치우다

   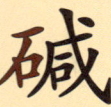 減

jiǎn 지엔
減俸(감봉) 減産(감산)
減員(감원) 減刑(감형)
덜 감

물방울이 떨어지는 모양 (물 수)

물을 다 쏟아(무게를) 덜다

    碱

jiǎn 지엔
碱性(감성) 알카리성
잿물 감

돌 (바위)의 모양 (돌 석)

돌로 알카리성을 다 갈아 잿물로 쓰다

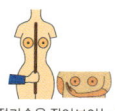   感

gǎn 깐
感覺(감각) 感激(감격)
感想(감상) 多感(다감)
느낄 감

젖가슴의 모양 (마음 심)

다 같은 마음으로 느끼다

  憾

hàn 한
挾憾(협감) 憾怨(감원)
憾悔(감회) 舊憾(구감)
섭섭할 감

젖가슴을 짚어보이는 모양 (가슴 심, 마음 심) (마음 심) (마음 심)

마음 속에 서운함이 다 남아 마음이 섭섭하다

 撼

hàn 한
撼振(감진) 뒤흔들다
撼動(감동) 요동(진동)하다
흔들 감

양손으로 괭이를 잡고 있는 모양 (손 수)

손에 잡고 (모두) 다 한 마음으로 흔들다

16

	甲	jiǎ 지아 甲富(갑부) 甲板(갑판) 還甲(환갑) 回甲(회갑) **갑옷 갑, 으뜸 갑**

갑주를 거꾸로 든 모양. 갑옷은 으뜸가는 전투복이라는 뜻

   상자의 모양 (상자 방)		xiá 샤 鏡匣(경갑) 玉匣(옥갑) **상자 갑**	

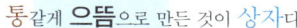

 쇠를 다루는 대장간의 모양 (쇠 금)		약 鉀 jiǎ 지아 貫鉀(관갑) 皮鉀(피갑) 被鉀(피갑) **갑옷 갑**

쇠를 으뜸 되게 다루어 만든 것이 갑이다

  문의 모양을 본뜬 자 (문 문)		약 闸 zhá 자 閘門(갑문) 閘室(갑실) **수문 갑**	

문 중에 견고하게 으뜸으로 만든 것이 수문이다

 (만들 공) (나무 목)		gāng 강 杠梁(강량) 다리, 교량 杠子(강자) 굵은 막대기, 철봉 **다리 강, 깃대 강, 들 강**

나무로 만들어 놓은게 **다리**가(깃대 다)

 (만들 공) (손 수)		gāng 깡 扛擧(강거) 마주 들어올림 **들 강, 마주들 강**

손으로 만들어 놓은 걸 **마주들다**

강

   康	kāng 캉 康衢(강구) 康寧(강녕) 康福(강복) 健康(건강) **편안할 강, 튼튼할 강**
집까지 **손**으로 **물**을 끌어놓고 사니 **편안하다**	
 慷	kāng 캉 慷慨(강개) 慨慷(개강) 1급 **슬플 강, 강개할 강** 
쇠약한 몸에 **마음**만 **편안**하게 먹고 살자니 **슬프다**	
 糠	kāng 캉 糠蝦(강하) 糟糠(조강) **겨 강, 자질할 강**
쌀을 **편안**하게 보호해 주는 것이 **겨**다	
   江 江	jiāng 지앙 江村(강촌) 渡江(도강) **물(강) 강** 
물이 흘러 **만들**어진 것이 **강**이다	
  降 降	jiàng, xiáng 지앙, 시앙 降伏(항복) 昇降(승강) 降雨(강우) 降下(강하) **내릴 강, 항복할 항**
언덕에서 **천천히 걸어** 사다리를 타고 **내려오다**	
弳 强	qiáng, jiàng, qiǎng 치앙, 지앙, 치앙 强軍(강군) 强壓(강압) 富强(부강) 力强(역강) **굳셀 강**
큰 벌레는 (작은 벌레보다) **강하다**	

		약 冈 gāng 강 岡陵(강릉) 岡阜(강부) 福岡(복강) **산등성이 강**
그물같이 **산**을 잇고 있는 게 **산등성이**다		
 산 봉우리의 모양 (메산)		약 岗 gāng 강 花崗岩(화강암) ※岡의 俗字. **언덕 강**
산의 윗부분 **산등성이**도 언덕이다		
 칼을 세워 놓은 모양 (선칼도,칼도)		약 刚 gāng 강 剛健(강건) 剛氣(강기) 剛斷(강단) 剛日(강일) **굳셀 강**
산등성이를 **칼**로 자를 만큼 굳세다		
 실타래의 모양 (실 사)		약 纲 gāng 강 綱要(강요) 政綱(정강) **벼리 강**
실로 **산등성이** 만큼 튼튼하게 꼰 것이 벼리다		
 쇠를 다루는 대장간의 모양 (쇠 금)		약 钢 gāng, gàng 깡, 깡 製鋼(제강) 鐵鋼(철강) 鋼鐵(강철) 鍊鋼(연강) **강철 강**
쇠 중에 **산등성이**처럼 강한 것이 강철이다		
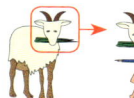 		jiāng 지앙 姜太公(강태공) 姜邯贊(강감찬) **성(姓) 강, 강할 강**
양처럼 착한 **여자**가 정신력이 강한 강씨다		

사람이 섰는 모양 (사람 인)

jiāng 지앙

僵化(강화) 경직되다, 정체하다

쓰러질 강

사람이 밭경계에 쓰러지다

실타래의 모양 (실 사)

jiāng 쟝

繮繩(강승) 말고삐
收繮(수강) 고삐를 조이다

고삐 강

실끈(고삐)를 잡고 밭 경계 안으로 고삐를 당기다

(활궁, 흙 토)

jiang 쟝

疆界(강계) 疆內(강내)
疆吏(강리) 無疆(무강)

지경 강

활로 땅(土)과 밭 사이의 경계 지경을 지키다

(빌 공)
굴을 만드니 속이 비다   (몸 육) (빌 공)

qiāng 치앙

滿腔(만강) 腔子(강자)
腔腸(강장) 空腔(공강)

속빌 강

몸 안에 창자가 비워 놓은 듯 속이 비다

의자의 등받이를 높게
쌓아올린 모양 (쌓을 구)   (말씀 언) (쌓을 구)

약 讲 jiǎng 지앙

講演(강연)
講義(강의)

강론할 강, 욀 강

설명하려고 말을 쌓아서 강론하다

(몸 기) (칠 복)

gǎi 가이

改訂(개정)
改革(개혁)

고칠 개

몸을 쳐서(매질하여) 잘못을 고치다

				개
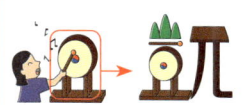 (메 산) (북 고) (책상 궤)	凱	**약** 凯 kǎi 카이 凱歌(개가) 凱康(개강) 凱歸(개귀) 凱風(개풍) **이길 개, 즐길 개**		
산에서 **북채**로 **북**치며 **상** 차려 놓고 **이김**(승전)을 **즐기다**				
 		**약** 岂 qǐ, kǎi 치, 카이 豈敢(기감) 豈不(기불) **어찌 개 / 개가 기** 		
산에서 **북채**로 **북**치는 소리가 나니 **어찌**된 일인가?				
  		jiè, gà 지에, 까 介祉(개지) 介潔(개결) 介意(개의) 介入(개입) **낄 개**		
사람 다리 사이에 **판자**를 **끼고** 있는 모양				
 풀싹이 돋아 나오는 모양 (**풀 초**)		jiē 지에 芥塵(개진) 塵芥(진개) 草芥(초개) 芥屑(개설) **겨자 개, 티끌 개**		
풀에 **끼일** 만큼 작은 것이 **겨자**(티끌)이다				
  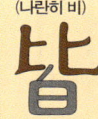(나란히 비) 흰 밥이 담긴 사발의 모양 (**흰 백**) (**흰 백**)		jiē 지에 皆勤(개근) 皆兵(개병) **다 개**		
나란히 앉아 **흰** 밥을 **다** 먹어 치우다				
 양손으로 괭이를 잡고 있는 모양 (**손 수**)		kāi 카이 揩背(개배) 등을 문지르다 揩拭(개식) 닦다, 문지르다 **닦을 개(문지르다, 닦다)**		
손으로 얼룩을 **다** 닦다				

개

(흰 백) (숟가락 비)(목메일 기)

旣 jì 지

이미 기, 다할 지

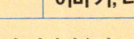

흰밥을 **숟가락**으로 퍼 **목이 메이게 이미** 다 먹어치우다

물방울이 떨어지는 모양 **(물 수)**

漑 gài 까이

漑田(개전) 漑浸(개침)
灌漑(관개) 漑灌(개관)

물댈 개

물을 **이미** 넘치게 **물대다**

나무의 모양 **(나무 목)**

槪 gài 까이

槪觀(개관)
槪念(개념)

대개 개, 평미레 개

 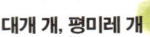

나무로 만들어져 **이미** (말통에) 쌓인 곡식을 밀어낼 때 **대개** 쓰던 것이 **평미레다**

젖가슴을 짚어보이는 모양 **(가슴 심, 마음 심)**

慨 kǎi 카이

慨歎(개탄)
憤慨(분개)

슬퍼할 개, 분개할 개

마음으로 때가 **이미** 지났음을 **슬퍼**하다

방패를 붙여 놓은 모양(평평할 견) (문 문) (평평할 견)

약 开 kāi 카이

開講(개강) 開發(개발)
開設(개설) 開催(개최)

열 개

문을 **평평한 것**을 들고 가려고 **열다**

(풀 초)
(갈 거)
(그릇 명)

약 蓋 gài, gě 까이, 거

蓋車(개차)
覆蓋(복개)

덮을 개

풀잎을 들고 가서 **그릇**을 **덮다**

  돌 (바위)의 모양 (돌 석) (그릇 명) **(갈 거)**	磕	kē 커 磕打(개타) 툭툭 치다 툭툭 털다 **돌 부딪치는 소리 개**

돌 위를 탱크가 **가니 그릇** 깨지듯 **돌 부딪치는 소리**가 나다

   성을 오래된 비석처럼 장기간 쌓았으니 굳다 (굳을 고) (사람 인)(굳을 고)	個	**약** 个 gè, ge 꺼, 거 個當(개당) 個別(개별) 個性(개성) 個體(개체) **낱 개**

사람이 구두쇠같이 **굳으면** 친구가 없어 **낱개**(외톨이)가 된다

 (아래 하) (벌레의 모양)	丐	gài 까이 流丐(유개) 떠돌이 거지 **거지 개, 빌 개**

사람 중에 **하층**에 속하며 **벌레** 같은 인간이 **거지**다

	鈣	**약** 钙 gài 까이 鈣化(개화) 칼슘화하다 **칼슘 개**

금속 영양제로 **거지**에게도 필요한 게 **칼슘**이다

   장애물을 각각 넘다 (집 면) (각각 각)	客	kè 커 客舍(객사) 客室(객실) 客車(객차) 客體(객체) **손 객**

(여관) **집**에 **각각** 찾아온 이가 **손님**이다

  (불 화)  (양 양) (아름다울 미)	羹	gēng 껑 羹湯(갱탕) 羹獻(갱헌) 大羹(대갱) 肉羹(육갱) **국 갱, 미음 갱**

양(羊)을 잡아 **불**때어 맛 **좋**(아름답)게 끓인 게 **미음, 국**이다

gēng, gèng 겡, 껑
更生(갱생) 更新(갱신)
更點(경점)
다시 갱, 고칠 경

실감개를 조여서 **다시 고치다**

싹이 흙위에 돋아나는 모양 (**흙 토**)

gěng 겅
埂子(갱자) (논밭의) 두둑
둑 갱, 두둑 갱

흙으로 다시 쌓은 게 둑(두둑)이다

(**흙 토**)(높을 항)

kēng 컹
煖坑(난갱) 焚坑(분갱)
坑谷(갱곡) 坑口(갱구)
구덩이 갱

흙을 목처럼 높여(亢)야 할 곳이 **구덩이**다

(오랠 고)   (집 시)
 →  居 居
오래된 십자가 비석의 모양 (**오랠 고**)

jū 쥐
居留(거류) 居室(거실)
居住(거주) 居處(거처)
살 거, 앉을 거

집에 오래 앉아 살다

 金 金 金 鋸
쇠를 다루는 대장간의 모양 (**쇠 금**)

약 鋸 jù 쮜
刀鋸(도거) 削鋸(삭거)
톱 거, 자를 거

금속공구로 살집 지을 때 쓰는 게 톱이다

擄 擄 據 據
(범 호)
(손 수)(돼지 시)

약 据 jù, jū 쮜, 쥐
根據(근거)
依據(의거) 證據(증거)
의지할 거, 의거할 거

손(앞발)에 호랑이와 돼지가 먹는 행위를 **의지하다**

거

jù 쮜

巨木(거목) 巨星(거성)
巨額(거액) 巨漢(거한)

클 거

통에 통을 넣고 들어갈 수 있을 만큼 크다

양손으로 괭이를 잡고 있는 모양 (손 수)

jù 쮜

拒否(거부)
抗拒(항거)

막을 거

손을 크게 휘둘러 막다

새가 발목에 번호표를 달고 앉은 모양 (발 족)

jù 쮜

距骨(거골) 距今(거금)
距離(거리) 相距(상거)

떨어질 거

발걸음을 크게 옮기니 거리가 떨어지다

(물 수) 나무의 모양 (나무 목)

qú 취

渠眉(거미)
從渠(종거)

개천 거

물이 크게 흐르게 나무를 심은 곳이 개천이다

장작에 불이 붙어 타는 모양 (불 화)

jù 쮜

火炬(화거) 횃불
炬眼(거안) 사물을 통찰하는 눈

홰 거

불꽃을 크게 올려 홰(횃불)를 밝히다

나무의 모양 (나무 목)

jǔ 쮜

柜柳(거유) 고리버들

느티나무 거

나무 중에 크게 자라는 게 느티나무다

   	車	chē 처 車馬(차마) 車輛(차량) 車庫(차고) 車費(차비) **수레 거(차)**
수레를 세워 놓은 모양		
(더불 여) (더불 여)   손에 손에 스패너를 받쳐들고 더불어 정비에 참여하다 (손 수)		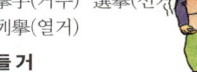 擧 jǔ 쥐 擧手(거수) 選擧(선거) 列擧(열거) **들 거**
(양팔을) 더불어 모으고 손으로 들다		
		qù 취 去勢(거세) 去處(거처) 去就(거취) 除去(제거) **갈 거**
탱크가 가는 모양		
(붓 율) 建 공룡이 꼬리를 끌고 가는 모양 (끝 인, 길게 걸어갈 인)		jiàn 지엔 建功(건공) 建設(건설) 封建(봉건) 再建(재건) **세울 건**
붓으로 써 갈때는 붓대를 세우게 된다		
 사람이 섰는 모양 (사람 인)	健	jiàn 지엔 健忘(건망) 健兒(건아) 健鬪(건투) 健康(건강) **건강할 건, 굳셀 건**
(늙은) 사람이 몸을 곧게 세우고 다니니 건강하다(굳세다)		
金 金 金 金 쇠를 다루는 대장간의 모양 (쇠 금)	鍵	약 鍵 jiàn 지엔 鍵關(건관) 鍵盤(건반) 管鍵(관건) 關鍵(관건) **열쇠 건**
자물쇠 구멍에 쇠로 세워서 여는 것이 열쇠다		

	干	gān 깐 干戈(간과) 干支(간지) 干城(간성) 干拓(간척) **방패 간, 마를 건**
방패를 잡고 있는 모양		
 	巾	jīn 진 巾車(건거) 巾券(건권) 頭巾(두건) 紗巾(사건) **수건 건, 천 건**
옷걸이에 **수건** 같은 **천**이 걸려 있는 모양		
   (사람 인) 초원에 해가 돋아 빛나는 모양 (해돋을 간) (새 을)	乾	qián 첸 乾坤(건곤) 乾期(건기) **마를 건, 하늘 건** 
초원에 해가 뜨니 사람이 새같이 굽혀 하늘이 마르니 구결하다		
 (사람 인)(소 우)	件	jiàn 지엔 件名(건명) 事件(사건) 條件(조건) 立件(입건) **물건 건**
사람에게 **소**는 제일가는 **물건**이다		※옛날에는 사람에게 소가 제일가는 물건(재산) 이었음
	乞	qǐ 치 乞求(걸구) 乞盟(걸맹) 乞食(걸식) 乞人(걸인) **빌 걸**
사람이 새같이 구부려 밥을 빌다		
 	杰	jié 지에 ※ 傑의 俗字. **뛰어날 걸, 호걸 걸**
나무를 불 태우고 진격하니 **뛰어난 호걸**이다		

검

 	僉	약 佥 qiān 치앤 僉德(첨덕) 僉素(첨소) 僉約(첨약) **다 첨**
집안의 **세간**을 사람들이 **모두 다** 옮기다		
 사람이 섰는 모양 (사람 인)	儉	약 俭 jiǎn 지앤 儉素(검소)  儉約(검약) **검소할 검**
사람이 물건을 **모두 다** 닳도록 쓰니 검소하다		
 칼을 세워 놓은 모양 (선칼도,칼도)	劍	약 剑 jiàn 지엔 撿拾(검습) 撿漏(검루) **칼 검**
모두 다 선 **칼도** 검이다		
  양손으로 괭이를 잡고 있는 모양 (손 수)	撿	약 捡 동 検 jiǎn 지앤 檢問(검문)  檢討(검토) **검사할 검**
손을 써 **모두 다** 검사하다		
 몸통 부분인 갈비뼈의 모양 (몸 육, 고기 육)	臉	약 脸 liǎn 리앤 臉波(검파) 愁臉(수검) 玉臉(옥검) 丹臉(단검) **얼굴 검, 뺨 검**
몸 건강 상태가 **모두 다** 나타난 곳이 뺨(얼굴)이다		
  (검을 흑) (이제 금)	黔	qián 치앤 黔沈(검침) 黔首(검수) 黔突(검돌) 黔炭(검탄) **검을 검**
검은 점을 **이제** 찍어 검음을 표하다		

| 겁 |
| 게 |
| 격 |

(갈 거) (갈 거)(힘 력)

jié 지에
劫奪(겁탈) 劫運(겁운)
劫初(겁초) 億劫(억겁)
긴 세월 겁, 위협할 겁

가서 힘으로 긴세월동안 위협하다

(갈 거) (마음심)(갈 거)

qiè 치에
怯弱(겁약) 卑怯(비겁)
怯場(겁장)
겁낼 겁

마음이 가고 (달아나고) 싶을만큼 겁내다

(날 일)

hé 허

그칠 갈

날을 잡아 닭목을 칼로 치니 숨이 그치다

양손으로 괭이를 잡고 있는 모양 (손 수)

jiē 지에
揭示板(게시판)
新聞揭載(신문게재)
높이걸 게, 알릴게

손에 드는 걸 그치고 높이걸어 알리다

천천히 걸어서 장애물을 각각 넘다
(나무 목)(각각 각)
(각각 각)

gé, gē 거, 꺼
格式(격식) 格言(격언)
合格(합격) 格上(격상)
이를 격, 나무뿔을 격

나무가 장애물을 각각 피해 뻗어가다

(수레굴대 끝세)(두들길 수) (수레굴대 끝세)(두들길 수)
(손수) (손수)

약 击 jī 지
擊沈(격침) 擊退(격퇴)
爆擊(폭격) 擊滅(격멸)
칠 격

수레굴대 끝에 덮방쇠를 두들겨 박으려고 손으로 치다

격
견

|  (흰 백) | |  (물수) (두들길 복) |  | 激 | jī 지
激勵(격려)
激情(격정)
격할 격, 부딪칠 격 |  |

물의 흰 파도가 쟁기로 파듯 벼랑을 두들기며 부딪치다

|  지팡이의 모양(언덕 부) (언덕 부) |  지팡이의 모양 (글자 왼에 붙을시) |  (언덕 부) (오지병 격) |  | 隔 | gé 거
間隔(간격) 隔年(격년)
隔意(격의) 隔日(격일)
사이뜰 격 |

언덕위에 오지병이 발 높이 만큼 (땅과) 사이가 뜨다

|  |  |  | 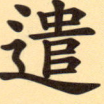 (달릴 착) | 遣 | qiǎn 치엔
黜遣(출견)
派遣(파견)
보낼 견 |  |

엽전을 주고 짐을 달려가는 인편에 보내다

| | | |  수염을 들먹이며 입으로 말하는 모양 (말씀 언) |  | qiǎn 치엔
譴告(견고) 譴怒(견노)
大譴(대견) 微譴(미견)
꾸짖을 견 |

큰소리로 말을 보내어 꾸짖다

|  (입구) | |  (실사) (몸육) |  | juàn 쥐앤
絹絲(견사)
絹織(견직)
비단 견 | |

실을 (누에의) 입과 몸에서 뽑아 짠게 비단이다

|  |  (입구) |  (몸육) (새조) |  | 鵑 | juān 쥐앤
杜鵑(두견) 鵑花(견화)
소쩍(두견)새 견 |

입에 넣을 정도로 몸이 작은 새가 소쩍(두견)새다

		 (풀초) (실사)(천견)(벌레충)		jiān 지앤 繭館(견관) 繭眉(격미) 累繭(누견) 絲繭(사견) **고치 견**

풀같은 뽕잎을 먹고 **천**짜는 **실**을(누에) **벌레**가 토해 만든 집이 **고치다**

				quǎn 취앤 犬馬(견마) 狂犬(광견) 愛犬(애견) 忠犬(충견) **개 견**

목에 방울을 단 개의 모양을 본뜬자

	 (눈목)			약 见 jiàn, xiàn 지앤, 시엔 見聞(견문) 見解(견해) 意見(의견) 異見(이견) **볼 견, 뵈올 현**
		(어진사람인)		

눈으로 사람을 본다는 뜻

집에 달린 외짝문의 모양(지게문 (집) 호) 				jiān 지앤 肩骨(견골) 肩帶(견대) 路肩(노견) 倂肩(병견) **어깨 견**
몸통부분인 갈비뼈의 모양 (몸 육)				

집의 문처럼 몸에서 벌어진 것이 **어깨**다

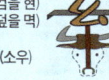	(검을 현) (덮을 멱) (소우)			약 牵 qiān 치엔 牽牛(견우)  牽制(견제) **이끌 견, 끌 견**
나무에 검은 밧줄이 묶인 모양(검을 현)				

검은 등받이를 등에 **덮고**(얹고) 소를 끌다

				약 纤 qiàn 치앤 縴繩(견승) 배를 끌어 당기는 밧줄 **헌솜 견**
		실타래의 모양 (실 사)		

실을 꼬아 **끌고** 가려고 만든 게 **밧줄**이다

	堅 堅 堅 (신하 신) (거듭잡을 우) (흙 토)	堅	坚 jiān 지엔 堅固(견고) 堅實(견실) 中堅(중견) 堅信(견신) **굳을(강할) 견**
신하들이 손을 **거듭잡고 흙(국토)**을 지키니 나라가 **굳고 강하다**			
		夬	guài 꽈이 **터놓을 쾌, 결단할 쾌**
목도리를 **큰사람**이 **터놓은** 모양			
	  물방울이 떨어지는 모양 (물 수)	決	jué 쥐에 決死(결사) 決裁(결재) **끊을 결, 결단할 결** 
물을 **터놓아** 둑을 **끊으려고 결단하다**			
	 질그릇 장군의 모양 (질그릇 부)	缺	quē 취에 缺席(결석) 缺乏(결핍) **이지러질 결** 
질그릇이 **터져 이지러지다**			
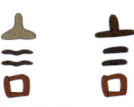 수염을 들먹이며 입으로 말하는 모양 (말씀 언)		訣	jué 쥐에 訣別(결별) 訣要(결요) 永訣(영결) 要訣(요결) **이별 결**
말싸움 끝에 사이가 **터져 이별하다**			
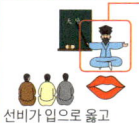  선비가 입으로 옳고 길한 소리만 한다(길할 길) (실 사) (길할 길)			結	 结 jié, jiē 지에, 지에 結果(결과) 結實(결실) **맺을 결**
(청홍색의) **실**을 느리고 **길한** 날을 잡아 인연을 **맺다**			

	(칼도)		潔	약 洁 jié 지에 潔白(결백) 潔癖(결벽) 純潔(순결) 淸潔(청결) **맑을 결**
(물수)		(실사)		
물에다 푸성귀를 칼로 다듬어 실타래같이 맑게 씻다					

				jiān 지엔 兼床(겸상) 兼業(겸업) **겸할 겸, 겹칠 겸** 
벼 두 포기를 손으로 겹쳐(겸하여) 잡고 있는모양을 본뜬자				

				약 謙 qiān 치앤 謙孫(겸손) 謙沖(겸충) 謙讓(겸양) 謙稱(겸칭) **겸손할 겸**
수염을 들먹이며 입으로 말하는 모양 (**말씀 언**)				
말에 예절을 겸하고 있으니 겸손하다				

				약 鎌 lián 리앤 鎌利(겸리) 낫같이 예리함 鎌刃(겸인) 낫의 날 **낫 겸**
 쇠를 다루는 대장간의 모양 (**쇠 금**)				
금속 칼 대신 겸하여 쓰는 게 낫이다				

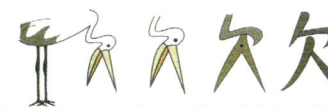				qiàn 치앤 歉然(겸연) 기근 歉饉(겸근) 뜻에 차지 아니한 모양 **흉년들 겸, 탐할 감**
 입을 크게 벌리고 하품하는 모양 (**입 크게 벌릴 흠, 하품 흠**)				
가뭄과 장마가 겸하여 와서 입을 딱 벌릴 정도로 흉년들다				

				qián 치앤 鉗忌(겸기) 질투심이 많음 鉗制(겸제) 자유를 구속 함 **칼 겸, 다물 겸**
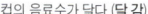 컵의 음료수가 달다 (**달 감**) 쇠를 다루는 대장간의 모양 (**쇠 금**)				
금 붙이와 단 성접대 받고 입을 다물다				

 (사람 인) (절구 구) 양손으로 랭이를 잡고 있는 모양 (손 수)	掐	qiā 챠 掐子(겹자) 움큼, 다발 **할퀼 겹, 딸 겹**
손을 사람이 ⴹ모양 되게 해 할퀴다(따다)		
 (풀초) (두들길 복)	敬	jīng 징 敬虔(경건) 敬老(경로) 敬語(경어) 敬意(경의) **조심할(공경) 경**
풀 속에 닭이 두들겨 맞을까 봐 조심하다		
수염을 들먹이며 입으로 말하는 모양 (말씀 언)	警	jǐng 징 警戒(경계) 警報(경보) **경계할 경** 
조심히 말하며 경계하다		
 (손수) (손수)	擎	qíng 칭 提擎(제경) 擎受(경수) 이어받다, 상속받다 **들 경**
조심히 손으로 들다		
말의 모양 (말 마)	驚	약 惊 jīng 징 驚倒(경도) 驚愕(경악) 驚歎(경탄) 驚異感(경이감) **놀랄 경**
조심성 많은 말은 잘 놀란다		
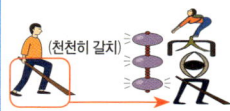 (천천히 갈 치) (구슬옥)(천천히 갈 치)  (사람인)(안내)(눈목)	瓊	약 琼 qióng 츙 瓊館(경관) 瓊玖(경구) 瓊玉(경옥) 紅瓊(홍경) **붉은 옥 경**
구슬을 찾는 사람이 내(內)부까지 눈을 가게 해 붉은 옥을 얻다		

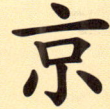

jīng 징

京城(경성) 京鄕(경향)
上京(상경) 東京(동경)

서울 경

많은 사람이 왕래하는 **서울**의 성문을 본 뜬 글자

(물고기의 모양 (고기 어))

약 鯨 jīng 징

鯨魚(경어) 鯨油(경유)
修鯨(수경) 雄鯨(웅경)

고래 경

고기중에 **서울**같이 큰 것이 **고래**다

   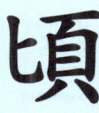

(구부릴 비) (머리 혈)

약 顷 qǐng 칭

我頃(아경) 頃刻(경각)
頃步(경보) 頃歲(경세)

잠깐 경

누구나 **구부리**고 앉을때는 **머리**를 **잠깐** 기울이게 된다

(사람인) (머리혈) (구부릴 비)

약 倾 qīng 칭

傾國(경국) 傾度(경도)
傾向(경향) 傾差(경차)

기울어질 경

(서있던) **사람**이 **구부리**고 앉을시 **머리**가 **기울어진다**

(해일, 날일)

서울의 성문을 본뜬 글자 (서울 경)

jǐng 징

景氣(경기)
風景(풍경)

볕 경

해가 **서울**상공에서 **볕**이 나다

  耕 耕 耕

(쟁기 뢰) (우물 정)

gēng 껑

耕耘(경운) 耕樵(경초)
耕作(경작) 耕地(경지)

밭갈 경

쟁기로 **우물**을 파듯 **밭**을 갈다

35

	(마음 심)	(사슴 록)(갈 치)		약 庆 qìng 칭 慶事(경사) 慶賀(경하) **경사 경**
사슴을 몰고 마음을 써 찾아가서 경사에 참석하다					

				gěng 겅 光耿(광경) 雄耿(웅경) 靑耿(청경) **밝을 경, 굳을 경**
귀의 모양 (귀 이)	장작에 불이 붙어 타는 모양 (불 화)			
귀속 까지 볼 수 있을 만큼 불 빛이 밝다					

				약 泾 jīng 징 **물줄기 경, 지날 경**
샤워기를 틀어 모루에 물줄기를 뿌리는 모양					

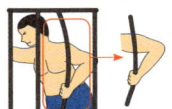				약 劲 jìn, jìng 진, 징 勁弩(경노) 勁草(경초) 勁風(경풍) 肥勁(비경) **굳셀 경**
철창살을 팔로 힘을 써 벌리는 모양 (힘력)			
물줄기처럼 힘이 솟으니 굳세다					

			徑	약 径 jìng 징 口徑(구경) 直徑(직경) 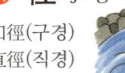 **지름길 경, 빠를 경**
팔을 흔들며 총총 걸어가는 모양 (갈 척,바삐갈 척)					
바삐갈때는 물줄기따라 (배로) 가는 것이 지름길이다					

				약 胫 jìng 징 脛脛(경경) 高脛(고경) 沒脛(몰경) 瘦脛(수경) **정강이 경**
몸통 부분인 갈비뼈의 모양 (몸 육,고기 육)					
몸에서 물줄기처럼 내려간 부위가 정강이다					

 풀싹이 돋아나는 모양 (풀 초)	茎	**약** 茎 jīng 징 莖幹(경간) 根莖(근경) 新莖(신경) 弱莖(약경) **줄기 경, 칼자루 경**

(식물)풀에서 물줄기처럼 이어진 게 줄기다

실타래의 모양 (실 사)	 經	**약** 经 jīng, jìng 징, 징 經理(경리) 經由(경유)  **지날 경, 세로줄 경**

씨줄실 위를 물줄기같이 지나는 것이 세로줄이다

   차나 수레의 모양 (차 차, 수레 거)	 輕	**약** 轻 qīng 칭 輕視(경시) 輕重(경중) **가벼울 경**

수레가 물줄기처럼 가니 가벼웁다

  머리의 모양 (머리 혈)	 頸	**약** 颈 jǐng 징 頸聯(경련) 頸領(경령) 伸頸(신경) 延頸(연경) **목 경**

물줄기같이 머리아래로 내려간 게 목이다

(수증기 기)  	 氫	**약** 氢 jīng 징 氫彈(경탄) 수소 폭탄 **수소 경**

기체로 물줄기 같이 흐르는게 수소다

(설립) (설립) (입구) 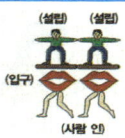  (사람 인)	競	**약** 竟 jìng 징 競演(경연) 競爭(경쟁)   **다툴 경**

서서 입으로 사람 둘이 다투다

경

gēng 껑
更新(갱신) 更點(경점)
更張(경장) 變更(변경)
고칠 경, 다시 갱

실감개를 조여서 **다시 고치다**

나무의 모양 (나무 목)

gěng 껑
梗梗(경경) 梗塞(경색)
梗槪(경개) 生梗(생경)
대개 경, 곧을 경

나무줄기가 **다시 고쳐**놓은듯 **대개**는 **곧다**

돌 (바위)의 모양 (돌 석)

yìng 잉
瘦硬(수경) 硬度(경도)
硬性(경성) 生硬(생경)
단단할 경

바닥을 **돌**로 **다시 고쳐**놓아 **단단하다**

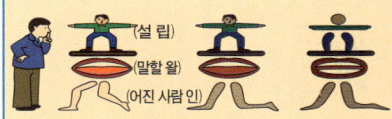 

(설 립)
(말할 왈)
(어진 사람 인)

jìng 징
究竟(구경) 畢竟(필경)
竟夜(경야)
마침내(끝) 경

서서 **말**하던 **사람**이 말을 **마침내 끝**내다

싹이 흙위에 돋아나는 모양 (흙 토)

jìng 징
境界(경계) 境遇(경우)
境地(경지) 逆境(역경)
경계 (지경)경

(나라의) **흙**(땅) **끝**이 **경계**(지경)이다

쇠를 다루는 대장간의 모양 (쇠 금)

약 鏡 jìng 징
鏡臺(경대)
望遠鏡(망원경)
비출 경, 거울 경

금속의 표면**끝**에 얼굴을 **비추어** 보도록 만든것이 **거울**이다

(토끼 묘)	(흰 백)	(숟가락 비)		qīng 칭 公卿(공경) 卿相(경상) **벼슬 경** 

경
계

토끼귀같은 관모를 쓰고 **흰밥을 숟가락**으로 퍼 먹는 자가 **벼슬**아치다

	系	xì 시 系圖(계도) 系列(계열) 系統(계통) 傍系(방계) **이어맬 계**

나무에 밧줄이 **이어매져** 있는 모양

	(벼 화)		(아들자)	季 jì 지 季刊(계간) 季氏(계씨) 季節(계절) 四季(사계) **계절 계**

벼의 **아들**(즉 모) 을 심는 **계절**이 되다

(받쳐들 공)(창 과)			戒	jiè 지에 戒嚴(계엄) 警戒(경계) 訓戒(훈계) **경계할 계** 

창을 두 손으로 **받쳐들**고 주위를 **경계하다**

	나무의 모양 (나무 목)		械	xiè 시에 械繫(계계) 機械(기계) **기계 계, 형틀 계** 

나무형틀로 **경계하**며 써야할 게 기계다

			言 수염을 들먹이며 입으로 말하는 모양 (**말씀 언**)	誡 약 誡 jiè 지에 訓誡(훈계) 立誡(입계) 敎誡(교계) 嚴誡(엄계) **경계할 계, 고할 계**

말을 **경계하라**고 고하다

계

		鷄	**약** 鸡 jī 지 養鷄(양계) 鷄鳴(계명) 軟鷄(연계) 鬪鷄(투계) **닭 계**

손에 든 조랑박으로 물을 (큰 배해)(새 조)
마음껏 마셔 배가 부르다

(몸에 비하여) **큰 배**를 가진 **새**가 **닭**이다

   	階	**약** 阶 jiē 지에  階級(계급) 階層(계층) **섬돌 계**

나란히 앉아 흰 밥을 다 먹어 치우다(**다개**) (**언덕 부**)

언덕을 **다**같이 오를 수 있게 만든 게 **섬돌(층계)**다

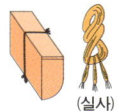   	繼	**약** 继 jì 지 繼續(계속) 繼承(계승) 後繼(후계) 引繼(인계) **이을 계**

(**실사**)

실끈을 **조랑박을 놓은 진열장**을 묶으려고 **이어**매다

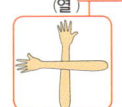   	計	**약** 计 jì 지 計器(계기) 計量(계량) 計算(계산) 計數(계수) **셀 계**

(**열**)

양팔의 손가락 수가 열 개다 (**말씀언**) (**열**)

말로 **열**까지 **세다** (계산하다)

  	屆	jiè 지에 屆期(계기) 屆出(계출) 出生屆(출생계) **이을 계, 신고할 계**

집안 **웅덩이**에 **선비**가 빠졌음을 **신고하다**

   	溪	xī 시 磻溪(반계) 溪谷(계곡) 溪流(계류) 溪水(계수) **시내 계**

손에 든 조랑박으로 물을 (**큰 배해**) (**물 수**)(**큰 배해**)
마음껏 마셔 배가 커지다(**큰 배해**)

물을 **큰 배**에 넣고 있는 게 **시내**다

 다리사이에 나무 조각을 끼고 있는 모양 (끼일개)	界	界	jiè 지에 界標(계표) 界限(계한) 財界(재계) 政界(정계) **지경 계**	계 고

밭 사이에 끼인 선이 **지경(경계)**이다

 (예쁠 봉)(칼 도)  (큰 대) 契 | qì 치
契機(계기)
契約(계약)
계약 계

예쁘게 화초를 칼로 크게 조각해 달라고(주문) **계약**하다

 (나무 목) 흙속 깊은 곳에서 캔 것이 서옥이다 (서옥 규) | 桂 | 桂 | guì 꾸이
攀桂(반계) 蟾桂(섬계)
桂樹(계수) 桂皮(계피)
계수나무 계

나무중에 서옥같이 귀한 나무가 **계수나무**다

 (지게문호)(두드릴 복)  (입구)   | 약 启 qǐ 치
啓蒙(계몽)
啓示(계시)
열 계

집문을 두드리며 입으로 소리치니 **열다**

 (벼 화) (맛 지) (개 견) 稽 稽 | 稽 | qǐ 치
稽首(치수)
공경해 머리를 조아림
조아릴 계

쌀밥과 개고기를 맛있게 드시라며 (머리를) **조아리다**

  (북세울 주)(칠 복) 鼓 | 鼓 | gǔ 구
旌鼓(정고) 鼓動(고동)
鼓膜(고막) 鼓舞(고무)
북 고

북을 북채를 잡고 치는 모양을 본뜬 자

고

 高

gāo 까오

高談(고담) 高速(고속)
高誼(고의) 高調(고조)

높을 고

높은 성루를 본뜬 글자. **높다**는 뜻으로 쓰임

몸통 부분인 갈비뼈의 모양 (몸 육, 고기 육)

膏

gāo, gào 까오, 까오

膏藥(고약) 膏壤(고양)
膏血(고혈) 民膏(민고)

기름 고, 살찔 고

높게 고기 윗부분에 붙은 게 기름이다

벼의 모양 (벼 화)

稿

gāo 가오

稿料(고료) 稿本(고본)
奇稿(기고)

볏집 고, 원고 고

벼가 높게 자란 것이 벼짚이다

철조각을 집게로 잡고 두들겨 치는 모양 (칠 복, 두드릴 복)

敲

qiāo 치아오

敲擊(고격)
敲門(고문)

두드릴 고

(손을) 높게 올려 치며 두드리다

양손으로 괭이를 잡고 있는 모양 (손 수)

搞

gāo 가오

搞通(고통)
납득(이해, 정통)하다

할 고(하다), 옆으로 칠 고

손을 높게 올리어 옆으로 치다

대나무 이파리의 모양을 본뜬 자 (대 죽)

篙

gāo 까오

篙子(고자)
상앗대, 삿대, 빨래 말리는 장대

상앗대 고(상앗대, 삿대)

대나무 중에 높게 자란 걸로 만든게 상앗대(삿대)다

42

		kǎo 카오
(늙을 로) 	 考	考慮(고려) 參考(참고) **생각할 고, 상고할 고** 
지팡이를 보고 **늙은이**가 송곳을 **생각하다**		
	拷	kǎo 카오 拷掠(고략) 拷問(고문) **고문할 고, 칠 고**
손을 써 잘못을 **생각해** 실토하도록 고문하다		
 	烤	kǎo 카오 烤電(고전) 전기 치료를 하다 烤火(고화) 불을 쬐다 **불에 말릴 고, 구울 고**
불 앞에서 **생각해** 가며 불에 말리다		
	銬	약 銬 kào 카오 手銬(수고) 수갑, 쇠고랑 **쇠고랑 고**
쇠로 **고안해** 만든게 쇠고랑이다		
 	羔	gāo 까오 羔皮(고피) 새끼 양의 털가죽 **새끼 양 고**
양고기로 **불**에 구어먹기 좋은게 **새끼양**이다		
  	糕	gāo 까오 糕点(고점) 케이크 과자 빵 따위의 총칭. **떡 고**
쌀로 만들어 **새끼양 고기**와 곁들여 먹는게 **떡**이다		

고

	古	gǔ 구 古今(고금) 最古(최고) 古來(고래) 古典(고전) **오랠(옛)고**

옛부터 서있던 오래된 십자가 비석의 모양

 여자의 모양 (계집녀)	姑	gū 구 姑母(고모) 姑婦(고부) **시어머니 고**

여자가 오래되면 시어머니가 된다

풀싹이 돋아나는 모양 (풀 초)

苦 kǔ 쿠
苦難(고난) 苦生(고생)
刻苦(각고) 苦痛(고통)
쓸 고

풀이 오래되면 맛이 쓰다

나무의 모양 (나무 목)

枯 kū 쿠
枯骨(고골) 枯木(고목)
枯死(고사) 枯葉(고엽)
마를 고

나무가 오래되면 고목되어 마르다

못을 집게로 잡고 두들겨 치는 모양 (칠 복, 두드릴 복)

故 gù 꾸
故意(고의)
故鄕(고향)
연고 고

오래 두들겨가며 연고를 따지다

옳은 편에 서서 십자가 정신으로 살기란 어렵다 (어려울신,매울 신)

辜 gū 꾸
辜功(고공) 辜負(고부)
無辜(무고)
죄고, 허물 고

죄인을 오래도록 매운맛을 보여 죄를 벌하다

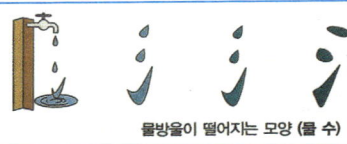사람이 서 있는 모양 (사람인)		gū, gù 꾸, 꾸 估量(고량) 계산에 넣다 估衣(고의) 판매용 헌옷 **값 고**
사람을 **오래** 고용하고 품**값**을 주다		
물방울이 떨어지는 모양 (물 수)		gū 꾸 沽油(고유) 기름을 사다 **살 고, 팔 고**
물을 **오래** 쓰려고 서로 **팔고 사다**		
여자의 모양 (계집녀)		gū 꾸 香菇(향고) 포고버섯 草菇(향고) 풀버섯 **버섯 고**
풀(식물)로 **여자**가 **오래** 재배하는 게 **버섯**이다		
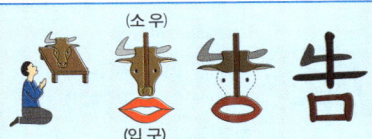담장같이 사면을 에워싼 모양 (에울 위, 에워쌀 위)		gù 꾸 固定(고정) 確固(확고) **굳을 고** 
성을 **오래** 장기간 쌓았으니 **굳다**		
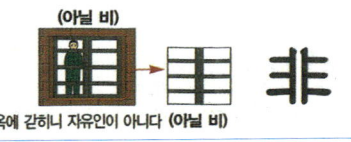(소 우) (입 구)		gào 까오 告別(고별) 告示(고시) 告祀(고사) 告知(고지) **고할 고**
소를 잡아 놓고 **입**으로 신에게 **고하다**		
(아닐 비) 옥에 갇히니 자유인이 아니다 (아닐 비) 非	靠	kào 카오 靠背(고배) 의자의 등받이 **기댈 고**
진심을 **고하며** 그게 **아니하며** 선처해 달라고 **기대**다		

고

		gū 꾸
 (아들 자) (오이 과)	孤	孤軍(고군) 孤立(고립) 孤寂(고적) 孤兒(고아) **외로울 고**

(부모를 여읜) 아들이 외톨이 오이같이 되니 **외롭다**

(대 죽)		gū 꾸
 (손 수) (수건 건)	箍	箍出(고출) 쥐어짜다, 착취하다 **테 고, 쥐어짤 고**

대나무를 손봐 액자로 쓰려고 닦은 후 테를 두르다

문의 모양 (집 호)		gù 꾸
  (새 추)	雇	雇役(고역) 雇用(고용) **품팔 고** 

(사람이) 집에 찾아 온 철새처럼 머물러 **고용살이**하다

		약 顾 gù 꾸
머리의 모양 (머리 혈)		顧眺(고조) 狼顧(낭고) 顧客(고객) 顧慮(고려) **생각할 고, 돌아볼 고**

고용살이하는자는 **머리**로 늘 할일을 생각한다

(집 엄)		약 库 kù 쿠
 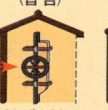 (수레 거/차)	庫	金庫(금고) 文庫(문고) 寶庫(보고) 在庫(재고) **창고(곳집) 고**

집으로 수레(또는 차)를 두는 곳이 **창고**다

		약 裤 kù 쿠
옷의 모양 (옷 의)		褲子(고자) 바지 褲腿(고퇴) 바짓가랑이 **바지 고**

옷으로 **창고**같이 다리를 두는 곳이 바지다

		(몸 육) (두들길 수)		gǔ 구 股肱(고굉) 股慄(고율) 赤股(적고) 八股(팔고) **넓적다리 고, 다리 고**

몸에서 **두들기**는 몽둥이 같은 게 **다리**다

| | | |  | 약 贾 jiǎ 지아
賈害(고해) 재앙을 삼
살 고, 값 가 |

가방과 **돈통**의 돈으로 물건을 **사다**

|  | | |  | qū, qǔ 취, 취
曲馬(곡마) 曲調(곡조)
曲折(곡절) 曲線美(곡선미)
굽을 곡 |

광주리에 농작물이 **굽어져** 담겨 있는 모양

| |  |  |  | gǔ, yù 구, 위
谷汲(곡급) 昧谷(매곡)
坑谷(갱곡) 溪谷(계곡)
골 곡 |

골짜기의 모양

| (입 구)

(개 견) | | |  | kū 쿠
哭聲(곡성) 哭泣(곡읍)
弔哭(조곡)
울 곡  |

입을 **좌우**로 저으며 **개**가 **울**다

| 
실감개의 실을 펴다 (펼 신)   (흙 토) (펼 신) | | | | kūn 쿤
乾坤(건곤) 坤方(곤방)
坤殿(곤전) 坤德(곤덕)
땅 곤, 왕비 곤 |

흙을 **펴**놓은 것이 **땅**이다

	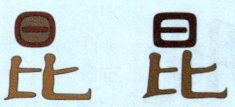		kūn 쿤 昆裔(곤예) 昆玉(곤옥) 諸昆(제곤) 天昆(천곤) **다 곤, 형 곤**
(해/날 일) (나란히 비)			

(태어난) 날을 **나란히** 비교해 **다** 같이 **형**을 정한다

		棍	gùn 꾼 棍棒(곤봉) 棍杖(곤장) 惡棍(악곤) **곤장 곤, 몽둥이 곤**
	나무의 모양 (나무 목)		

나무로 **다**같은 크기로 만든 것이 곤장이다

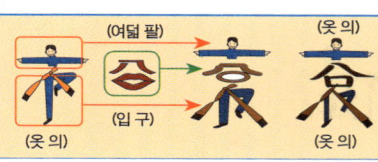	袞	gǔn 꾼 袞命(곤명) 袞服(곤복) 袞裳(곤상) 玄袞(현곤) **곤룡포 곤**

옷 중에 전국 **팔**방에 **입**으로 호령하는 왕의 **옷**이 곤룡포다

			gǔn 군 滾水(곤수) 물이 넘치다, 펄펄 끓는 물 **꿈틀 흐를 곤, 구를 곤**
	물방울이 떨어지는 모양 (물 수)		

물이 **곤룡포** 자락 같이 꿈틀 꿈틀흐르다

				kùn 쿤 困難(곤란) 困迫(곤박) 勞困(노곤) 困辱(곤욕) **곤할(곤란할) 곤**
(나무 목) (에워쌀 위)				

(장애물에) **에워싸여** 있는 **나무**는 자라기가 **곤란하다**

		捆	kǔn 쿤 捆子(곤자) 다발, 묶음, 단 **묶을 곤**
	양손으로 괭이를 잡고 있는 모양 (손 수)		

손으로 들기가 **곤란하니** 묶다

  	骨	gǔ, gū 구, 꾸 骨髓(골수) 骨折(골절) 筋骨(근골) 齒骨(치골) **뼈 골**

뼈의 모양을 본뜬 글자

	共	gòng 꽁 共同(공동) 共存(공존) **함께 공** 

엮은 고기를 나누어 함께가지다

 사람이 서 있는 모양 (사람인)	供	gōng, gòng 궁, 꽁 供給(공급) 佛供(불공) **이바지할 공** 

사람이 타인과 함께 사회에 이바지하다

 양손으로 괭이를 잡고 있는 모양 (손 수)	拱	gǒng 궁 拱手(공수) 垂拱(수공) **팔장낄 공** 

손을 함께모아 팔장끼다

  팔 곁에 묶어맨 젖가슴의 모양 (가슴 심, 마음 심)	恭	gōng 궁 恭度(공건) 恭遜(공손) 恭敬(공경) 恭待(공대) **공손할 공**

함께하고자 하는 마음이 있어 공손하다

 (아들 자)(구부러질 을)	孔	kǒng 콩 孔劇(공극) 孔穴(공혈) **구멍 공** 

아들이 영양을 받는 곳이 구부러진 탯줄 구멍이다

공

모루(다듬잇쇠)의 모양을 본뜬 자 (**장인 공, 만들 공**)

gōng 궁

工人(공인)　工程(공정)
工拙(공졸)　鐵工(철공)

장인 공, 만들 공

모루 위에 놓고 **장인**이 물건을 **만든다**는 뜻

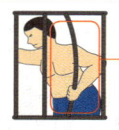 

철창살을 팔로 힘을 써 벌리는 모양 (**힘력**)

gōng 궁

功名(공명)　功位(공위)
功積(공적)　戰功(전공)

이바지할 공, 공 공

(새로운 것을) **만들려고 힘**을 써 사회에 이바지하다

못을 집게로 잡고 두들겨 치는 모양 (**칠복, 두드릴 복**)

gōng 궁

攻擊(공격)
攻略(공략)

칠 공

물건을 **만들려고 두들겨 치다**

실타래의 모양 (**실 사**)

약 紅 hóng 홍

紅女(공녀)　紅顔(홍안)

길쌈 공, 붉을 홍

실로 멋있게 **만든** 실이 붉다

물이 흐르는 모양 (**물 수**)

gǒng 꽁

硫化汞(유화공) 유화 수은

수은 공

장인이 만들 때 쓰는 **물** 같은 액체가 수은이다

돈이 든 자개장의 모양 (**자개 패, 돈 패, 조개 패**)

약 贡 gòng 궁

禹貢(우공)
貢女(공녀)

바칠 공

상인이 **만들어진 돈**(이익)에 따라 세금을 바친다

굴의 모양 (구멍 혈, 굴 혈)	kōng, kòng 쿵, 쿵 空白(공백) 空想(공상) 空席(공석) 眞空(진공) **빌 공**
굴을 **만드니**(뚫으니) 속이 비다	
양손으로 괭이를 잡고 있는 모양 (손 수)	 kòng 쿵 控弦(공현) 활 시의를 잡아당김 控訴(공소) **당길 공, 칠 강**
손으로 굴 같이 **만든** 손잡이를 당기다	
 (만들 공)  나뭇살을 대어 가죽을 말리는 모양 (가죽 혁)	**약** 巩 gǒng 궁 鞏固(공고) 鞏鞏(공공) **묶을 공, 굳을 공** 
만들어 붙인 **손잡이**에 **가죽** 끈을 묶다	
 (마음 심)  (마음 심) 	kǒng 쿵 可恐(가공) 恐龍(공룡) **두려울 공** 
공이에 **만들어**진 **손잡이**가 빠질가봐 **마음**이 두려웁다	
  	gōng 궁 公器(공기) 公明(공명) 公翰(공한) 公證(공증) **귀인 공, 공평할 공**
공평한 판단을 하는 **귀인**의 모양	
虫 虫 벌레의 모양 (벌레 충)	蚣 gōng 궁 蜈蚣(오공) 지네 ※지네는 한약제로 고가에 거래되기 때문임 **지네 공**
벌레로 **귀인** 대접을 받는게 지네다	

과

guǒ 구어

果實(과실) 果然(과연)
果汁(과즙) 成果(성과)

실과 과

열매(실과)가 나무에 달린 모양

나무의 모양 (나무 목)

kē 커

棵儿(과인) 식물의 크기

구르 과, 나무 이름 과

나무로 열매가 달리는 건 그루마다 나무 이름이 있다

수염을 들먹이며 입으로 말하는 모양 (말씀 언)

약 课 kè 커

課目(과목)
課程(과정)

과목 과, 공부 과

말대로 좋은 열매를 맺도록 과목을 공부하다

머리의 모양 (머리 혈)

약 颗 kē 커

幾顆(기과) 飯顆(반과)
蓬顆(봉과) 熟顆(숙과)

덩어리 과, 낱알 과

열매가 머리만한 덩어리(낱알)로 열리다

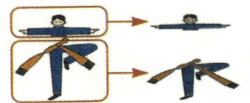  

옷의 모양 (옷 의)

guǒ 구어

裹糧(과량) 양식을 쌈
裹脚(과각) 전족하다

쌀 과

옷으로 과일 열매를 싸다

(입 삐뚤어질 괘)   (입 삐뚤어질 괘)

스패너로 입을
돌리는 모양   (갈 착)

약 过 guò, guǒ, guo 꾸어, 꾸어, 구어

過勞(과로) 過敏(과민)
謝過(사과) 前過(전과)

지날 과

입이 삐뚤어 돌아가 정 위치를 지나치다

 (벼 화) (말 두)	科	kē 커 學科(학과) 科目(과목) **조목 과, 과목 과** 
벼의 수량을 **말**질하여 **조목조목** 따지다		
  벌레의 모양 (벌레 충)		kē 커 蝌蚪(과두) 올챙이 **올챙이 과**
벌레를 **조목조목** 따져 **올챙이**라 하다		
(집 면)   (머리 혈) (나눌 분)		guǎ 과 寡婦(과부) 寡少(과소) 寡守(과수) 多寡(다과) ※ 과부는 그 수가 적다 **과부 과, 적을 과**
집의 **머리(남편)**와 **나누어**진(사별한) 자가 **과부**다		
(입 삐뚤어질 괘) (입 삐뚤어질 괘)  스패너로 입을 돌리는 모양 (쇠 금)		약 锅 guō 꾸어 銀鍋(은과) 銅鍋(현과) 鍋戶(과호) 소금을 굽는 백성 **노구솥 과**
쇠를 삐틀어지게 말아 올리며 만든게 **노구 솥**이다		
		gē 꺼 戈鋒(과봉) 干戈(간과) 戈劍(과검) 矛戈(모과) **창 과**
창의 모양을 본뜬 자.		
	瓜	guā 꽈 甘瓜(감과) 瓜葛(과갈) 瓜年(과년) 瓜菜(과채) **오이 과**
오이넝쿨의 모양을 본뜬 자.		

과

(큰 대) (큰 대)

夸

kuā 콰

夸大(과대) 夸示(과시)

풍칠 과, 자랑할 과

큰 하나의 드릴을 보이며 자랑하다

수염을 들먹이며 입으로 말하는 모양 (**말씀 언**)

誇

약 夸 kuā 콰

誇大(과대) 誇示(과시)
陵誇(능과) 浮誇(부과)

자랑할 과

말로 자랑하고 또 자랑하다

양손으로 괭이를 잡고 있는 모양 (**손 수**)

挎

kuà 콰

挎鼓(과고) 허리에 메는 북

팔에 걸 과, 찰 과

팔찌를 손(팔)에 자랑하려고 차다(팔에 걸다)

몸통 부분인 갈비뼈의 모양 (**몸 육, 고기 육**)

胯

kuà 콰

胯下(과하)
샅의 밑, 사타구니 밑

사타구니 과, 샅 과

몸에서 자랑할게 있는 데가 사타구니다

새가 발목에 번호표를 달고 앉은 모양 (**발 족**)

跨

kuà 콰

跨越(과월) 뛰어넘다
跨年(과년) 해를 넘김

넘을 과(뛰어넘다)

발로 힘을 자랑하려고 뛰어 넘다

싹이 흙위에 돋아나는 모양 (**흙 토**)

垮

kuǎ 콰

垮台(과대) 무너지다, 파산하다

무너질 과

흙이 그 힘을 자랑하려는 듯 무너지다

 (아들 자)(마을 읍)	 (높을 고)	郭		guō 꾸오 城郭(성곽) 外郭(외곽) **성곽 곽, 둘레 곽**

높은데 올라간 **아들**이 마을 둘레를 보다

 (새 추)	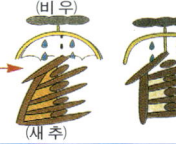 (비 우) (새 추)	霍		huò 후오 伊霍(이곽) 揮霍(휘곽) 霍然(곽연) 급한 모양, 갑자기 **빠를 곽, 빠를 확**

비가 오니 **새**의 날아감이 **빠르**다

	 (풀 초) (새 추)		雚	guàn 꽌  **황새 관**

숲속에서 **입**을 **좌우**로 저으며 우는 **새**가 **황새**다

 물방울이 떨어지는 모양 (물 수)		灌		guàn 꽌 灌佛(관불) 灌輸(관수) 漫灌(만관) 沃灌(옥관) **물댈 관**

(늪지에) 물을 **황새**도 마시게 **물을 대다**

	 눈으로 사람이 본다는 뜻 (볼 견)	觀		약 观 guān, guàn 꽌, 꽌 觀光(관광) 觀望(관망) **볼 관**

황새가 먹이를 자세히 **보고** 또 **보다**

	질그릇 장군의 모양 (질그릇 부)	罐		guàn 관, 꾸안 罐子(관자) 깡통, 양철통 **두레박 관**

질그릇에 **황새**가 먹게 물을 퍼 담는 게 **두레박**이다

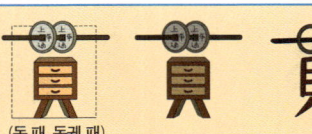 (돈 패, 돈궤 패)	貫	**약** 貫 guàn 관 貫穿(관천) 貫綠(관록) 貫徹(관철) 貫通(관통) **꿸 관**
엽전을 돈통에서 꺼내 돈을 꿰다		
 젖가슴을 짚어보이는 모양 (가슴 심, 마음 심)	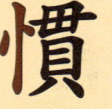	**약** 慣 guàn 관 慣性(관성) 慣習(관습) 慣用(관용) 慣行(관행) **버릇 관, 익숙할 관**
마음에 꿰어 있어 버리지 못하는 게 버릇이다		
		guān, guǎn 꽌, 관 官能(관능) 官舍(관사) 官營(관영) 官祿(관록) **관가(관청, 벼슬) 관**
관청(관가)의 모양을 본뜬 자		
 나무의 모양 (나무 목)		guān 꾸안, 꽌 棺材(관재) 棺板(관판) 石棺(석관) 入棺(입관) **널(관) 관**
나무로 만든것 중 관가처럼 대우 받는 것이 관(널)이다		
 대나무 이파리 모양을 본뜬 자 (대 죽)	管	guǎn 관 管理(관리) 管掌(관장) **주관할 관, 대롱 관**
대나무피리를 관가에서 맡아 주관하다 옛날에는 관가에서 피리를 불어 시간을 알리는 일을 맡아 하였음.		
 집에서 정미기에 양식을 찧어 밥을 하다 (밥 식)		**약** 館 guǎn 관 公館(공관) 館舍(관사) 本館(본관) 新館(신관) **집(객사) 관**
밥먹고 관가사람이 묵던 집이 객사다		

 (제사 시) (하품 흠) (선비 사)	款	kuān 콴 款曲(관곡) 款談(관담) 款待(관대) 款誠(관성) **정성 관**	관 괄
선비는 제사때 하품을 참고 정성을 다하다			
  눈으로 사람이 보다 (볼 견) (집 면)		약 寬 kuān 콴 寬大(관대) 寬待(관대) **넓을 관, 그러울 관**	
집안이 온갖 화초를 보는데 한 점도 부족함이 없을 만큼 넓다			
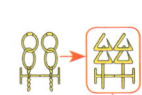   (고리꿸 관) (고리꿸 관) (문 문)		약 关 guān 관 關係(관계) 關與(관여) 關節(관절) 關稅(관세) **잠글 관, 관계할 관**	
문에 고리를 꿰어 잠그다			
 (덮을 멱) (으뜸 원)(손 촌)		guān, guàn 관, 꽌 鷄冠(계관) 王冠(왕관) **갓 관**	
덮어쓰는것 중에 으뜸으로 손꼽히는 것이 갓이다			
 혀로 먹이를 낚아 채는 모양 (혀 설)  (혀 설) (선칼 도)		guā 꽈 刮磨(괄마) 刮目(괄목) **깎을 괄, 비빌 괄**	
혀를 놀리듯 칼로 조각을 깎다			
 혀로 먹이를 낚아채는 모양 (혀 설)  (혀 설) (손 수) (혀 설)		동 舌 guā, kuò 꽈, 쿠어 括髮(괄발) 括約(괄약) 括弧(괄호) 總括(총괄) **묶을 괄**	
손을 혀처럼 놀려 물건을 묶다			

광

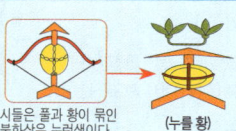 집엄 모양 (집 엄) 시들은 풀과 황이 묶인 불화살은 누런색이다.  (누를 황) (누를 황) 廣	약 广 guǎng 광 廣漠(광막) 廣野(광야) 廣義(광의) 廣場(광장) **넓을 광**
집안 끝이 아물아물 **노랗게** 보일 정도로 **넓다**	
厂 厂 石 石 돌(바위)의 모양(돌 석)  礦	약 矿 kuàng 쾅, 쿠앙 礦工(광공) 광산노동자, 광부 礦産(광산) 광산물 **쇠돌 광**
돌에 쇠가 **넓게** 박힌게 **쇠돌**이다	
 해의 모양(해가 떠서 새날이 온다는 뜻)(해 일,날 일)  曠	kuàng 쾅, 쿠앙 開曠(개광) 高曠(고광) 廢曠(폐광) 浩曠(호광) **밝을 광, 넓을 광**
해가 **넓게** 비추니 **밝다**(넓다)	
 (개 견) (임금 왕) 狂	kuáng 쾅, 쿠앙 狂客(광객) 狂犬(광견) 狂飮(광음) 狂人(광인) **미칠 광**
개같은 짓을 하는 **임금**은 **미쳤**다	
 캥거루우가 달려가는 모양 (갈 착, 달릴 착)  逛	guàng 쾅, 쿠앙 逛蕩(광탕) 빈둥거리다, 어슬렁거리다 **노닐 광**
미친놈이 **달려가며** 맘껏 **노닐**다	
 光	kuāng 꽝 光復(광복) 光彩(광채) 光澤(광택) 燭光(촉광) **빛 광**
호롱불이 **탁자**위에서 **빛**을 내는 모양	

(임금 왕) (상자 방)				kuāng 쾅 匡救(광구) 匡輔(광보) 匡坐(광좌) 畏匡(외광) **바를 광, 도울 광**

상자(궁궐)안에 **임금**을 신하가 **바르게 도웁다**

나무의 모양 (나무 목)				框 kuàng, kuāng 쾅, 쿠앙 框框(광광) 틀, 태, 관례, 　　　　　전통적인 방법 **문테 광**

나무로 문 다는데 **바르게 도움**을 주는 게 문테다

대나무 이파리 모양을 본뜬 자 (대 죽)				筐 kuāng 쾅, 쿠앙 筐子(광자) 광주리, 바구니 兩筐土(양광토) 흙 두 광주리 **광주리 광**

대나무로 생활에 **바르게 도움**을 주려고 만든게 광주리다

				眶 kuang 쾅 眼眶(안광) 눈자위, 눈언저리 **눈자위 광**
		눈의 모양 (눈 목)		

눈에서 시력에 **바르게 도움**을 주는게 눈자위다

옛날에는 거북등을 지지어 갈라지는 것을 보고 점을 쳤음 (점 복)		흙과 흙이 모여서 된 것이 영토다	(영토 규) (점 복)	卦 guà 꽈, 꾸아 卦兆(괘조) 吉卦(길괘) 陰卦(음괘) 尊卦(존괘) **점괘 괘**

영토를 살필때는 **거북등을 지져 점**처 본후 **점괘**를 보고 행동한다

				掛 동 挂 guà 꽈, 꾸아 鉤掛(구괘) 掛念(괘념) **걸 괘** 
		양손으로 괭이를 잡고 있는 모양 (손 수)		

손에 든 **점괘**를 보려고 걸다

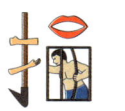 옷의 모양 (옷 의)		guà 꽈 褂子(괘자) 중국식의 홑저고리 **웃옷 괘**
옷에서 액땜 점괘(부적)을 넣 둔데가 웃옷이다		
 (입구) (손수) (힘력)		guǎi 과이 拐子(괴자) 유괴범, 사기꾼  **속일 괴, 유괴할 괴, 지팡이 괘**
손과 입으로 온갖 힘을 써서 아이를 속여 유괴하다		
鬼	鬼	guǐ 꾸이 暗鬼(암귀) 妖鬼(요귀) 雜鬼(잡귀) **귀신 귀**
외뿔이 나고 입이 십자로 찢어진 괴물, 즉 귀신의 모양을 본 뜬 자		
 사람이 서 있는 모양 (사람인)	傀	kuǐ 쿠이 傀儡(괴뢰) 傀奇(괴기)  **허수아비 괴**
사람이 귀신 처럼 만들어 놓은게 허수아비다		
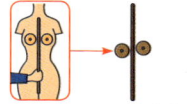  젖가슴을 짚어보이는 모양 (가슴 심,마음 심)	愧	kuì 퀘이 愧寤(괴오) 愧慚(괴참) 愧色(괴색) 自愧(자괴) **부끄러울 괴**
마음을 귀신같이 알아차리니 부끄러웁다		
 싹이 흙위에 돋아나는 모양 (흙 토)	塊	약 块 kuài 콰이 撒塊(살괴) 粘塊(점괴) 金塊(금괴) 銀塊(은괴) **흙덩이 괴**
흙이 못생긴 귀신의 머리통같은 것이 흙덩이다		

 나무의 모양 **(나무 목)**	槐	huái 화이 槐木(괴목) 槐門(괴문) **느티나무 괴, 홰나무 괴** 

나무로 구불구불하게 **귀신** 형상으로 자라게 **느티나무**다

 자루가 달린 옛날 말의 모양 **(말 두)**	 魁	kuí 쿠이 魁首(괴수) 魁宿(괴숙) 巨魁(거괴) 黨魁(당괴) **우두머리 괴**

무서운 **귀신**같고 **말**술을 마시는 자가 **우두머리**다

구슬이 꿰어 있는 모양 **(구슬 옥)**	 瑰	guì 꾸이 瑰才(괴재) 뛰어난 자주 玫瑰(선괴) 아름다운 옥돌 **옥돌 괴, 보석 괴**

구슬로 안에 **귀신** 무늬가 있는게 **보석**이다

(일천 천)	 乖	guāi 꽈이 乖亂(괴란) 乖剌(괴랄) 乖爭(괴쟁) 乖錯(괴착) **어그러질 괴**

천(千) 사람이(반목해) 등지고 일하니 일이 다 **어그러지다**

  **(마음 심)(흙 토)**	怪	guài 꽈이 怪異(괴이) 怪漢(괴한) **괴이할 괴** 

마음을 잡고 **흙**일을 했는데도 농사가 않되니 **괴이하다**

 옷으로 눈물을 닦자니 앞이 가리어 진다 **(가릴 회)** (흙 토) **(가릴 회)**	壞	약 坏 huài 화이 壞滅(괴멸) 倒壞(도괴) **무너질 괴** 

흙이 앞을 가릴정도로 **무너지다**

 (입 구) (손 수) (힘 력)	拐	guǎi 과이  誘拐(유괴) 鐵拐(철괴) **속일 괴, 유괴할 괴**
손과 **입**으로 온갖 **힘**을 써서 아이를 **속여** 유괴하다		
 차나 수레의 모양 (차 차, 수레 거)		약 轰 hōng 홍 轟笑(굉소) 轟然(굉연) 轟飮(굉음) 嘲轟(조굉) **수레소리 굉, 울릴 굉**
많은 **수레**가 달리니 **수레소리**가 요란하다		
  (집 면)		hóng 홍 宏達(굉달) 宏圖(굉도) 宏闊(굉활) 宏徽(굉휘) **클 굉**
집 뜰이 **손**에 쟁기를 잡고 경작하리 만큼 **크다**		
 		약 乔 qiáo 챠오 喬林(교림) 喬木(교목) 喬松(교송) 松喬(송교) **높을 교**
이층집의 모양을 본뜬 자, **높게(높다)**의 뜻으로 쓰임		
사람이 서 있는 모양 (사람인)		약 侨 qiáo 챠오 僑廬(교려) 僑居(교거) 僑胞(교포) 僑民(교민) **더부살이 교, 객지에 살 교**
사람이 **높게**되면 많은 **더부살이**가 붙다		
 여자의 모양 (계집녀)		약 娇 qiāo 챠오 嬌客(교객) 嬌兒(교아) 嬌愛(교애) 愛嬌(애교) **아리따울 교**
여자가 **높게**자라 키가 살망하니 **아리따웁다**		

 말의 모양 (말 마)	驕	약 骄 jiāo 쟈오 驕慢(교만) 驕兵(교병) **교만할 교**	

말등에 높게앉아 도도하게 구니 교만하다

 나무의 모양 (나무 목)	橋	약 桥 qiáo 챠오 橋脚(교각) 橋梁(교량) **다리 교**	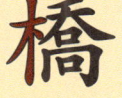

나무로 높게걸쳐 놓은 것이 다리다

 편지가 묶여있는 화살의 모양 (화살 시)	矯	약 矫 jiǎo 쟈오 詭矯(궤교) 矯導(교도) 矯僞(교위) 矯正(교정) **바로잡을 교**	

휘어진 화살을 교정틀에 끼워 높게당겨 바로잡다

 차나 수레의 모양 (차 차,수레 거)	轎	약 轿 jiào 쟈오 轎夫(교부) 轎子(교자) **가마 교**	

수레처럼 생겨 높게들고 다니는 것이 가마다

 풀싹이 돋아나는 모양 (풀 초)	蕎	약 荞 qiáo 챠오 蕎麥(교맥)〈木直〉메밀 **메밀 교**	

식물로 줄기가 높게 자라는 게 메밀이다

 늙은이에게 아들이 효도하다(효도 효) (두들길 복)	 教	jiào, jiāo 쟈오, 쟈오 敎示(교시) 敎旨(교지) 敎化(교화) 殉敎(순교) **가르칠 교**	

효도하라고 두들겨서 가르치다

교

				交	jiāo 지아오 交易(교역) 交友(교우) 交叉(교차) 斷交(단교) **사귈 교**

사귀는 모양

				郊	jiāo 지아오 郊外(교외) 近郊(근교) **들 교**

	지팡이의 모양 (글자 우측에 붙을 시 → 읍 읍마을 읍)				

(도회지 사람이) **사귈**때 늘 찾는 고을땅이 들이다

				咬	yǎo 야오 咬咬(교교) 咬菜(교채) **씹을 교, 물 교, 새소리교**

			입의 모양 (입구)		

입으로 음식과 **사귀**려고 씹다

				狡	jiāo 쟈오, 지아오 壯狡(장교) 凶狡(흉교) **교활할 교**

		개가 서있는 모양 (개 견)			

개같은 놈을 **사귀**니 교활하다

				校	xiào, jiào 시아오, 지아오 校舍(교사) 校閱(교열) 校訂(교정) 校門(교문) **학교 교**

		나무의 모양 (나무 목)			

꿈 나무들이 **사귀**며 공부하는 곳이 학교다

				餃	약 饺 jiāo 지아오, 쟈오 餃子(교자) 교자, 만두 烝餃(증교) 찐만두 **경단 교**

	집에서 정미기에 양식을 찧어 밥을 하다 (밥 식)				

음식으로 벗과 **사귈때** 즐겨 먹던 게 경단이다

실타래의 모양 (실 사)			약 **绞** jiáo 쟈으 絞縊(교액) 絞死(교사) 絞殺(교살) **목맬 교**

실로 꼰 줄을 **사귀**어 **목매다**

 차나 수레의 모양 (차 차, 수레 거)		약 **较** jiào 지아오, 쟈오 較量(교량) 較略(교략) 比較(비교) **비교할 교**

수레가 서로 **사귀**듯 나란히 가니 둘을 **비교하다**

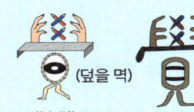 (덮을 멱) (볼 견)		약 **觉** jué 쥐에 覺醒(각성) 自覺(자각) 感覺(감각) **깰 교, 깨달을 각**

손에 **필기구**를 들고 무식으로 **뒤덮인** 자가 사물을 **보고 깨닫다**

	  양손으로 괭이를 잡고 있는 모양 (손 수)		약 **搅** jiǎo 지아오, 쟈오 攪亂(교란) 攪撓(교요) **어지러울 교, 흔들 교**	

손으로 정신차려 **깨닫**도록 **어지러움**게 **흔들다**

	(깃 우)  (머리결 진)	 (몸 육) (머리결 진)		약 **胶** jiāo 지아오, 쟈오 膠着(교착) 膠漆(교칠) **아교 교** 

몸통에 **깃**이나 **머리결**을 붙이는 풀이 **아교(풀)**이다

모루(다음잇쇠)의 모양을 본뜬 자 (장인공, 만들공)			qiǎo 치아오, 챠오 巧宦(교환) 巧猾(교활) 工巧(공교) 巧妙(교묘) **교묘할 교**

(구멍을)**만드**는 데 쓰는 **드릴**은 모양이 **교묘하다**

 (실 사)	(흰 백) (두들길 복)			**약** 缴 jiāo 지아오 繳繞(교요) 얽힘 **줄 교, 얽힐 교**(내놓게하다, 빼앗다)

실같은 흰 **줄**을 **사방 두들기듯** 던지니 순록이 **줄에 얽히다**

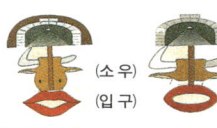(소 우) (입 구)	(굴 혈)(고할 고)		jiào 지아오 窖氷(교빙) 얼음을 움에 저장하다 **움 교**(지하실, 땅굴)

조용한 **굴**에서 신게 **고하려고** 만든게 **땅굴 움(집)**이다

(발 족)	흙을 퍼 방공로 위를 높이다 (높을 요)		**약** 跷 qiāo 치아오 蹺脚(교각) 발돋움하다 **들 교**(다리를 들다[꼬다])

발돋움하려고 **발**을 **높히 들다**

(깃 우)	흙을 퍼 방공로 위를 높이다 (높을 요)(깃 우)		**약** 翘 qiáo 치아오 翹首(교수) 머리를 들다, 우러러보다 翹企(교기) 열망함 **발돋움할 교, 꼬리긴 깃털 교**

(새가) **높이 깃**을 올려 날개치며 **발돋움하다**

(손 수) (털 모)			qiào 치아오 撬門(교문) 문을 비틀어 열다 (몽둥이 칼 송곳으로) 비틀어 열다 **들 교**

손으로 **털**을 깎으려고 **칼**을 **들다**

		(집 면) (으뜸 원)(칠 복)	kòu 커우 寇亂(구란) 寇攘(구양) 內寇(내구) 邊寇(변구) **도둑 구**

집안에 **으뜸가는**재물을 **쳐**서 빼앗는 자가 **도둑**이다

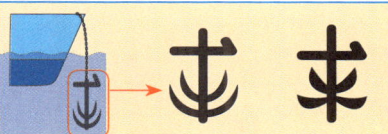	求	qiú 치우 求職(구직) 渴求(갈구) 追求(추구) 要求(요구) **구할 구**
닻을 내려 배를 고정시켜 **구하다**		
 못을 집게로 잡고 두들겨 치는 모양 (칠 복, 두드릴 복)	救	jiù 찌우 救急(구급) 救援(구원) **구원할 구** 
(위험에서)**구하려고** 두들겨패 구원하다		
구슬이 꿰어 있는 모양 (구슬 옥)	球	qiú 치우 球形(구형) 地球(지구) 投球(투구) 電球(전구) **둥글 구**
구슬을 **구하여** 가공해 둥글게 하다		
	具	jù 쥐 具眼(구안) 具體(구체) 器具(기구) 用具(용구) **갖출 구**
가구 밑에 다 받침대를 **갖추어** 놓다		
사람이 서 있는 모양 (사람인)	俱	jù 쥐 俱樂(구락) 俱存(구존) 俱現(구현) **함께 구**
사람이 장비를 **갖추어**놓고 함께 일을 하다		
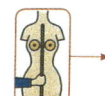 젖가슴을 짚어보이는 모양 (가슴 심, 마음 심)	懼	동 懼 jù 쥐 **두려워할 구**
마음으로 무기를 **갖추고** 있는 자를 두려워하다		

구

	jiǔ 지우
九	九冬(구동) 九嬪(구빈) 九泉(구천) 九鼎(구정) **아홉 구**

드릴의 모양을 본뜬자 **아홉(여럿)**의 뜻을 지님

사람이 서 있는 모양 (사람인)

	chóu 처우
仇	仇隙(구극) 仇邦(구방) 仇恨(구한) 雪仇(설구) **원수 구, 적 구**

사람을 여럿상대하다 보면 원수도 있다

굴의 모양 (구멍 혈,굴 혈)

	jiū 지우
究	研究(연구) 探究(탐구) **궁구(연구)할 구**

굴속에서 **아홉(여러)**해 동안 궁구(연구)하다

새의 모양 (새 조)

	jiū 지우
鳩	鳩尾(구미) 鳩婦(구부) 鳩杖(구장) 蒼鳩(창구) **비둘기 구**

여러마리 새가 떼지어 살아가는 것이 비둘기다

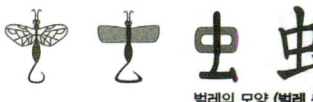

	qiū 치우
丘	丘壟(구롱) 丘阜(구부) 丘陵(구릉) 丘木(구목) **언덕 구**

평지에 솟은 **언덕**의 모양

벌레의 모양 (벌레 충)

	qiū 치우
蚯	蚯蚓(구인) 지렁이 **지렁이 구**

벌레로 **언덕** 밑 땅속에 있는게 지렁이다

			句	jù, gōu 쥐, 꺼우 佳句(가구) 結句(결구) 語句(어구) 文句(믄구) **굽을 구, 글귀 구**

닭이 모이통앞에 있으니 목이 굽다 / 구불구불 굽게 기록한 것이 글귀다

|  양손으로 괭이를 잡고 있는 모양 (손 수) |  |  | 拘 | jū 쥐
拘拿(구나) 拘斂(구렴)
拘禁(구금) 拘留(구류)
잡을 구 |

손을 굽혀서 (무엇을) 잡다

| |  |   개가 서있는 모양 (개 견) | 狗 | gǒu 거우
狗盜(구도)
鬪狗(투구)
개(강아지) 구 |  |

개로 몸을 굽히고있는 게 강아지(개)다

|  (저녁 석)
(저녁 석) |  |  |  (많을 다) | 够 | gòu, kōu 꺼우, 커우
够格(구격)
자격이 있다, 어울리다, 걸맞다
많을 구 |

(허리를) 굽히고 많은 밤을 지새는 자가 많다

|  |  |  | 苟 | gǒu 꺼우
苟免(구면)
苟安(구안)
진실로 구, 구차할 구 |  |
| 풀싹이 돋아나는 모양 (풀 초) | | | | | |

풀처럼 몸을 굽혀사는 자는 진실로 구차-하다

| | | | | 駒 | jū 쥐
駒齒(구치)
隙駒(극구)
망아지 구, 말 구 |  |
| | | | 말의 모양 (말 마) | | |

말로 등이 굽어있는 것이 망아지다

구

		**약** 区 qū, ōu 취, 어우 區劃(구획) 地區(지구) 區別(구별) 學區(학구) **구역 구, 나눌 구**
통안에 물건을 **구역**별로 **나누어** 넣다		

|
입의 모양 (입구) |  | **약** 呕 ōu 어우
嘔逆(구역)
嘔吐(구토)
토할 구 |  |
| (먹은 걸) **입**으로 외진 **구역**에 가 토하다 ||||

| 
산 봉우리의 모양 (메산) |  | **약** 岖 qū 취
崎嶇(기구)
嶇路(구로)
험할 구 |  |
| **산**이 있는 **구역**은 길이 험하다 ||||

 양손으로 괭이를 잡고 있는 모양 (손 수)		**약** 抠 kōu 커우 摳衣(구의) 옷을 걷어올림 　　　　　아랫도리를 걷어올림 **걷을 구**
손으로 세금을 **구역**으로 나누어 걷다		

    무사의 몸을 본뜬 글자 (몸 신)		**약** 躯 qū 취 輕軀(경구) 棄軀(기구) 衰軀(쇠구) 瘦軀(수구) **몸 구**
신체란 여러 **구역**의 기관이 모여 된 **몸**을 말한다		

 말의 모양 (말 마)		**약** 驱 qū 취 驅迫(구박) 驅逐(구축) 驅蟲(구충) 先驅(선구) **몰 구**
말을 목적지 **구역**으로 **몰다**		

 입을 크게 벌리고 하품하는 모양 (입 크게 벌릴 흠,하품 흠)	**약** 欧 ōu 어우 歐泄(구설) 歐美(구미) 歐洲(구주) 西歐(서구) **구라파 구, 토할 구**
(외진) **구역**에 **입을 크게 벌리**고 **구라파**인이 **토하**다	
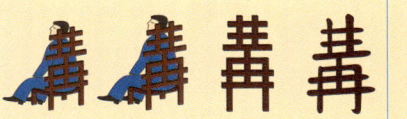	**약** 勾 góu, gōu 꺼우 **쌓을 구, 어긋맞게 쌓을 구**
의자의 **등받이**를 높게 **쌓아** 올린 모양	
나무의 모양 (나무 목)	**약** 构 gòu 꺼우 構想(구상) 構成(구성) **얽을 구**
나무를 **쌓아**서 **얽어매**다	
 물방울이 떨어지는 모양 (물 수)	**약** 沟 gōu 꺼우 溝渠(구거) 溝封(구봉) **도랑 구** 
물을 **쌓아** 흘러가게 만든 것이 **도랑**이다	
  돈이 든 자개장의 모양 (자개 패,돈 패)	**약** 购 gòu 꺼우 購讀(구독) 購買(구매) 購書(구서) 購入(구입) **살 구**
돈으로 **쌓아**놓은 상품을 **사다**	
 (화살 시) (클 거)	jǔ 쥐 高矩(고구) 度矩(도구) **곱자 구, 법 구** 
화살을 **크게** 맞붙인것 같게 만든게 **곱자**다	※ 곱자를 써 물건을 만드는 법이다

구

   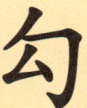

gōu, gòu 꺼우, 꺼우

勾引(구인) 꾀다, 호리다

버릴 구, 가둘 구

조류(새)를 먹이를 주어 기르려고 가두다

쇠를 다루는 대장간의 모양 (쇠 금)

鈎

약 钩 gōu 꺼우

鈎蟲(구충) 십이지장충
鈎子(구자) 갈고리, (동물의) 집게발

갈고리 구

쇠로 동물을 가둘때 쓰는 도구가 갈고리다

久

jiǔ 지우, 찌우

迂久(우구)　良久(양구)
長久(장구)　未久(미구)

오랠 구

오래산 노인의 모양

장작에 불이 붙어 타는 모양 (불 화)

灸

jiǔ 지우, 찌우

灸師(구사)
灸刺(구자)

지질(뜸) 구

오래도록 불로 지져뜨는 것이 뜸이다

구슬이 꿰어 있는 모양 (구슬 옥)

玖

jiǔ 지우, 찌우

瓊玖(경구)　玖璇(구선)
李玖(이구 : 고려 후기의 문신)

옥돌 구

구슬을 만드는 오래된 돌이 옥돌이다

병실의 모양 (병들 안, 병질 안)

疚

jiù 찌우, 지우

疚心(구심) 애를 태우다
　　　　괴로워하다

오래 앓을 구

병실에 오래 입원해 오래 앓다

(새추) (풀초) (절구 구) 舊	舊	 약 旧 jiù 찌으 舊都(구도) 舊面(구면) **옛 구, 부엉이 구**
풀속에 새로 **절구통**이란 별명으로 **옛**부터 불리었던 것이 **부엉이**다		
 	臼	jiù 지우 臼狀(구상) 臼齒(구치) 臼砲(구포) 井臼(정구) **절구 구**
절구통의 모양을 그린 자.		
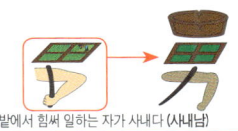밭에서 힘써 일하는 자가 사내남 (사내남)	 舅	jiù 찌우, 지우 伯舅(백구) 父舅(부구) 叔舅(숙구) 外舅(외구) **시아비(장인) 구**
(쌀을) **절구**에 찧어 봉양해야 할 **남자**가 **시아비**다		
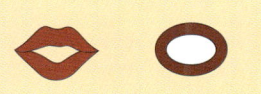		kǒu 커우 口味(구미) 口舌(구설) 河口(하구) 港口(항구) **입 구**
입의 모양을 본뜬 글자		
양손으로 괭이를 잡고 있는 모양 (손 수)		kǒu 커우 扣留(구류) 억루하다 **두드릴 구, 칠 구**
손으로 **입**을 막고자 두들겨 치다		
	韭	jiǔ 지우, 찌우 韭菜(구채) [樞] 부추 **부추 구**
부추의 모양을 본뜬 글자		

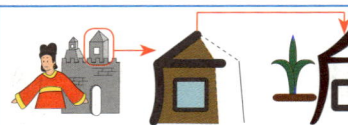 

	gòu 꺼우
垢	垢面(구면) 無垢(무구) 浮垢(부구) 身垢(신구)
	때 구

흙먼지로 왕비가 사는 궁성을 덮은 것이 **때**다

	gū 구
咕	咕咚(구동) 쿵, 첨벙소리 덜컹 소리
	투덜거릴 구

입으로 오래 투덜거리다

	jú 쥐
菊	菊判(국판) 菊版(국판)
	국화 국

식물의 줄기에 움켜쥔 쌀알모양의 꽃이 핀 것이 **국화**다

	jú 쥐
鞠	鞠問(국문) 鞠育(국육) 拿鞠(나국) 蹴鞠(축국)
	구부릴 국, 성씨 국, 기를 국

가죽을 쌀알을 움켜쥐듯하여 구부리다

	jú 쥐
局	局面(국면) 局地(국지) 局限(국한) 局內(국내)
	판 국

집안에서 팔로 입(목)을 조이니 죽을 **판**이다

	약 鍋 jū 쥐
鍋	鍋子(국자) 꺽쇠
	꺽쇠 국

쇠로 되여 목각 **판**을 깎는게 **꺽쇠**다

(혹[시] 혹)	(혹[시] 혹)	或	國	**약** 国 guó 구어 國基(국기) 國難(국난) 國是(국시) 國家(국가) **나라 국**
창을들고 입으로 성벽에서 혹시 적인가 하고 암호로 묻다	(에워쌀 위)			

(국경을) **에워싸고 혹시** 적이 올까 지키는 것이 **나라**다

    君

jūn 쥔
夫君(부군) 君主(군주)
君臨(군림) 諸君(제군)
임금 군

손에 **지휘봉**을 들고 **입**으로 명령하는 자가 **임금**이다

 裙

옷의 모양(옷 의)

qún 췬
裙子(군자) 치마, 스커트
裙帶(군대) 치마끈
치마 군

▶옛부터 임금님은 궁녀들의 치마폭을 좋아하였음

옷으로 **임금**이 좋아했던 옷이 치마다

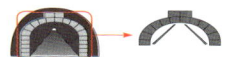   窘

굴의 모양 (구멍 혈, 굴 혈)

jiǒng 지옹
窘塞(군색)
窘急(군급)
군색할 군

굴속으로 **임금**이 들어가 사니 군색하다

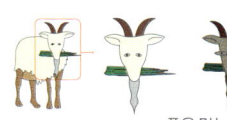 羊 羊 群

풀을 먹는 양의 모양 (양 양)

qún 췬
群雄(군웅) 群衆(군중)
群集(군집) 群生(군생)
무리 군, 모을 군

임금이 **양**떼 같은 백성의 구리를 모으다

   軍

약 军 jūn 쥔
軍備(군비) 軍人(군인)
軍裝(군장) 進軍(진군)
군사 군

위장막을 덮고 **포**를 쏘는 자가 **군사**다

(날/나올 출) (집 시)   싹이 차츰 위로 나오는 모양 (날/나올 출)	 	qū 취 屈曲(굴곡) 屈服(굴복) **굽힐 굴**
집밖으로 머리가 쑥 나오게 하여 굽히다		
   양손으로 괭이를 잡고 있는 모양 (손 수)	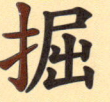	jué 쥐에 掘穴(굴혈) 盜掘(도굴) 濫掘(남굴) **팔(발굴할) 굴**
손을 굽혀서 흙을 파다		
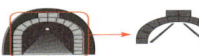 굴의 모양 (구멍 혈,굴 혈)		kū 쿠 巢窟(소굴) 窟居(굴거) **굴(동굴) 굴** 
굴속에 굽히고 들어가는 곳이 동굴이다		
사람이 서 있는 모양(사람 인)		juè 쥐에 倔强(굴강) 남에게 굽힘이 없이 의지가 굳셈 **굳셀 굴**
사람에게 굽히지 않고 대항하니 굳세다		
활의 모양 (활 궁)		gōng 꽁 勁弓(경궁) 弧弓(호궁) 國弓(국궁) 弓道(궁도) **활 궁**
활의 모양		
 무사의 몸을 본뜬 글자 (몸 신)		gūng 꿍 躬桑(궁상) 躬行(궁행) 聖躬(성궁) 直躬(직궁) **몸 궁**
몸에 활을 지니고 지키는 것이 몸이다		

 굴의 모양 (구멍 혈, 굴 혈)	(굴 혈)  (몸 신) (활 궁)	(굴 혈) 	窮	약 穷 qióng 치옹 窮理(궁리) 窮乏(궁핍) **궁할(다할) 궁** 
전체: 굴에서 몸을 활처럼 구부리고 사니 궁하다				

		官	宮	gōng 꽁 宮庭(궁정) 宮中(궁중) 宮合(궁합) 尚宮(상궁) **집 궁, 궁궐 궁**
(집) 궁궐의 모양				

			卷	**둥글 권**
둥글게 그리는 **콤파스**의 모양을 본뜬 자 **둥글**다는 뜻으로 쓰임				

			券	quàn 취앤 券面(권면) 券帖(권첩) **문서 권** 
칼의 모양을 본뜬 자 (칼 도)				
둥근 종이를 칼로 잘라 만든게 문서다				

			拳	quán 취앤 拳法(권법) 拳銃(권총) **주먹 권** 
둥글게 손을 한 것이 주먹이다				

콤파스의 모양 	(둥글 권)  (눈 목)		眷	juàn 쥐앤 殊眷(수권) 宿眷(숙권) 天眷(천권) 親眷(친권) **돌볼 권**
콤파스로 그린듯(동그랗게) **둥글게 눈**을 뜨고 사람을 돌보다				

| 권 |

콤파스의 모양	(둥글 권)			juǎn, juàn 쥐엔, 쥐엔
		卷	卷	卷尺(권척) 席卷(석권) **두루마리 책 권, 말 권, 쇠뇌 권**
(구부릴 절)				

둥글게 구부러지게 해 **두루마리 책을 말다**

				倦	juàn 쥐엔
사람이 서 있는 모양 (사람인)					倦憩(권게) 倦極(권극)  **게으를 권**

(늦도록)사람이 몸을 **두루마리 책같이 말고**있으니 게으르다

			圈	quān, juān 취엔, 쥐엔
담장같이 사면을 에워싼 모양 (에울위,에워쌀위)				圈內(권내) 圈外(권외)  **우리 권**

에워싸듯 **두루마리 책같이 말아** 둘러친게 우리다

	雚	guàn 꽌
		황새 관

숲속에서 **입을 좌우로** 저으며 **우는 새**가 황새다

		勸	약 劝 quàn 취엔
철창살을 팔로 힘을 써 벌리는 모양 (힘력)			勸告(권고) 勸勉(권면)  **권할 권**

(착한 일을 하면 황새가 온다는 고사에서 유래됨) | 황새가 오도록 힘써 좋은 일을 하라고 권하다

	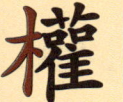	權	약 权 quán 취엔
	나무의 모양 (나무 목)		權能(권능) 權謀(권모) 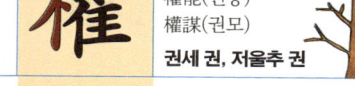 **권세 권, 저울추 권**

나무위에서 **황새**가 권세를 잡다

궐
궤

(병들 안) (더할 가) (몸 육)

qué 췌

瘸子(궐자) 절름발이

다리 절 궐

병이 점점 더하여져 육체가 굳어지니 다리를 절다

약 贵 guì 꾸이(꿰이)

貴重(귀중) 貴賤(귀천)
尊貴(존귀) 珍貴(진귀)

귀할 귀, 높을 귀

엽전 꽂이와 돈궤는 귀한것이다

물방울이 떨어지는 모양 (물 수)

약 溃 kuì, huì 쿠에이, 훼이

潰裂(궤열) 潰瘍(궤양)
魚潰(어궤) 敗潰(패궤)

무너질 궤

물에 귀한것이 잠겨 무너지다

(나무 목) (상자방)

약 柜 guì 꾸이(꿰이)

飯櫃(반궤)
書櫃(서궤)

함 궤

나무상자에 귀한것을 넣어 두는 궤짝이 함이다

사람이 선 바위 밑에 구부림은 위태하다.(위태할 위) (말씀 언) (위태할 위)

약 诡 guī 꾸이(꿰이)

詭矯(궤교) 詭策(궤책)
詭誕(궤탄) 特詭(특궤)

속일 궤, 괴상할 궤

말을 위태하게 하여 괴상하게 속이다

  跪
사람이 선 바위 밑에 구부림은 위태하다.(위태할 위) (발 족)(위태할 위)

guì 꾸이(꿰이)

跪拜(궤배) 무릎을 꿇고 절함
跪坐(궤좌) 무릎을 꿇고 앉음

꿇어 앉을 궤

발이 위태(불편)하게 꿇어 앉다

궤
귀

|  | 几 | jī 지
几硯(궤연) 책상과 벼루
曲几(곡궤) 床几(상궤)
안석 궤, 책상 궤 |

几자 모양 만든 것이 **책상**이다

|  |  軌 | 약 軌 guǐ 궤이
廣軌(광궤)
軌度(궤도)
수레바퀴 궤, 길 궤 |

수레에 여러(아홉)개 붙어 있는게 **수레바퀴**(살) 이다

|  | | |  | 약 貴 guì, guǐ 꿰이, 궤이
貴重(귀중) 貴賤(귀천)
貴下(귀하) 尊貴(존귀)
귀할 귀 |
(돈 꿰, 돈궤 꿰)

엽전 꽂이와 돈궤는 귀한것이다

|  |  | |  | guǐ 궤이
鬼面(귀면) 鬼神(귀신)
暗鬼(암귀) 妖鬼(요귀)
귀신 귀 |

외뿔이 나고 **입이 십자**로 찢어진 괴물, 즉 **귀신**의 모양을 본뜬 자

|  |  |  |  | 약 龜 guī, jūn, qiū 꿰이, 쥔, 치우
龜齡(귀령) 龜鑑(귀감)
龜甲(귀갑) 龜頭(귀두)
거북 귀, 거북 구 |

거북의 모양을 본뜬 자

|  |  |  |  | 약 归 guī 꿰이
歸化(귀화) 歸還(귀환)
復歸(복귀) 歸鄕(귀향)
돌아갈 귀 |
서류함 (비 추)
손에 비를 잡고있는 모양

많이 쌓여 묶여 있는오물이 비질하는 청소부에게 **돌아가다**

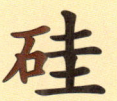 (흙 토) / (흙 토)			圭	guī 꾸이 圭角(규각) 圭璧(규벽) **영토 규, 홀 규**(영토를 줄 때 그 증표로 준 것이 홀이다) 

규

흙과 **흙**이 모여서 된 게 **영토**다

|  돌 (바위)의 모양 **(돌 석)** | | | | 硅 | guī 꾸이
硅酸(규산) 硅素(규소)
硅素樹脂(규소수지)
규소 규 |

(팔면체의) **돌**로 **영토**(땅)에서 캔 것이 규소다

| | | | 閨 | 약 闺 guī 꿰이
空閨(공규) 閨房(규방)
閨秀(규수) 閨怨(규원)
안방 규 |

문의 모양을 본뜬 자 **(문 문)**

대**문**안 **영토**(마당)에 지은 거실이 안방이다

| 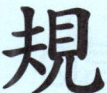 (지아비 부) 눈으로 사람이 보다 **(볼 견)** | | | | 規 | 약 规 guī 꿰이
規定(규정) 規則(규칙)
例規(예규) 法規(법규)
법 규 |

(여자가) **지아비**를 **볼**(맞을) 때는 **법규**를 따른다

|  굴의 모양 **(구멍 혈, 굴 혈)** | | | 窺 | 약 窥 kuī 쿠이
窺見(규견) 窺知(규지)
坐窺(좌규) 踐窺(천규)
엿볼 규 |

사람을 문 구멍으로 법규에 어긋나게 엿보다

|  난간대 |  (하늘 천) | | 葵 | kúi 쿠이
楚葵(초규)
浦葵(포규)
해바라기 규  |

식물의 **난간대**줄기에 피는 **하늘**에 해같은 꽃이 **해바라기**다

규 균			
 덩굴이 얽힌모양 (얽힐 규, 꿀 규)	叫	jiào 지아오 叫聲(규성) 絕叫(절규) **부르짖을 규**	
입을 벌리고 목을 꼬며 부르짖다			
  (실 사) (꿀 규)	糾	약 纠 jiū 지우 糾戮(규륙) 糾按(규안) **얽힐 규, 규명할 규**	
실이 덩굴같이 꼬여 얽히다			
   굴의 모양(구멍 혈, 굴 혈) (모 방) (두들길 복)	竅	약 窍 qiào 챠오 空竅(공규) 구멍 **구멍 규**	
굴을 파려고 흰 대낮부터 사방을 두들겨 패서 구멍을 내다			
  	龜	guī 꾸이 龜齡(귀령) 龜鑑(귀감) 龜甲(귀갑) 龜頭(귀두) **갈라질 균**	
거북의 모양을 본뜬 자			
   (흙 토) (가지런할 균)	均	jūn, jùn, yùn 쥔, 쥔, 윈 均分(균분) 均霑(균점) 均質(균질) 均衡(균형) **고를 균**	
흙위에 장애물을 가지런히 옮겨, 땅을 고르다			
  (풀 초) (에워쌀 위, 벼 회)	菌	jùn, jūn 쥔, 쥔 菌根(균근) 菌類(균류) **버섯 균, 곰팡이 균**	
풀에 에워싸여 있는 벼단이 썩어 버섯이 돋다			

 (쇠 금) (가지런할 균)		**약** 钧 jūn 쥔 鈞石(균석) 저울추 **서른 근 균, 녹도 균** ※고대의 중량의 단위
쇠덩이를 가지런히 싣고 서른 근의 무게를 재다		
  (창 모)  (나무 목) (살짝 얾)		jú 쥐 橘核(귤핵) 甘橘(감귤) **귤(나무) 귤** 
나무열매로 창에 찔린 듯 살짝 얾은 과일이 귤이다		
비석의 모양 (오랠 고)   (오랠 고)   (사람 인)	克	kè 커 克己(극기) 克明(극명) **이길 극** 
오래버티는 사람이 이긴다		
		jí 지 棘門(극문) 棘矢(극시) 杞棘(기극) 蒙棘(몽극) **멧대추나무 극**
나무중에 가시로 싸여있는 나무가 멧대추나무다		
  (언덕 부)(작을 소)		xì 시 間隙(간극) 孔隙(공극) 怨隙(원극) 寸隙(촌극) **틈 극**
언덕에 작게 갈라진 구멍(⊙)이 작게 이여진 게 틈이다		
		kě 커 可汗(극한) 흉노족의 군주의 칭호 **옳을 가, 오랑캐 이름 극**
굽혀인사하며 예물드림은 옳다		

약 極 jí 지

極度(극도) 極致(극치)
登極(등극) 極東(극동)

다할 극, 극진할 극

(나무 목)

나무를 입으로 물고 뚫고 찝으니 수명이 **다하다**

(범 호)
(돼지 시) (선칼 도)

약 剧 jù 쥐

劇烈(극렬)
劇本(극본)

심할 극

호랑이와 돼지의 싸움이 칼부림하듯 **심하다**

jí 지

病革(병극) 병세가 위급하다

가죽 혁, 병급할 극

나뭇살을 대어 **가죽**을 말리는 모양

jīn 진

斧斤(부근) 斤兩(근량)
斤量(근량) 百斤(백근)

도끼 근, 근 근

반달 **도끼**의 모양을 본뜬 자

(달릴 착)

jìn 진

近視(근시)
近接(근접)

가까울 근

도끼들고 **달려가서** 찍을 수 있을 만큼 **가까웁다**

qín 친

芹菜(근채) 미나리

미나리 근

풀싹이 돋아나는 모양 (풀 초)

풀 같은 식물로 **도끼**로 잘라 거두는 게 미나리다

jīn 진

진흙 근, 겨우 근, 황토 근

연장통을 이고 **진흙**에 주저앉은 모양

사람이 서 있는 모양 (**사람인**)

 jīn, jǐn 진, 진

僅僅(근근) 僅少(근소)

겨우 근, 거의 근

사람이 **진흙**수렁을 겨우 빠져나오다

철창살을 팔로 힘을 써 벌리는 모양 (**힘력**)

qín 친

勤勉(근면) 勤務(근무)
勤學(근학) 出勤(출근)

부지런할 근

진흙속에서 힘써 일하니 부지런하다

수염을 들먹이며 입으로 말하는 모양 (**말씀 언**)

謹 jǐn 진

謹告(근고) 謹識(근지)
謹愼(근신) 謹身(근신)

삼갈 근

말을 **진흙**속을 걸을 때처럼 삼가하다

(멈출 간)

벼를 붓지 않으니 쌀
나오는 것이 멈추다

(**나무 목**) (**멈출 간**)

gēn 껀

根本(근본) 根性(근성)
禍根(화근) 毛根(모근)

뿌리 근

나무를 멈추게하는 것이 뿌리다

(대 죽)

갈비뼈

(**몸통 육**)(**힘 력**)

jīn 진

筋骨(근골) 筋力(근력)
鐵筋(철근) 筋骸(근해)

힘줄 근

대줄기같이 **몸통**에 **힘**을 주었을 때 생기는 것이 **힘줄**이다

근 금					
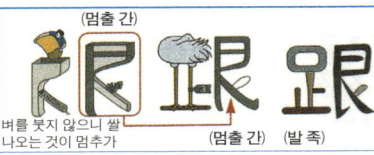 (멈출 간) 벼를 붓지 않으니 쌀 나오는 것이 멈추가 (멈출 간) (발 족)					gēn 껀 跟踪(근종) 미행(추적)하다 **발꿈치 근, 뒤따를 근**
발로 가는 걸 **멈추니** 땅에 닿는게 **발꿈치**다					
					jīn 진 今方(금방) 今昔(금석) 現今(현금) 昨今(작금) **이제 금**
집에서 **낫**을 들고 **이제** 막 일하러 간다는 뜻					
					qín 친 琴屠(금도) 琴瑟(금슬) **거문고 금**
구슬이 꿰어 있는 모양 (**구슬 옥**)					
쌍구슬이 구르는 좋은 소리를 **이제**막 내게 **거문고**다					
					jīn 진 金融(금융) 金權(금권) 預金(예금) 合金(합금) **쇠 금, 성 김**
쇠를 다루는 **대장간**의 모양을 본뜬 자, **쇠**를 뜻함					
					qín 친 棲禽(서금) 禽獸(금수) 禽獲(금획) 猛禽(맹금) **새 금**
집에서 기르는 **새**의 모양					
					qín 친 擒縛(금박) 擒生(금생) **사로잡을 금**
양손으로 괭이를 잡고 있는 모양 (**손 수**)					
손으로 **새**를 **사로잡다**					

 (수풀 림)  禁 禁 禁 (보일/제사 시)	jin, jìn 진, 진 禁斷(금단) 禁亂(금란) 禁物(금물) 軟禁(연금) **금할 금**
수풀속 **제사**지내는 곳은 잡인의 출입을 **금하다**	
 襟 옷의 모양 (옷 의)	jīn 진 愁襟(수금) 憂襟(우금) **옷섶 금, 가슴 금** 
옷섶위 만지는 것을 **금해야**할 부분이 **가슴**이다	
(흰 백)   錦 錦 (쇠 금) (천 건)	약 錦 jǐn 진 錦囊(금낭) 錦堂(금당) 錦鷄(금계) 錦紋(금문) **비단 금** 
금처럼 아름답게 빛나는 **흰**(밥같은) **천**이 **비단**이다	
 及	jí 지 遡及(소급) 埃及(애급) 及落(급락) 及弟(급제) **미칠 급** 
층층대 앞쪽으로 손을 **미치게**하다	
級 실타래의 모양 (실 사)	약 級 jí 지 級友(급우) 等級(등급) **차례(등급) 급** 
실을 기둥까지 **미치게**하려고 **차례**로 잇다	
 圾 싹이 흙위에 돋아나는 모양 (흙 토)	jí 지 圾乎(급호) 위대함 **바드러울 급, 위대할 급**
흙 더미가 도로에 **미치게** 무너지니 **위태하다**(바드러웁다)	

급
긍
기

(합할 합)
뚜껑을 그릇에 덮어합하다
(실 사) (합할 합)

약 給 jí 지
給水(급수) 給食(급식)
給與(급여) 俸給(봉급)
줄 급

실을 합하여 이어 주다

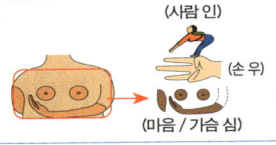

(사람 인)
(손 우)
(마음 / 가슴 심)

jí 지
急激(급격) 急報(급보)
躁急(조급) 緩急(완급)
급할 급

(아픈) 사람에게 손을 쓰려니 마음만 급하다

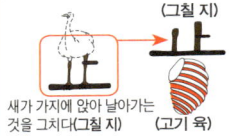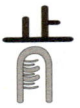

(그칠 지)
새가 가지에 앉아 날아가는
것을 그치다(그칠 지)
(고기 육)

kěn 컨
肯定(긍정)
首肯(수긍)
즐길 긍

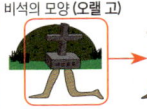

비석의 모양 (오랠 고)
오래 버티는 사람이 이긴다 (이길 극)
(이길 극) (이길 극)

jìng 징
兢懼(긍구) 兢惶(긍황)
凜兢(늠긍) 凌兢(능긍)
떨림 긍, 조심할 긍

이기고 또 이기려는 생각뿐이니 긴장되 떨리다

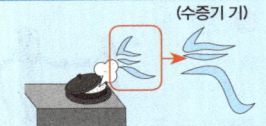

(수증기 기)

동 氣 qì 치
气象(기상) 气運(기운)
气體(기체) 气勢(기세)
기운 기

수증기의 기운이 돌다

(물 수)(수증기 기)

qì 치
汽罐(기관) 汽笛(기적)
汽艇(기정) 汽筒(기통)
김 기

물에서 나오는 수증기가 김이다

		(큰 대) 奇 (옳을 가)	奇	qí 치 奇拔(기발) 奇怪(기괴) 奇蹟(기적) 神奇(신기) **기이할 기**

큰어른께 **옳게** 예물을 드려도 좋아 않으니 **기이하다**

			寄	jì 지 寄居(기거) 寄贈(기증) **붙어살 기**
지붕을 덮어씌운 집의 모양 **(집 면)**				

(기생충이) 집을 **기이하게** 짓고 **붙어살다**

				騎
	말의 모양 **(말 마)**			**약** 骑 qí 치 騎馬(기마) 騎兵(기병) **말탈 기** 

말등에서 **기이한** 재주를 부리며 **말 타다**

				崎
	산 봉우리의 모양 **(메 산)**			qī 치 崎傾(기경) 崎嶇(기구) **험할 기** 

산이 **기이하게도** 생겨 **험하다**

				畸
	밭의 모양 **(밭 전)**			jī 지 畸人(기인) 畸形(기형) **뙈기밭 기**

밭이 **기이하게** 생긴것이 작은 **뙈기밭**이다

		(큰 대) 奇 (옳을 가)	奇	jī 지 奇偶(기우) 기수와 우수, 홀수와 짝수 奇数(기수) 홀수 **기수 기(홀 수)**

기수가 **홀수**라는 게 **기이하다**

기

| | | | | | qí, jī 치, 지
各其(각기) 其間(기간)
其實(기실) 其人(기인)
그 기 |

의자가 바로 **그** 것이다

| 
싹이 흙위에 돋아나는 모양 (**흙 토**) | | | | 基 | jī 지
基礎(기초) 基盤(기반)
基因(기인) 基準(기준)
터 기 |

그 땅(흙)에 **터**를 잡다

| 
입을 크게 벌리고 하품하는 모양 (입 크게 벌릴 흠,하품 흠) | | | | 欺 | qī 치
欺冒(기모)
詐欺(사기)
속일 기  |

그같이 **입을 크게 벌리고** 말하며 **속이다**

| 
나무의 모양 (**나무 목**) | | | | 棋 | qí 치
棋聖(기성)
棋院(기원)
바둑 기 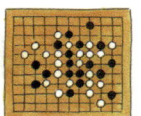 |

나무판에 **그**같이 두는 게 **바둑**이다

| 
대나무 이파리 모양을 본뜬 자 (**대 죽**) | | | | 箕 | jī 지
箕星(기성)
箕子(기자)
키 기  |

대나무로 **그**같이 얽은 것이 **키**다

| 
구름에 가린 반달의 모양 (**달 월**) | | | | 期 | qí 치
期待(기대)
期約(기약)
기약할 기, 때 기  |

그 달로 **때**를 **기약**하다

 쟁기에 깃발에 꽂혀 있는 모양 (깃발 언)	旗	qí 치 赤旗(적기) 弔旗(조기) 旗幟(기치) 旗幅(기폭) **깃발 기**
쟁기에 꽂혀있는 **그** 것이 깃발이다		
  구름에 가린 반달의 모양 (달 월)	期	jī 지 期年(기년) 일주년, 만 1년 **돌 기**
그 달이 일년이 된 **돌**이다		
支 支 支 支	支	zhī 즈 支出(지출) 支局(지국) 支給(지급) 支援(지원) **갈라질 지, 지탱할 지**
나무의 **갈라진** 가지를 잡고 **지** 하다		
  양손으로 괭이를 잡고 있는 모양 (손 수)	技	jī 지 技術(기술) 技能(기능) **재주 기**	
손으로 좋은 것을 **갈라**놓는 것이 **재주**다		
  산 봉우리의 모양 (메산)	岐	qí 치 岐路(기로) 岐山(기산) 岐崖(기애) 岐州(기주) **갈림길 기**
산에서 **갈라진**것이 갈림 길이다		
 여자의 모양 (계집녀)	妓	jī 지 妓生(기생) 童妓(동기) 名妓(명기) 義妓(의기) **기생 기, 창녀 기**
여자로 몸과 마음을 **갈라** 파는 자가 기생이다		

기

	(늙을로)		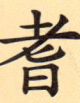 (말할(가로)왈)	qí 치 耆年(기년) 耆蒙(기몽) **늙은이 기**

늙어서 말을 함부로 하는 이가 늙은이다.

		 입의 모양 (입 구)	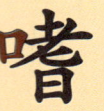	shì 스 嗜僻(기벽) 嗜愛(기애) 嗜慾(기욕) 嗜好(기호) **즐길 기, 욕심낼 기**

입으로 늙은이가 별식 먹기를 즐기다.

			 물고기의 모양(물고기 어)	 **약** 鰭 qí 치 尾鰭(미기) 꼬리지느러미 **지느러미 기**

고기로 늙은이가 좋아하는 데가 지느러미다

	 (흰 백)	 (숟가락 비)(목메일 기)	 **약** 旣 jì 지 旣往(기왕) 旣存(기존) **이미 기**	

흰밥을 숟가락으로 퍼 목이 메이게 이미 다 먹어치우다.

 (개견)				qì 치 器具(기구) 土器(토기) 器量(기량) 器材(기재) **그릇 기**

여러 통에 개고기를 담아 놓은 것이 그릇이다.   옛날 유목 생활을 할 당시에는 주식이 개고기였음

		(북녘 북)		jì 지 冀圖(기도) 冀望(기망) 冀願(기원) **원할(바랄) 기**

밭과 옆은 고기는 나누는 방법이 다르다 (다를 이)

북녘의 다른 민족이 중국같은 대국 되기를 원하다

		jǐ 지 己有(기유) 己出(기출) 知己(지기) 克己(극기) **몸 기**
사람의 **몸**을 본뜬자		
 젖가슴의 모양 (가슴 심, 마음 심)		jì 지 忌故(기고) 忌日(기일) 忌祭(기제) 忌中(기중) **꺼릴 기**
	몸으로 마음에 들지않는 상관을 꺼리다	
 실타래의 모양 (실 사)		약 纪 jì, jǐ 지, 지 紀念(기념) 紀元(기원) **실마리 기, 벼리 기**
실타래를 이루고 있는 하나하나의 몸이 실마리다		※그물 밑을 두른 굵은 줄이 벼리다
수염을 들먹이며 입으로 말하는 모양 (말씀 언)		약 记 jì 지 記憶(기억) 記者(기자) **기록할 기**
말의 **몸**(내용)을 기록하다		
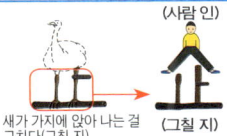팔을 휘저으며 달아나는 모양 (달아날 주)		qǐ 치 起案(기안) 起用(기용) 起草(기초) 起動(기동) **일어날 기**
달아나려고 몸을 일으키다(일어나다)		
(사람 인) 새가 가지에 앉아 나는 걸 그치다(그칠 지) (그칠 지)		qǐ 치 企待(기대) 企圖(기도) 企望(기망) 企業(기업) **바랄 기**
사람이 가던걸 그치고 서 있기를 바라다		

기

약 几 jī, jǐ 지, 지

幾百(기백)　幾日(기일)
幾何(기하)　幾許(기허)

몇 기, 거의 기

생존자는 **조랑박** 같이 **작은** 수로 **창**을 든 **사람 몇**명 뿐이다.

나무의 모양 (나무 목)

약 机 jī 지

機動(기동)
機能(기능)

틀(기계)기

벼훑는 기계

나무를 **몇**개 써 만든 것이 **틀**이 **(기계)**다

입의 모양 (입 구)

약 叽 jī 지

嘰咕(기고) 소곤거리다
낮은 소리로 원망하다

쪽잘거릴 기

입으로 **몇** 사람이 **쪽잘거리다**

집에서 정미기에 양식을 찧어 밥을 하다(밥 식)

약 饥 jī 지

饑年(기년) 흉년

흉년들 기, 주릴 기

(먹을) **밥**이 **몇** 그릇 없으니 **주리라**

수염을 들먹이며 입으로 말하는 모양 (말씀 언)

약 讥 jī 지

譏謗(기방)
譏刺(기자)

나무랄 기

말을 **몇** 마디 하여 **나무라다**

(몸 육) (책상 궤)

jī 지

肌骨(기골)　肌理(기리)
雪肌(설기)　細肌(세기)

살 기

몸에서 **책상**과 직접 다은 부분이 **살**이다

  祈

(젯상 시)(반달 도끼 근)

qí 치

祈雨(기우)
祈願(기원)

빌 기

기
긴
길
김

젯상 앞에서 **도끼**를 들고 무운 장구를 **빌다**

   棄

약 弃 qì 치

棄唾(기타) 棄却(기각)
棄權(기권) 抛棄(포기)

버릴 기

쓰레받기의 오물을 쓰레기통에 버리다

    豈

약 岂 qǐ 치

豈敢(기감)
豈不(기불)

어찌 기

산에서 북채로 북치는 소리가 나니 **어찌**된 일인가?

   (신하 신)(거듭 우) 緊

(실 사)

약 紧 jǐn 진

緊密(긴밀) 緊迫(긴박)
緊要(긴요) 緊張(긴장)

요긴할 긴, 긴급할 긴

신하들이 거듭 전화선을 통해 비상을 알릴 만큼 **긴급하다**

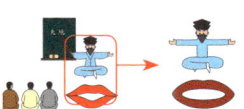  吉

(선비사)

(입 구)

jí 지

吉夢(길몽) 吉兆(길조)
吉凶(길흉) 大吉(대길)

길할 길

선비가 입으로 (옳은)길한 소리만 한다

  金

jīn 진

金融(금융) 金權(금권)
預金(예금) 合金(합금)

쇠 금, 성 김

쇠를 다루는 **대장간**의 모양을 본뜬 자, **쇠**를 뜻함

		나
   지팡이의 모양 (글자 우측에 붙을 시 → 읍 읍,마을 읍)	那	nà, nǎ, nǎi 나, 나, 나이 那何(나하) 刹那(찰나) **어찌 나** 
칼 두개로 **마을**을 **어찌** 지키란 말이요!		
 입의 모양 (입 구)	哪	nà, nǎi, né, néi 나, 나이, 너, 네이 哪里(나리) 어디, 어느 곳 **어찌 나, 어느 나**
입 담이 어찌나 좋은 지 어느 누구도 어찌못하다		
 양손으로 괭이를 잡고 있는 모양 (손 수)		nuó 눠 挪用(나용) 돈이나 물건을 일시 돌려씀 **옮길 나(옮기다, 움직이다)**
손힘이 어찌나 센지 번쩍 들어 옮기다		
  여자의 모양 (계집녀)		nuó 눠 娜娜(나나) 아리따운 모양 **아리따울 나, 휘청거릴 나**
여자가 어찌나 날씬한지 휘청거리며 아리따웁다		
  合 (합할 합) 拿 (손 수)		nà 나 拿入(나입) 拿處(나처) 拿獲(나획) 先拿(선나) **붙잡을 나**
양손을 합하여 손으로 붙잡다		

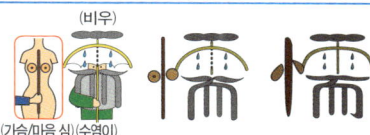 

懦 nuò 누오
懦弱(나약)
懦語(나어)
나약할 나

마음이 비에 수염이 젖을까 걱정하리 만큼 **나약하다**

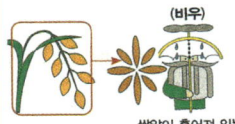  

약 稬 nuò 누오
糯稻(나도) 찰벼
新糯(신나) 새로나온 찰벼
찰벼 나

쌀(벼)포기가 비맞은 수염같이 푸석한 게 **찰벼**다

약 难 nuó 누어
其葉有難(그엽유나)
잎이 무성하다
우거질 나(무성한 모양)

진흙에 빠진 새가 갈 수 없을 만큼 풀이 **무성하다**

약 诺 nuò 누오
快諾(쾌락) 許諾(허락)
허락할 낙(락)

말씀대로 약초풀을 오른쪽 손으로 캐 쓰게 **허락하다**

yuán 위앤

끌어당길 원

방패를 집게로 집듯이 잡고 **끌어당기다**

nuǎn 누안
暖風(난풍)
暖房(난방)
따뜻할 난

햇볕을 끌어당기니 **따뜻하다**

난
날
납
납

연장통을 이고 진흙속을 헤매는 모양
(진흙 근) (새 추)

약 难 nán, nàn 난, 난

難題(난제) 難色(난색)
艱難(간난) 非難(비난)

어려울 난, 재앙 난

진흙에 빠진 새가 날아가기가 어렵다

(손 수) (흙 토)

niē 니에

捏詞(날사)
捏造(날조)

반죽할 날

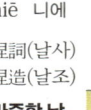

손으로 날마다 도자기 만들 흙을 반죽하다

(손 수) (보일 시)
(큰 대)

nà 나

捺印(날인)
捺章(날장)

누를 날

손으로 큰계약서를 보며 도장을 누르다

(힘 력) (발 전)
창살을 힘써 벌리는 모양 (힘 력)

nán 난

快男(쾌남) 男根(남근)
男性(남성) 男爵(남작)

사내 남

밭에서 힘써 일하는 자가 **사내**다

nán 난

南道(남도) 南風(남풍)
南向(남향) 以南(이남)

남녘 남

교회 지붕에 잠자리가 앉은 곳이 양지바른 **남녘**이다.

nèi 네이

內容(내용) 內政(내정)
內助(내조) 內包(내포)

안 내, 들일 납

건물 안에 사람을 들이다

 입의 모양 (입 구)	呐	nà 나 呐吃(눌흘) 말을 더듬거림 **떠들 납, 말 더듬을 눌**
입을 열고 **안에서** 떠들다		
    쇠를 다루는 대장간의 모양 (쇠 금)	鈉	약 钠 nà 나 **나트륨 납**
금속의 원소 **안에** 끼여 있는게 **나트륨**이다		
    건물안에 사람이 있는 모양 (안 내) (안내) (실 사) (안내)	納	약 納 nà 나 納得(납득) 納付(납부) **드릴 납**
실(주머니)**안에** 돈을 받아**들이다**		
   정미기에 찧은 양곡은 좋다 (좋을량) (좋을량) (계집녀) (좋을량)	娘	niáng 니앙 嬌娘(교낭) 廚娘(주낭) 娘娘(낭낭) 娘子(낭자) **아가씨 낭**
여자의 생애중 **좋을때**가 **아가씨**때다		
 가운데 중 덮을 멱 브래지어 띠(고무줄) (옷 의)   	囊	náng 낭 胚囊(배낭) 背囊(배낭) 囊中之錐(낭중지추) **주머니 낭** 
옷 가운데 덮어싸는 브래지어 밑 **띠**에 다는 게 **주머니**다		
  (수염 이) (손 촌, 마디 촌) 	耐	nài 나이 耐性(내성) 忍耐(인내) **견딜 내** 
수염을 **손**으로 뽑는 모욕을 **견디다**		

납
낭
내

		nèi 네이 內容(내용) 內政(내정) 內助(내조) 內包(내포) **안 내**
건물 **안**에 사람이 있는 모양		
 (큰 대)  (제사시)		nài 나이 奈何(내하) 莫無可奈(막무가내) **어찌 내**
큰 제사를 **어찌** 아니 올리리요		
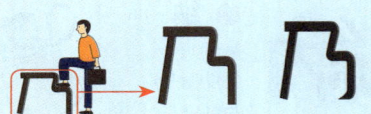	乃	nǎi 나이 靄乃(애내) 乃子(내자) 乃至(내지) 終乃(종내) **이에(곧) 내**
계단을 밟고 **이에 곧** 오르다		
 여자의 모양 (계집녀)		nǎi 나이 奶牛(내우) 젖소, 송아지 奶粉(내분) 분유 **젖 내**
여자가 해산하니 **이내 곧 젖이** 나오다		
  	女	nǔ 뉴 女傑(여걸) 女權(여권) 仙女(선녀) 聖女(성녀) **여자 녀(여), 계집녀**
여자의 모양을 본뜬 글자		
(펼 전) 화초를 진열대에 펴놓다	 돌 (바위의 모양 (돌 석) (펼 전)	碾	niǎn 니앤 碾車(연거) 씨아 藥碾(약연) 약재를 가루로 만드 돌 **매년, 맷돌 년**
(곡식을) **돌** 위에 **펴** 놓고 찧는게 **맷돌**이다		

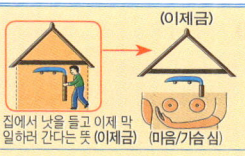				年

nián 니엔
年度(연도) 年例(연례)
年輩(연배) 平年(평년)
해 년(연)

년
념
녕

사람이 넘는 세월의 **사다리**가 **해**다

  念

niàn 니엔
念慮(염려)
念佛(염불)
생각 념(염)

이제 막 마음으로 **생각하다**

  捻

niǎn 니엔, 넨
捻線(념선) 실을 꼬다
捻子(녀자) 노끈, 지승
비틀 념, 꼴 념

손으로 **생각해** 가며 **비틀어 꼬다**

   拈

niān 니엔
拈笔(념필) 붓을 들다
拈香(념향) 분향하다
집을 념

손으로 **차지하려고 집다**

  寧

약 宁 níng, nìng 닝, 닝
康寧(강녕)
寧日(영일)
편안할 녕, 즐길 녕

집에서 **마음**껏 **그릇**의 밥을 먹고 **고무래**질하니 심신이 **편안하다**

|  |  |  | | 擰 |

약 拧 níng, nǐng, nìng 닝, 닝, 닝
擰毛巾(녕모건)
수건을 비틀어 짜다
비틀 녕, 짤 녕

손으로 **편안히** 잡고 **비틀어 짜다**

101

개가 서있는 모양(개 견)		**약** 狞 níng 닝 獰笑(영소) 독살스러운 웃음, 징그러운 웃음 **사나울 녕**
(사냥) **개**가 동물을 **즐겨** 잡아 죽이니 사나웁다		
나무의 모양 (나무 목)		**약** 柠 níng 닝 檸檬(영몽) (植) 레몬 檸檬酸(영몽산) 레몬산 **영몽(레몬) 녕**
나무 열매로 속을 **편안히** 해주는 게 영몽(레몬)이다		
 물방울이 떨어지는 모양 (물 수)	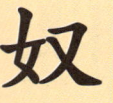	**약** 泞 níng 닝 泥濘(니녕) 진창, 진흙탕, 질퍽하다 **진창 녕**
물이 흙에 **편안히** 머물러 있는 곳이 진창이다		
 	奴	nú 누 僕奴(복노) 監奴(감노) 奴隷(노예) 奴婢(노비) **종 노**
적국의 **여자**로 **잡혀**온 자가 종이다		
 철창살을 팔로 힘을 써 벌리는 모양 (힘력)	努	nǔ 누 努力(노력) 努目(노목) **노력할(힘쓸) 노** 
종같이 **힘**을 써 노력하다		
젖가슴의 모양 (가슴 심,마음 심)	怒	nù 누 憤怒(분노) 怒氣(노기) 激怒(격노) 觸怒(촉노) **성낼 로**
종살이 하는 **마음**같이 (속으로) 성내다		

 (굽을 곡) (별 진)		農	**약** 农 nóng 눙 農耕(농경) 農繁(능번) 農園(농원) 農地(능지) **농사 농**

농작물이 **굽게** 자라도록 **별자리**를 살펴 **농사**를 짓다

   물방울이 떨어지는 모양 (물 수)	濃	**약** 浓 nóng 눙 濃抹(농말) 濃雰(농분) **무르녹을(짙을) 농** 

물이 풍부하여 **농사**가 **무르녹게** 잘 되다

 몸통 부분인 갈비뼈의 모양 (몸 육,고기 육)	 膿	**약** 脓 nóng 눙 膿團(농단) 膿漏(농루) 膿墨(농묵) 膿死(농사) **고름 농**

몸에난 상처가 **농사**를 지어 생긴게 **고름**이다.

 (글월 문)  	囟	**약** 卣 nǎo,nèo 나오 **머리 뇌**

머리카락이 나고 그 속에 **글**이 들어 있는 곳이 **머리**다

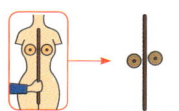    젖가슴을 짚어보이는 모양 (가슴 심,마음 심)	惱	**약** 恼 nǎo 나오 苦惱(고뇌) 惱殺(뇌쇄) **번뇌할 뇌** 

마음과 **머리**로 **번뇌**하다

 몸통 부분인 갈비뼈의 모양 (몸 육,고기 육)	 腦	**약** 脑 nǎo 나오 腦裏(뇌리) 腦炎(뇌염) 大腦(대뇌) **골(뇌수) 뇌**

몸속 머리에 들어 있는 것이 **골**이다.

  (손톱 조)  餒 餒

약 馁 něi 네이

餒斃(뇌폐) 굶어 죽음

주릴 뇌, 썩을 뇌

집에서 정미기에 양식을 찧어 밥을 하다(밥 식) (계집 녀)

밥을 손으로 구걸하며 **여자**가 **주리다**

  撓 撓  撓

약 挠 náo 나오

撓鉤(요구) 갈퀴
撓亂(요란) 어지러움

굽힐 뇨, 긁을 뇨

(높을 요) 양손으로 괭이를 잡고 있는 모양 (손 수) (높을 요)

손을 높게 올려 **굽혀서 긁다**

   鬧  鬧

약 闹 nào 나오

鬧病(요병) 병을 앓다(걸리다)
衆鬧(중뇨) 시끄러움

시끄러울 뇨

(싸울 투) (시장 시)

싸울 갈고리를 들고 **시장**에서 다투니 **시끄러웁다**

 (집 시)  尿  尿

niào, suī 니아오, 쒜이

尿意(요의) 放尿(방뇨)
排尿(배뇨) 夜尿(야뇨)

오줌 뇨(요)

(물 수)

집(변소)으로 흐르는 **물**이 **오줌**이다.

 嫩  嫩

nèn 넌

嫩芽(눈아) 새싹
嫩苗(눈묘) 새싹, 새순

어릴 눈, 연약할 눈

(묶을 속) (계집 녀) (두들겨칠 복) (묶을 속)

여자가 **묶여 두들겨 맞을** 정도로 **연약하다**

입의 모양
(입 구)

吶 吶

nà 나

吶吃(눌흘) 말을 더듬음
吶喊(납함) 외치다, 고함치다

말 더듬을 눌, 떠들 납

건물안에 사람이 있는 모양 (안 내) (안 내)

입을 열고 **안**으로 들어가 **떠들다**

	chǒu 처우
丑	癸丑(계축) 乙丑(을축) 丑方(축방) 丑時(축시) **소 축**

손에 소 고삐를 잡고 있는 모양 소를 뜻함

	niǔ 니우
扭	扭打(유타) 맞잡고 싸우다, 맞붙다 **비틀 뉴, 묶을 뉴**

양손으로 괭이를 잡고 있는 모양 (손 수)

손으로 소를 묶다

	niǔ 니우
紐	紐帶(유대) 紐情(유정) 紐子(유자) 손잡이 끈 **끈 뉴, 매듭 뉴**

실타래의 모양 (실 사)

실을 꼬아 소를 끈으로 묶어 매듭짓다

	niǔ 니우
鈕	虎鈕(호뉴) **꼭지 뉴, 손잡이 뉴**

쇠를 다루는 대장간의 모양 (쇠 금)

쇠붙이를 소 코에 꽂아 손잡이를 만들다

	néng 넝
能	能力(능력) 本能(본능) **능할 능**

(곰의 모양) 곰은 재주부리기에 능하기 때문에 능하다는 뜻이 됨

(사람 인) (사람 인) (사람 인)(적을 소)

	nǐ 니
你	你們(니문) 당신들, 너희들, 자네들 **너 니, 자네 니**

사람이 사람을 적은자라 여기고 자네(너)라 부르다

(집 사)  尼		ní 니 尼僧(이승) 比丘尼(비구니) **여승 니(이)**
집에서 **구부리고** 있는 자가 **여승**이다		
  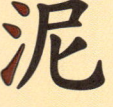 泥 물방울이 떨어지는 모양 (물 수)		ní, nì 니, 니 泥塑(이소) 泥滓(이재) 泥菖(이창) 泥田(이전) **진흙 니(이), 바를 니**
수렁 물을 건너는 **여승**이 **진흙** 투성이다		
呢 입의 모양 (입 구)		ní, ne 니, 너 呢子(니자) 나사(모직물의 총칭) **속삭일 니, 나사 니(모직물의 총칭)**
입으로 **여승**과 **나사**에 관해 **속삭이다**		
   膩 (돈(계)패) (주살 익) (몸 육)		약 膩 nì 니 膩子(니자) 끈질긴 사람 膩蟲(니충) 진드기 **기름기 니**
고기에서 **주살**만큼 **두 푼**어치 **기름기**를 도려내다		
 匿		nì 니 匿空(익공) 匿名(익명) 匿伏(익복) 匿諱(익휘) **숨길 닉**
통안에 **약초**를 **오른손**으로 집어 넣어 **숨기다**		
  溺 부러져 동여맨 활은 약하다 (물 수) (약할 약)		nì 니 耽溺(탐닉) 溺沒(익몰) 溺死(익사) 溺信(익신) **빠질 닉**
물에 **약하니 빠지다**		

				nì 니
(집 사) 	 (날 일) (여승 니)		昵	昵近(일근) 친근함 **친할 닐**
날마다 여승과 사귀며 **친하다**				
(사람 인) (사람 인)  (마음 심)	(적을 소) 		您	nín 닌 老師 您부(노사 님조) 선생님 안녕하십ㄴ까 **당신 님**
사람이 사람을 (세심한) 적은 마음을 써 **당신**이라 부른다				
(풀 초)  (사람 인) (나무 목)			茶	chá 차 茶菓(다과) 茶器(다기) 茶道(다도) 茶禮(다례) **차 다(차)**
풀 잎을 **사람**이 나무에서 따 닳여 먹는 게 **차**다				
 (저녁 석)				duō 뚜어 多寡(다과) 多難(다난) 多福(다복) 多幸(다행) **많을 다**
저녁이면 저녁마다 허구 **많은** 밤을 님을 기다리다				
			입의 모양 (입 구)	duō 뚜어 冷得打哆(냉득타다) 추워서 덜덜 떨다 **벌벌떨 다**
입을 **많이** 딱딱이며 (추워서) **벌벌 떨다**				
	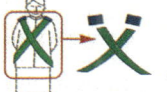	 (아버지 부)		duē 띠에 爹爹(다다) 아버지, 조부, 할아버지 **아비 다**
아버지는 **많은** 아이들의 아비다				

		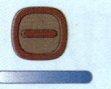	旦	dàn 딴 旦暮(단모) 元旦(원단) **아침 단** 

해가 **수평선** 위에 떠오를 때가 **아침**이다

|  | |  사람이 서 있는 모양 (**사람인**) | 但 | dàn 딴
但書(단서)
非但(비단)
다만 단  |

사람이 **아침**에 일어날 때는 다만 내의 바람이다

|  | |  옷의 모양 (**옷 의**) | 袒 | tǎn 탄
肉袒(육단) 裸袒(나단)
웃통벗을 단, 땀옷 단 |

옷이 아침운동으로 땀옷되니 웃통을 벗다

| (부러진 빗)

고리를 만들려고 (칠 / 두들길 수) | 段 | 段 | 段 | duàn 뚜안
段階(단계) 段落(단락)
段步(단보) 手段(수단)
단계 단, 층계 단 |

빗을 두들겨 쳐서 **단계적**으로 **층계** 지게 하다

| | |  |  실타래의 모양 (**실 사**) | 緞 | 약 緞 duàn 뚜안
緋緞(비단)
絨緞(융단)
비단 단 |

실로 **단계적**으로 짠 것이 비단이다

| | | | 쇠를 다루는 대장간의 모양 (**쇠 금**) | 鍛 | 약 鍛 duàn 뚜안
鍛金(단금)
鍛鍊(단련)
쇠불릴 단, 단련할 단  |

쇠를 **단계적**으로 쇠불리어 두들겨 **단련하다**

	單	약 单 dān, chán 딴, 찬 單獨(단독) 單身(단신) 孤單(고단) 單純(단순) **오직 단, 홀 단**

돌팔매를 창수레로 막으며 **오직 홀로** 싸우다

	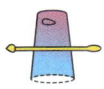			dān 딴 丹陛(단폐) 丹霞(단하) 丹虹(단홍) 丹粧(단장) **붉을 단**

컵의 단물을 쏟으니 **붉다** (달 감자(甘)를 뒤집은 모양)

		(발 소)		dàn 딴 蛋殼(단각) 蛋白(단백) **새알 단** 

(벌레 충)

새 **발** 밑에 **벌레**같은 생명체가 생겨나는 것이 **새알**이다

(메 산) 				duān 뚜안 端緒(단서) 端的(단적) 端正(단정) 發端(발단) **끝 단**

(설 립) (수염 이)

서 있어도 **산신령**의 **수염 끝**은 **땅**에 닿는다

	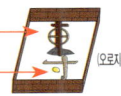(오직 전)	(에워쌀 위)		약 团 tuán 투안 團結(단결) 團欒(단란) 團束(단속) 集團(집단) **둥글 단, 단체 단**

물레만 손으로 오로지 잣다 (오직 전)

에워싸듯이 오로지 둥글게 뭉친 것이 **단체**다

				약 断 duàn 뚜안 斷言(단언) 斷然(단연) **끊을 단** 

(도끼 근)

(작은)**조랑박**을 놓은 **진열장**을 **도끼질**하여 **끊다**

   壇 광의 층계돌 같이 크다 (클 단) (흙 토) (클 단)	약 坛 tán 탄 祭壇(제단) 登壇(등단) **제터 단** 
흙을 **광의 층계돌같이 크게** 쌓아 올린 것이 **제터**다	
   檀 광의 층계돌 같이 크다 (클 단) (나무 목) (클 단)	tán 탄 檀家(단가) 檀國(단국) 檀君(단군) 檀紀(단기) **박달나무 단**
나무 중에 **광의 층계돌 같이 크게** 단단한 것이 **박달나무**다	
   短 (콩 두) 제기 그릇에 콩이 담긴 모양 편지가 묶인 화살 (콩 두) (화살 시)	duǎn 두안 短氣(단기) 短牆(단장) 短點(단점) 短縮(단축) **짧을 단**
화살보다 **콩** 꼬투리가 **짧다**	
  達 (흙 토) (양 양) (달릴 착)	약 达 dá, tá 다, 타 達人(달인) 達通(달통) **이를 달, 통달할 달**
흙 위를 **양**이 풀 먹으려고 달려가 풀밭에 **이르다**	
   曇 (비 우) (날 일) 확성기 (말할 운) 비 올것을 말하여 주는 것이 구름이다 (구름 운)	약 昙 tán 탄 曇摩(담마) 曇天(담천) 悉曇(실담) 赤曇(적담) **흐릴 담, 구름낄 담**
날이 **구름**이 끼니 **흐리다**	
 潭 해가 수평선에서 일찍이 뜨다(일찍 조) (물 수) (일찍 조)	tán 탄 潭奧(담오) 潭渦(담와) 濬潭(준담) 澄潭(징담) **못 담, 깊을 담**
물 담는 **가방**같이 쓰려고 **일찍**부터 땅에 만들어 놓은게 **못**이다	

					yán 이앤 炎症(염증) 붉게 붓고 아픈 증세 **불꽃 염**

불과 불이 합하여 진게 **불꽃**이다

				dàn 딴 濃淡(농담) 淡淡(담담) 淡泊(담박) 淡白(담백) **맑을 담, 깨끗할 담, 묽을 담**
	물방울이 떨어지는 모양 (물 수)			

물이 **불꽃**같이 맑고 깨끗하다

				tán 탄 痰唾(담타) 痰火(담화) **가래 담**
	병실의 모양 (병들 안,병질 안)			

병으로 몸에 **불꽃**(열)이 심하면 생기는게 가래다

				약 谈 tán 탄 美談(미담) 談笑(담소) **말씀 담** 
수염을 들먹이며 입으로 말하는 모양 (말씀 언)				

말을 **불꽃**같이 명백하게 말씀드리다

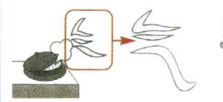				tǎn 탄 毯子(담자) 담요, 모포, 깔개 따위의 총칭 **담요 담**
(털 모)				

순 모(털)로 짜 **불꽃**열이 나는 이불이 담요다

	dàn 딴 氮肥(담비) 질소 비료 **질소 담**
(수증기 기)	

기체공기 중에 원료가 **불꽃**에 타 생긴게 질소다

 해가 수평선에서 일찍이 뜨다 (일찍 조)		 (말씀 언) (일찍 조)	가방 譚	譚	tán 탄 怪譚(괴담) 奇譚(기담) **이야기 담, 편안할 담**
말(이야기) **가방**을 끌어놓고 **새벽**부터 **이야기**하다					
				詹	zhān 잔  **살펴볼 첨**
사람이 **바위**위에서 **망원경**으로 **말**한 곳을 **살펴보다**					
		 양손으로 괭이를 잡고 있는 모양 (손 수)		擔	약 担 dān, dǎn, dàn 딴, 단, 딴 擔當(담당) 擔保(담보)  **멜 담**
손으로 **살펴보며** 짐을 메다					
		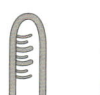 		膽	약 胆 dǎn 탄단 熊膽(웅담) 肝膽(간담) 膽大(담대) 膽略(담략) **쓸개 담**
몸에 음식물을 **살펴서** 담즙을 내는 곳이 쓸개다					
(대 죽)				
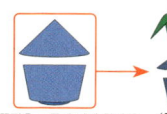 뚜껑을 그릇에 덮어 합하다	 (합할 합)			答	dá, dā 다, 다 答書(답서) 答辯(답변)  **대답할 답**
대나무를 **합한** 조각에 글을 써서 **대답하다**					종이가 없던 옛날에는 대나무 조각을 엮어서 거기에 글을 썼음
	(날 일)  (발 족)(깃 우)			蹋	tá 타 蹋步(답보) 제자리에서 걸음 **밟을 답(밟다, 차다)**
새가 **발**로 **날마다 깃**을 저어 나르려고 땅을 **박차다(밟다)**					

   踏 (발 족)(가로 왈) (물 수)

 踏

tà, tā 타, 타
踏碎(답쇄)
高踏(고답)
걸을 답, 밟을 답

발을 물흐르듯 하는 입구령에 맞추어 걸어가다

  田 田 (밭의 모양 (밭 전))

當

약 当 dāng, dàng 땅, 땅
至當(지당)
當局(당국)
맡을 당, 마땅 당

높은 곳에 밭을 개간함은 마땅하다

金 金 金 金 (쇠를 다루는 대장간의 모양 (쇠 금))

鐺

약 铛 dāng 땅
藥鐺(약쟁) 破鐺(파쟁)
종고 소리 당, 솥 쟁

쇠로 마땅히 만든게 솥이다

衤 衤 衤 衤 (옷의 모양 (옷 의))

襠

약 裆 dāng 땅
拷襠(고당) 繡襠(수당)
合襠(합당)
잠방이 당, 배자 당

저고리 옷 위에 마땅히 배자를 입다

   (양손으로 괭이를 잡고 있는 손의 모양 (손 수))

擋

약 挡 dǎng, dàng 당, 땅
擋子(당자) 덮개, 가리개
막을 당, 제거할 당

손으로 마땅히 침입자를 막아 제거하다

 木 木 木 (나무의 모양 (나무 목))

檔

약 档 dàng 땅
檔柜(당거) 서류함
檔册(당책) 공문서 철
책상 당, 의자 당

(학생이) 나무로 마땅히 만든게 책상과 의자다

113

		shàng 상
		尙宮(상궁) 尙今(상금) **높을 상, 오히려 상**
안테나를 지붕에 세워 오히려 더 높이다		

		táng 탕
 싹이 흙위에 돋아나는 모양 (**흙 토**)		堂堂(당당) 堂姪(당질) **집 당, 당당할 당** 
	높이 흙을 돋워 집을 당당하게 짓다	

		táng 탕
  나무의 모양 (**나무 목**)		棠梨(당리) 甘棠(감당) 錦棠(금당) 落棠(낙당) **아가위(산앵두)나무 당**
※ 열매는 소화제의 약재로 씀	높이 받들어 모시는 나무가 아가위나무다	

		약 党 dǎng 당
 재떨이와 숯이 검다 (**검을 흑**)		黨論(당론) 鄕黨(향당) 徒黨(도당) 黨權(당권) **무리 당, 당 당**
	높은 뜻을 가지고 검은 무리와 싸우는 것이 당이다	

		táng 탕
 몸통 부분인 갈비뼈의 모양 (**몸 육,고기 육**)		胸膛(흉당) 가슴 **가슴 당, 뚱뚱할 당**
	몸체에서 높은 집에 비교되는 데가 가슴이다	

		tǎng, chǎng 탕, 창
 사람이 서 있는 모양 (**사람 인**)		倘來(당래) 혹은, 만약에 倘伴(상양) 어정거려 거닒 **혹시 당, 어정거릴 상**
	사람이 높은 자를 혹시 만날까 하고 어정거리다	

	tǎng 탕
무사의 몸을 본뜬 글자 (몸 신)	躺椅(당의) 누울 수 있는 의자 **누울 당**

몸을 펴고 높은 침상에 눕다

	táng 탕
	唐突(당돌) 唐詩(당시) **당나라 당, 큰소리칠 당**

집에서 손에 주걱을 든 주부가 큰소리 친다
대국이라고 큰소리 치던 나라가 당나라.

	táng 탕
싹이 흙위에 돋아나는 모양 (흙 토)	塘池(당지) 蓮塘(연당) 芳塘(방당) 堤塘(제당) **못 당**

흙(땅)에 큰소리치며 물을 대주는 곳이 못이다

	táng 탕
쌀알이 흩어져 있는 모양 (쌀 미)	糖尿(당뇨) 糖分(당분) 糖質(당질) 雪糖(설탕) **엿 당, 사탕 당**

쌀로 만드러 큰소리치는 애를 달래는 것이 엿이다

	táng 탕
양손으로 괭이를 잡고 있는 모양 (손 수)	搪塞(당색) 막음, 통하지 못하게 함 **막을 당, 부딪칠 당**

손으로 큰소리치며 적과 부딪쳐 침공을 막다

서서 마을에서 노는 아이 (아이 동)　(아이 동)　(손 수)(아이 동)

	zhuàng 주앙
	撞突(당돌) 撞木(당목) **칠 당**

손에 막대기를 들고 아이들이 놀며 서로 치다

 서서 마을에서 노는 아이 (아이 동)(아이 동) (수건 건) (아이 동)			幢	chuáng 추앙 幢容(당용) 石幢(석당) **기 당, 수레휘장 당, 굄목 당**

수건 천으로 아이들이 들고 있는게 기(수레휘장)이다

			代	dài 따이 代辯(대변) 代用(대용) **대신 대, 대 대** 

사람이 주살을 가보를 대신하여 대대로 전하다

		 옷의 모양 (옷 의)	袋	dài 따이 麻袋(마대) 書袋(서대) **자루 대**

급한대로 대신하여 쓰려고 옷을 묶은 것이 자루다

		 돈이 든 자개장의 모양 (자개 패, 돈 패)	貸	dài 따이 饒貸(요대) 宥貸(유대) 貸物(대물) 貸付(대부) **빌릴 대, 틀릴 특**

타인 것을 대신해 쓰려고 돈을 빌리다

			大	dà, dài 따, 따이 大概(대개) 大局(대국) 重大(중대) 增大(증대) **큰 대**

사람이 양팔과 다리를 크게 벌리고 있는 모양

 연꽃과 여의주를 든 부처를 모신 절을 뜻함	(절 사)	 (바삐갈척) (절 사)	待	dài, dāi 따이, 따이 待機(대기) 待令(대령) 待望(대망) 待接(대접) **기다릴 대**

바삐가 절에서 불공드릴 순서를 기다리다

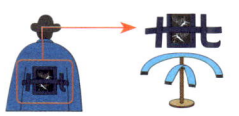

> 약 带 dài 따이
>
> 帶劍(대검) 帶妻(대처)
> 革帶(혁대) 携帶(휴대)
>
> **띠 대**

(겹친 수건 건)

고리에 가로자른 끈이 **천을 겹쳐** 만든 **띠**다

> 약 队 duì 뚜에이
>
> 隊伍(대오)
> 樂隊(악대)
>
> **떼 대**

(돼지 시) 지팡이의 모양(언덕 부)(돼지 시)

언덕위로 우리를 **가르고** 나온 **돼지떼**

> 약 对 duì 뚜에이
>
> 對決(대결)
> 對答(대답)
>
> **마주볼 대**

(손 촌)

(뿌리를 자른)**무성한 화초를 손에** 들고 **마주 보다**

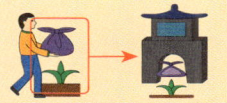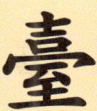

> 약 台 tái, tāi 타이, 타이
>
> 鏡臺(경대)
> 望臺(망대)
>
> **돈대 대, 누각**

보따리를 들고 목적지 땅에 이르다 (이를 지)

높은 집에 짐들고 **이르러** 구경하는 곳이 전망**대**다

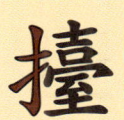

> 약 抬 tái 타이
>
> 擡擧(대거) 擡頭(대두)
>
> **들 대**

양손으로 괭이를 잡고 있는 모양 (손 수)

손으로 전망**대**로 물건을 옮기려고 **들다**

약 초

> dài 따이
>
> 翊戴(익대) 戴白(대백)
> 戴星(대성) 奉戴(봉대)
>
> **머리에일 대, 받들 대**

(다를 이) (창 과)

약초를 **다른 사람**에게 주려고 **창칼**로 짤라 **머리에 이다**

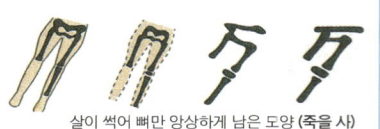

살이 썩어 뼈만 앙상하게 남은 도양 (죽을 사)

dǎi 다이

歹徒(대도) 악인, 악당
歹心(대심) 나쁜 마음, 악심

몹쓸 대

죽어 뼈만 **앙상하게** 남았으니 **몹쓸** 것들이다

십자가만 눈으로 바라보며 한마음으로 생활하는 것이 덕이다 (큰 덕)　(바베갈척) (큰 덕)

dé 더

德行(덕행) 陰德(음덕)
人德(인덕) 厚德(후덕)

큰(덕) 덕

바삐 살아가면서 덕을 쌓으려고 **큰 덕**을 베풀다

dāo 따오

短刀(단도) 刀劍(도검)
亂劍(난검) 面刀(면도)

칼 도

(검)칼의 모양

입의 모양 (입 구)

tāo 타오

叨積(도적) 탐내어 성을 냄
叨冒(도모) 욕심이 많음

탐할 도, 욕되게할 도

미녀의 **입**과 보**검**을 **탐하**다가 쇠고랑 차 **욕되게하다**

보따리를 들고 목적지 땅에 이르다 (이를 지)　(이를 지) (칼 도)

dào 따오

到來(도래)
到着(도착)

다다를 도, 닿을 도

(표적에) 던져 **이른 칼**끝이 과녁에 **닿다**

사람이 서 있는 모양 (사람인)

dǎo, dào 다오, 따오

倒壞(도괴)
倒産(도산)

넘어질 도

사람이 장애물에 **닿아** (걸려) **넘어지다**

		약 島 dǎo 다오
	島	島民(도민) 島國民(도국민) **섬 도**

새가 바다 가운데 **산**에 앉은 곳이 **섬**이다

		약 搗 dǎo 다오
 양손으로 괭이를 잡고 있는 모양 (손 수)		搗衣(도의) 搗精(도정) **찧을 도** 

손으로 절구질 할 곳을 **섬**처럼 돋우워 주면 방아를 **찧다**

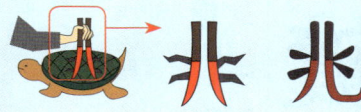		zhào 자오 兆卦(조괘) 점에 나타난 형상 兆物(조물) 많은 물건. 만물 **억조 조, 갈라질 조**

거북등을 점치려고 **부저**로 지지면 금이 **억조**로 갈라진다

 木 木 木 나무의 모양 (나무 목)	桃	táo 타오 桃弧(도호) 蟠桃(반도) 櫻桃(앵도) 桃李(도리) **복숭아 도**

나무에 두쪽으로 **갈라진**것 같은 열매가 달린게 **복숭아**다

	逃	táo 타오 逃亡(도망) 逃散(도산) 逃脫(도탈) 逃避(도피) **도망할 도, 달아날 도**

타인과 **갈라져 달아나**는게 **도망**이다

  새가 발목에 번호표를 달고 앉은 모양 (발 족)	跳	tiào 티아오 跳噴(도분) 高跳(고도) **뛸 도** 

발로 땅을 **갈라질** 정도로 차며 솟구쳐 **뛰다**

			度	dù, duó 뚜, 두어 度量(도량) 制度(제도) **잴 도, 법 도**	

집에서 엮은 고기를 집어들고 길이를 재다

				渡	dù 뚜 不渡(부도) 讓渡(양도) **건널 도**

물방울이 떨어지는 모양 (물 수)

물의 깊이를 재어보고 건넌다

			金	鍍	약 镀 du 뚜 鍍金(도금) 金鍍(금도) **도금할 도**

쇠를 다루는 대장간의 모양 (쇠 금)

금속의 도수를 재어가며 도금하다

				踱	duó 두어 踱來踱去(도래도거) 천천히 왔다갔다 하다 **천천히 걸을 도**

새가 발목에 번호표를 달고 앉은 모양 (발 족)

발로 보폭을 재어가며 천천히 걷다

			道	道	dào 따오 道路(도로) 道理(도리) **길 도**

(머리 수) (갈 착, 달릴 착)

머리를 써서 달려가기 좋게 만들어 놓은 것이 길이다

	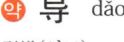	寸	導		약 导 dǎo 다오 引導(인도) 指導(지도) **인도할 도**

물건을 쥐려고 손 마디를 굽히는 모양 (손촌마디촌)

길을 손으로 인도하다

(바쁘갈 척)(달아날 주)	徒	tú 투 徒手(도수) 徒步(도보) **무리 도, 걸어다닐 도** 

바쁜 걸음으로 달아나듯 많은 무리가 거닐다

	匋	🔴동 陶 táo 타오 **질그릇 도**

닭에게 물을 주는 그릇이 질그릇이다.

지팡이의 모양 (글자 왼쪽에 붙을 시 → 언덕 부)	陶	táo, yáo 타오, 야오 陶工(도공) 陶器(도기) **구울 도, 질그릇 도** 

가마골 언덕에서 질그릇을 굽다

물방울이 떨어지는 모양 (물 수)	淘	táo 타오 淘金(도금) 淘米(도미) 淘洗(도세) 淘汰(도태) **쌀일 도**

물을 질그릇에 붓고 쌀을 일다

풀싹이 돋아 나오는 모양 (풀 초)	萄	táo 타오 葡萄糖(포도당) 葡萄(포도) **포도 도** 

풀(식물)의 열매가 질그릇 빛같이 검으칙칙하게 포도다

양손으로 괭이를 잡고 있는 모양 (손 수)	掏	tāo, táo 타오, 타오 掏兒(도아) 소매치기 **가릴 도, 더듬을 도**

손으로 질그릇을 더듬어가며 진짜를 가리다

				yú 위 **남을 여, 나 여**
			余	

네 기둥집 대신 두 기둥집을 지으면 기둥 두개가 **나**에게 **남다**

		tú 투 坦途(탄도) 途上(도상) 方途(방도) 別途(별도) **길 도**

목적지가 **남아있어** 달려서 **길**을 가다

		약 涂 tú 투 塗裝(도장) 塗炭(도탄) **진흙 도, 칠할 도**	

물에 **남아있는** 흙을 버무려 **진흙**을 **칠하다**

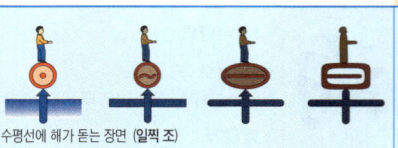		zhúo 주어 卓上(탁상) 책상 또는 식탁 위 卓越(탁월) 월등하게 뛰어남 **높을 탁**

사람이 **해돋는** 아침부터 **일찍** 일어나 노력하면 **높이** 된다

		dào 따오 悼慄(도율) 悼灼(도작) 嗟悼(차도) 悲悼(비도) **슬퍼할 도**

비통한 **마음**을 **높이**어 **슬퍼하다**

		掉	diào 띠아오 掉尾(도미) 掉舌(도설) **흔들 도**	

양손으로 괭이를 잡고 있는 모양 (손 수)

장사꾼이 물건을 **손**에 **높이**들고 **흔들다**

 者

zhě 저

仁者(인자) 前者(전자)
走者(주자) 筆者(필자)

사람(놈) 자

늙은이가 흰 수염을 들먹이며 모든 **자**를 놈이라고 부르다

지팡이의 모양 (글자 우측에 붙을시 → 읍 읍마을 읍)

dū, dōu 뚜, 떠우

都給(도급) 都心(도심)
都合(도합) 都會(도회)

도회지 도, 도읍 도

많은 **자**들이 사는 마을이 도회지다

집의 모양 (집시,지붕시)

tú 투

屠戮(도륙) 屠腹(도복)
屠殺(도살) 琴屠(금도)

죽일 도, 백장 도

집에 침입해 그 **자**를 죽이다

싹이 흙위에 돋아나는 모양 (흙 토)

dǔ 두

堵塞(도색)
堵列(도열)

담 도

흙으로 그 **자**가 담을 쌓다

   睹

눈의 모양 (눈 목)

dǔ 뚜

睹聞(도문) 目睹(목도)
睹技(도기) 睹命(도명)

볼 도

눈으로 그 **자**가 보다

 賭

약 赌 dǔ 두

賭命(도명)
賭博(도박)

도박(내기) 도, 걸 도

돈이 든 자개장의 모양 (자개 패,돈 패)

돈을 걸고 그 **자**가 도박(내기)하다

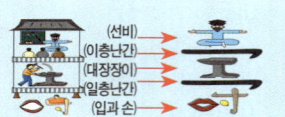 | 寿 shòu 서우
天壽(천수) 長壽(장수)
南山之壽(남산지수)
목숨 수

선비는 **이층**에서 **대장장이**는 **일층**에서 **입과 손**으로 일해서 **목숨**을 이어가다

   | 涛 tāo 타오
濤灣(도만) 濤聲(도성)
濤波(도파) 驚濤(경도)
(큰)물결 도

물방울이 떨어지는 모양 (**물 수**)

물이 **목숨**이 붙은 듯 움직이는 것이 **물결**이다

     | 祷 dǎo 따오
祈禱(기도)
默禱(묵도)
빌 도

신에게 보이려고 젯상을 차려놓은 모양 (**보일시, 젯상 시**)

젯상 앞에서 **목숨**이 안전하기를 **빌다**

    | 图 tú 투
圖案(도안)
圖表(도표)
그림 도, 꾀할 도

에워싼 대중에게 **입**으로 **광**의 설계도 **그림** 알리기를 **꾀하다**

    | tāo 타오
滔德(도덕) 滔騰(도등)
滔天(도천) 滔蕩(도탕)
큰물 도, 창일할 도

손에 공이를 잡고 절구질하다 (**절구질할 확**) (**물 수**) (**절구질할 확**)

물이 **절구질하듯** 땅을 찧으며 **큰물**되어 흐르다

   | dào 따오
盜難(도난) 盜用(도용)
强盜(강도) 盜賊(도적)
도둑 도, 훔칠 도

(**물 수**) (**입 벌릴 흠**)
(**그릇 명**)

물같은 침을 **입을 벌리고** 흘리면서 **그릇**의 음식을 **도둑**이 **훔쳐**먹다

  	稻	dào 따오 稻穗(도수) 黍稻(서도) 秧稻(앙도) 稻作(도작) **벼 도**
손에 공이를 잡고 절구질하다 (절구질할 확) (절구질할 확) (벼 화)(절구질할 확)		

벼를 절구질하여 찧는 것이 **벼**다

   	蹈	dào 따오 蹈舞(도무) 蹈水(도수) 蹈襲(도습) 越蹈(월도) **밟을 도**
손에 공이를 잡고 절구질하다 (절구질할 확) (발 족) (절구질할 확)		

발로 절구(절구 공이)질하듯 땅을 **밟다**

 	 獨	약 独 dú 두 獨身(독신) 獨尊(독존) 獨居(독거) 獨主(독주) **홀로 독**
(개 견) 벌레를 물고 있는 큰닭의 모양 (큰닭 촉) (개 견) (큰닭 촉)		

개와 **닭**은 각각 **홀로** 있어야 한다

  	賣	약 卖 mài 마이 賣却(매각) 팔아버림 賣國(매국) 나라를 팖 **팔 매**

선비에게 **광주리**의 물건을 **돈**을 받고 **팔다**

片 片 片 片	牘	약 牍 dú 두 章牘(장독) 筆牘(필독) **서찰 독, 문서 독**
통나무를 쪼갠 조각 (조각 편)		

조각판에 글새겨 **파는** 것도 **서찰**이나 **문서**다

言	讀	약 读 dú, dòu 두, 떠우 讀書(독서) 讀破(독파) **읽을 독** 
수염을 들먹이며 입으로 말하는 모양 (말씀 언)		

말을 크게해 물건을 **팔때**같이 큰소리로 **읽다**

		(벼 화)	禿	tū 투
		(사람 인)		禿頭(독두) 禿山(독산) 禿樹(독수) 老禿(노독) **대머리 독**

짧은 **벼**같이 머리가 반들반들한 **사람**이 **대머리**다

가방을 찢거나 뚫어봐도 아무것도 없다	(풀어지러이 날개)		毒	dú 두	
				毒物(독물) 解毒(해독) **독할 독**	
(없을 무)	(없을 무)				

풀어지러이 난 것도 녹아 **없어질** 정도로 거름이 **독하다**

(어릴/아재비 숙)	(어릴숙)		督	dū 뚜
	 			督察(독찰) 督促(독촉) 監督(감독) 督勵(독려) **감독할 독**
콩싹을 집어내는 말썽꾸러기가 어린 아재비다	(눈 목)			

어린 아이를 **눈**으로 살피다(감독하다)

높을 고	(높을 고)		敦	dūn 뚠
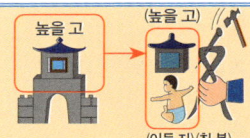	 			敦穆(돈목) 敦圉(돈어) 敦煌(돈황) 敦篤(돈독) **도타울(두터울) 돈**
	(아들 자)(칠 복)			

높은 아들로 키우려고 매로 **치는** 부모 마음은 **두터웁다**

				墩	dūn 뚠
					墩布(돈포) 자루 걸레 墩臺(돈대) 약간 높고 평평한 땅 **돈대 돈**
	싹이 흙위에 돋아나는 모양 (**흙 토**)				

흙을 **두터웁게** 높인 평지가 **돈대**다

				囤	dūn 뚠
					糧食囤(양식돈) 곡물 통가리 **곳집 돈**
(에워쌀 위)	(에워쌀 위)				

사면을 **에워싸고 새싹**을 공급하는 곳이 **곳집**이다

(물 수)(진칠 둔, 새싹 둔)

dùn 뚠

沌沌(돈돈) 混沌(혼돈)

어두울 돈, 혼란할 돈

물속에 진치고 새싹이 나오니 어둡고 혼란하다

(지칠 둔)(머리 혈)
(새싹 둔)

약 頓 dùn, dú 뚠, 두

整頓(정돈)
挫頓(좌돈)

조아릴 돈

땅에 진친 새싹처럼 머리를 땅에 박고 조아리다

(굴 혈)
(개 견)

tū 투

激突(격돌)
突進(돌진)

갑자기 돌

굴에서 개가 갑자기 나오다

약 东 dōng 똥

東亞(동아) 東洋(동양)
極東(극동) 近東(근동)

동녘 동

(아침마다) 나무에 해가 걸린듯 떠오르는 쪽이 동녘이다

고드름이 달려있는 모양 (얼빙, 얼음빙)

약 冻 dòng 똥

凍結(동결)
凍死(동사)

얼 동

고드름이 동녘부터 달려 얼다

나무의 모양 (나무 목)

약 栋 dòng 똥

棟梁(동량) 藻棟(조동)
棟幹(동간) 棟梁(동량)

집 동, 마룻대 동

나무가 동녘의 해를 향해 자라듯 집도 해를 향해 짓는다

 고드름의 모양 (얼음 빙) (천천히 갈 치) (천천히 갈 치) (얼음빙)	 冬	dōng 둥 冬期(동기) 冬眠(동면) 冬榮(동영) 冬至(동지) **겨울 동**
천천히 가는 발 밑에 **얼음**(고드름)이 어는 계절이 **겨울**이다		
  병실의 모양 (병들 안,병질 안)	 疼	téng 텅 疼腫(동종) 疼痛(동통) **아플 동**
병이 **겨울**철 되니 더욱 아프다		
 	 同	tóng, tòng 퉁 同居(동거) 同苦(동고) 同盟(동맹) 同志(동지) **한가지 동**
성문의 모양, 성문으로 **같이** 다닌다는 뜻		
 물방울이 떨어지는 모양 (물 수)	 洞 	dòng 둥 洞窟(동굴) 洞里(동리) **마을 동**
샘물을 **같이** 쓰는 곳이 마을이다		
 나무의 모양 (나무 목)	桐	tóng 퉁 喬桐(교동) 桐油(동유) 梧桐(오동) 箭桐(전동) **오동나무 동**
나무의 값이 **같으면** 오동나무를 산다		
쇠를 다루는 대장간의 모양 (쇠 금)	銅	銅 tóng 퉁 銅儉(동검) 銅鏡(동경) 銅鼓(동고) 銅鑛(동광) **구리 동**
쇠로 금**같이** 보이는 것이 구리다		

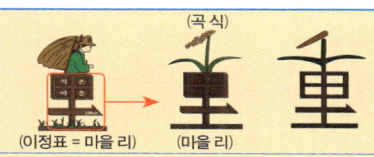

	zhòng 중
重	重大(중대) 重量(중량) 重責(중책) 偏重(편중) **무거울 중, 중할 중**

곡식을 마을까지 지고 가기가 무겁다

	약 动 dòng 동
動	動搖(동요) 動態(동태) **움직일 동**

철창살을 팔로 힘을 써 벌리는 모양 (힘력)

무거운 것을 힘써 움직이다

풀싹이 돋아나는 모양 (풀 초)

	dǒng 동
董	汨董(골동) 董督(동독) 董役(동역) 董正(동정) **골동품 동, 고물 동**

풀밭에 쌓인 무거운 물건들이 골동품이나 고물이다

	dǒng 동
懂	懂得(동득) 알다, 이해하다 **명백할 동, 알 동**

(농부가) **마음껏 일해야 식물 열매를 무겁게 걸 수 있음을 알다**

	tóng 퉁
童	童顔(동안) 童謠(동요) 牧童(목동) 使童(사동) **아이 동**

서서 마을에서 노는 자가 아이들이다

눈의 모양 (눈 목)

	tóng 퉁
瞳	瞳孔(동공) 瞳人(동인) 龍瞳(용동) 重瞳(중동) **눈동자 동**

눈중에 맑고 선명한 아이의 눈동자

 (붉을 단) (붉을 단) 컵에 단 물을 쏟으니 붉다 　 머릿결의 모양 (터럭 삼)	彤	tóng 퉁 彤雲(동운) 붉은 노을(구름) **붉은 칠 동**
붉은 걸 찍어 **터럭 붓**으로 **붉은 칠**을 하다		
	豆	dòu 떠우 豆太(두태) 豆腐(두부) 豆油(두유) 綠豆(녹두) **콩 두**
콩이 담긴 **제기그릇**의 모양		
   병실의 모양 (병들 안, 병질 엄)	痘	dòu 떠우 痘面(두면) 痘苗(두묘) 痘疫(두역) 痘漿(두장) **천연두 두, 마마 두**
병으로 **콩**만한 물집이 피부에 생기는 게 **천연두**다		
   머리의 모양 (머리 혈)	頭	약 头　tóu, tou 터우 頭角(두각) 頭腦(두뇌) 頭痛(두통) 冒頭(모두) **머리 두, 우두머리 두**
콩같이 큰 **머리**(좋은생각)를 가진 자가 **우두머리**다		
 캥거루우가 달려가는 모양 (갈 착, 달릴 착)	逗	dòu 떠우 逗號(두호) 콤마 逗遛(두류) 한곳에 머물음 **어를 두, 머물 두, 그칠 두**
콩을 심듯 달려가던 걸 **그치고** 잠시 **머무르다**		
 (나무 목) (흙 토)	杜	dù 뚜 杜隔(두격) 杜魄(두백) **막을 두, 팥배나무 두** 
나무나 **흙**으로 **막다**		

		dǒu, dòu 떠우, 떠우
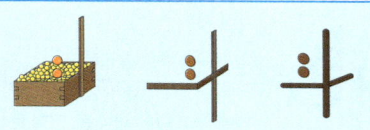	斗	斗落(두락) 斗量(두량) 斗屋(두옥) 斗護(주호) **말 두**
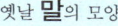 옛날 **말**의 모양		
 양손으로 괭이를 잡고 있는 모양 (손 수)		dǒu 떠우 抖動(두동) 떨다, 털다 **(추위, 흥분 등으로) 떨 두**
손에 **말통**을 들고 (추위서) 떨다		
  벌레의 모양 (벌레 충)		dǒu 떠우 蝌蚪(과두) 올챙이 **올챙이 두**
벌레로 배가 **말통**같이 둥글게 올챙이다		
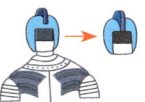  (사람 인)		dōu 떠우 兜轎(두교) 兜籠(두롱) 兜侵(두침) 兜率(두솔→도솔) **투구 두(도), 쌀 두**
머리에 쓰려고 **사람**이 만든것이 **투구다**		
   (몸 육) (흙 토)	肚	dù, dǔ 뚜, 두 肚裏(두리) 뱃속, 심중(心中) **배 두, 밥통 두**
(동물) **몸**에서 **흙**농사 짓는 데가 **배(밥통)**이다		
 陡 陡 陡 (언덕 부) 팔을 휘저으며 달아나는 모양 (달아날 주)	陡	dǒu 떠우 陡峻(두준) 가파르다 **가파를 두, 험할 두**
언덕이 **지팡이** 짚고 **달려가야** 할 정도로 **가다르다**		

tún 툰

屯萃(둔췌) 屯聚(둔취)
屯營(둔영) 屯田(둔전)

땅을 뚫고 나온 새싹 둔, 진칠 둔

땅을 뚫고 나온 새싹이 땅에 진을 치다

쇠를 다루는 대장간의 모양 (쇠 금)

약 鈍 dùn 뚠

鈍器(둔기) 鈍才(둔재)
鈍濁(둔탁) 鈍化(둔화)

무딜 둔, 둔할 둔

쇠가 땅을 뚫고 나온 새싹 같이 약하니 쉬 무디어지다

(지칠 둔)
(새싹 둔)(머리 혈)

약 頓 dùn 뚠

頓首(둔수) 머리를 조아리다

머리조아릴 둔, 머무를 둔

땅을 뚫고 나온 새싹 같이 땅에 두를 대고 머리를 조아리다

(집 시) (두들길 수)
(함께 공)
(몸 육)

tún 툰

臀肉(둔육)
臀腫(둔종)

볼기 둔

(죄인을)집에서 함께 두들기는 몸의 부위가 볼기다

(아침 단)
(바삐갈 척) (손/마디촌)

dé, de, děi 더, 더, 데이

得名(득명) 得失(득실)
得意(득의) 體得(체득)

얻을 득

바삐가서 아침부터 손으로 일해서 이익을 얻다

(대 죽)
연꽃과여의주를 든
부처를 모신 절을 뜻함(절 사)
(절 사)

děng 떵

等級(등급)
等分(등분)

무리 등, 가지런할 등

종이가 없던 옛날에는 대나무를
엮어서 거기다 글을 썼음

대쪽에 쓴 불경을 절에서 등급(무리)별로 가지런히 놓다

(오를 등)

계단 위를 북소리에 맞추어 오르다

dēng 떵

登科(등과)　登錄(등록)
登用(등용)　登場(등장)

오를 등

계단 위를 북소리에 맞추어 오르다

지팡이의 모양 (글자 우측에 붙을 시 → 읍 읍;마을 읍)

<small>약</small> 邓　dēng 떵

鄧小平(등소평) : 1904~1997년.
毛澤東(모택동)의 뒤를 이은 中國의 정치지도자)

등나라 등

높은 고지대에 올라가 고을을 세운 나라가 등나라다

장작에 불이 붙어 타는 모양 (불 화)

<small>약</small> 灯　dēng 떵

燈臺(등대)　燈火(등화)
燈油(등유)

등잔 등

불을 올리어 놓은 것이 등잔이다

나무의 모양 (나무 목)

chéng 청

橘橙(귤등)　綠橙(녹등)
木橙(목등)　霜橙(상등)

귤 등, 등자나무 등

※ 등자나무는 귤과 비슷해서
귤등이라고도 한다

나무중에 가시가 있어 오르기 힘든 게 등자나무다

새가 발목에 번호표를 달고 앉은 모양 (발 족)

dēng, dèng 떵, 떵

蹬自行車(등자행차)
자전거를 타다

오를 등(위로 오르다, 밟다)

발로 밟고 오르기 힘든 곳을 오르다

dèng 떵

凳子(등자) 등받이 없는 걸상

걸상 등

툭! 올라와 있는 등받이(几)있는 의자가 걸상이다

 **(둥글 권)** 謄 téng 텅

謄錄(등록)
謄本(등본)

베낄 등

갈비뼈의 모양　(몸 육)(말씀 언)

몸이 콤파스로 그린듯 둥근 로라를 굴려 **말**을 **베끼다**

 **(둥글 권)**  騰 téng 텅

沸騰(비등)
暴騰(폭등)

오를 등

(몸 육) (말 마)

몸을 콤파스로 그린 듯 둥글게 하고 **말**이 뛰어 **오르다**

 **(풀 초)**  藤 téng 텅

藤梨(등리)
藤床(등상)

등나무 등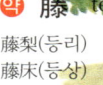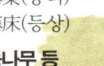

(몸육) (물수)

식물이 몸을 콤파스로 그린 듯 둥글게 감고 **물**처럼 뻗는게 **등나무**다

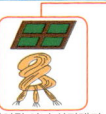 螺 luǒ 루오

靑螺(청라)
吹螺(취라)

소라 라(나)

밭이랑 이나 실타래가
포개어져 있다(포갤 루)　(벌레 충) (포갤 루)

벌레처럼 생겨 층층이 **포개어져** 있는게 **소라**다

 騾 luó 루오

白騾(백라)　靑騾(청라)

노새 라

밭이랑 이나 실타래가
포개어져 있다(포갤 루)　(말 마) (포갤 루)

암 **말**에 수나귀가 **포개어져** 나온 게 **노새**다

 裸 luǒ 루오

裸錠(나정)　裸麥(나맥)
裸婦(나부)　裸體(나체)

벗을 라, 벌거벗을 라

(실과 과)　(옷 의) (실과 과)

단단한 껍질 **옷**이 없는 **실과**가 알몸같이 벌거 **벗다**

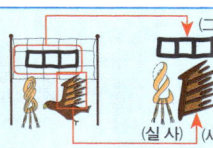

약 罗 luó 루오

羅列(나열)
網羅(망라)

벌일 라(나), 새그물 라

그물, 실을 새가 걸리도록 **벌리다**

약 逻 luó 루오

邏卒(나졸) 街邏(가라)
警邏(경라) 巡邏(순라)

돌 라(나)

그물을 **벌려** 놓으려고 **달리며** 여러 곳을 **돌다**

입의 모양 (입 구)

약 啰 luó 루오

囉叫(나규) 소란을 피우다

소리 섞일 라

많은 자가 **입**을 벌리니 소리가 섞이다

약 萝 luó 루오

蘿蔓(라만) 담쟁이 덩굴

쑥 라, 무우 라

풀싹이 돋아나는 모양 (풀 초)

식물로 넓게 **벌리어**져 (보급되) 자라는게 쑥이다

쇠를 다루는 대장간의 모양 (쇠 금)

약 锣 luó 루오

鑼鼓(징고) 징과 북, 타악기

징 라

금속 타 악기로 **벌리어** 놓고 치는 게 징이다

대나무 이파리 모양을 본뜬 자 (대 죽)

약 箩 luó 루오

籮筐(라광) 광주리

키 라, 광주리 라

대나무로 넓게 **벌리어** 엮어 짠 게 광주리다

 (칼 도)

(묶을 속) (돈 패)

약 賴 lài 라이

賴庇(뇌비)
聊賴(요뢰)

의지할 뢰(뇌)

나무 묶는 일을 칼을 주고 돈에만 의지하다

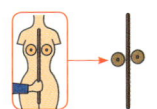  

젖가슴을 짚어 보이는 모양 (가슴 심, 마음 심)

약 懶 làn 란

懶婦(나부) 懶性(나성)
懶意(나의) 懶惰(나타)

게으를 라(나)

마음으로 남에게 의지하는 자는 게으르다

병실의 모양 (병들 안, 병질 안)

약 癩 lài 라이

癩菌(나균) 癩病(나병)
癩子(나자) 癩腫(나종)

문둥병 라(나)

병자들이 서로 의지하며 치료하는 병이 문둥병이다

입의 모양 (입 구) (묶을 속) (칼 도)

lǎ, lā, lá 라, 라, 라

喇叭(나팔) 나팔

나팔 라

입으로 묶은 바람을 칼날처럼 내 부는 게 나팔이다

gè 꺼

各各(각각) 各界(각계)
各色(각색) 各項(각항)

각각 각

천천히 걸어서 장애물을 각각 넘다

물방울이 떨어지는 모양 (물 수)

luò 루오

駕洛(가락) 洛水(낙수)
洛東江(낙동강)

물이름 락

물이 각각 모여서 된 물에 물이름을 붙이다

장작에 불이 붙어 타는 모양 (불 화)

luò 루오
烙印(낙인)
烙刑(낙형)
지질 락(낙)

불을 **각각** 대여서 지지다

실타래의 모양 (실 사)

약 络 luò, lào 루오, 라오
經絡(경락) 絡車(락거)
連絡(연락) 聯絡(연락)
이을 락, 헌솜 락

실로 **각각** 떨어진 것을 잇다

(풀 초)   (풀 초)
(물 수)   (물 수)

luò, là, luō 루오, 라, 루오
落果(낙과) 落膽(낙담)
落伍(낙오) 落第(낙제)
떨어질 락(낙)

풀에 물방울이 **각각** 떨어지다

※ 술은 닭이 홰에 오른 저녁에 먹는 음식이라는 데서 술과 닭의 뜻을 가짐.
술병을 본뜬 자 (술 유, 닭 유)

mǐng 밍
酪奴(낙노)
酪母(낙모)
쇠젖 락

술같은 흰물을 **각각** 젖꼭지에 대고 짠 것이 쇠젖이다

말의 모양 (말 마)

약 骆 luò 루오
駱駞(낙락) 駱馬(낙마)
駱漠(낙막) 駱丞(낙승)
낙타 락(낙)

말같이 **각각** 타고 다니는 것이 낙타다

교방고 : 북의 일종

약 乐 lè, yào, yuè 러, 야오, 위에
樂器(악기) 樂長(악장)
樂觀(낙관) 樂園(낙원)
풍류 악, 즐길 락

교방고의 모양을 본뜬 자, 교방고를 치며 **즐거워**하다

137

				lán 란
				난간 란(문앞의 란간)

문 으로 가도록 **나무**로 **볼수**있게 둘러친게 **난간**이다.

					약 瀾 lán 란 
			물방울이 떨어지는 모양 (물 수)		瀾文(란문) 瀾波(란파) **물결 란**

물(수면)위에 **난간**처럼 솟아 오르게 **물결**이다

				약 兰 lán 란 
	풀싹이 돋아 나오는 모양 (풀 초)			蘭草(난초) 春蘭(춘란) **난초 란(난)**

풀잎이 **난간**같이 꽃송이를 싸고 있는게 **난초**다

		약 烂 làn 란
장작에 불이 붙어 타는 모양 (불 화)		爛虹(난홍) 靡爛(미란) 斑爛(반란) 爛發(난발) **찬란할 란(난), 문드러질 란**

불이 **난간**을 밝히니 **찬란하다**

			약 栏 lán 란
	나무의 모양 (나무 목)		欄杆(난간) 欄檻(난함) 檻欄(함란) 空欄(공란) **테두리 란, 난간 란(난)**

나무로 **난간**을 둘러친게 **난간**의 **테두리**다

			攔	약 拦 lán 란
		양손으로 괭이를 잡고 있는 모양 (손 수)		拘攔(구란) 排攔(배란) **막을 란**

손으로 **난간** 쪽으로 못가게 **막다**

  (손톱 조)  (구부러질 을)   약 乱 luàn 루안

亂動(난동)
亂射(난사)

어지러울 란

손을 써 반지의 보석알을 빼어 가지려는 굽은 마음이 세상을 어지럽히다

luǎn 루안

卵殼(난각) 卵生(난생)
累卵(누란) 産卵(산란)

알 란(난)

알이 까이는 모양

 (혹독할 신)(묶을 속)

là 라

毒辣(독랄)
辛辣(신랄)

매울 랄

서서 십자가에 혹독하게 묶여 있으니 고통이 고추같이 맵다

 (손 촌)  (손톱 조) (손 수)(손 촌)

lè 러

摩捋(마랄) 擇捋(역랄)

뽑을 랄

손과 손톱과 손으로 뽑다

(신하 신) (사람 인)  (평 면)  (그릇 명)

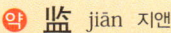 약 監 jiān 지앤

監督(감독)
監視(감시)

볼 감

신하된 사람같이 평면이 되게 엎드려 물 그릇에 얼굴을 비춰보다

   물방울이 떨어지는 모양 (물 수)

약 濫 làn 란

猥濫(외람) 寬濫(원람)
滌濫(척람) 濫伐(남벌)

넘칠 람(남)

사면에 물이 보일 정도로 물이 넘치다

란
랄
람

 풀싹이 돋아나는 모양 (풀 초)	藍	**약** 蓝 lán 란 伽藍(가람) 迦藍(가람) 藍汁(남즙) 甘藍(감람) **빛 람(남), 남색 람(남)**
풀을 **보니** 거의 다 남색이다		
  	覽	**약** 览 lǎn 란 觀覽(관람) 閱覽(열람) 展覽(전람) 回覽(회람) **살펴볼 람**
보고 또 **보고**하며 살펴보다		
  양손으로 괭이를 잡고 있는 모양 (손 수)	攬	**약** 揽 lǎn 란 攬要(남요) 요점을 추림 攬筆(남필) 붓을 잡음. 집필 **잡을 람**
손으로 살펴보려고 잡다		
  실타래의 모양 (실 사)	纜	**약** 缆 làn 란 收纜(수람) 錦纜(금람) 纜舸(남가) 배를 닻줄로 맴 **닻줄 람**
실(줄)로 살펴볼 **수** 있게 엮어 놓은 게 닻줄이다		
  ※ 감람나무는 큰 교목임 나무의 모양 (나무 목)	欖	**약** 榄 lǎn 란 橄欖(감람) 감람나무 **감람나무 람**
열대 **나무**로 쉬 살펴볼 **수** 있는 나무가 감람나무다		
拉 拉 拉 (손 수)(설 립)	拉	lā, lá, lǎ 란 拉北(납북) 拉致(납치) **끌어갈 랍(납)** 
손을 세워서 잡고 끌어가다		

(입 구) (손 수) (설 립)

lā, la 라, 라

啦啦隊(라라대) 응원단

어조사 랍

입과 손을 써 서서 응원하는 응원소리가 어조사 소리다

싹이 흙위에 돋아나는 모양 (흙 토) (설 립)

lā 라

垃圾(랍급) 쓰레기, 오물

쓰레기 랍

흙에 무질서하게 서 있는 게 쓰레기다

(몸 육)
갈비뼈의 모양

젖이 네개인 목갈기 있는 짐승 (목갈기렵)

약 腊 là 라

臘享(납향) 臘虎(납호)
舊臘(구랍) 正臘(정랍)

납향 랍(납), 섣달 랍(납)

몸에 목갈기 있는 짐승을 잡아 섣달에 납향제를 지내다

(벌레 충)

젖이 네개인 목갈기 있는 짐승 (목갈기렵)

약 蜡 là 라

香蠟(향랍)
紅蠟(홍랍)

꿀 랍, 밀 랍

벌레인 벌이 목갈기 같은 꽃술을 찾아 꿀을 만들다

liáng 리앙

良家(양가) 良心(양심)
良好(양호) 選良(선량)

좋을 량(양)

쌀을 정미기에 부어서 좋은 양식을 만든다는 뜻

물방울이 떨어지는 모양 (물 수)

làng 랑

滄浪(창랑)
波浪(파랑)

물결 랑(낭)

물에 보기 좋은 무늬가 이는 것이 물결이다.

랍
랑

개가 서있는 모양 (개 견)

láng 랑

狼戾(랑려) 狼猛(낭맹)
狼心(낭심) 白狼(백랑)

이리 랑(낭)

개처럼 생긴 좋은 영양탕 감이 이리다

구름에 가린 반달의 모양 (달 월)

약 朗 lǎng 랑

曠朗(광랑) 朗讀(낭독)
朗朗(낭랑) 朗報(낭보)

밝을 랑(낭)

(놀기) 좋으리만큼 달빛이 밝다

구슬이 꿰어 있는 모양 (구슬 옥)

láng 랑

琺琅(법랑) 靑琅(청랑)
琅琅(낭랑) 옥이 부딪치는 소리

옥돌 랑, 문고리 랑

구슬 중에 좋은 구슬이 옥돌이다

(좋을 랑)(마을 읍)

약 郞 láng 랑

郞君(낭군)
新郞(신랑)

서방 랑(낭), 사내 랑(낭)

정미된 쌀같이 좋은 분을 마을에서 골라 서방으로 맞다

집의 모양 (집 엄)

약 廊 láng 랑

殿廊(전랑) 行廊(행랑)
畫廊(화랑) 回廊(회랑)

별채 랑(낭), 행랑 랑(낭)

집에서 서방님이 거처하는 곳이 별채이다

나무의 모양 (나무 목)

약 榔 láng 랑

榔木(랑목)
물고기 몰이에 쓰는 긴막대기

빈랑나무 랑, 광랑 랑

야자 나무로 서방님 나무로 불리는 게 빈랑나무다

약 来 lài, lai 라이, 라이

來客(내객) 來訪(내방)
來賓(내빈) 來往(내왕)

올 래(내)

보리의 모양을 본뜬 글자 **보리**를 들고 **오다**

풀싹이 돋아 나오는 모양 (풀 초)

약 萊 lài 라이

東萊(동래)
萊蕪(래무)

쑥(명아주풀) 래

봄이면 제일 먼저 **풀싹이 나오는** 것이 **쑥**이다

래 랭 락 량

고드름이 달린 모양
집안에 있는 자에게 명령하다 (얼음빙) (명령할 령)

약 冷 lěng 릉

冷嚴(냉엄) 冷風(냉풍)
冷酷(냉혹) 冷情(냉정)

찰 랭(냉)

얼음을 넣도록 **명령**하여 **차게하다**

천천히 걸어서 장애물을 각각 넘다(각각 각) (밭 전) (각각 각)

lüè 뤼에

略歷(약력) 略字(약자)
略史(약사) 略式(약식)

간략할 략(약)

밭을 **각각 간략**하게(대강) **나누다**

서울의 성문을 본뜬자 (서울 경) (손 수) (서울 경)

lüè, lüě 뤼에, 뤼에

拷掠(고략) 掠笞(략태)
擄掠(노략) 掠奪(약탈)

노략질할 략(약)

(쓰리꾼이)**손**으로 **서울**에서 **노략질**하다

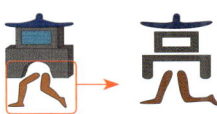  亮 亮

(높을 고)
(어진사람 인)

liàng 량

亮達(양달) 亮直(양직)
諒察(양찰) 亮許(양허)

밝을 량(양), 알 량(양)

높은 지혜가 있는 **사람**은 일에 **밝고** 잘 **안다**

	兩	**약** 兩 liǎng 리앙 兩斷(양단) 兩立(양립) 兩班(양반) 兩方(양방) **두 량(양)**
큰 파라솔 속에 **둘**이 들어가 있는 모양		
 사람이 서 있는 모양 (**사람인**)	 倆	**약** 倆 liǎ, liǎng 리아, 리앙 技倆(기량) 伎倆(기량) **재주 량(양)**
사람이 **두** 가지나 잘하니 재주가 있다		
   車	輛	**약** 輛 liàng 리앙 車輛(차량) **수레 량(양)** 
차나 수레의 모양 (**차 차,수레 거**)		
차 같으며 바퀴가 **두**개 있는 것이 수레이다		
   量	 量	liáng, liàng 리앙, 리앙 用量(용량) 容量(용량) 度量(도량) 雅量(아량) **수량 량(양), 헤아릴 량(양)**
마을의 이정표를 본뜬 글자 (**마을 리**)	(**마을 리**)	
되를 굴대질하여 **마을**에서 곡식량을 **헤아리다**		
  米	糧	**약** 粮 liáng 리앙 食糧(식량) 糧饌(양찬) 兵糧(병량) 糧食(양식) **양식 량(양)**
쌀알이 흩어져 있는 모양 (**쌀 미**)		
(먹을)쌀의 양을 **헤아려** 준비하여 둔 것이 양식이다		
	 良	liáng 리앙 良家(양가) 良心(양심) 良好(양호) 選良(선량) **좋을 량(양)**
쌀을 **정미기**에 부어서 **좋은** 양식을 만든다는 뜻		

 고드름=얼음 (서울 경) (얼음 빙) (서울 경)		凉	凉	liáng, liàng 리앙, 리앙 凉風(양풍) 凉秋(양추) 凄凉(처량) 納凉(납량) **서늘할 량(양)**

얼음이 얼만큼 **서울**이 **서늘**하다

 (서울 경)	 (말씀 언) (서울 경)		諒	약 谅 liàng, liáng 리앙, 리앙 諒闇(양암) 諒知(양지) 諒察(양찰) 諒解(양해) **헤아릴 량(양), 믿을 량**

말을 듣고 **서울**양반이 사정을 **헤아리다**

			梁	liáng 리앙 橋梁(교량) 棟梁(동량)  **다리 량(양), 들보 량**

물을 건너게 **칼날**로 **나무**를 잘라 걸쳐 놓은게 **다리**다

 (물 수) (칼날 인)		 (쌀 미)	粱	liáng 리앙, 량 粱米(양미) 粱飯(양반) 粱肉(양육) 高粱(고량) **기장 량**

물이 풍부해 **칼날**에 찍힌 곳 없이 잘 자란 **쌀**이 **기장**이다

 (서울 경) (해 일,날 일)(서울 경)			晾	liàng 리앙, 량 晾干(량간) 그늘진 곳에 말리다 **쪼일 량**

해가 떠서 **서울** 시내를 **쪼이다**

 (벼 화) (뿌리) (물 수)			黎	lí 리 黎明(여명) 黎民(여민) 黎庶(여서) 庶黎(서려) **동틀 려(여), 검을 려(여)**

벼곁에 앉은 **새**가 **뿌리**와 **물**을 휘저으니 물이 **동틀** 때 처럼 **검**다

 	약 呂 lǚ 뤼 呂尙(여상) 六呂(육려) 律呂(율려) **등뼈 려(여), 성씨 려(여)**

등뼈가 이어져 있는 모양

   사람이 서 있는 모양 (사람 인)	약 侶 lǚ 뤼 侶伴(려반) 侶行(려행) 法侶(법려) 賓侶(빈려) **짝 려(여)**

사람 중에 등뼈를 나란히 하고 자는 사이가 짝이다

    쇠를 다루는 대장간의 모양 (쇠 금)	약 鋁 lǚ 뤼 鋁土礦(려토광) 보크사이트(알루미늄의 원광) **줄 려 〈化〉 알루미늄(Al)**

금속 톱을 가는 등뼈 같은 공구가 줄이다

  	약 慮 lǜ 뤼 考慮(고려) 思慮(사려) 心慮(심려) 憂慮(우려) **염려할 려, 생각 려**

범이 밭에서 일하는 동안 해칠까 마음으로 염려하다

 물방울이 떨어지는 모양 (물 수)	약 濾 lǜ 뤼 濾過(여과) 濾過器(여과기) **씻을 려, 거를 려** 

물로 불결함이 염려되어 쌀을 씻어 조리로 거른다

 나뭇가지를 휘어 묶어 뿌리를 내리게 하다 (깃발 언) (뿌리/성씨)	lǚ 뤼 旅館(여관) 旅客(여객) **나그네 려, 여행 려**

(유목 생활을 할 당시)깃발을 앞세우고 많은 성씨들이 나그네같이 여행을 하다

			麗	약 丽 lì, lí 리², 리 麗句(여구) 麗容(여용) 麗日(여일) 麗澤(여택) **고울 려(여)**

색안경을 쓰고 (꽃)사슴을 보니 **곱다**

	(집 엄)		廬	약 庐 lú 루 僑廬(교려) 廬幕(여막) **오두막집 려(여), 여인숙 려(여)** 
범을 넣을 만치 밭같이 큰 그릇 (큰그릇 로)				

집으로 **큰그릇**에 술을 빚어 파는 곳이 **여인숙**이다

		(말 마)		약 驴 lú 릭 驢輦(여련) 당나귀가 끄는 수레 驢馬(여마) 당나귀 **당나귀 려**
범을 넣을 만치 밭같이 큰 그릇 (큰그릇 로)				

말같이 생겨 **큰 그릇**에 먹여 기르는게 **당나귀**다

			(바위 엄) (일만 만)	厲

약 厉 lì 리
厲石(여석) ㅈ친 숫돌
厲色(여색) 노기(怒氣)를 띰
엄할 려(엄격하다)

바위에 사는 수 만의 벌의 생활은 **엄격하다**

(바위 엄)				약 励 lì 리 激勵(격려) 督勵(독려) **힘쓸 려(여)** 
	(일만 만)	(힘 력)		

바위에 대고 만번씩 쇠붙이를 가느라 온 **힘을 쓰다**

(이로울 리)	(소 우)		犁	lí 리 犁巴(리파) 쟁기 **쟁기 려, 얼룩소 리, 떨 류**

농사에 **이롭게** 쓰려고 **소**가 끌도록 만든 게 **쟁기**다

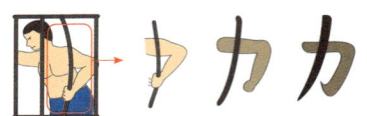	力	lì 리 力强(역강) 力量(역량) 力士(역사) 力作(역작) **힘 력(역)**
팔로 **철창살**을 **힘**을 써 벌리는 모양을 본뜬 글자		

(바위 엄) (날/해일)		曆		약 历 lì 리 頒曆(반력) 殷曆(은력) 曆法(역법) 西曆(서력) **책력 력(역)**
바위옆 논에 **벼** 심는 **날**을 기록하여 놓은 것이 **책력**이다				

(그칠/멈출지) (멈출↑지)	(바위 엄) (그칠/멈출지)			약 历 lì 리 歷代(역대) 歷訪(역방) 歷史(역사) 歷任(역임) **지낼 력(역)**
바위 옆에서 **벼** 베기 하느라 **멈추고** 서서 추수하며 **지내다**				

				약 沥 lì 리 瀝懇(력간) 瀝瀝(력력) 瀝液(력액) 瀝滴(력적) **스밀 력(역), 물방울 력**
물방울이 떨어지는 모양 (물 수)				
물이 물체 속을 **지나**서 **스미다**				

(비 우)				약 雳 lì 리 霹靂(벽력) 벼락, 갑작스러운 일 **천둥 력**
비가 **지나**가면서 생기는 게 **천둥**이다				

교방고: 북의 일종	(돌 석)(즐길 락)			약 砾 lì 리 礫石(역석) 澗礫(간력) **조약돌(자갈) 력(역)** 
돌을 밟으며 북칠때 같이 **즐길수** 있는 돌이 **조약돌(자갈)**이다				

 (수레 거)  (달릴 착) 	약 連 lián 리엔 連結(연결) 連名(연명) 連坐(연좌) 連戰(연전) **이을 련(연)**

수레(차)가 달려가는 것이 이여지다

 쇠를 다루는 대장간의 모양 (쇠 금) 	약 链 liàn 리앤 鏈鎖(연쇄) 쇠사슬 **쇠사슬 련**

쇠고리를 이어서 만든게 쇠사슬이다

 풀싹이 돋아 나오는 모양 (풀 초)  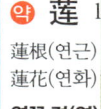 	약 莲 lián 리엔 蓮根(연근) 蓮花(연화) **연꽃 련(연)**

물에 떠 있지만 풀 줄기에 이여져 있는 것이 연꽃이다

(손수레 련)  두 지아비들이 끄는 수레  양손으로 랭이를 잡고 있는 모양 (손 수) (손 수)(손수레 련) 	niǎn 니엔, 녠 撵下台(련하대) 퇴진을 요구하다 **쫓을 련**

손으로 두 지아비가 수레를 끄며 명령을 쫓다

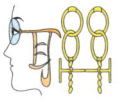  (귀 이) 	약 联 lián 리엔 關聯(관련) 聯合(연합) **연이을 련(연)** 

귀에 귀걸이를 연이여 달다

  (마음 심) 	약 恋 lian, lián 리엔, 리엔 戀戀(연연) 戀慕(연모) 思戀(사련) 邪戀(사련) **그리워할 련(연), 사모할 련**

실풀리듯 님그리는 말을하며 마음으로 그리워하다

 	약 怜 lián 리엔 憐憫(연민) 可憐(가련) **불쌍히여길 련(연)** 
마음으로 쌀들고 저녁에 사다리에 걸려 넘어진 자를 불쌍히 여기다	
 	약 东 jiǎn 지엔, 젠 柬帖(간첩) 쪽지, 쪽지 편지 **분별할 간, 가릴 간, 편지 간**
나무를 눈으로 보아 분별하다	
  장작에 불이 붙어 타는 모양 (불 화)	약 炼 liàn 리앤 煉瓦(연와) 煉乳(연유) 煉肉(연육) 煉獄(연옥) **달굴 련(연)**
불의 도수를 분별하여 쇠를 달구다	
   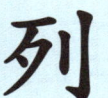 실타래의 모양 (실 사)	약 练 liàn 리엔 練習(연습) 精練(정련) **익힐 련(연)** 
실을 분별하여 좋은 실 뽑는 일을 익히다	
	liè 리에 列擧(열거) 列島(열도) 列傳(열전) 序列(서열) **벌일 렬(열)**
(앙상한 뼈 알) (칼 도)	
앙상하게 뼈를 칼로 발라서 벌리어 놓다	
 입의 모양 (입 구)	liě, liē, lie 리에, 리에, 리에 咧咧(렬렬) 마구 지껄이다 **입 벌릴 렬, 어조사 렬**
여러 사람이 입을 벌리어 놓은 듯 입을 벌리다	

 불덩어리의 모양 (불 화)		liè 리에 烈士(열사) 烈火(열화) **사나울 렬(열), 매울 렬(열)**	
벌려진 불길이 사납다			
옷의 모양 (옷 의)		liè, liě 리에, 리어 分裂(분열) 作裂(작렬) **찢을 렬(열)**	
벌려지게 옷자락을 당겨 찢다			
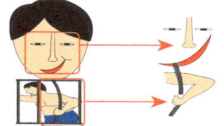 (적을 소)  (힘 력)		liè 리에 劣勢(열세) 劣惡(열악) 卑劣(비열) 庸劣(용렬) **못할 렬(열), 용렬할 렬**	
입이 돌아가게 용을 써도 적은 힘 밖에 쓰지 못하니 용렬하다			
  (여러 첨)(두들겨칠 복)		약 斂 liàn 리앤 稅斂(세렴) 小斂(소렴) **거둘 렴(염)**	
여럿이 곡식을 두들겨쳐서 (힘써) 거두다			
 (집 엄)   벼 두포기를 손으로 겸하여 잡다(겸할 겸)		lián 리앤 廉探(염탐) 冒廉(모렴) 低廉(저렴) 淸廉(청렴) **청렴할 렴**	
관리가 집농사도 겸하여 짓고 살아가니 청렴하다			
   대나무 이파리 모양을 본뜬 자 (대 죽)	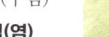	약 帘 lián 리앤 垂簾(수렴) 珠簾(주렴) **발 렴(염)**	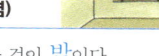
대나무로 청렴하게 집을 가리는 것이 발이다			

		(개 견)		獵 liè 리에 獵犬(엽견) 獵銃(엽총) **사냥 렵(엽)**	
		젖이 네개인 목갈기 있는 짐승(목갈기 렵)			

개가 **목갈기** 있는 짐승을 잡아 **사냥**하다

				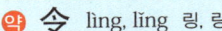 令 lìng, lĭng 링, 링 命令(명령) 發令(발령) 法令(법령) 傳令(전령) **명령할 령(영), 하여금 령(영)**

집에 있는 **자**로 **하여금** 영에 따르게 **명령하다**

				零 líng, lián 링, 리앤 零碎(영쇄) 零凋(영조) 零墜(영추) 零落(영락) **떨어질 령(영)**
구름에서 우산에 빗방울이 떨어지는 모양 (비 우)				

비에게 **명령하니** 빗방울이 **떨어지다**

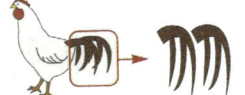		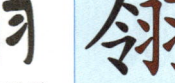	翎 líng 링 翎毛(령모) 새 깃과 짐승의 털 **깃 령, 화살깃 령**
	깃털의 모양 (깃 우)		

명령받고 깃을 화살에 붙이게 **화살 깃**이다

				玲 líng 링 玲玲(영령) 玲瓏(영롱) **옥소리 령(영)**

	구슬이 꿰어 있는 모양 (구슬 옥)			

구슬이 **명령하듯** 내는 소리가 **옥소리**다

				鈴 líng 링 鈴鈴(영령) 鈴語(영어) **방울 령(영)**

쇠를 다루는 대장간의 모양 (쇠 금)				

쇠로 만들어 **명령하듯** 소리를 내는 것이 **방울**이다

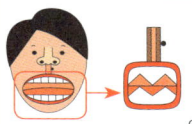 이의 모양을 본뜬 자 (이 치)		**약** 龄 líng 링 妙齡(묘령) 衰齡(쇠령) 壽齡(수령) 年齡(연령) **나이 령(영)**
이에게 **명령하니** 잇발이 나이에 따라 돋다		
 사람이 서 있는 모양(사람 인)		**약** 伶 líng 링 伶俐(영리) 슬기로움 **영리할 령, 외로울 령**
사람에게 **명령하는** 자는 영리하다		
 벌레의 모양 (벌레 충)		**약** 蛉 líng 링 螟蛉(명령) 잠자리 **잠자리 령, 뽕나무벌레 령**
벌레에게 **명령하며** 잡아 먹는 게 잠자리다		
 (명령할 령) (머리 혈)		**약** 领 líng 링 領空(영공) 領內(영내) 領帶(영대) 要領(요령) **거느릴 령(영)**
명령을 하는 우두**머리**가 부하를 거느리다		
산 봉우리의 모양 (메 산)		**약** 岭 líng 링 峻嶺(준령) 嶺南(영남)  **고개 령(영), 재 령(영)**
산이 거느리고 있는 것이 고개다		
 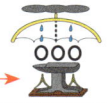 (비 우)  사람의 운을 다시 만드는 자가 무당이다(무당 무) (무당 무)	靈	**약** 灵 líng 링 妄靈(망령) 精靈(정령) 神靈(신령) **신령 령(영)**
빗 방울 같이 **무당**에게 **신령**한 신이 내리다		

령

	(입 구)  (힘 력)			lìng 링 另居(영거) 따로 삶 **다를 령, 헤어질 령**

(부부가) **입**으로 다투고 **힘**으로 윽박질러 **헤어지다**

입에 생선등뼈가 있음을 드러내 보이다(드러낼 정)	(드러낼 정)  (달릴 착)			chěng 청 逞欲(령욕) 逞志(령지) 勁逞(경령) 驕領(교령) **쾌할 령(영), 굳셀 령(영)**

자기 뜻을 **드러내여** 늘 그 방향으로 **달려가니 굳세다**

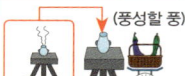앙상하게 뼈를 칼로 발라서 벌리어 놓다 (벌릴 렬)	(사람 인) (벌릴 렬)			lì 리 例示(예시) 前例(전례) **본보기 (예), 법식 (예)** 

사람들을 **벌리어** 세워놓고 **본보기**로 삼다

	(풍성할 풍) (젯상 시) 농작물이 풍성한 모양			🅰 礼 lì 리 禮拜(예배) 禮讚(예찬) **예도 례(예)** 

젯상을 **풍성하게** 차리고 제 지내는 것이 **예도**다

(선비 사)				🅰 隶 lì 리 隸人(예인) 종, 죄인 **붙을 례, 종(죄인) 례**
(젯상 시)				

선비가 **젯상**을 차리게 **손**으로 **물**을 길러주는 자가 **종**이다

				lǎo 라오 老妄(노망) 老母(노모) 老患(노환) 老後(노후) **늙을 로(노)**

(땅에 지팡이를 짚고 앉은) **늙은이**의 모양

(불꽃 염) 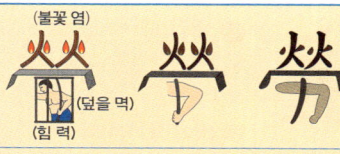 (덮을 멱) (힘 력)	勞	**약** 劳 láo 라오 勞苦(노고) 勞動(노동) **수고할 로(노)** 

(용접공이) **불꽃** 앞에서 **덮어쓰고 힘**써 **수고하다**

 양손으로 괭이를 잡고 있는 모양 (손 수)	撈	**약** 捞 lāo 리오 撈救(로구) 撈魚(로어) 撈採(로채) 撈取(로취) **건져낼 로(노)**

손으로 **수고하여 물** 속에서 **건져내다**

 입의 모양 (입 구)		**약** 唠 láo 라오 嘮叨(로도) 말을 많이 하다 수다를 떨다 **수다스러울 로**

입이 **수고하게** 쉬 잖고 말하니 **수다스러웁다**

 물방울이 떨어지는 모양 (물 수)		**약** 涝 láo 라오 澇害(로해) 수해를 입다 **큰 물결 로**

물이 **수고하게** 파도가 이는게 **큰 물결**이다

  		**약** 鲁 lǔ 루 魯鈍(로둔) 魯論(로론) 樸魯(박로) 頑魯(완로) **둔할 로(노), 어리석을 로(노)**

고기처럼 **입**만 벌름거리고 말을 못하니 **둔하고 어리석**다

  	虜	**약** 虏 lǔ 루 虜獲(로획) 格虜(격로) **사로잡을 로(노)** 

호랑이를 끈에 꿰어 **힘**으로 **사로잡다**

				**약** 卢 lú 루 盧生之夢(노생지몽) 盧橘(노귤) **큰그릇 로(노), 성 로(노)**	

범을 넣을 만치 밥같이 **큰 그릇**

			蘆	**약** 芦 lú, lǔ 루, 루 蘆汀(노정) 蘆錐(노추) 蘆花(노화) 蒲蘆(포로) **갈대 로(노)**
		풀싹이 돋아 나오는 모양 (풀 초)		

풀중에 그릇으로 치면 **큰그릇**에 해당되는 풀이 갈대다

				爐	**약** 炉 lú 루 香爐(향로) 火爐(화로) **화로 로(노)** 
		장작에 불이 붙어 타는 모양 (불 화)			

불을 담는 **큰 그릇**이 화로다

			瀘	**약** 泸 Lú 루 瀘水(로수) 지금의 노강 **물이름 로**
	물방울이 떨어지는 모양 (물 수)			

물이 담긴 **큰 그릇**(강)도 물이름이 있다

				顱
		머리의 모양 (머리 혈)		

약 颅 lú 루
圓顱(원로) 박박 깎은 머리
顱頂骨(노정골) 두개골의 한 부분
두개골 로, 해골 로

큰 그릇에 머리가 담긴게 두개(해)골 이다

					**약** 卤 lǔ 루 鹵水(로수) 간수 鹵鈍(노둔) 미련하고 둔함 **염전 로, 소금밭 로, 둔할 로**

밀대로 소금을 미는 모양 **염전**을 뜻함

					路	lù 루 路費(노비) 路線(노선) 路程(노정) 街路(가로) **길 로**
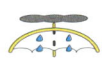						
	(발족)	(각각 각)				

발로 **각각** 다니는 곳이 **길**이다

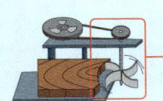				露	lù, lòu 루, 러우 露骨(노골) 露宿(노숙) 露積(노적) 白露(백로) **이슬 로(노)**
구름에서 우산에 빗방울이 떨어지는 모양 (비 우)					

비처럼 **길**이 젖도록 내린 것이 이슬이다

		 	彔	약 彔=錄 lù 루 **나무깎을 록(녹)**

기계로 **나무를 깎는**모양

			祿	약 禄 lù 루  貫祿(관록) 國祿(국록) **복 록(녹), 녹봉 록(녹)**
신에게 보이려고 젯상을 차려놓은 모양 (보일 시, 젯상 시)				

젯상에 **나무를 깎은** 위패를 놓고 제 지내견 **복**을 받는다

				碌	약 碌 lù 루 碌碌(녹록) 碌靑(녹청) **돌모양 록(녹)**
		돌 (바위)의 모양 (돌 석)			

돌을 **나무를 깎듯** 깎아 돌모양을 내다

				綠	약 緑 lù, lū 뤼, 루 綠豆(녹두) 綠末(녹말) 綠肥(녹비) 常綠(상록) **녹색 록(녹), 푸를 록(녹)**
		실타래의 모양 (실 사)			

실같이 **나무를 깎아** 낸 생나무 껍질이 푸르다

로
록

 쇠를 다루는 대장간의 모양 (쇠 금)  錄

약 录 lù 루
錄音(녹음)
登錄(등록)
기록할 록(녹)

쇠로 **나무를 깎아** 글자를 **기록하다**

 (수증기 기)  氯

약 氯 lǜ 루
氯气(록기) 염소(가스)
염소 록

공기 **기체**에서 **나무를 깎듯** 돌려 뽑은게 **염소다**

   鹿

lù 루
鹿茸(록용) 馴鹿(순록)
鹿角(녹각) 鹿苑(록원)
사슴 록

집에 **사슴**이 있는 모양

(뭉치 륜)
   論
집안에 책뭉치가 있다 (말씀 언)(뭉치 륜)

약 论 lùn, lún 룬, 룬
論理(논리) 論文(논문)
論說(논설) 論議(논의)
논의할 론(논)

(여러사람의)**말**을 **뭉치**려고 **논의하다**

(설 립)
  龍
(몸 육)

약 龙 lóng 룽
龍宮(용궁) 龍顔(용안)
龍王(용왕) 飛龍(비룡)
용 룡(용)

서 있는 **몸**의 형상이 **옆 그림**과 같이 생긴 것이 **용이다**

    壟
싹이 흙위에 돋아나는 모양 (흙 토)

약 垄 lǒng 룽
壟斷(농단) 壟畔(농반)
高壟(고롱) 厚壟(후롱)
밭두둑 롱(농), 언덕 롱(농)

용의 등처럼 **흙**을 쌓은 **밭두둑**이 **언덕**같다

 몸통 부분인 갈비뼈의 모양 (몸 육, 고기 육)	**약** 胧 lóng 룽 朧光(롱광) 흐린 달빛 **흐릿할 롱** 朧
몸이 구름탄 용처럼 흐릿하다	
 대나무 이파리 모양을 본뜬 자 (대 죽)	**약** 笼 lóng 룽 籠城(롱성)  箱籠(상롱)  **대바구니 롱(농)** 籠
대나무로 용트림하듯 엮은 게 대바구니다	
 귀의 모양 (귀 이)	**약** 聋 lóng 룽 聾昧(농매) 聾盲(농맹) 聾俗(농속) 聾啞(농아) **귀머거리 롱(농)** 聾
용이 승천하는 소리도 귀로 못 들으니 귀머거리다	
 입의 모양 (입 구)	**약** 咙 lóng 룽 喉嚨(후롱) 목, 목구멍 **목구멍 롱** 嚨
입과 이어져 용 모양을 한 구멍이 목구멍이다	
 양손으로 괭이를 잡고 있는 모양 (손 수)	**약** 拢 lóng 룽 攏岸(롱안) 배를 항구에 매다 拗攏(요롱) 꺾어서 누르다 **누를 롱, 합칠 롱** 攏
손으로 용같은 괴물을 누르다(합치다)	
(구슬 옥) (받쳐들 공)	lòng 룽 弄談(농담) 戲弄(희롱) **희롱할 롱(농)** 弄 
구슬을 두 손에 받쳐들고 희롱하다	

 (사람인)(밭전)			 傀儡(괴뢰) 大儡(대뢰) **허수아비 뢰, 꼭두각시 뢰**	lěi 레이
사람모양을 하고 **밭**에 서 있는게 **허수아비**다				
	 (움집 면) (소 우)		 牢落(뢰락) 牢籠(뢰롱) 皐牢(고뢰) 圈牢(권뢰) **우리 뢰(뇌)**	láo 라오
집으로 **소**를 기르는 곳이 **우리**다				
	 (비 우)	 (밭 전)	 濤雷(도뢰) 雷聲(뇌성) 雷管(뇌관) 雷同(뇌동) **우레 뢰(뇌)**	léi 레이
비올때 **밭**가는 소리가 나는 것이 **우레**다				
양손으로 괭이를 잡고 있는 모양(손 수)			 擂了一拳(뢰료일권) 주먹으로 쳤다 **칠 뢰, 갈 뢰(연마)**	lēi, léi 레이
손에 든 걸로 **우뢰**소리가 나도록 갈다				
		풀싹이 돋아나는 모양(풀 초)	 花蕾(화뢰) 꽃봉우리 **꽃봉우리 뢰**	lěi 레이
풀이 비와 **우뢰** 소리를 들으며 꽃 봉우리로 꽃 피우다				
	(칼 도)	 (묶을 속)(돈통 패)	 賴庇(뢰비) 聊賴(요뢰) **의지할 뢰(뇌)**	**약**  lài 라이
나무 묶는 일을 **칼**을 주고 **돈**에만 **의지하다**				

		 賂 (돈(통) 패)(각각 각)	 賂	賂	약 賂 lù 루 賂物(뇌물) 賂謝(뇌사) **뇌물 뢰(뇌)** 

돈통에 돈을 각자에게 주는 것이 뇌물이다

 (큰 대) (적을 소)				liáo 리아오 **성실하다, 동료 료** 

큰 임무를 끼고 날마다 조금씩 (찬찬히) 일하니 성실하다

		 사람이 서 있는 모양 (사람 인)		僚	liáo 리아오 閣僚(각료) 官僚(관료) 同僚(동료) 僚吏(요리) **벗 료(요), 동료 료(요)**

사람을 성실하게 대하니 동료(벗)이 생기다

		 캥거루우가 달려가는 모양 (갈 착, 달릴 착)		약 辽 liáo 리아오 遼東(요동) 遼遠(요원) 遼河(요하) 遼隔(요격) **멀 료(요)**

성실하게 달렸으니 온 거리가 멀다

		  장작에 불이 붙어 타는 모양 (불 화)		liào 랴오 燎壇(요단) 燎獵(요렵) **불놓을 료(요)** 

불씨를 성실하게 다루어 불을 놓다

					liǎo 랴오 瞭瞭(요료) 瞭然(요연) 明瞭(명료) 照瞭(조료) **눈밝을 료(요)**

눈으로 성실함을 볼 수 있으리만큼 눈이 밝다

뢰
료

 병실의 모양 (병들 안, 병질 안)		약 疗 liáo 리아오 療養(요양) 療飢(요기) 治療(치료) **병고칠 료(요)**	

병을 **성실하게** 돌봐 병을 고치다

 물방울이 떨어지는 모양 (물 수)		lào 라오 潦水(료수) 큰 물 潦侵(요침) 큰 비로 침수함 **큰비 료**

물이 **성실하게** 나린게 큰 비다

 양손으로 괭이를 잡고 있는 모양 (손 수)		liáo 랴오 撩亂(요란) 어지러움, 산란함 撩理(요리) 다스리어 정돈함 **다스릴 료, 어지러울 료**

손으로 **성실하게** 다스리다

 입의 모양 (입 구)		liáo 랴오 嘹亮(료량) 음성이 맑다 **울 료**

상주가 **입**으로 **성실하게** 울다

 실타래의 모양 (실 사)		약 缭 liáo 랴오 繚垣(요원) 담을 두름 **얽힐 료, 두를 료**

실로 **성실하게** 얽히게 매여 두르다

 쇠를 다루는 대장간의 모양 (쇠 금)		약 镣 liào 랴오 鐐銬(료고) 족쇄와 수갑 **족쇄 료**

쇠로 죄인을 **성실하게** 벌주려고 족쇄를 채우다

 (깃 우)  (머릿결 진) (집 면)	寥	liáo 랴오 寥亮(요량) 寥寥(요요) 寥廓(요확) 寥闊(요활) **쓸쓸할 료(요)**
집안에 **깃털**과 **머릿결**이 날리게 바람이 부니 **쓸쓸하다**		
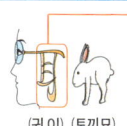 (귀 이)  (토끼 묘) 	聊	liáo 리아오 聊浪(요랑) 聊賴(요뢰)  **귀울릴 료(요)**
귀가 **토끼**같이 크니 **귀가 울린다**		
 (손 수)  (각각 각) (밭 전)	撩	약 撩 liáo 랴오 撩戰(요전) 싸움을 돋움, 도전 **던질 료, 포기할 료**
손으로 **밭**에 **각자**가 오물을 **던지**고 농사를 **포기하다**		
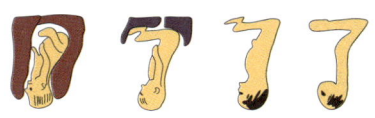	了	liǎo, lè, liào 리아오, 러, 리아오 魅了(매료) 修了(수료) 完了(완료) 終了(종료) **마칠 료(요)**
(어머니 몸에서) 아이가 태어나 해산을 끝**마치**다		
 (쌀 미)  (말 두)	料	liào 리아오 料量(요량) 思料(사료) 原料(원료) 燃料(연료) **헤아릴 료(요)**
쌀을 **말**질하여 양을 **헤아리다**		
 (설 립) (몸 육)	龍	약 龙 lóng 롱 龍宮(용궁) 龍顔(용안) 龍王(용왕) 飛龍(비룡) **용 룡(용)**
서 있는 **몸**의 형상이 옆 **그림**과 같이 생긴 것이 **용**이다		

					약 婁 lóu, lǚ 러우, 뤼

(여러개 포갤 루)					**별이름 루, 포갤 루**

짐을 여자가 여러개 포개어 이다

			약 樓 lóu 러우
			樓閣(누각) 樓上(누상) **다락 루(누)**
(나무 목)(여러개 포갤 루)			

나무를 여러개 포개어 만든 것이 다락이다

				약 摟 lōu, lǒu 러우, 러우
				摟錢(루전) 돈을 긁어 모으다
양손으로 괭이를 잡고 있는 모양 (손 수)				**긁을 루, 안을 루**

손으로 여러개 포개어 지도록 긁어모아 안다

				약 簍 lóu 러우
				簍子(루자) 대바구니
대나무 이파리 모양을 본뜬 자 (대 죽)				**대상자 루**

대나무 살을 여러개 포개어 짠게 대상자다

			약 縷 lǚ, lóu 류, 러우

실타래의 모양 (실 사)			縷肉(누육) 고기를 잘게 썲 一縷(일루) 실 한 오리 **실 루**

실을 여러개 포개어 짠 게 실(타래)다

(집 시)			약 屢 lǚ, lǚ 뤼
			屢年(루년) 屢代(루대) 屢屢(루루) 屢世(루세) **여러 루(누)**
(여러개 포갤 루)			

집에 여러개 포개어진 물건이 여러개 있다

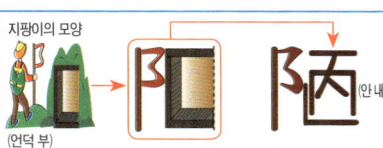 	lòu 러우 陋屋(루옥) 陋族(루족) 陋地(루지) 陋巷(루항) **더러울 루(누), 좁을 루(누)**	
언덕 및 하수도 통 안은 좁고 더럽다		
   	lèi, léi, lěi 레이, 레이, 레이 連累(연루) 累計(누계) 累代(누대) 累進(누진) **포갤 루(누), 여러 루(누)**	
밭 이랑이 실같이 여러개 포개져 있다		
   	약 泪 lèi 레이 落涙(낙루) 催涙(최루) **눈물 루(누)** 	
물방울 같이 문 밑에 개가 흘리는 것이 눈물이다		
   	lòu 러우 參漏(삼루) 漏電(루전) **샐 루(누)** 	
물이 집안으로 비처럼 새다		
   	약 垒 lěi 레이 城壘(성루) 營壘(영루) 鳥壘(조루) 出壘(출루) **즐비할 루(누), 진 루(누)**	
밭사이 흙이 군사들의 진지 같이 즐비하다		
   	약 谬 miù 미우 謬傳(류전) 誤謬(오류) **잘못될 류(유), 어긋날 류** 	
말이 깃이나 머릿결이 날리듯 전달이 잘못되다		

(토끼 묘)(밭 전)				liú 리우 留念(유념) 留保(유보) 留任(유임) 留宿(유숙) **머무를 류(유)**
토끼가 풀밭에 머무르다					

			溜	liù 리우 溜水(유수) 溜飮(유음) 溜滴(유적) 水溜(수류) **떨어질 류(유), 물방울 류(유)**
물방울이 떨어지는 모양 (물 수)				
물이 수증기로 머물러 있다가 물방울로 떨어지다				

			瘤	liú 리우 瘤腫(류종) 瘤贅(류췌) **혹 류(유)** 
	병실의 모양 (병들 안)			
병으로 피가 머물러 부어 오른 것이 혹이다				

			榴	liú 리우 榴花(유화) 석류나무의 꽃 若榴(약류) 紅榴(홍류) **석류나무 류**
	나무의 모양 (나무 목)			
나무에 석류가 머물러(달려) 있는게 석류나무다				

			餾	ⓐ 馏 liú, liù 리우, 리우 蒸餾(증류) 증류하다 **찔 류**
집에서 정미기에 양식을 찧어 밥을 하다 (밥 식)				
밥할 쌀을 솥에 머물게 하여 찌다				

(쌀 미)(개 견) (머리 혈)			類	ⓐ 类 lèi 레이 類似(유사) 同類(동류) **비슷할 류, 무리 류**
쌀겨를 덮어쓴 개의머리통이 서로 비슷하다				

	㐬	liū 리우 **흘러내릴 돌**
샘물이 원천이되는 **머리**에서 계속 **흘러내리다**		
  물방울이 떨어지는 모양 (물 수)	流	liú 리우 流民(유민) 流布(유포) **흐를 류(유)** 
물이 샘의 근원에서 **흘러내려 흐르다**		
 구슬이 꿰어 있는 모양 (구슬 옥)	琉	liú 리우 琉球(유구) 琉璃(유리) 琉璃窓(유리창) **유리 류(유)**
구슬같은 석영을 **흘러내리게** 녹여 만든게 **유리**다		
 돌 (바위)의 모양 (돌 석)	硫	liú 리우 硫酸(유산) 硫黃(유황) **유황 류(유)**
돌같은 고체로 잘 녹아 **흘러내리는** 것이 **유황**이다		
 (나무 목) (토끼 묘)	柳	liú 리우 柳眉(유미) 花柳(화류) **버들 류(유)** 
나무의 형태가 '토끼묘' 자(字) 같이 생긴 것이 **버들**이다		
(토끼 묘) 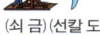  (쇠 금)(선칼 도)	劉	약 刘 liú 리우 虔劉(건류) 劉邦(유방) 劉備(유비) 曹劉(조류) **죽일 류(유), 묘금도(卯金刀) 류(유)**
토끼를 쇠 칼로 찔러 **죽이다**		

				liù, lù 리우, 루
			六	六甲(육갑) 六法(육법) 六書(육서) 六旬(육순) **여섯 륙(육)**

초립 모자의 모양, 옛날에는 만 **여섯** 살이 되어야 결혼을 하고 초립을 썼음.

				약 陆 lù, liù 루, 리우
			陸	陸橋(육교) 陸路(육로)  **뭍 륙(육)**
모종에 흙을 높게 북돋우는 모양 (높을 륙)	(언덕 부)	(높을 륙)		

언덕같이 바다 위로 **높게** 나온 것이 **뭍**(육지)이다

				약 仑 lún 룬
				侖 **뭉치 륜, 생각할 륜**

집안에 책 뭉치가 있다

				약 伦 lún 룬
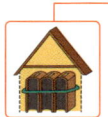			倫	悖倫(패륜) 倫匹(윤필) 不倫(불륜) 人倫(인륜) **인륜 륜(윤)**
집안에 책뭉치가 있다	(사람 인) (뭉치 륜)			

사람이 **뭉쳐** 살면서 지켜야 할 것이 **인륜**이다

				약 沦 lún 룬
			淪	淪缺(윤결) 淪屈(윤굴) 淪塞(윤색) 淪失(윤실) **빠질 륜(윤)**
집안에 책뭉치가 있다	(물 수) (뭉치 륜)			

물에 **뭉쳐진**(무거운) 덩어리가 **빠지다**

				약 抡 lún 룬
			掄	掄材(윤재) 목재를 고르다 **가릴 륜(선택하다, 뿌리다)**
집안에 책뭉치가 있다	(손 수) (뭉치 륜)			

손으로 덩어리 **뭉치**에서 쓸 것을 **가리다**

(뭉치 륜)  집안에 책뭉치가 있다	 (수레거/차) (뭉치 륜)			**약** 輪 lún 룬 輪納(윤납) 輪廓(윤곽) **바퀴 륜(윤)** 

수레에 살이 뭉쳐 있는 것이 **바퀴**다

 집안에 책뭉치가 있다	 (손 수)(뭉치 륜)			**약** 抡 lūn 룬 抡刀(윤도) 칼을 휘두르다 **가릴 륜(휘두르다)**

손으로 덩어리 **뭉치**에서 쓸 것을 **가리다**

		 (갈 척)(붓 율)		lǜ 뤼 律動(율동) 律令(율령) 自律(자율) 調律(조율) **법(칙) 률(율)**

(인간이) **걸어갈** 바를 **붓**으로 써 놓은 것이 **법**이다

		 (나무 목)		lì 리 栗谷(율곡) 生栗(생률) **밤 률(율)** 

가시 돋은 **가방** 속에 **나무** 열매가 맺히는 것이 **밤**이다.

(검을 현)  나무에 검은 실타래가 묶여 있는 모양	(검을 현) 	 (열 십)		shuài 솨이 能率(능률) 稅率(세율) **거느릴 솔, 능률 률(율)**

검은 새 그물의 **양쪽**을 **당기게 열** 명을 **능률**껏 **거느리다**

隆	隆	(걸을 치) 隆 (한 일) (언덕 부) (날 생)		lóng 룽 隆興(융흥) 隆熾(융치) 隆起(융기) 隆盛(융성) **높을 륭(융)**

언덕위로 **걸어오르니** 그 위에 또 **하나의** 언덕이 **생겨나** 있어서 **높다**

 굴의 모양 (구멍 혈, 굴 혈)	窿	lóng 룽 穹窿(궁륭) 둥근 천장 **활꼴 륭, 둥근 천장 륭, 하늘 륭**
굴안의 **높은** 곳 둥근 천장은 활꼴이다		
(힘 력)  肋 肋 (몸 육)(힘 력)	肋	lè 러 肋骨(늑골) 肋膜(늑막) 鷄肋(계륵) 沙肋(사륵) **갈빗대 륵(늑)**
몸통에 **힘**을 줄때 보이는 뼈대가 **갈빗대**다		
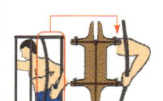(힘 력)    (가죽 혁)(힘 력)	勒	lè 러 勒銘(륵명) 勒捧(늑봉) **억지로할 륵, 굴레 륵**
가죽끈에 **힘**주어 말을 **억지**로 끄는게 **굴레**다		
고드름이 달린 모양 (얼음 빙)   (광 름) (얼음 빙)(벼 화)	凜	동 凛 lǐn 린 凜凜(늠름) 凜嚴(늠엄) 凜然(늠연) 淒凜(처름) **늠름할 름(늠), 찰 름(늠)**
얼음이 얼어도 **광**에 **벼**가 있으니 날씨가 **차도** 태도가 **늠름하다**		
 檁 檁 (광 름) (나무 목)(벼 화)	檁	lǐn 린 〈건축〉 도리 : 두 기둥 위에 얹어 서까래를 놓는 나무 **도리 름**
나무로 **광**의 **벼**섬위를 가로지른 게 **도리**다		
楞 楞 楞 (넉 사) (나무 목)(모 방)	楞	lèng 렁 楞角(능각) 모 **네모질 릉(능), 모 릉(모서리)**
나무 기둥이 **사**(四) **방**(方)향으로 서있어 (방이) **네모**지다		

젖가슴을 짚어보이는 모양 (가슴 심, 마음 심) (모 방)

(넉 사)

lèng 렁

愣巴巴(능파파)
눈을 깜박거리는 모양

멍청할 릉

마음이 사방으로 흩어져 멍청하다

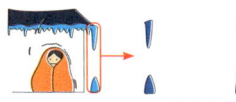

líng 링

높을(언덕) 릉(넘다, 초월하다)

풀이 난 언덕을 걸어서 높이 오르다

고드름이 달려있는 모양 (얼빙, 얼음빙)

líng 링

凌罵(능매)
凌蔑(능멸)

능가할 릉(능), 업신여길 릉(능)

얼음이 높이어니 능가할 묘리로 남을 업신여기다

지팡이의 모양 (글자 왼에 붙을 시 → 언덕 부)

líng 링

阜陵(부릉) 憑陵(빙릉)
江陵(강릉) 丘陵(구릉)

언덕 릉(능)

언덕이 높이 솟으니 언덕이다

풀싹이 돋아 나오는 모양 (풀 초)

líng 링

菱花(능화)
採菱(채릉)

마름(풀) 릉(능)

풀로 키가 높이 자라게 마름(풀)이다

나무의 모양 (나무 목)

léng 렁

棱棱(능릉) 모가 난 모양.
세력이 있는 모양

모 릉

나무 기둥이 높아서 바닥과 모가 지다

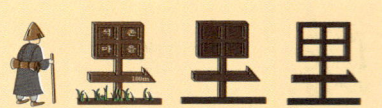	里	lǐ 리 里落(이락) 里程(이정) 洞里(동리) 鄕里(향리) **마을 리(이)**
마을의 이정표를 본뜬 글자		
 입의 모양 (입 구)	哩	li, lī, lǐ 리 哩哩囉囉(리리라라) (쉴새없이) 중얼거리는 모양 **어조사 리**
입으로 **마을** 사람이 어조사를 부르다		
 산기슭에 바위가 옆으로 나온 모양 (바위 엄)	厘	lí 리 **터전 전, 이 리(이), 다스릴 리**
바위옆 공터가 **마을** 사람의 생활 터전이다		
 구슬이 꿰어 있는 모양 (구슬 옥)	理	lǐ 리 理念(이념) 理論(이론) 地理(지리) 眞理(진리) **다스릴 리(이), 이치 리(이)**
구슬(재물)로 **마을**을 이치에 맞게 다스리다		
   개가 서있는 모양 (개 견)	狸	lí 리 狸奴(이노) 고양이의 별칭 海狸(해리) 弧狗狸(호구리) **너구리 리**
개같이 생겨 **마을** 사람이 잡는게 너구리다		
 물고기의 모양 (물고기 어)	鯉	lǐ 리 鯉魚(이어) 잉어 鯉魚醢(이어해) 잉어젓 **잉어 리**
고기로 **마을** 사람이 잘 먹는게 잉어다		

				lǐ 리	
 (나무 목) (아들 자)			李	李某(이모) 李四(이사) **오얏 리(이)**	

나무 밑에서 **아들**이 즐겨 따 먹는 과일이 **오얏**이다

				lì 리
 (벼 화) (선칼 도)			 利	利用(이용) 利得(이득) 利潤(이윤) 有利(유리) **날카로울 리(이), 이로운 리(이)**

벼를 베는 **칼(낫)**은 **날카로울**수록 **이롭**다

				lì 리
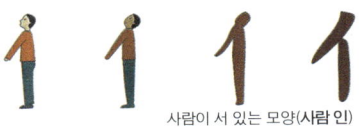 사람이 서 있는 모양 (사람 인)			 俐	俐亮(리량) 유쾌(숯쾌, 산뜻하다) 伶俐(영리) 영리흐 **똑똑할 리, 영리할 리**

사람을 **이롭게** 하니 **영리**하고 **똑똑하다**

				lí 리
	 나무의 모양 (나무 목)		 梨	棠梨(당리) 梨花(이화) 梨園(이원) **배 리(이)**

갈증에 **이로운 나무**열매가 **배**다

				lì 리	
	 병실의 모양 (병들 안,병질 안)		 痢	痢症(이증) 痢疾(이질) **이질 리(이)**	

병으로 배가 **날카로운 칼**로 베듯 아프게 **이질**이다

				lì 리
 풀싹이 돋아나는 모양 (풀 초)			 莉	茉莉(말리) 〈식믈〉 말리 **말리 리**

식물로 **이로운** 향료를 주는 게 **말리**다

  	吏	lì 리 吏道(이도) 吏讀(이두) 吏房(이방) 吏屬(이속) **아전 리(이), 관리 리(이)**
임금에게 받은 **칙령기**를 놓고 **사무**를 보는 자가 **관리**다		
짝과 헤어진 부엉이 (헤어질 리)    (새 추) (헤어질리)(새 추)	離	약 离 lí 리 離山(이산) 離陸(이륙) **떠날 리**
(짝과)**헤어져** 부엉새가 **떠나다**		
 대나무 이파리 모양을 본뜬 자 (대 죽)	籬	약 篱 lí 리 籬下(이하) 缺籬(결리) 枯籬(고리) 肉籬(육리) **울타리 리(이)**
대나무로 **떠나기** 어렵게 둘러 친게 **울타리다**		
 물방울이 떨어지는 모양 (물 수)	灕	lí 리 灕江(이강) 강서성에 있는 강이름(지명) **스밀 리, 흐를 리**
물이 수원을 **떠나 흐르다(스미다)**		
 구슬이 꿰어 있는 모양 (구슬 옥)	璃	lí 리 琉璃(유리) 유리 광물 **유리 리**
구슬같고 **부엉이 눈**처럼 빛나는 게 **유리다**		
(집 시)   (회복할 복, 다시 부)	履	lǚ 뤼 履修(이수) 履行(이행) 履霜(이상) 履歷(이력) **밟을 리(이)**
집을 떠났다가 **다시 돌아오려고** 갔던 길을 되 **밟다**		

	(쌀 미)	 (저녁 석) 사다리	舞	lín 린 **어수선할 린(인), 도깨비불 린**	
쌀을 들고 저녁에 사다리에 걸려 넘어져 주위가 **어수선하다**					
			 지팡이의 모양(글자 원에 붙을 시 → 언덕 부)	隣	약 鄰 lìn 린 隣近(인근) 隣接(인접) **이웃 린(인)** 
언덕 아래 **어수선하게** 있는 집이 **이웃**이다					
			石 돌 (바위)의 모양(돌 석)		lín, lìn 린 隱磷(은린) 砨磷(경린) **돌 틈을 물이 흐르는 모양 린**
돌 사이로 물이 **어수선하게** 흐르니 돌 틈으로 물이 흐르는 모양을 보다					
			 물고기의 모양(물고기 어)		약 鱗 lín 린 凡鱗(범린) 伏鱗(복린) 常鱗(상린) 銀鱗(은린) **비늘 린(인)**
고기 껍질에 **어수선하게** 붙어 있는 것이 **비늘**이다					
	(글월 문)	 (입 구)		lìn 린 吝嗇(인색) 吝惜(인석) 吝愛(인애) 儉吝(검린) **아낄 린(인)**	
글 읽듯이 **입**으로만 인사하며 대접하기를 **아끼다**					
	(풀 초)	(발 족) (새 추)		약 躏 lìn 린 蹂躪(유린) 人權蹂躪(인권유린) **짓밟을 린(인)**	
발로 **풀**을 밟듯 문간에 **새**(새끼를 실수로)를 **짓밟다**					

린

 (나무 목)(나무 목)				lín 린 林産(임산) 林野(임야) 林業(임업) 密林(밀림) **수풀 림(임)**

나무와 **나무**가 모여서 이루어진 것이 **수풀**이다

	 			lín, lìn 린 淋渗(임삼) 淋灑(임쇄) **물뿌릴 림(임)**
	물방울이 떨어지는 모양 (물 수)			

물을 **수풀**이 잘 자라게 **물**을 **뿌리다**

				lín 린 琳球(임구) 아름다운 옥 琳札(임찰) 옥으로 만든 함(函) **옥 림**
	구슬이 꿰어 있는 모양 (**구슬 옥**)			

구슬 같이 **수풀**에서 빛나는 게 옥이다

(사람 인) 				약 临 lín 린 降臨(강림) 光臨(광림) 君臨(군림) 臨床(임상) **임할 림(임)**
(신하 신)(물건 품)				

신하된 **사람**같이 엎드려 **물건** 앞에 **임하다**

			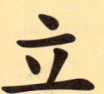	lì 리 立件(입건) 立法(입법) 立案(입안) 立志(입지) **설 립(입)**

사람이 **서 있는** 모양을 본뜬 글자 **서있다**는 뜻을 나타냄

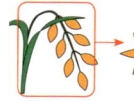				lì 리 粒米(입미) 粒雪(입설) 粒食(입식) 粒子(입자) **알갱이 립(입)**
	쌀알이 흩어져 있는 모양 (**쌀 미**)			

쌀이 곧추 **서 있는** 하나 하나가 알갱이다

				**약** 马 mǎ 마 馬脚(마각) 馬夫(마부) 落馬(낙마) 驛馬(역마) **말 마**

말의 모양

			口	 **약** 吗 mà, mā, mǎ 마 下午干嗎(하오간마) 오후에 무엇을 하지 **아편 마, 무엇 마**

입의 모양 (입 구)

입을 **말**이 오물 거림은 **무엇**을 먹는걸까? 아편?

			王	**약** 玛 mǎ 마 瑪瑙(마노) 옥돌의 하나 윤이 나고 빛이 고움 **마노 마**

구슬이 꿰어 있는 모양 (구슬 옥)

옥돌 중에 **말**색을 띠고 있는게 마노다

			女	**약** 妈 mā 마 媽媽(마마) 중전 마마 높은 자에게 붙이는 존칭 **어미 마, 암말 마**

여자의 모양 (계집녀)

여자 **말**이 암말이다

			石	**약** 码 mǎ 마 碼磂(마노) 옥돌의 하나 **마노 마, 나루터 마**

돌 (바위)의 모양 (돌 석)

바위 돌이 있어 **말** 대기 좋은 곳이 나루터다

			虫	 **약** 蚂 mǎ, mā 마 螞螂(마랑) 잠자리 螞蜂(마봉) 나나니 벌 **말거머리 마, 잠자리 마**

벌레의 모양 (벌레 충)

벌레로 **말**성을 이어 받은 게 말거머리다

마

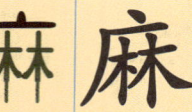 麻 麻 麻	**má, mā 마** 披痲(피마) 亂痲(난마) 麻衣(마의) 麻布(마포) **삼 마, 저릴 마**	
집 앞에 심어 놓은 **삼**의 모양		
 손에 붓을 들고 있는 모양 (손 수)		**mó 모** 按摩(안마) 肩摩(견마) **문지를 마** 
삼을 손바닥에 대고 실을 만들려고 문지르다		
 돌의 모양 (돌 석)		**mó 모** 鍊磨(연마) 硏磨(연마) **갈 마** 
삼을 돌로 갈다		
 외뿔이 나고 입이 십자로 찢어진 괴물 (마귀 마)	魔	**mó 모** 魔力(마력) 魔法(마법) 魔手(마수) 魔術(마술) **마귀 마**
삼에서 나온 마약을 먹고 귀신마귀 같이 굴다		
 돌 (바위)의 모양 (돌 석)	蘑	**mó 모** 蘑菇(마고) 버섯, 치근거리다, 징징거리다 **버섯 마**
풀 삼이 자라듯 돌을 끼고 자란 버섯		
		**mó 모** 麼小丑(마소축) 아무 쓸모없는 놈 **그런가 마, 잘 마**
삼으로 짠 반쪽 삿갓은 왜 잘고 그런가		

 么

mé, má 머, 마

那么(나마) 그러면, 그렇게
多么(나마) 얼마나

그런가 마, 무엇 마

반쪽 삿갓이 된 이유는 무엇인가 왜 그런가?

 蟆

(벌레 충)(없어질 막)

má 마

蝦蟆(하마) 두꺼비, 청개구리

두꺼비 마

※莫(없어질 막)은 바로
아래있으니 참조하세요

벌레를 없어지게 잡아 먹는 놈이 두꺼비다

    莫

mò 모

莫大(막대)　莫論(막론)
莫甚(막심)　莫逆(막역)

없어질 막, 말 막

지평선 풀 뒤로 해가 져 큰 모습이 없어지니 하던 일을 말다

     漠

물방울이 떨어지는 모양 (물 수)

mò 모

駱漠(낙막)　漠漠(막막)
漠然(막연)　茫漠(망막)

사막 막, 아득할 막

물이 없어지니 사막되어 (시야가) 아득하다

  寞

지붕을 덮어씌운 집의 모양 (집면)

mò 모

寞寞(막막)　落寞(낙막)
索寞(색막)　窈寞(요막)

쓸쓸할 막

집에 사람이 없어지니 쓸쓸하다

     膜

몸통 부분인 갈비뼈의 모양 (몸 육, 고기 육)

mó 모

腱膜(건막)　膈膜(격막)
鞏膜(공막)　肋膜(늑막)

막(꺼풀) 막

몸 내부가 없어지게 덮어 가린것이 꺼풀이다

옷걸이에 수건같은 천이 걸려있는 모양 (**수건건,천건**)	幕	mù 무 幕舍(막사) 幕後(막후) **장막 막** 

모든 형체가 **없어지게 천**으로 덮은게 장막이다

  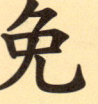	免	miǎn 미앤 免疫(면역) 免除(면제) 免罪(면죄) 赦免(사면) **면할 면**

출산을 해 고통을 **면하다**

  양손으로 괭이를 잡고 있는 모양 (**손 수**)	挽	wǎn 완 挽留(만류) 挽回(만회) **당길 만** 

손으로 출산의 고통을 **면하게** 해 주려고 아이를 당기다

 여자의 모양 (**계집 녀**)	娩	miǎn 미앤 婉娩(완만) 娩痛(만통) 分娩(분만) **낳을 만**

여자가 산고를 **면하려고** 기를 쓰고 애를 **낳다**

 해의 모양(해가 떠서 새날이 온다는 뜻)(**해 일,날 일**)	晚	wǎn 완 晚時(만시) 晚鍾(만종) 晚餐(만찬) 晚秋(만추) **늦을 만**

햇볕을 **면할때**가 저녁 늦을 때다

	萬	약 万 wàn, mò 완, 모 萬感(만감) 萬難(만난) **일만 만** 

수**만** 마리가 무리지어 모여 사는 **벌**의 모양을 본뜬 자

180

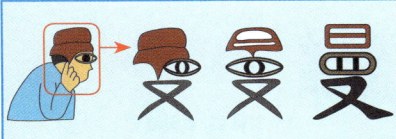	曼	màn 만 婉曼(완만) 柔曼(유만) 長曼(장만) **길게퍼질 만**
모자를 눈까지 끌어당겨 쓰니 **길게 퍼지다**		
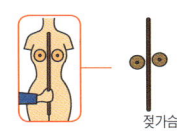    젖가슴을 짚어보이는 모양 (가슴 심,마음 심)	慢	màn 만 慢性(만성) 侮慢(모만) 傲慢(오만) 緩慢(완만) **게으를 만, 거만할 만**
마음이 **길게 퍼지니** 게으르다(거만하다)		
   물방울이 떨어지는 모양 (물 수)	漫	màn 만 闊漫(활만) 浪漫(낭만) 漫談(만담) 漫然(만연) **흩어질 만**
물이 **길게 퍼져** 사방으로 흩어지다		
 풀싹이 돋아 나오는 모양 (풀 초)	蔓	màn 만 蔓茂(만무) 蔓生(만생) 蔓延(만연) 蔓引(만인) **덩굴 만**
식물의 줄기가 **길게 퍼진게** 덩굴이다		
   집에서 정미기에 양식을 찧어 밥을 하다 (밥 식)	饅	약 饅 mán 만 饅頭(만두) **만두 만**
음식물로 속을 **퍼지게** 버무려 빚은게 만두다		
 옷걸이에 수건같은 천이 걸려있는 모양 (수건건,천건)	幔	màn 만 幔帳(만장) 막, 커튼 布幔(포만) 천막 **장막 만**
수건같은 천을 **길게 퍼지게 하여** 덮은 게 장막이다		

					luàn 란
				䜌	**잇달 련, 말잇달 련**

두 실타래가 풀리듯 말을 잇달아 하다

					mán 만
				蠻	蠻勇(만용) 蠻行(만행)
		벌레의 모양 (벌레 충)			**오랑캐 만**

잇달아 벌레같은 짓을 하는 자가 오랑캐다

					약 弯 wān 완
				彎	彎曲(만곡) 彎屈(만굴) 彎弓(만궁) 彎彎(만만)
			활의 모양 (활 궁)		**굽을 만**

해안선이 잇달아 활같이 굽다

					wān 완
				灣	灣商(만상) 港灣(항만) 
(물 수)	(활 궁)				**만(물굽이) 만**

(파도) 물이 잇달아 쳐 땅이 활같이 파인 곳이 만(물굽이)이다

					luán 루안
				巒	峯巒(봉만) 산봉우리
					메 만, 산봉우리 만

잇달아 산이 이어진 게 산봉우리다

큰 파라솔 속에 둘이 들어가 있는 모양	(두 량)	(풀 초)			약 瞒 mán 만
				瞞	瞞着(만착) 欺瞞(기만) 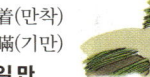
		(눈 목) (두 량)			**속일 만**

함정을 파 눈치 못채게 풀을 두배로 덮어 속이다

 큰 파라솔 속에 둘이 들어가 있는 모양	 하늘 (두 량)	(풀 초)  (물 수) (두 량)	滿	 약 滿 mǎn 단 滿足(만족) 充滿(충만) **찰(가득할) 만**	

물을 풀에 두배를 주니 넘치어 **가득하다**

나무의 끝을 짚어보이는 모양

末　末　末　末

mò, mè 모, 며
末端(말단)　末席(말석)
末職(말직)　始末(시말)
끝 말

나무의 위쪽 가지가 곧 **끝**이다

양손으로 괭이를 잡고 있는 모양 **(손 수)**

mǒ, mā, mò 모, 마, 모
抹消(말소)　抹茶(말차)
抹擦(말찰)　電抹(전말)
지울 말, 바를 말

손으로 문질러 끝까지 **지우다**

물방울이 떨어지는 모양 **(물 수)**

mò 모
沫水(말수)　浪沫(낭말)
跳沫(도말)　珠沫(주말)
거품 말

물의 끝 표면에 생기는 것이 (물) **거품**이다

풀싹이 돋아나는 모양 **(풀 초)**

mò 모
茉莉(말리)〈식물〉말리
茉花茶(말화다) 스민차
말리 말

식물로 가지의 **끝(잎)**까지 식용으로 쓰는게 **말리다**

옷의 모양 **(옷 의)**

wà 와
袜子(말자) 양말, 버선
毛袜(모말) 털 양달
버선 말

옷으로 제일 **끝**에 신는게 **버선**이다

   	亡	wáng, wú 왕, 우 亡身(망신) 亡失(망실) 亡命(망명) 逃亡(도망) **망할 망**
칼을 쓰고 옥에 갇히니 **망**하다		
 여자의 모양 (계집 녀)	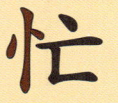 妄	wàng 왕 輕妄(경망) 老妄(노망) **망령될 망**
심신이 **망**한(망가진) **여자**는 행동이 **망령**되다		
   젖가슴을 짚어보이는 모양 (마음 심)	忙	máng 망 慌忙(황망) 多忙(다망) 奔忙(분망) 忙中閑(망중한) **바쁠 망**
마음이 **망할**(망가질) 정도로 **바쁘다**		
 젖가슴의 모양 (마음 심)	 忘	wàng, wáng 왕 健忘(건망) 忘却(망각) 忘年(망년) 不忘(불망) **잊을 망**
망하니 **마음**을 미쳐 못쓰고 **잊다**		
 풀싹이 돋아나는 모양 (풀 초)	 芒	máng, wàng 망, 왕 光芒(광망) 句芒(구망) 精芒(정망) 靑芒(청망) **싹(까끄라기)망**
식물을 **망**하게 하려고(망치려고) **싹**을 끊다		
(풀 초) (물 수)	茫	máng 망 茫惚(망홀) 昧茫(매망) 茫茫(망망) 茫然(망연) **물질펀할 망, 아득할 망**
풀이 물에 **망할**(망가질) 정도로 물이 질펀해 아득하다		

(그물 망)  (실 사) (망할 망)			網	 网 wǎng 왕 法網(법망) 漁網(어망)  **그물 망**
	실로 짜서 **그물**로 고기를 **망하게**하는 것이 **그물**이다			
(망할 망) (달 월)  (임금 왕)			 望	wàng 왕 望拜(망배) 觀望(관망) 望臺(망대) 希望(희망) **바랄(보름달) 망**
	(나라가)**망**하니 **달밤**에 **왕**이 **보름달**을 하염없이 **바라보다**			
(풀 초)  (큰 대) (풀 훼)			 莽	mǎng 망 莽莽(망망) 풀이 으거진 모양 **풀 우거질 망, 거칠 망**
	풀이 큰 풀로 자라 **풀이 우거지다**			
(사람 인)  (어미 모)			 每	měi 메이 每回(매회) 每事(매사) 每朔(매삭) 每樣(매양) **매양 매**
	사람은 **어머니**를 **매양(늘)** 그리워한다			
	 나무의 모양 (나무 목)		 梅	méi 메이 梅花(매화) 梅實(매실) 梅畫(매화) 雪中梅(설중매) **매화 매**
	나무중에 **매양(늘)** 겨울에 꽃 피는게 매화다			
(어미 모)  아이를 안은 어머니의 모양			 霉	méi 메이 霉雨(매우) 장마 **곰팡이 매**
	비가 **매양(늘)**와 생기는 게 곰팡이다			

wèi 웨이

未歸(미귀)　未忘(미망)
未逢(미수)　未安(미안)

아닐 미

나무에 가지가 무성할 때는 과일이 아니 익었을 때다

여자의 모양 (계집녀)

mèi 메이

妹夫(매부)
妹兄(매형)

손아래누이 매

여자로 철이 아니든 아이가 손아랫누이다

해의 모양(해가 떠서 새날이 온다는 뜻)(해 일,날 일)

mèi 메이

昧沒(매몰)　不昧(불매)
三昧(삼매)　造昧(조매)

어두울 매

날이 아직 아니 밝았으니 어둡다

외뿔이 나고 입이 십자로 찢어진 괴물 (귀신 귀)

mèi 메이

魅了(매료)　魅殺(매쇄)
魅醉(매취)　魅惑(매혹)

매혹할 매

귀신이 제정신이 아니게 매혹하다

이정표의 모양 (마을 리)　(흙 토) (마을 리)

mái, mán 마이, 만

埋蘊(매온)　埋葬(매장)
假埋(가매)　埋沒(매몰)

묻을 매

흙에 마을사람의 시체를 묻다

(나무 목) (두드릴 복)

méi 메이

枚擧(매거)
枚數(매수)

낱 매

나무줄기로 두들기듯치며 낱개를 세다

 **(입 구)**    (나무 목) | dāi 따이
癡呆(치매)
어리석을 매

사람이 **입**으로만 **나무**를 보호하자고 함은 **어리석다**

  **(달 감)**  (나무 목)  | mǒu 머우
某氏(모씨) 某孃(모양)
某種(모종) 某處(모처)
아무 모

꿀물같이 **단 나무**열매는 **아무나** 다 좋아한다

 여자의 모양 (계집녀)  | méi 메이
中媒(중매)
仲媒(중매)
중매 매

여자를 **아무**개 사내에게 중매하다

 장작에 불이 붙어 타는 모양 (불 화)  | méi 메이
煤煙(매연) 煤油(매유)
寶煤(보매) 松煤(송매)
그을음 매

불로 **아무거**나 태워도 그을음이 난다

  (돈[게] 패)  | 약 买 mǎi 마이
賣買(매매) 買名(매명)
買收(매수) 買票(매표)
살 매

광주리에 물건을 **돈**을 주고 **사다**

 (선비사) (돈[게] 패)    | 약 卖 mài 마이
賣店(매점) 發賣(발매)
賣渡(매도) 販賣(판매)
팔 매

선비에게 **광주리**의 물건을 **돈**을 받고 **팔다**

			(일만 만)		약 迈 mài 마이
					邁達(매달) 邁進(매진) **멀리갈 매**
			(달릴 착)		

일만리를 달려서 멀리가다

			(그물 망)	罵	약 骂 mà 마 責罵(책매) 推罵(추매) **꾸짖을 매, 욕할 매** 
			(말 마)		

그물로 말을 덮어씌우는 놈을 꾸짖다

|  | |  | | 玫 | méi 메이

玫瑰(매괴) 붉은색이 나는 옥돌

매괴 매(적색빛의 옥) |

구슬을 두들겨 깎은 적색 옥돌이 매괴다

(물흐를 비)					약 脉 mài, mò 마이, 모
					山脈(산맥) 診脈(진맥) 脈動(맥동) 鑛脈(광맥) **맥 맥**
물이 갈라져 흐르는 모양 (몸 육) (물흐를 비)					

몸 속에 피가 물 흐르듯 흐를때 뛰는 것이 맥이다

	(올 래)				약 麦 mài 마이
					麥穗(맥수) 麥醬(맥장) 菽麥(숙맥) 裸麥(나맥) **보리 맥**
		(갈 치)			

보리밭에 와서 천천히 가지고 가는 것이 보리다

				陌	mò 모 陌頭(맥두) 길가, 길거리 **길 맥, 밭길 맥**
	(언덕 부)	(일백 백)			

언덕으로 수백리 이여진 게 길(밭길)이다

 盲 盲 盲 **(망할 망)** (눈 목)			 盲	máng 망 盲兒(맹아) 盲人(맹인) **소경 (눈멀) 맹**

망해버린(실명한) 눈을 가진자가 소경이다

 亡 → 亡 → 亡 氓 칼을 쓰고 옥에 갇히니 망하다 (망할 망)(백성 민)		 氓	máng 망 氓俗(맹속) 민간의 풍속 **백성 맹**

망한 나라의 백성도 백성이다

		 **(아들 자)** (그릇 명)	 孟	mèng 멍 孟浪(맹랑) 孟母(맹모) 孟子(맹자) 孟秋(맹추) **맏(맹자) 맹, 우두머리 맹**

아들중에 큰 그릇이 될만한 자가 맏(자식)이다   ※맏은 동생들을 잘 포용하여
다스리기 때문 임

		 개가 서있는 모양 (개 견)		měng 멍 猛烈(맹렬) 猛暑(맹서) 猛獸(맹수) 猛虎(맹호) **사나울 맹**

개중에 먼저 맏으로 난 것이 더 사납다

		 쇠를 다루는 대장간의 모양 (쇠 금)	 錳	약 錳 měng 멍 二酸化錳(이산화망간) **망간 맹**

금속으로 제강 제철에 맏으(제1)로 쓰이는게 망간이다

		 **(풀 초)** (밝을 명)	 萌	méng 멍 萌芽(맹아) 萌兆(맹조) 萌乎(맹호) **싹 맹**

풀이 해와 달빛이 밝은 세상으로 나오게 싹이다

맹

			(그릇 명)	盟	méng, míng 멍, 밍 聯盟(연맹) 盟邦(맹방) **맹세할 맹**

해와 달을 두고 맑은 물을 그릇에 떠놓고 **맹세하다**

	(손톱 조)			覓	약 覓 mì 미 覓句(멱구) 覓得(멱득) 覓來(멱래) 覓索(멱색) **찾을 멱**
		 (볼 견)			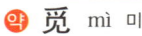

손톱으로 땅을 파헤쳐 **보며 찾다**

(덮을 멱)				眠	mián 미엔 不眠(불면) 睡眠(수면) 熟眠(숙면) 安眠(안면) **잠잘 면**

나뭇가지를 휘어 묶어 뿌리를 내리게 하는 모양	여러 부리(성씨)를 합친 것이 백성(백성민)	(눈 목)	(백성민)		

눈을 감고 **백성**이 **잠자다**

				面	miàn 미엔 當面(당면) 對面(대면) 面長(면장) 面識(면식) **낯 면**

마스크를 한 **낯**의 모양

				緬	약 緬 miǎn 미앤 緬維(면유) 緬甸(면전) **가는실 면**
			 (실타래의 모양 (실 사))		

실로 **낯**을 가리는 천을 짤때는 **가는 실**이 좋다

		(흰 맥)		綿	약 綿 mián 미앤 綿密(면밀) 綿絲(면사) 綿羊(면양) 石綿(석면) **솜 면, 이어질 면**
			 (실 사)(천 건)		

실또는 **밥**같이 **흰 천**의 원료가 **솜**이다

miǎn 미엔

免訴(면소) 免役(면역)
免許(면허) 謀免(모면)

면할 면

출산을 해 고통을 면하다

철창살을 팔로 힘을 써 벌리는 모양 (힘력)

miǎn 미엔

勸勉(권면) 勉從(면종)
勉行(면행) 勤勉(근면)

힘쓸 면

출산의 고통을 면하려고 힘에 힘을쓰다

머리쓰개의 모양

miǎn 미엔

冕服(면복)
冕旒冠(면류관)

면류관 면

임금이 모자를 면하려고 멋있게 만들어 쓴 것이 면류관이다

(흰 백)
(나무 목) (천 건)

mián 미엔

棉花(면화) 木棉(목면)
米棉(미면) 印棉(인면)

목화(나무) 면

나무같은데 밥같이 흰 천이 달리는 것이 목화(나무)다

(물 수)

약 灭 miè 미에

滅亡(멸망)
滅門(멸문)

멸할 멸, 불꺼질 멸

물을 개를 창으로 패듯 불에 뿌리니 불이 꺼지다

(풀 초)
(눈 목)

miè 미에

輕蔑(경멸) 陵蔑(능멸)
蔑視(멸시)

업신여길 멸

숲속에서 망보는 사람이 창을 들고 행인을 업신여기다

				míng 밍 器皿(기명) 大皿(대명) **그릇 명**
	그릇을 접시에 받쳐놓은 모양			
			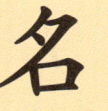	míng 밍 名曲(명곡) 名聲(명성) 名案(명안) 名作(명작) **이름 명**
	(캄캄한) **저녁**에 **입**으로 부르려고 지은것이 **이름**이다			
				약 铭 míng 밍 銘文(명문) 銘心(명심) **새길 명** 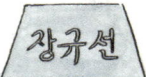
	금속판에 **이름**을 새기다			
				약 鸣 míng 밍 鳴雁(명안) 鳴動(명동) 共鳴(공명) 悲鳴(비명) **울 명**
	입을 벌리고 **새**가 **울다**			
 				mìng 밍 命令(명령) 命脈(명맥) 使命(사명) 宿命(숙명) **목숨 명**
	(하나님이) **입**으로 내린 **명령**에 달린 게 **목숨**이다			
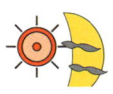 				míng 밍 明敏(명민) 明示(명시) 透明(투명) 判明(판명) **밝을 명**
	해와 **달**빛이 **밝다**			

 	míng 밍 冥晦(명회) 杳冥(묘명) 冥冥(명명) 冥福(명복) **어두울 명**
해를 **덮어 해**가 없어지니 **여섯**자 앞도 못볼만치 **어둡다**	
  	míng 밍 螟蟲(명충) 飛螟(비명) **마디충 명, 멸구명**
벌레로 농작물을 갉아 먹으며 **어두운**데 사는 것이 멸구다	
 	máo 마오 矛戟(모극) 矛叉(모차) 矛麾(모휘) 矛盾(모순) **창 모**
창의 모양을 본뜬 글자	
  	máo 마오 茅屋(모옥) 茅廠(모창) **띠 모**
풀로서 **창**처럼 길고 뾰족한 풀이 띠다	
  	mào 마오 外貌(외모) 美貌(미모) 容貌(용모) **얼굴 모, 모양 모**
맹수형상을 그린 **흰탈**을 쓴 **사람**들의 **얼굴모양**이…	
	lǎo 라오 姥姥(모모) 외할머니 **할미 모**
여자로 늙은이가 할미다	

		莫	mò 모 莫論(막론) 莫逆(막역) 莫大(막대) 莫及(막급) **없어질 막, 말 막**

지평선 **풀**뒤로 **해**가 져 **큰**모습이 **없어지니** 하던 일을 **말다**

		募	mù 무 公募(공모) 應募(응모) **모을 (뽑을) 모**
	 철창살을 팔로 힘을 써 벌리는 모양 (**힘력**)		

일할 자가 **없어지니** **힘**써 블러 **모으다**(뽑다)

		慕	mù 무 敬慕(경모) 戀慕(연모) 慕情(모정) 伏慕(복모) **그릴 모, 그리워할 모**
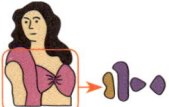	젖가슴의 모양 (**가슴 심,마음 심**)		

님이 가고 **없어지니** **마음**으로 **그리다**

		暮	mù 무 夙暮(숙모) 暮景(모경) 暮秋(모추) 歲暮(세모) **저물 모**
	 해의 모양(해가 떠서 새날이 온다는 뜻)(**해 일,날 일**)		

해가 **없어지니** **날**이 **저물다**

		摸	mō, mó 모, 모 摸本(모본) 摸倣(모방) 摸索(모색) 摸擬(모의) **더듬을 모**
	 양손으로 괭이를 잡고 있는 모양 (**손 수**)		

손으로 물건이 **없어지니** 찾으려고 **더듬다**

		模	mó, mú 모, 무 模樣(모양) 模作(모작) **본뜰 모, 법 모**
	나무의 모양 (**나무 목**)		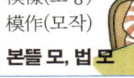

나무로 원형이 **없어지니** 틀을 만들어 **본뜨다**

 손에 붓을 들고 있는 모양(손 수)		mó 모 摹倣(모방) 본뜸, 본받음 摹本(모본) 사본(寫本) **본뜰 모**
원형이 없어지잖게 손으로 본뜨다		
 집에서 정미기에 양식을 찧어 밥을 하다 (밥 식)		약 饃 mó 모 **진빵 모**
밥 없어 대신 먹는게 찐 빵이다		
   (달 감) (나무 목)		mǒu 머우 某紙(모지) 某處(모처) 某年(모년) 某月(모월) **아무 모**
꿀물같이 단 나무열매는 아무나 다 좋아한다		
   수염을 들먹이며 입으로 말하는 모양 (**말씀 언**)		약 謀 móu 머우 謀叛(모반) 謀事(모사) 陰謀(음모) 智謀(지모) **꾀할 모**
말을 아무도 모르게 하며 일을 꾀하다		
 (쓸/무릅쓸 모) 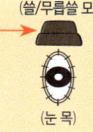   (눈 목)		mào, mò 마오, 모 冒濫(모람) 冒廉(모렴) 冒認(모인) 冒進(모진) **무릅쓸 모**
모자를 눈위 까지 내려오게 무릅쓰다		
     옷걸이에 수건같은 천이 걸려있는 모양 (**수건건,천건**)		mào 마오 笠帽(입모) 氈帽(전모) 軍帽(군모) 帽子(모자) **모자 모**
천으로 짜 머리에 무릅쓰는 것이 모자다		

máo 마오

毛根(모근) 毛髮(모발)
毛織(모직) 體毛(체모)

털 모

(꼬리) **털**의 모양

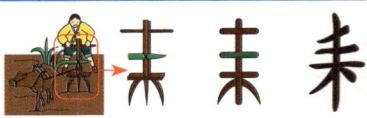 

쟁기의 모양 (쟁기 뢰, 따비 뢰)

hào 하오

耗減(모감) 耗問(모문)
近耗(근모) 省耗(생모)

닳을 모, 소모할 모

쟁기를 소가 **털**이 **닳**도록 끄니 쟁기도 **닳**아 **소모되다**

mǔ 무

母性(모성) 母親(모친)
母胎(모태) 丈母(장모)

어머니 모

아이를 안은 **어머니**의 모양

(사람 인)

(사람 인)

wǔ 우

侮謔(모학) 禦侮(어모)
侮蔑(모멸) 侮辱(모욕)

업신여길 모

사람이 어린 **사람**같이 **어머니**만 의지하니 **업신여기다**

여자의 모양 (계집녀)

mǔ 무

姆姆(모모) 보모

유모 모

여자로 **어머니** 역할을 하는게 **유모**다

(소우) (흙토)

mǔ 무

牡桂(모계)
牡瓦(모와)

수컷 모

소중에 **땅**을 주로 가는 소는 **수컷**이다

				mù 무
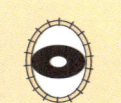				目擊(목격) 目錄(목록) 目的(목적) 目標(목표) **눈 목**

눈의 모양을 본뜬자

			mù 무	
	 모종에 흙을 높게 복돋우다 (높을 륙)	睦	親睦(친목) 和睦(화목) **화목할 목**	

눈두덩을 높게하고 웃으니 **화목하다**

			mù 무	
	(소 우)(두들겨칠 복)	 牧	牧歌(목가) 牧童(목동) **칠(기를) 목**	

소를 풀밭으로 **두들겨** 몰고 가서 **기르다(치다)**

				mù 무
	木	木	 木	木工(목공) 木石(목석) 木製(목제) 枕木(침목) **나무 목**

나무의 모양을 본뜬자

			mù 무	
		 沐	溟沐(명목) 沐浴(목욕) **목욕할 목, 머리감을 목**	

물방울이 떨어지는 모양 (물 수)

물을 **나무** 통에 부어 **목욕하다(머리를 감다)**

			mù 무	
	(흰 백) (작을 소) (벼 화) (터럭 삼)	穆	婉穆(완목) 和穆(화목) **화목할 목, 기쁠목**	

벼찧어 **흰**알곡과 **적은 털**(검불)을 가려 수확하니 **기쁘다**

méi, mò 메이, 모

汨沒(골몰)
溺沒(익몰)

빠뜨릴(빠질) 몰

물에 사람이 집게를 빠뜨리다

    蒙

méng, mēng 멍

啓蒙(계몽)
蒙古(몽고)

덮을 몽, 속일 몽

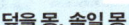

풀을 덮어쓴 한 돼지가 몸을 덮어 속이다

  檬

méng 멍

檬果(몽과) 레몬

영몽 몽

나무열매가 잎에 **덮여** 보기 힘든게 영몽이다

    朦

méng 멍

朦朧(몽롱) 달빛이 흐릿하다
朦光(농광) 흐린 달

흐릴 몽, 풍부할 몽

몸을 덮어 숨으니 형체가 흐리다

  夢

약 梦 mèng 멍

夢想(몽상)　夢精(몽정)
診夢(진몽)　春夢(춘몽)

꿈 몽

풀속에서 눈을 덮고(감고) 저녁에 잘때 꾸는게 꿈이다

  廟

약 庙 miào 미아오

廟堂(묘당)　廟議(묘의)
文廟(문묘)　謁廟(알묘)

사당 묘

집으로 아침에 제사를 지내는 집이 사당이다

(풀 초)  (밭 전)		 miáo 미아오 痘苗(두묘) 苗裔(묘예) 苗木(묘목) 苗床(묘상) **싹 묘, 모 묘**

풀같이 밭에 돋는 게 **싹**이다

	 양손으로 괭이를 잡고 있는 모양 (손 수)	 miáo 미아오 描寫(묘사) 描畫(묘화) 白描(백묘) 線描(선묘) **그릴 묘**

손으로 돋아나는 **싹**을 그리다

				māo, máo 마오 猫睛(묘정) 猫雀圖(묘작도) **고양이 묘** 

개같이 **싹**아지 없는 쥐를 잡는게 고양이다

			 쇠를 다루는 대장간의 모양 (쇠 금)	약 錨 máo 마오 下錨(하묘) 닻을 내리다 錨地(묘지) 정박지 **닻 묘**

쇠로 배를 **싹** 같이 박혀 고정시킨 게 닻이다

				 miáo 미아오 瞄准(묘준) 조준하다, 겨누다 **겨눌 묘**
		눈의 모양 (눈 목)		

눈으로 **싹**같은 촛점을 겨누다

		(물수)(애꾸눈 묘)	 miǎo 미아오 渺茫(묘망) 渺沔(묘면) 渺然(묘연) 驚渺(경묘) **아득할 묘**

(호수) **물**도 **눈**한쪽 이 **적**은 애꾸가 보면 아득해 보인다

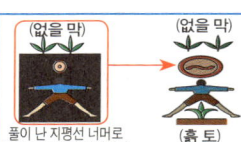 (없을 막) 풀이 난 지평선 너머로 해의 큰 모습이 없어지다	(없을 막) (흙 토)	墓	墓	mù 무 墓祭(묘제) 墓地(묘지) 省墓(성묘) 墓穴(묘혈) **무덤 묘**

(시체를) **없애**려고 **흙**에 묻은 것이 **무덤**이다

		 (밭 전)	 (오랠 구)	약 畝 mǔ 무 頃畝(경무) 田畝(전묘) **밭이랑 무(묘)**

지대가 **모자**처럼 높은 **밭**에서 **오래**도록 **밭이랑**을 매다

 눈, 코 밑에 입이 비뚤 어진 자는 그 수가 적다	 (계집 녀)(적을 소)		妙	miào 미아오 妙技(묘기) 妙手(묘수) **묘할(예쁠) 묘**	

여자는 나이가 **적을**(처녀)때가 **예쁘**다

 (맹수치) (사람 인)		藐	miǎo 미아오, 먀오 藐然(막연) 아득한 모양 藐視(묘시) 넘봄, 깔봄 **작을 묘, 업신여길 묘, 멀 막**

숲속 **맹수**를 **백인**이 **멀**리서 **업신여긴**다

 (쇠 금) (토끼 묘)	鉚	약 鉚 mǎo 마오 鉚釘(묘정) 리벳(rivet) 鉚工(묘공) 리벳공, 그 일 **대갈 못 묘**

쇠못으로 머리가 **토끼** 귀같이 큰 **대갈못**이다

		 (토끼 묘)	 (돈(돈통)패)	약 貿 mào 마오 貿辦(무판) 貿穀(무곡) 貿易(무역) **무역할 무, 바꿀 무**

토끼를 **돈**을 받고 팔아 **무역**하다

	약 无 wú, mo 우, 모
	無窮(무궁) 無難(무난)
	無妨(무방) 無情(무정)
	없을 무

파손된 빈 새장을 **숯불**에 태웠으니 아무것도 **없다**

	wǔ 우
	舞鼓(무고)
	舞臺(무대)
	춤출 무

반달의 모양 (저녁 석)

아무도 **없는** 무대에서 저녁에 사다리를 잡고 **춤추다**

	약 芜 wú 으
	蒼蕪(창무)
	靑蕪(청무)
	황무지 무, 손무 무

풀싹이 돋아 나오는 모양 (풀 초)

풀 외에는 아무것도 **없는** 곳이 황무지다

	약 抚 fǔ 푸
	巡撫(순무) 安撫(순무)
	愛撫(애무) 懷撫(회무)
	어루만질 무

양손으로 괭이를 잡고 있는 모양 (손 수)

손으로 아픔이 **없게** 어루만지다

(두들겨 칠 복)

	약 务 wù 우
	勤務(근무)
	務望(무망)
	힘쓸(일할) 무

못을 집게로 잡고 (두들겨 칠 복) (창 모) (힘 력)

창으로 두들겨치듯 **힘써** 일하다

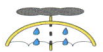  

	약 雾 wù 우
	濃霧(농무) 霧散(무산)
	煙霧(연무) 妖霧(요무)
	안개 무

구름에서 우산에 빗방울이 떨어지는 모양 (비 우)

비가 되려고 **힘쓰는** 것이 **안개다**

			戊	wù 우 戊年(무년) 戊戌(무술) **무성할 무, 다섯째 천간 무** 

식물의 줄기가 창같이 뻗어 **무성하다**

		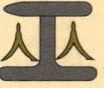	茂	mào 마오 茂挺(무정) 茂梢(무초) 茂林(무림) 茂盛(무성) **무성할 무**
풀싹이 돋아 나오는 모양 (풀 초)				

풀이 무성하게 자라 더욱 무성하다

			巫	wú 우 巫山(무산) 巫俗(무속) **무당 무** 
(만들 공)				

굿을 해 **사람**들의 운명을 **만드는** 자가 **무당**이다

			誣	약 诬 wū 우 誣告(무고) 誣欺(무기) 誣染(무염) 誣汚(무오) **속일 무**
수염을 들먹이며 입으로 말하는 모양 (말씀 언)				

말로 굿풀이를 하며 **무당**이 속이다

			武	wǔ 우 武功(무공) 武科(무과) **호반(군사) 무** 
새가 가지에 바르게 앉아 있는 모양 (바를 정)	(바를 정) (주살 익)			

바르게 주살을 들고 있는 자가 **군사(호반)**다

			鵡	약 鹉 wu 우 鸚鵡(앵무) 앵무새 **앵무새 무**
	새의 모양(새 조)			

군사처럼 명을 복창하는 새가 **앵무새**다

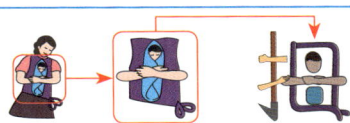 아이를 안은 어머니 (어미 모)	(손 수) (어미 모)		拇	mǔ 무 拇印(무인) 拇指(무지) 手拇(수무) **엄지손가락 무**
	손가락 중에 **어머니**격인 손가락이 **엄지손가락**이다			
		 (검을 흑) (흙 토)	 墨	mò 모 墨字(묵자) 墨紙(묵지) 餘墨(여묵) 筆墨(필묵) **먹 묵**
	**검은** 재로된 **숯가루 흙**을 버무려 만든것이 **먹**이다			
		 (검을 흑) (개 견)	 默	mò 모 默契(묵계) 默過(묵과) 默誓(묵서) 默示(묵시) **잠잠할 묵**
	**재와 숯같이 검은** 밤에 **개**도 짖지 않고 **잠잠하다**			
		 (검을 흑)	嘿	hēi, mò 헤이, 모 嘿嘿(묵묵) 헤헤(웃는 소리) **잠잠할 묵**
	**입**을 닫고 있으니 **검은** 밤같이 **잠잠하다**			
万	万	万	万	萬의 약자 mò 모 **성 묵**
	萬의 약자			
			 吻	wén 원 接吻(접문) 입맞춤 **입술 문**
	닭을 목졸라 죽여 없애다 (**없앨 물**)			
	**입**으로 먹어 **없애는** 곳이 **입(입술)**이다			

무
묵
문

				wén 원 文筆(문필) 文學(문학) 文豪(문호) 弔文(조문) **글월 문**

책을 **책상**에 놓고 **글월**을 읽다				
				wén 원 **모기 문**
		벌레의 모양 (벌레 충)		
벌레로 **글** 읽는 소리내 우는게 모기다				
				🔵약 纹 wén, wèn 원 羅紋(나문) 紋銀(문은) 縱紋(종문) 指紋(지문) **무늬 문**
		실타래의 모양 (실 사)		
	실로 **글**을 수놓아 만든 무늬			
				wèn 원 弛紊(이문) 紊亂(문란) 紊緒(문서) **뒤엉킬 문, 어지러울 문**
		실타래의 모양 (실 사)		
	글쓴 종이를 **실**로 묶지 않아 뒤엉키다			
				🔵약 门 mén 먼 門樓(문루) 門閥(문벌) 門下(문하) 窓門(창문) **문 문**
문의 모양을 본뜬 글자				
				🔵약 们 mén 먼 人們(인문) 사람들 我們(아문) 우리들 **들 문, 무리 문**

사람이 문으로 **무리**지어 **모두**들 다니다				

 (문 문) 問 問  약 问 wèn 원
(입 구)
問病(문병)
問安(문안)
물을 문

문쪽으로 **입**을 열고 **묻다**

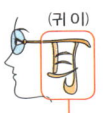 (귀 이)  (문 문)  聞 聞
 (귀 이)
약 闻 wén 원
聞見(문견)
聞道(문도)
들을 문

문에 **귀**를 대고 (엿) **듣다**

 勿 勿 勿 勿 勿 wù 우
勿驚(물경) 勿禁(물금)
勿論(물론) 勿忘(물망)
없앨 물, 말 물

닭을 **목** 졸라 죽여 **없애고** 닭 기르는 일을 **말다**

 牛 牛  wù 우
 소머리를 본뜬 자 (소 우)
物色(물색) 物慾(물욕)
物質(물질) 貨物(화물)
물건 물

소를 팔아 **없애고** 대신 **물건**을 사다

   wèi 웨이
未歸(미귀) 未忘(미망)
未遂(미수) 未完(미완)
아닐 미

나무에 **가지**가 무성할 때는 과일이 **아니** 익었을 때다

   口
입의 모양 (입 구)
wèi 웨이
味覺(미각)
加味(가미)
맛 미

입으로 **아니** 익은 과일을 **맛**보다

	米	mǐ 미 米粒(미립) 米麥(미맥) 米壽(미수) 白米(백미) **쌀 미**
쌀알이 흩어져 있는모양 **쌀미**자		
 캥거루우가 달려가는 모양 (갈 착,달릴 착)	迷	mí 미 迷信(미신) 迷惑(미혹) **헤맬(미혹할) 미**
(팔방으로 난) **쌀미**자 길을 달려가다 헤매다		
 (말씀 언)  (갈 착, 달릴 착)	謎	약 謎 mí 미 謎語(미어) 수수께끼 **수수께끼 미**
말로 **쌀미**자 길을 찾아 달려가는게 수수께끼다		
 입의 모양 (입 구)	咪	mí 미 咪咪(미미) 야옹-(고양이 소리) 咪立(미립) 밀리(미터) mm **고양이 우는 소리 미**
입을 열고 **쌀미**자 길 중앙에서 고양이 우는 소리를 내다		
   눈의 모양 (눈 목)	眯	mǐ 미 眯縫(미봉) (눈을) 가늘게 뜨다 **실눈 뜰 미**
눈을 쌀알 같이 작게해 실눈을 뜨다		
  (양 양) (큰 대)	美	měi 메이 美德(미덕) 美名(미명) 美貌(미모) 美女(미녀) **아름다울 미**
양이 크게 자라니 아름답다		

(눈 목)

méi 메이

嚬眉(빈미)　舒眉(서미)
啼眉(제미)　纖眉(섬미)

눈썹 미

안경을 **눈** 위로 올려 **눈썹**을 가린 모양

여자의 모양 (계집녀)

mèi 메이

媚附(미부)
媚態(미태)

아첨할 미, 아름다울 미

여자가 눈썹을 그리고 와서 아첨하다(아첨을 떨다)

나무의 모양 (나무 목)

méi 메이

楣木(미목) 문미 목

문미 미(문 위에 가로 댄 나무)

나무로 문위에 눈섭처럼 걸쳐 있는게 문미목이다

(바삐갈 척)(두들길 복)

wēi 웨이

機微(기미)
微服(미복)

작을 미

바쁘게 산에서 한 나무등걸을 두들겨도 작은 소리만 난다

풀싹이 돋아나는 모양 (풀 초)

wēi 웨이

芳薇(방미)　薔薇(장미)
薇藿(미곽)　薇蕨(미궐)

장미 미, 백일홍 미

식물로 작은 가시가 있는게 장미다

(집 시)
꼬리털의 모양(털 모)　(털 모)

wěi, yǐ 웨이, 이

厥尾(궐미)　龍尾(용미)
肉尾(육미)　語尾(어미)

꼬리 미

집으로 내민 **털**이 **꼬리**다

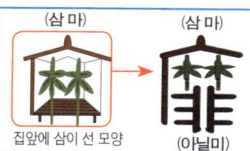 (삼 마) (삼 마) (아닐미)	靡 靡 靡	mǐ 미 靡爛(미란) 江靡(강미) 綺靡(기미) 淫靡(음미) **쓰러질 미**
삼풀이 거름을 **아니주어** 맥없이 **쓰러지다**		
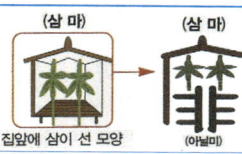 (삼 마) (삼 마) (아닐미)	靡 靡 靡	mí 미 靡費(미비) 남김없이 죄다 써버림 靡麗(미려) 화려하고 사치스러움 **사치할 마, 써없앨 미**
삼 판 돈은 돈이 **아니라고** 마구 **써없애며 사치하다**		
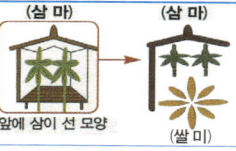 (삼 마)  (삼 마)  (쌀 미)	糜 糜 糜	mí 미 糜財(미재) 재산을 써없앰 糜爛(미란) 썩어 문드러짐 **문드러질 미, 소비할 미**
삼풀을 쌀 찧듯 하니 **문드러지다**		
 (활 궁) (너 이, 그 이)	彌 彌 彌	약 弥 mí 미 彌勒(미륵) 彌滿(미만) 彌望(미망) 彌甥(미생) **미륵 미, 오랠 미, 두루 미**
활과 그 도장을 너가 미륵 모시듯 오래 두고 쓰다		
 (덮을 멱) (성 / 뿌리 씨)	氐 民 民 民	mín 민 民國(민국) 民本(민본) 民心(민심) 庶民(서민) **백성 민**
덮어싸듯 여러 뿌리 (성씨) 로 이루어진 무리가 **백성**이다		
  (문 문) (마음 심)	悶	약 闷 mēn, mèn 먼 渴悶(갈민) 苦悶(고민) **답답할 민** 
(상대가) 문을 잠그듯 **마음**을 열지 않으니 **답답하다**		

 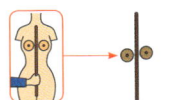

약 **闵** mǐn 민

憐閔(연민) 閔然(민연)
憂閔(우민)

병민.성씨 민, 가엾게 여길 민

문(집)안에서 글만 읽다가 병든 민씨를 가엾게 여기다

약 **悯** mǐn 민

憫惻(민측) 憫恤(민휼)
惻憫(측민) 憐憫(연민)

불쌍히 여길 민

젖가슴을 짚어보이는 모양 (마음 심)

마음 병든자(미친자)를 불쌍히여기다

mǐn 민

敏捷(민첩)
敏感(민감)

민첩할 민

사람이 어머니를 늘(매양) 그리워하다(매양늘 매) (매양늘 매) (칠 복)

(사람 중에) 늘 치는 운동을 한자는 동작이 민첩하다

약 **闽** mín 민

閩紅(민홍)
복건성에서 나는 홍차

나라 이름 민, 오랑캐이름 민

문으로 벌레가 떼로 오는 곳이 오랑케나라다

mì 미

密告(밀고) 密談(밀담)
密賣(밀매) 細密(세밀)

빽빽할 밀

가슴은 천으로 반드시 가려야 한다 (반드시 필) (집 면) (메 산)

집을 반드시 산에 지어야 할 정도로 (주거지가) 빽빽하다

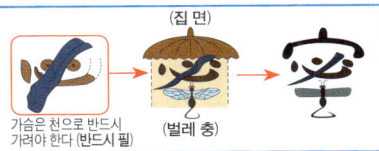  

mì 미

蜜蠟(밀랍)
蜜語(밀어)

꿀 밀

가슴은 천으로 반드시 가려야 한다 (반드시 필) (집 면) (벌레 충)

집을 반드시 짓고 벌레가 (벌이) 모아 놓은 것이 꿀이다

	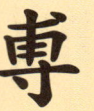	fū 푸 펼 부(널리펴다, 널리베풀다)
 수문을 손으로 열어 물을 펴다		
✝ ✝ ✝ ✝ (열 십)		bó 보 博識(박식) 博愛(박애) 博學(박학) 博物(박물) 넓을 박
십자가 되게 사방으로 펴서 넓다		
   양손으로 괭이를 잡고 있는 모양 (손 수)		bó 보 搏戰(박전) 搏執(박집) 搏鬪(박투) 執搏(집박) 칠 박
손을 펴서 손바닥으로 치다		
 몸통 부분인 갈비뼈의 모양 (몸 육, 고기 육)		bó 보 肩膊(견박) 膊脯(박포) 포 박 
고기를 넓게 펴서 말린 것이 포다		
  실타래의 모양 (실 사)	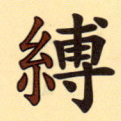	 fù 푸 劫縛(겁박) 結縛(결박) 묶을 박 
실 같은 줄을 펴서 (물건을) 묶다		
   (풀 초) (물 수)		báo, bó, bò 바오, 보, 보 薄德(박덕) 薄色(박색) 薄弱(박약) 厚薄(후박) 얇을 박
풀이 물에 퍼져서 자랄 수 있는 곳은(물이) 얇다		

 거북 등을 지져 갈라진 금을 보고 점을 치다	 (나무 목)(점칠 복)			piáo, pō, pǔ 파이오, 포, 푸 朴素(박소) 淳朴(순박) 純朴(순박) 疎朴(소박) **순박할 박, 성씨 박, 호박나무 박**

나무의 성질을 **점쳐** 보면 **순박**하다

				bái 빠이, 바이 白雲(백운) 白水(백수) 白蛇(백사) 白晝(백주) **흰(아뢸) 백**

숟가락이 흰 밥에 꽂힌 모양. **흰** 밥을 드시라고 **아뢰다**

		 양손으로 괭이를 잡고 있는 모양 (손 수)		 pāi, pò 파이, 포 拍車(박차) 拍手(박수) **칠 박**

손바닥을 핏기가 없어져 **희게** 될 때까지 **치다**

			 배의 모양 (배 주)	 bó 뽀, 보 商舶(상박) 船舶(선박) **큰 배 박**

배에 흰 돛을 올린 것이 **큰 배다**

			물방울이 떨어지는 모양 (물 수)	 bó 뽀, 보 宿泊(숙박) 外泊(외박) **배댈 박, 머무를 박**

물이 **흰**(얕은) 곳에 배를 대고 **머무르다**

  캥거루우가 달려가는 모양 (갈 착, 달릴 착)			pò, pǎi 포, 파이 臨迫(임박) 迫頭(박두) 壓迫(압박) 切迫(절박) **급박할 박, 닥칠 박**

알리려고 달려갈 정도로 일이 **급박하다**

		bāo, bō 빠오, 뽀
  기계로 나무를 깎는 모양 (나무깎을 록)(칼 도)	剝	剝瓢(박표) 剝割(박할) 否剝(부박) 生剝(생박) **벗길 박**
나무를 깎듯이 칼로 **벗기다**		
  (말 마) (사귈[섞일] 효)	 駁	약 駁 bó 보 駁論(박론) 論駁(논박)  **얼룩말 박, 논박할 박**
말로 여러 빛깔이 **섞인**말이 **얼룩말**이다 ※ 얼룩말을 타고 와 논박하다		
구름에서 우산에 빗방울이 떨어지는 모양(비 우)    (쌀 포)	 雹	báo 빠오 雹凍(박동) 우박과 얼음 **우박 박**
빗방울을 얼음이 **싸**고 있는게 **우박**이다		
들꽃의 모양   (손 수)	 撲	약 扑 pū 푸 撲殺(박살) 때려죽임 **칠 박, 길들이지 않을 복**
손에 든 막대기로 많은 들꽃을 **치다**		
 	 番	fān 판 番地(번지) 番號(번호) 當番(당번) 每番(매번) **차례 번**
티끌과 **쌀**알을 분별하여 **밭**에서 **차례**로 줍다		
   물방울이 떨어지는 모양 (물 수)	 潘	pān 판 潘沐(반목) 뜨물로 머리를 감음 **쌀뜨물 반, 성 반**
물에서 **차례**로 쌀을 일면 쌀뜨물이 생기다		

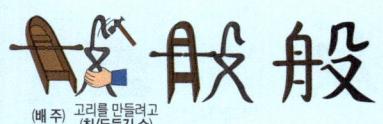 (배 주) 고리를 만들려고 (칠/두들길 수)	般	bān, bō, pán 빤, 뽀, 판 全般(전반) 諸般(제반) 般師(반사) 般遊(반유) **일반(옮길) 반**

배는 물을 노로 처 밀어내 일반적으로 위치를 **옮긴다**

  양손으로 랭이를 잡고 있는 모양 (손 수)		bān 빤 搬入(반입) 搬出(반출) **옮길 반** 

손으로 물건을 **옮겨** 나르려고 **옮기다**

 그릇을 받침대(접시)에 놓은 모양 (그릇 명)		약 盤 pán 판 旋盤(선반) 小盤(소반) **쟁반 반** 

음식을 담아 **옮기는** 그릇이 쟁반이다

  (나눌 분) (머리 혈)		bàn 빤 頒給(반급) 頒料(반료) 訓民正音 頒布(훈민정음 반포) **반포할 반/널리펼 반**

(지식을) **나누어** 머리에 넣어 주려고 **반포해 널리펴다**

 (손 수)	  攀	pān 판 登攀(등반) 巖壁登攀(암벽등반) **휘어잡을 반**

나무가 얽혀 있는 곳에 큰가지를 손으로 **휘어잡다**

 (돌 석)	礬	약 矾 fán 판 礬紙(반지) 礬紅(반홍) 綠礬(녹반) 膽礬(담반) **백반 반**

나무가 얽혀 있듯 두 큰 돌 같은 결정체가 **백반**이다 (백반은 황산알루미늄칼륨의 결정체임)

반

 反	反	fǎn 판 反感(반감) 反擊(반격) **반대(뒤집을) 반** 
(포클레인으로) 바위를 잡고(=집게) 반대로 뒤집다		
 캥거루우가 달려가는 모양 (갈 착, 달릴 착)	返	fǎn 판 返戾(반려) 返送(반송) 返柩(반구) 返路(반로) **돌이킬(돌아올) 반**
반대로 가던길을 돌이켜 돌아오다		
 집을 절반으로 나눈 모양 (절반 반)	叛	pàn 판 叛起(반기) 叛骨(반골) 叛徒(반도) 叛亂(반란) **배반할 반**
절반은 함께 가다가 반대로 가며 배반하다		
  집에서 정미기에 양식을 찧어 밥을 하다 (밥 식)	飯	약 饭 fàn 판 飯店(반점) 飯酒(반주) 飯饌(반찬) 白飯(백반) **밥 반**
매일 식사를 반대로 뒤집어 씹으며 밥을 먹다		
 양손으로 괭이를 잡고 있는 모양 (손 수)	扳	bān, pān 반, 판 扳動(반동) 잡아당기기, 젖히다 **당길 반**
손으로 주는 걸 반대로 당기다		
  (글월 문) (구슬 옥)(글월 문)(구슬 옥)	斑	bān 빤 斑馬(반마) 斑猫(반묘) 斑竹(반죽) 斑疹(반진) **얼룩(아롱질) 반**
구슬에 글월(글씨를)을 넣으면 얼룩 무늬가 아롱지다		

				半	bàn 빤 半減(반감) 半開(반개) 半月(반월) 半音(반음) **반(절반) 반**

(갈라선 부부가) 집을 **절반**으로 나눈 모양

			伴	bàn 빤 同伴(동반) 伴偶(반우) 伴奏(반주) 伴行(반행) **짝 반**

사람이 서 있는 모양 (사람인)

사람 중에 또 다른 **절반**이 되는 자가 짝이다

				拌	bàn 빤 攪拌(교반) 拌蚌(반방) **버릴 반**	

양손으로 괭이를 잡고 있는 모양 (손 수)

손으로 **절반**을 떼어 버리다

		 	畔	pàn 판 畔逆(반역) 倍畔(배반) 水畔(수반) 海畔(해반) **밭두둑 반**

밭의 모양 (밭 전)

밭을 **절반**으로 나눈 경계가 밭두둑이다

				絆	bàn 빤 脚絆(각반) 系絆(계반) 勒絆(늑반) 因絆(인반) **얽어맬 반**

실타래의 모양 (실 사)

실(줄)로 물건의 **절반**을 가름하여 얽어매다

				胖	pàng, pàn 팡, 판 胖子(반자) 살진사람, 비대한 사람 **희생 반, 쪽 반, 클 반**

몸통 부분인 갈비뼈의 모양 (몸 육, 고기 육)

고기를 **절반**을 나누어 그 반쪽을 나누어 희생하며 주다

반

	 班	bān 빤 班列(반열) 班長(반장) 班村(반촌) 武班(무반) **나눌 반**
뗀 **구슬**을 **칼**로 잘라 **나누다**		
    (손 수)(나눌 분)	掰	약 掰 bāi 바이 掰玉米(배옥미) 옥수수를 따다 **쪼갤 배, 쪼갤 반**
손으로 **나누어 쪼개**다		
   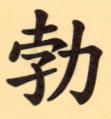 눈의 모양(눈 목)	盼	pàn 판 美盼(미반) 아름다운 눈짓 盼望(반망) 바람, 희망함 **눈 예쁠 반**
눈 주위를 **나누어** 화장하니 **눈이 예쁘다**		
   (아들 자)(힘 력)	勃	bó 보, 뽀 勃屑(발설) 勃焉(발언) 狂勃(광발) 馬勃(마발) **활발할 발**
교회에서 **아들**이 **힘써** 봉사함이 **활발하다**		
 물방울이 떨어지는 모양 (물 수)	渤 	bó 뽀, 보 溟渤(명발) 渤海(발해) **바다 발, 발해 발**
물이 **활발하게** 출렁이는 곳이 **바다**다		
 몸통 부분인 갈비뼈의 모양 (몸 육,고기 육)	 脖	bó 보, 뽀 脖脖子(축발자) 목을 움츠리다 手脖(수발) 팔목, 손목 **목 발**
몸에서 운동이 **활발한** 부위가 **목**(손목, 발목)이다		

풀싹이 돋아나는 모양 (풀 초)

荸

bí 비

荸薺(발제)
올방개, 올방개의 뿌리

올방개 발(식물이름)

식물 중에 **활발하게** 덩굴을 뻗는게 올빵개다

(손 수)(개 달아날 발)

약 拔 bá 바

拔擢(발탁)
拔取(발취)

뽑을 발

손에 쥔 개줄을 개가 달아나려고 뽑다

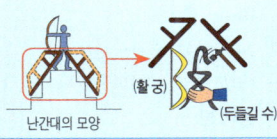  
(발 족)(개 달아날 발)

약 跋 bá 바

跋履(발리) 跋文(발문)
題跋(제발) 草跋(초발)

밟을 발

발로 개가 달아나려고 아무곳이나 밟다

발
방

난간대의 모양 (활 궁) (두들길 수)

약 发 fā 파

發着(발착)
發表(발표)

쏠(필) 발

난간에서 **활(화살)**로 과녁을 두들기려고 쏘다

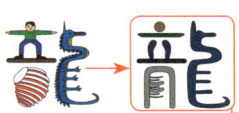 
물방울이 떨어지는 모양 (물 수)

약 泼 pō 포

潑潑(발발) 潑散(발산)
潑寒(발한) 噴潑(분발)

활발할(물뿌릴) 발

물을 쏘듯 활발하게 물뿌리다

서 있는 형상이 그림과 같은 것이 용이다 (용 룡) (용 용) (집 엄)

약 庞 páng 팡

龐統(방통) 姓氏字(성씨자)
龐眉皓髮(방미호발)

높은 집 방, 클 방

집으로 용이 사는 집은 **높은 집**이다

217

		fāng 팡
 方 方	方	方席(방석) 方位(방위) 後方(후방) 行方(행방) **사방 방, 모 방**

쟁기로 **사방** 밭을 갈다

		fáng 팡
 阝 阝	防	防毒(방독) 防衛(방위) **막을 방** 

지팡이의 모양 (글자 왼에 붙을 시 → 언덕 부)

언덕이 **사방**에 있어 길을 막다

		fǎng 팡
彳 彳	彷	彷佛(방불) 彷徨(방황) **방황할 방**

팔을 흔들며 총총 걸어가는 모양 (갈 척, 바삐갈 척)

바삐 다니며 **사방**을 헤매고 방황하다

		fāng 팡
 土 土	坊	坊舍(방사) 宮坊(궁방) 內坊(내방) 僧坊(승방) **동네 방**

싹이 흙위에 돋아나는 모양 (**흙 토**)

흙(땅) 위에 **사방**으로 펼쳐있는 것이 동네다

		fáng 팡
 尸 户 户	房	房門(방문) 房事(방사) 空房(공방) 房貰(방세) **방 방**

집에 달린 외짝문(지게문)의 모양 (**지게문 호, 집 호**)

집안 **사방**을 벽으로 막은 곳이 방이다

		동 倣 fǎng 팡
亻 亻 亻	仿	仿髴(방불) 거의 비슷함 **본뜰 방, 비슷할 방**

사람이 서 있는 모양 (**사람 인**)

사람이 견본을 **사방** 살펴 비슷하게 본뜨다

 풀싹이 돋아나는 모양 (풀 초)		fāng 팡 芳年(방년) 芳名(방명) **향기날 방, 꽃다울 방** 
(꽃)풀이 **사방**으로 향기가 나니 꽃다웁다		
 여자의 모양 (계집녀)		fáng, fāng 팡, 팡 妨碍(방애) 妨止(방지) 妨害(방해) 無妨(무방) **방해할 방**
여자의 흉을 **사방** 퍼트려 방해하다		
 몸통 부분인 갈비뼈의 모양 (몸 육,고기 육)	肪	fáng 팡 膏肪(고방) 松肪(송방) 截肪(절방) 脂肪(지방) **기름 방**
몸통의 **사방**은 기름진 껍질		
 쟁기를 사방 고치다	 (사방 방)(두들겨 칠 복)	 fāng 팡 放聲(방성) 放縱(방종) 追放(추방) 解放(해방) **놓을 방**
쟁기를 **사방** 두들겨 고치도록 놓아두다		
  실타래의 모양 (실 사)		纺 fāng 팡 紡績(방적) 紡織(방직) **길쌈 방** 
실을 **사방** 늘어 놓고 길쌈하다		
 수염을 들먹이며 입으로 말하는 모양 (말씀 언)		访 fāng 팡 訪美(방미) 歷訪(역방) 來訪(내방) 尋訪(심방) **찾을 방**
말로 **사방** 물어서 찾다		

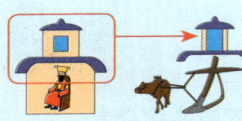	旁	旁	旁	páng 팡 旁註(방주) 路旁(노방) 旁系(방계) 旁觀(방관) **곁 방, 두루 방**

궁성 밑까지 쟁기질하고 가 그 곁에 다다르다

			傍	bàng, bāng 빵, 빵 傍系(방계) 傍觀(방관) **가까울 방, 곁 방** 

사람이 서 있는 모양 (**사람 인**)

사람이 곁에 있으니 가깝다

			榜	bǎng, bàng 방, 빵 板榜(판방) 標榜(표방) **게시할 방, 방붙일 방** 

나무의 모양 (**나무 목**)

나무 곁에 매달아 게시하다

| |  |  | 月 | 膀 | bǎng, páng 방, 팡
膀胱(방광)
膀胱炎(방광염)
오줌통 방 |

몸통 부분인 갈비뼈의 모양 (**몸 육,고기 육**)

몸에서 신장 곁에 붙어 있는게 오줌통이다

| | | 言 | 言 | 謗 | 약 bàng 빵 
謗毀(방훼)
造謗(조방)
비방할 방, 헐뜯을 방 |

수염을 들먹이며 입으로 말하는 모양 (**말씀 언**)

말로 곁에 사람을 비방하다

| ┌ | ┌ | 石 | 石 | 磅 | bàng 빵
磅礴(방개) 천둥소리의 형용
돌떨어지는 소리 방 |

돌 (바위)의 모양 (**돌 석**)

돌 곁에 탁!하고 돌떨어지는 소리가 나다

벌레의 모양 (벌레 충)

螃 páng 팡

螃蟹(방해) 게

방게 방

벌레를 **곁**으로 가 잡는게 방게다

(풀 어지러이 날개)(고을 읍)

邦 bāng 빵

萬邦(만방) 盟邦(맹방)
邦國(방국) 邦畫(방화)

나라 방

풀이 무성하게 난 고을이 모인 것이 **나라**다

옷걸이에 수건같은 천이 걸려있는 모양 (수건 건, 천 건)

동 幫 bāng 빵

幫工(방공) 일손을 돕다
幫助(방조) 돕다, 원조[보좌]하다

도울 방

나라님을 **수건**으로 딲아주며 **도웁**다

나무의 모양 (나무 목)

梆 bāng 빵

梆子(방자) 〈야경용〉 딱따기

나무이름 방

나무로 **나라**에서 기르는 건 **나무이름**이 있다

실타래의 모양 (실 사)

약 绑 bǎng 방

綁匪(방비) 유괴범, 납치범
綁腿(방퇴) [대님]을 메다

묶을 방

실로 **나라**에서 만든 상품을 **묶**다

벌레의 모양 (벌레 충)

蚌 bàng 빵

蚌珠(방주) 진주조개

씹조개 방, 대합조개 방

벌레를 해초가 **우거진** 곳에서 잡아 먹는게 **대합조개**다

 	fēi 페이 非違(비위) 非常(비상) 非難(비난) 非命(비명) **아닐 비**	
(감옥 문의 모양) **감옥에 갇혀** 자유의 몸이 **아니다**		
 입의 모양 (입 구) 	fēi 페이 咖啡(가배) 커피 **코고는 소리 배, 커피 비**	
입으로 호흡이 잘 **아니되** 코고는 소리를 내다		
 팔을 흔들며 총총 걸어가는 모양 (갈 척, 바삐갈 척) 	pái 파이 徘徊(배회) 徘徊症(배회증) 徘徊顧眄(배회고면) **어정거릴 배, 배회할 배**	
갈듯 아니갈듯 어정거리며 배회하다		
  양손으로 괭이를 잡고 있는 모양 (손 수) 	pái, pǎi 파이, 파이 排氣(배기) 排尿(배뇨) 排出(배출) 排他(배타) **물리칠 배**	
손으로 아니라고 물리치다		
 차나 수레의 모양 (차 차, 수레 거) 	🅰 輩 bèi 뻬이 年輩(연배) 輩出(배출) 輩行(배행) 先輩(선배) **무리 배**	
자기것이 아닌 차를 타고 많은 무리가 다니다		
(술 유) (몸 기) 	pèi 페이 配當(배당) 配付(배부) **짝 배/나눌 배**	
술을 자기 몸과 짝이 될 자와 나누다		

(손 수)

bài 빠이

拜壇(배단) 拜上(배상)
拜謁(배알) 崇拜(숭배)

절(공경할) 배

손에 파초선을 들고 절하며 공경하다

물방울이 떨어지는 모양 (물 수)

pài 파이

澎湃(팽배)
湃湃(배배)

물결소리 배

물이 굴복해 절하며 흐를때는 물결소리가 난다

bù 뿌

不當(부당) 不良(불량)
不和(불화) 不通(불통)

아니핀 꽃봉오리 부, 아니부(불)

아니핀 꽃봉오리를 짚어 보이는 모양

나무의 모양 (나무 목)

bēi 뻬이

乾杯(건배) 苦杯(고배)
毒杯(독배) 杯盤(배반)

잔 배

나무가 아닌 고체로 술잔 모양 만든것이 잔이다

(몸 육) (한 일)

pēi 페이

胚芽(배아)
胚孕(배잉)

아이밸 배

홀 몸이 아니고 한 생명이 배어 있는 아이밴 몸

싹이 흙위에 돋아나는 모양 (흙 토)

pī 피

坯料(배료) 미가공품

언덕 배, 날기와 배

흙으로 찍어 아니 구운 한 장의 기와를 날기와라 한다

	音
	가를 부

서서 입으로 다투며 갈라지다

 倍

사람이 서 있는 모양 (사람인)

bèi 뻬이
倍加(배가)
倍額(배액)
갑절 배

사람들이 두 패로 갈라지니 집단 수가 갑절이 되다

 陪

지팡이의 모양 (글자 왼쪽에 붙을 시 → 언덕 부)

péi 페이
陪觀(배관) 陪堂(배당)
陪遊(배유) 陪接(배접)
모실 배, 쌓아올릴 배

언덕을 갈라서 집 짓고 부모를 모시다

 培

싹이 흙위에 돋아나는 모양 (흙 토)

péi 페이
培養(배양)
栽培(재배)
북 돋을 배

흙을 갈라서 주위를 북돋우다

 賠

돈이 든 자개장의 모양 (자개 패, 돈 패)

(약) 赔 péi 페이
賠款(배관) 賠償(배상)
均賠(균배)
물어줄 배

돈을 갈라서 물어주다

   焙

장작에 불이 붙어 타는 모양 (불 화)

bèi 뻬이

焙茶(배다) 차를 말림

쬘 배

불에 갈라서 쬐다 (말리다)

běi 뻬이

北伐(북벌) 北風(북풍)
越北(월북) 以北(이북)

북녘 북

(두 사람이 등을 돌리고 있는 모양) **북녘**을 뜻함 (집을 지을때 북쪽을 등지게 하고 짓기 때문임)

(북녘 북) (몸/고기 육)

bèi, bēi 뻬이, 뻬이

背道(배도) 背反(배반)
背信(배신) 背後(배후)

등 배

북녘북(字)같이 서로 맞대고 있는 **몸**의 부분이 **등**이다

양손으로 괭이를 잡고 있는 모양 (손 수) (여덟 팔)

bā, pá 빠, 파

扒皮(배피) 껍질을 벗기다
扒土(배토) 흙(땅)을 파다

뽑을 배, 뺄 배

손을 **팔자**로 벌리고 **뽑다**(빼다)

(손 수) (나눌 분)

bāi 바이

掰玉米(배옥미) 옥수수를 따다

쪼갤 배, 쪼갤 반

손에 **잡**고 **나누**려고 **쪼개다**

bái 바이

白雲(백운) 白水(백수)
獨白(독백) 白旗(백기)

흰 백/아뢸 백

숟가락이 흰 밥에 꽂힌 모양. 흰 밥을 드시라고 **아뢰다**

사람이 서 있는 모양 (사람인)

bó, bǎi 보, 바이

伯母(백모)
伯父(백부)

맏 백

(여러형제)**사람** 중에 머리가 **흰** 자가 **맏**이다

배
백

 나무의 모양 (나무 목) 柏	동 **栢** bǎi, bó, bò 빠이,보,보 竹柏(죽백) 香柏(향백) **측백나무 백(잣나무)**
나무 열매로 색이 **흰** 잣이 달린게 **측백**(잣)**나무**다	
 외뿔이 나고 입이 십자로 찢어진 괴물 (귀신 귀)  魄	pò 포 氣魄(기백) 素魄(소백) 心魄(심백) 精魄(정백) **넋 백**
(사람이) **흰**뼈를 남기고 죽은 후 **귀신**인 **넋**이 된다	
  百	bǎi, bó 바이, 보 百難(백난) 百代(백대) 百方(백방) 百方(백방) **일백 백**
나뭇가지에 달려 있는 도토리가 수**백** 개 이다	
  番	fān, pān 판, 판 番地(번지) 番號(번호) 當番(당번) 主番(주번) **차례 번, 갈마들 번**
티끌과 **쌀알**을 분별하여 **밭**에서 **차례**로 줍다	
  깃털의 모양(깃 우)  翻	동 **飜** fān 판 翻覆(번복) 뒤집음, 뒤엎음 **뒤칠 번, 번역할 번**
새가 **차례**로 깃을 **뒤치**며 날다	
  (불 화)(머리 혈)  煩	약 **烦** fán 판 煩惱(번뇌) 煩雜(번잡) **번거로울 번** 
불같은 분노가 **머리**로 올라와 **번거로웁다**	

		(민첩할 민)(실 사)	繁	fán, pó 판, 포 繁盛(번성) 繁殖(번식) 繁榮(번영) 繁雜(번잡) **번성할 번, 많을 번**
(매사에) **민첩**하고 **실**같이 꾸준하면 일마다 **번성한다**					

		(큰 대)	樊	fán 판 樊籬(판리) 울, 울타리 **울 번**
나무가 얽혀 **큰** 건물을 싸고 있는게 **울(울타리)**이다				

(사람인)(창 과)	伐	伐	伐	fá 파 伐木(벌목) 伐採(벌채) **칠 벌**	
사람을 **창**으로 **치다**					

			筏	fá 파 筏橋(벌교) 筏夫(벌부) 津筏(진벌) **뗏목 벌**
대나무 이파리 모양을 본뜬 자 **(대 죽)**				
대나무를 **쳐서** 베어 **뗏목**을 만들다				

			閥	약 阀 fá 파 閥族(벌족) 財閥(재벌) 族閥(족벌) 派閥(파벌) **문벌(공로)벌**
		문의 모양을 본뜬 자 **(문 문)**		
역적 가**문**을 **쳐서** 없앤 **공로**있는 **문벌**집안				

(그물 망)(말씀 언)(칼 도)			罰	약 罚 fá 파 罰點(벌점) 罰則(벌칙) 賞罰(상벌) 嚴罰(엄벌) **벌줄 벌**
그물(법망)에 걸린 자를 **말**로 꾸짖고 **칼**로 다스려 **벌주다**				

번
벌

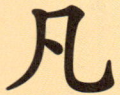

fán 판

大凡(대범) 凡例(범례)
凡夫(범부) 凡常(범상)

모두 범, 무릇 범

손잡이의 모양 **모두**가 손잡이를 잡다

옷걸이에 수건같은 천이 걸려있는 모양 (**수건건, 천건**)

fān, fán 판, 판

帆席(범석)
帆船(범선)

돛 범

베천으로 **모두**가 **돛**을 올리다

(개 견) (구부릴 절)

fàn, fán 판, 판

犯人(범인)
犯罪(범죄)

범할 범

개가 **구부리고** 있는 자를 **범하다**

fàn 판

泛觀(범관) 泛覽(범람)
泛宅(범택) 遊泛(유범)

뜰 범

물에서 **먹이를 입**에 물고 **새**가 **뜨다**

(풀 초)

(물 수) (구부릴 절)

🔴동 範 fàn 판

范世東(범세동)
고려 말기의 학자

범풀 범, 법 범

풀로 **물**위를 **구부린듯** 뻗어가는 것이 **범풀**이다

탱크가 가는 모양 (갈 거) (물 수) (갈 거)

fǎ, fá, fà 파, 파, 파

法廷(법정) 法治(법치)
方法(방법) 脫法(탈법)

법 법

물이 흘러 **가는** 것처럼 평평(평등)한 것이 **법**이다

	辟	bì, bó, mǐ, pì 뻐, 보, 미, 피 宮辟(궁벽) 辟世(벽세) 大辟(대벽) **피할 피, 임금 벽**

집의 창문에 서서 **십자가** 정신으로 도전을 **피하다**

  칼의 모양을 본뜬 자 (**칼도**)	劈	pī 피 劈頭(벽두) 劈歷(벽력) 劈碎(벽쇄) 劈破(벽파) **쪼갤 벽**

자연분만을 **피하려고** 칼로 배를 **쪼개다**

   싹이 흙위에 돋아나는 모양 (**흙 토**)	壁	bì 삐 壁報(벽보) 壁畫(벽화) **벽 벽**	

추위를 **피하려고 흙**으로 막은 것이 **벽**이다

   구름에서 우산에 빗방울이 떨어지는 모양 (**비 우**)	霹	pī 피 霹靂(벽력) 벼락, 천둥 **천둥 벽, 벼락 벽**

비 올 때 **피하여야할** 게 천둥(벼락)이다

  임금이 허리에 차고 있는 것이 구슬이다 (**구슬 옥**)	璧	bì 삐 璧沼(벽소) 拱璧(공벽) 圭璧(규벽) 玉璧(옥벽) **구슬 벽**

모난 옥돌을 **피하여 옥**을 갈은게 구슬이다

 병실의 모양 (**병들 안, 병질 안**)	癖	pī 피 疳癖(감벽) 書癖(서벽) 性癖(성벽) 錢癖(전벽) **버릇 벽**

병처럼 **피하기**(고치기) 어려운 게 버릇이다

				 僻	pì 피 僻路(벽로) 僻論(벽론) **궁벽할 벽** 
사람이 서 있는 모양 (사람인)					

사람을 피하여 숨은 외진곳이 궁벽하다

|  |  (구슬 옥)(흰 백) |  (돌 석) |  | 碧 | bì 삐
碧瀾(벽란) 渾碧(혼벽)
碧溪(벽계) 碧空(벽공)
옥돌 벽/푸를 벽 |

구슬 같이 흰 빛을 발하는 돌이 옥돌이다 ※ 옥돌은 색깔이 푸르다

|  (다시 갱/고칠 경)
실감개를 죄여서 다시 고치다 (사람 인) (고칠 경) |  |  |  | 便 | biàn 삐앤
便祕(변비) 변비
오줌똥 변 |

사람이 생리현상을 고쳐 오줌똥을 누다

| 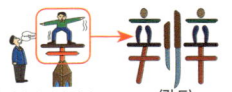 곧게 서서 십자가 정신으로
살기란 어려운 일이다 (칼 도)
(어려울 신) (어려울 신) | |  | 辨 | | biàn 삐앤
辨鐸(변탁) 辨理(변리)
辨明(변명) 辨償(변상)
나눌 변/분별할 변 |

어렵고 어려운 사건을 칼로 나누듯 분별하다

|  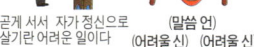 곧게 서서 자가 정신으로
살기란 어려운 일이다 (말씀 언)
(어려울 신) (어려울 신) | |  | 辯 | | 약 辯 biàn 삐앤
辯論(변론)
辯士(변사)
따질 변/말잘할 변  |

어려운 사건을 말로 어려움을 해결하고자 따지다

|  곧게 서서 십자가 정신으로
살기란 어려운 일이다 (어려울 신) (어려울 신) (실 사) | |  | 辮 | | 약 辫 biàn 삐앤
辮髮(변발) 머리를 땋아 늘임.
또는 땋아 늘인 머리
땋을 변 |

어렵게 실을 구해 어렵게 땋다

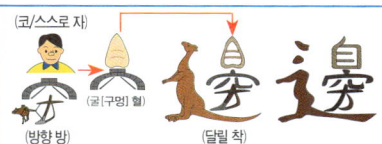

边 biān 삐엔

邊城(변성) 邊域(변역)
路邊(노변) 周邊(주변)

가 변

콧구멍같은 **굴**이 있는 **방향**으로 **달려가서**(모퉁이)**가**에 이르다

变 biàn 삐앤

變心(변심) 變則(변칙)
變化(변화) 政變(정변)

변할 변

(**두 실타래**가 풀리듯) **말을 잇달아** 하며 **두들겨** 가르치면 착한 자로 **변한다**

biǎn 삐앤

橫匾(횡변)
가로로 걸어놓은 편액

편액 변(현판)

액틀에 **집**의 **책**에서 **딴** 큰 글씨를 써 넣은 게 **편액**이다

bì 삐

敝甲(폐갑) 해진 갑옷
敝族(폐족) 영락(零落)한 겨레

버릴 폐, 해질 폐

옷걸이에 **천**이 **두들겨 맞은듯** 해져 **버리다**

biē 삐에

憋腸(별장) 악한 마음

모질 별, 성급할 별

버려진 자의 **마음**은 **모질고 성급하다**

别 biè 삐에

彆扭(별축)
성품이 비뚤어지다, 괴팍하다

활틀어질 별

버려진 활이 (활) **틀어지다**

			물고기의 모양 (고기 어)		bie 삐에 鱉甲(별갑) 자라의 껍데기 鱉灸(별구) 자라구이 **자라 별**

잡힌 것중 **버릴** 것은 잔 **고기**같은 자라다

		 양손으로 괭이를 잡고 있는 모양 (손 수)			piē, piě 피에, 페 撇下(별하) 버리다, 방치하다 **버릴 별(버리다, 방치하다)**

손으로 **버릴** 것은 버리다

	 (병들 안)			🟠 瘪 biē, biě 비에 瘪兒(별아) 뜨내기, 부랑아 瘪谷(별곡) 쭉정이 **뜨내기 별, 꺼질 별**

병 들어 **코골며 거적쓰고 앉아** 있는 자가 **뜨내기** 거지다

					bié 비에 別居(별거) 別途(별도) **나눌 별**	
(선칼 도)					

입에 물고 **사람**이 **칼**로 베듯이 **나누다**

				bǐng 빙 丙夜(병야) 丙子(병자) 丙坐(병좌) **남녘 병/밝을 병**

등의 모양을, 본뜬자 등을 **남녘** 같이 **밝힌**다는 뜻

	 나무의 모양 (나무 목)			bǐng 빙 柄然(병연) 柄燭(병촉) **자루 병**	

나무로 **밝히는** 등을 달고 있는게 자루다

				bìng 빙
 (병들 안/병질 안)	 (밝을 병)		 病	病菌(병균) 病毒(병독) 病理(병리) 鬪病(투병) **병 병, 병들 병**

병실에 등을 밝히고 간호할 정도로 병들다

					약 幷 bìng, bīng 삥, 삥
				 幷	幷有(병유) 아울러 가짐, 합하여 가짐 **함께 병, 합할 병, 어우를 병**

나무토막을 못질하여 함께 합하다

					약 拼 pīn 핀
				 拼	拼湊(병주) 긁어모으다, 규합하다 **붙일 병**
	양손으로 괭이를 잡고 있는 모양 (손 수)				

손을 함께 합하여 붙이다

				약 屛 píng, bǐng 핑, 빙
			 屛	屛居(병거) 屛氣(병기) **병풍 병**
	집의 모양 (집시, 지붕시)			

집에서 벽과 함께 둘러친 게 병풍이다

				약 瓶 píng 핑
			 瓶	瓶子(병자) 空瓶(공병) 鐵甁(철병) 土甁(토병) **병 병**
	기와집의 모양 (기와 와)			

가마에 함께 기와와 구운 것이 병이다

					약 餠 bǐng 빙
				餠	餠銀(병은) 餠餌(병이) 硬餠(경병) 罩餠(농병) **떡 병**
			집에서 정미기에 양식을 찧어 밥을 하다(밥 식)		

밥을 함께 다져 찧은 게 떡이다

				bīng 삥 秉權(병권) 秉燭(병촉) **잡을 병** 

벼를 손으로 잡다

(받쳐들/들공)				bīng 삥 兵力(병력) 兵法(병법) **군사 병** 

도끼를 들고 있는 자가 군사다

(나란히설 병)  (해/날 일)				pǔ 푸 普及(보급) 普選(보선) **넓을 보**

나란히 펴진 햇살이 넓게 비치다

		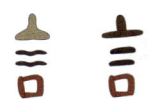 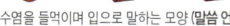		약 譜 pǔ 푸 棋譜(기보) 年譜(연보) 樂譜(악보) 譜學(보학) **족보 보, 계보 보**
	수염을 들먹이며 입으로 말하는 모양 (말씀 언)			

말로 혈연을 넓게 찾아 적은 게 족보다

(입 구)  (사람인) (나무 목)				bǎo 바오 保管(보관) 保留(보류) 保隣(보린) 保安(보안) **보호할 보**

사람이 입으로 즐겨먹을 과일 나무를 보호하다

				bǎo, bǔ 바오, 부 堡壁(보벽) 堡障(보장) 營堡(영보) 戰堡(전보) **방죽 보, 작은성 보**
		싹이 흙위에 돋아나는 모양 (흙토)		

홍수로 부터 보호하려고 흙을 쌓은게 방죽이다

🌱	👄	👄	菩	pú 푸 菩提(보리) 菩薩(보살) **보리수 보, 보살 보** 

식물로 서있는 입(사람)들을 깨우치는 나무가 보리수다

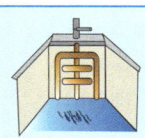				甫	fú 푸 杜甫(두보) 甫甫(보보) **클 보**

큰 수문의 모양을 본뜬자 크다의 뜻으로 쓰임

				補	약 补 bu 뿌 補藥(보약) 補職(보직) 補輯(보집) 轉補(전보) **보수할 보, 기울 보**
옷의 모양 (옷 의)					

옷이 크니 보수하여 맞게 기웁다

				輔	약 辅 fǔ 푸 諫輔(간보) 匡輔(광보) **도울 보, 덧방나무 보** 
차나 수레의 모양 (차 차, 수레 거)					

수레로 운반을 크게 돕다

				步	bù 뿌 步武(보무) 步行(보행) 進步(진보) 步兵(보병) **걸음 보**

사마귀가 발을 휘저으며 걸음을 걷는 모양

𧘇伏	𧘇伏	𧘇伏	袱	fú 푸 包袱(포보) 물건을 싸는 보자기 **보자기 보, 보 보**
옷의 모양 (옷 의) (엎드릴 복)					

옷을 사람이 개에게 입혀 보자기 보를 싸다

보

   報

(다행 행)

약 报 bào 빠오
報告(보고)
報答(보답)
알릴 보, 갚을 보

흙에 앉은 (잠자리를) **다행히** 잠자리채로 **잡았음**을 **알리다**

(집 면)

(구슬 옥)(질그릇 부) → (돈[궤]패) 寶 寶 寶

약 宝 bǎo 바오
寶庫(보고) 寶歷(보력)
寶貨(보화) 寶物(보물)
보배 보

집안에 있는 **구슬**이 든 **질그릇**과 **돈궤**는 **보배**다

fù 푸
复活(복활) 부활하다, 소생하다
돌아갈 복, 돌아올 복

삿갓에 **도롱이**를 쓰고 **총총걸음**으로 **돌아가다**

보
복

  月 腹

몸통 부분인 갈비뼈의 모양 (몸 육,고기 육)

fù 푸
同腹(동복)
腹部(복부)
배 복

(음식이) **몸속**에서 **돌아가는** 곳이 **배**다

덮개가 든 가방

  覆

팔을 흔들며 총총 걸어가는 모양 (갈 척, 바삐갈 척)

fù 푸
蕩覆(탕복) 覆蓋(복개)
覆面(복면) 覆冒(복모)
덮을 복, 엎을 복

덮개가 든 가방 들고 **바삐 돌아가서 덮다**

 服 服 服

갈비뼈의 모양 (다스릴 복)

fú 푸
服量(복량)
服裝(복장)
복종할 복, 옷 복

몸을 굽혀 **지팡이**를 잡고 **다스리는** 자에게 **복종하다**

		fú 푸 **가득찰 복(가득하다)**
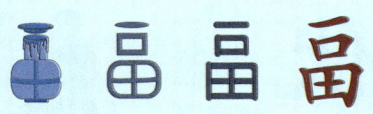		
술병에 술이 **가득차** 넘치는 모양		
 		fú 푸 福德(복덕) 福利(복리) 福音(복음) 祝福(축복) **복 복**
신에게 보이려고 젯상을 차려놓은 모양 **(보일 시, 젯상 시)**		
젯상을 **가득차게** 차리고 제 지내면 복이온다		
  	 	약 輻 fú 푸 折輻(절복) 車輻(거폭) **바퀴살 복**
차나 수레의 모양 **(차 차, 수레 거)**		
수레에 **가득차게** 박혀있는 게 (수레)바퀴살이다		
		fú 푸 蝙蝠(편복) 박쥐 **박쥐 복**
벌레의 모양 **(벌레 충)**		
벌레를 배속 **가득히** 먹고 사는 게 박쥐다		
  		bǔ, bo 부, 보 龜卜(귀복) 卜居(복거) 卜馬(복마) 卜師(복사) **점 복**
(점 복)		
거북등을 **지져** 갈라진 금을 보고 **점**을 치다		
  		pū, pú 푸, 푸 仆人(복인) 하인, 고용인 仆從(복종) 추종하는 사람 **넘어질 복, 종 복**
(사람 인)(점 복)		
사람이 **점친** 운수대로 **넘어지**다		

		fú 푸
 (사람 인) (개 견) 伏 伏	伏	伏兵(복병) 伏罪(복죄) **엎드릴 복** 

사람옆에 개가 엎드리다

		běn 펀
 本 本	本	本能(본능) 本來(본래) 本末(본말) 資本(자본) **근본 본, 밑 본**

나무의 뿌리를 짚어 보이는 모양, **나무**의 **뿌리**가 곧 **근본**이다

		fèng 펑
 (손 수) 奉 奉	奉	奉送(봉송) 奉養(봉양) **받들 봉, 봉양할 봉**

잘 자란 영양초를 손에 받들어 봉양하다

		pěng 펑
  양손으로 괭이를 잡고 있는 모양(손 수)	捧	捧讀(봉독) 捧腹(봉복) 手捧(수봉) 承捧(승봉) **받들 봉**

손으로 받들어서 잘 받들다

		bàng 빵
 木 木 木 나무의 모양 (나무 목)	棒	棍棒(곤봉) 杖棒(장봉) **몽둥이 봉** 

나무로 만들어 **받들어** 들고 다니는 게 **몽둥이**다

		hài 하이
 夆 夆	夆	**만날 봉**(설치한 장애물)

천천히 걸어 우거진 풀속에서 님을 만나다

복
본
봉

산 봉우리의 모양 **(메산)**

fēng 펑

峰頭(봉두) 산봉으리의 맨 위

봉우리 봉

산에서 만나는 게 (산)봉우리다

벌레의 모양 **(벌레 충)**

fēng 펑
蜂起(봉기)
蜂蜜(봉밀)
벌 봉

벌레중에 만나서 단체 생활을 하는 것이 벌이다

쇠를 다루는 대장간의 모양 **(쇠 금)**

약 锋 fēng 펑
銳鋒(예봉)
利鋒(이봉)
칼날 봉, 칼끝 봉

쇠칼로 물체와 만나는 부분이 칼날이다

féng 펑
逢變(봉변) 逢辱(봉욕)
逢着(봉착) 相逢(상봉)
만날 봉

천천히 걸어 우거진 풀로 가서 님을 만나다

풀싹이 돋아나는 모양 **(풀 초)**

péng 펑
蓬萊(봉래) 蓬笠(봉립)
蓬勃(봉발) 蓬矢(봉시)
쑥 봉

풀로 길에서 쉬 만날 수 있는 게 쑥이다

실타래의 모양 **(실 사)**

약 缝 féng, fèng 펑, 펑
縫箔(봉박) 縫腋(봉액)
縫製(봉제) 縫合(봉합)
꿰맬 봉

실로 양쪽 천을 만나게 하려고 꿰매다

봉

239

대나무 이파리 모양을 본뜬 자 (대 죽)

péng 펑

雨篷(우봉)　釣篷(조봉)
篷底(동저) 배 안, 배 밑

뜸 봉, 거룻배 봉

대나무 배로 만나려고 탄게 거룻배다

흙과 흙이 모여서 된 것이 영토다　(영토 규) (손 촌)

fēng 펑

同封(동봉)　零封(영봉)
封印(봉인)　封爵(봉작)

봉할 봉

(일정한) 영토를 손으로 다스리도록 (천자가) 제후로 봉하다

가방 손잡이의 모양
(무릇 범, 모두 범)　(한 일) (새 조)

fèng 펑

龍鳳(용봉)
吐鳳(토봉)

봉황 봉, 새 봉

모든 새중에 제일가는 새가 봉황이다

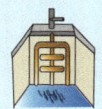   

fū 푸

펼 부(널리펴다, 널리베풀다)

큰 수문을 손으로 열어서 (물을) 편다는 뜻

사람이 서 있는 모양 (사람 인)

fù 푸

傅儀(부의)　傅佐(부좌)
師傅(사부)　台傅(태부)

스승 부

사람에게 지식을 펴주는 자가 스승이다

대나무 이파리 모양을 본뜬 자 (대 죽)

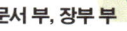 

물방울이 떨어지는 모양 (물 수)

bù 부

名簿(명부)
原簿(원부)

문서 부, 장부 부

대쪽에 먹물로 글을 펴 써놓은 게 문서다

※ 종이가 없던 옛날에는 대나무 조각을 엮어서 거기다 글을 썼음.

		fū 푸
	夫	夫婦(부부) 夫役(부역) 夫子(부자) 匹夫(필부) **지아비 부**
지아비의 모양을 본뜬 글자			

		扶	fú 푸
	양손으로 괭이를 잡고 있는 모양 (손 수)		扶疎(부소) 扶挾(부협) 扶養(부양) 扶助(부조) **도울 부**
손으로 **지아비**가 이웃과 사회를 돕다				

	芙	fú 푸 
풀싹이 돋아나는 모양 (풀 초)		芙蓉(부용) 芙蓉姿(부용자) **연꽃 부, 부용 부**

※ 남자란 진흙속에 연꽃처럼 세속에 물들지
않고 깨끗하게 살아야 하기 때문임

풀로서 **지아비**가 본받아야 할 꽃이 연꽃이다

			麩	약 麸 fū 푸
보리밭에 와서 천천히 가지고 가는 것이 보리다 (보리 맥)				麩子(부자) 밀기울 麩醬(부장) 밀기울로 만든 장 **밀기울 부**

보리를 찧어 **지아비**가 만든게 밀기울이다

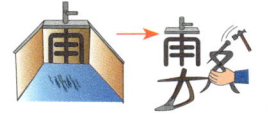	敷	fū 푸 
(두들겨칠 복)		敷衍(부연) 敷設(부설) **펼 부**

수문같이 큰 쟁기로 밭을 두들기듯 갈아 (땅을) 펴다

	 (범 호)		膚	약 肤 fū 푸
		(밥통 위)		肌膚(기부) 膚淺(부천) 雪膚(설부) 皮膚(피부) **살갗 부**

범의 뱃속에 밭같이 골진 몸속에 위 (밥통)도 살갗이다

		fù, fǔ 푸, 푸 父女(부녀) 父母(부모) 父事(부사) 叔父(숙부) **아비 부**
견대를 좌우로 걸친 **아버지**의 모양을 본뜬 글자		
 반달 도끼의 모양 (도끼 근, 근 근)		fǔ 푸 斧斤(부근) 斧木(부목) 斧氷(부빙) 斧依(부의) **도끼 부**
아버지가 든 반달도끼도 도끼다		
		bù 뿌 不可(불가) 不當(부당) 不和(불화) 不幸(불행) **아닐 부/불, 아니 핀 꽃봉오리 부**
아니 핀 꽃봉오리를 짚어 보이는 모양		
  (입 구)		fǒu, pǐ 퍼우, 피  否決(부결) 否認(부인) **아니 부, 부인할 부**
아니 핀 꽃봉오리같이 **입**을 내밀고 **아니**라고 부인하다		
(쌓일 퇴)     (열 십)		fù 푸 高阜(고부) 曲阜(곡부) 丘阜(구부) 蕃阜(번부) **언덕 부, 클 부**
흙이 서류가 쌓이듯하여 열개가 모이니 언덕같이 크다		
 싹이 흙위에 돋아나는 모양 (흙 토)		bù 뿌 埠頭(부두) 商埠(상부) 船埠(선부) **부두 부, 선창 부**
흙이 언덕처럼 이어진 곳이 부두다		

바르게 주살을 든 자가 군사(호반)이다 (돈 패) (호반 무)

약 賦 fù 푸
賦課(부과) 賦金(부금)
月賦(월부) 天賦(천부)
부세 부, 줄 부

돈을 **군사(호반)** 비용에 쓰려고 걷는게 **부세**다

가를 부

서서 **입**으로 다투며 **갈라지다**

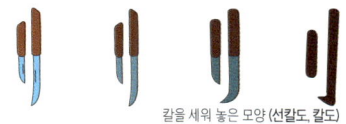 

칼을 세워 놓은 모양 (선칼도, 칼도)

pōu 퍼우
剖析(부석)
剖裂(부열)
쪼갤 부

갈라서 **칼**로 **쪼개다**

지팡이의 모양 (글자 우측에 붙을 시 → 읍읍, 마을 읍)

bù 뿌
部局(부국) 部隊(부대)
部署(부서) 學部(학부)
무리 부, 거느릴 부

(국민을) 갈라서 **마을**단위로 모아놓은 무리

(손톱[손] 조)
(물 수) (아들 자)

fú 푸
浮浪(부랑) 浮力(부력)
浮揚(부양) 浮雲(부운)
뜰 부

물에서 **손**을 휘저으며 **아들**이 **뜨다**

(발톱 조)
(알란) (아들 자)

fū 푸
孵卵(부란)
孵化(부화)
알깔 부

새가 **알**을 **발톱**으로 **자식**을 얻고자 **알**을 **깐다**

부

약 復 fù 푸

復舊(복구)　復活(부활)
往復(왕복)　回復(회복)

돌아올 복, 다시 부

삿갓에 도롱이를 쓰고 총총걸음으로 다시 돌아오다

(사람 인)
(돈(궤) 패)

약 負 fù 푸

負役(부역)　負債(부채)
負荷(부하)　勝負(승부)

빚질 부, 짐질 부

사람에게 돈을 빌려 빚을지다

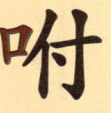

fù 푸

給付(급부)　納付(납부)
付送(부송)　付託(부탁)

줄 부, 부탁할 부

사람에게 손에 든 것을 주다

입의 모양 (입구)

fù 푸

吩囑(부촉)
吩咐(분부)

분부할 부

입으로 할 일을 주며 분부하다

지팡이의 모양 (글자 왼쪽에 붙을 시 → 언덕 부)

fù 푸

附屬(부속)　附言(부언)
附和(부화)　阿附(아부)

붙을 부

언덕배기 땅을 주니 종이 붙어살다

대나무 이파리 모양을 본뜬 자 (대 죽)

符

fú 푸

符呪(부주)
符書(부서)

병부 부, 부호 부

왕이 대에 쓴 출병표를 주면 병부에서 맞쳐보고 부호로 삼다

  府 府 府

fǔ 푸
府庫(부고)
府君(부군)
관청 부

집에 있는 **사람**에게 **손**으로 고지서를 내 보내는 곳이 **관청**이다

  俯

사람이 서 있는 모양 (사람인)

fǔ 푸
俯觀(부관)
俯覽(부람)
머리숙일 부, 구부릴 부

사람에게 관청 사람이 머리를 숙이다

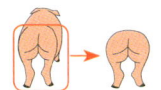   腐

돼지 둔부의 모양. 고기, 몸을 뜻함. (고기/몸 육)

fǔ 푸
朽腐(후부) 豆腐(두부)
防腐(방부) 腐植(부식)
썩을 부

관청에 고기를 오래두어 썩다

 婦

(계집 녀) (비 추)

약 妇 fù 푸
婦德(부덕) 婦謠(부요)
婦人(부인) 子婦(자부)
아내 부, 며느리 부

여자로 비를 들고 있는 자가 며느리나 아내다

   赴

거북 등을 지져 갈라진 금을 보고 점을 치다 (달아날 주)
(점칠 복)

fù 푸
赴告(부고) 赴役(부역)
赴任(부임) 走赴(주부)
알릴 부, 다다를 부

달려가 점친 결과를 알리려고 목적지에 다다르다

  復 復

(바삐갈 척)(돌아갈 복)

약 复 fù 푸
復舊(복구) 復活(부활)
往復(왕복) 回復(회복)
돌아올 복, 다시 부

바삐걸어 돌아가다 말고 다시 돌아오다

				fù 푸
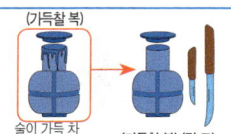			副	副賞(부상) 副食(부식) 副業(부업) 副題(부제) **버금 부**
가득찬 음식을 **칼**로 나누어 **버금(다음)**가는 자에게 주다				
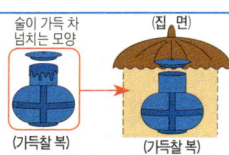			富	fù 푸 甲富(갑부) 巨富(거부) 富村(부촌) 富者(부자) **부자 부, 넉넉할 부**
집에 재물이 **가득찼으니 부자**다				
			鳧	🔴약 鳬 fú 푸 鳧雁(부안) 물오리와 기러기 鳧鴨(부압) 물오리와 집오리 **물오리 부**
새로 **책상**을 탄것 처럼 뜨는 게 **물오리**다				
				fú 푸 俘殺(부살) 사로잡음과 죽임 俘斬(부참) 사로잡아 베어죽임 **사로잡을 부**
사람이 **손(손톱)**으로 **아들**을 **사로잡다**				
				běi, bó, bèi 베이, 보, 베이 北伐(북벌) 北風(북풍) 敗北(패배) 越北(월북) **북녘 북**
(두 사람이 등을 돌리고 있는 모양) **북녘**을 뜻함 (집을 지을때 북을 등지게 하고 짓기 때문임)				
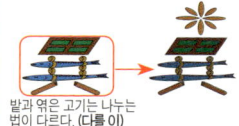				🔴약 粪 fèn 펀 糞門(분문) 糞壤(분양) 馬糞(마분) 掃糞(소분) **똥 분**
쌀밥을 먹고 **다르게(異)** 되어 나오는 것이 **똥**이다				

약 贲 bì 삐

賁軍(분군) 전 군대. 패군(敗軍)

클 분

풀이 **돈궤** 높이 보다 더 **크게** 자라 **크다**

젖가슴을 짚어보이는 모양 (가슴 심, 마음 심)

약 愤 fèn 펀

憤慨(분개)
憤怒(분노)

분격할 분, 결낼 분

마음으로 **크게** 분격해 하다

싹이 흙위에 돋아나는 모양 (흙 토)

약 坟 fén 펀

墟墳(허분) 古墳(고분)
封墳(봉분) 墳墓(분묘)

무덤 분

흙을 **크게** 쌓아서 만든것이 무덤이다

입의 모양 (입구)

약 喷 pēn, pèn 펀, 펀

噴水(분수) 噴火(분화)
跳噴(도분)

뿜을 분

입을 **크게**하여 뿜다

bēn, bén, bèn 뻔, 뻔, 뻔

奔亡(분망) 奔忙(분망)
奔放(분방) 奔散(분산)

분주할 분, 달아날 분

큰 사람이 **무수히 난 풀** 위를 분주하게 **달아나**는 모양

약 奋 fèn 펀

奮戰(분전)
奮鬪(분투)

떨칠 분

큰 새가 **밭**에서 날려고 힘을 **떨치다**

분

		fēn, fèn 펀, 펀 分裂(분열) 分解(분해) 配分(배분) 職分(직분) **나눌 분**

통나무를 칼로 쪼개어 **나누다**

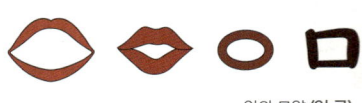　입의 모양 (입 구)		fēn 펀 吩咐(분부) **분부할 분, 뿜을 분** 

(아랫사람에게) 입으로 일을 **나누어** 하도록 분부하다

  　양손으로 괭이를 잡고 있는 모양 (손 수)		bàn 빤 挑扮(도분) 搜扮(수분) 摘扮(적분) 扮飾(분식) **꾸밀 분**

손으로 물건을 **나누어** 모양 있게 꾸미다

 　풀싹이 돋아나는 모양 (풀 초)		fēn 펀 芬蘭(분란) 芬芳(분방) 芬芬(분분) 芬香(분향) **향기 분**

풀에서 **나누어져** 나오는 것이 향기다

 　젖가슴의 모양 (가슴 심, 마음 심)	忿	fèn 펀 忿言(분언) 忿爭(분쟁) 愧忿(괴분) 私忿(사분) **분할 분, 성낼 분**

짝이 **나누어** 지려고 마음 먹으니 분해서 성내다

실타래의 모양 (실 사)		약 紛 fēn 펀 紛糾(분규) 紛亂(분란) 紛紛(분분) 紛失(분실) **어지러울 분, 번잡할 분**

실이 **나누어져** 뒤엉키니 어지러웁다

쌀알이 흩어져 있는 모양 (쌀 미)

fēn 펀

粉堵(분도)　粉碎(분쇄)
白粉(백분)　粉末(분말)

가루 분

쌀을 잘게 나누어 놓은 게 가루다

그릇을 받침대(접시)에 놓은 모양 (그릇 명)

pén 펀

盆景(분경)
金盆(금분)

동이 분

(음식물을) 나누어 담는 그릇이 동이다

fēn, fèn 펀, 펀

配分(배분)　職分(직분)
處分(처분)　水分(수분)

직분 분, 분 분

통나무를 칼로 나누듯 나눈게 직분이다

사람이 서 있는 모양 (사람 인)

fèn 펀

份子(분자)
〈선물할 때〉 각자가 낼 몫

부분 분

사람이 나눈 책임 부분을 맡다

fēn 펀

氛圍氣(분위기) 대기, 공기
夕氛(석분) 저녁 공기

기운 분

(공기중에) 기체가 나누어져 그 기운이 흐르다

(수풀 림) (불 화)

fén 펀

焚燒(분소)　焚身(분신)
焚香(분향)　焚火(분화)

불사를 분

숲에 불질러 불사르다

		(대죽)(구본본)		bèn 뻔 笨車(분차) 거칠게 만든 수레 笨伯(분백) 키가 크고 비대한 사람 **거칠 분**

대나무의 근본 본질은 거칠다

				bù 뿌 不當(부당) 不良(불량) 不和(불화) 不幸(불행) **아닐 부/불, 아니 핀 꽃봉오리 부**

아니 핀 꽃봉오리를 짚어 보이는 모양

		弗	弗	fú 푸 百弗(백불) 弗豫(불예) **아닐 불, 달러 불**

지렁이나 뱀같은 걸 눌러서 아니 움직이게 하는 모양

				fó, fú 포, 푸 佛經(불경) 佛供(불공) **부처 불**	

사람이 서 있는 모양 (사람 인)

사람이 아니면서 사람같은 것이 부처다

		扌	扌		

양손으로 괭이를 잡고 있는 모양 (손 수)

fú 푸
拂逆(불역)
拂入(불입)
털 불, 지불할 불

손에 아무 것도 아니 가졌다고 하며 손을 털다

	(돌석)	泵 (물수)		bèng 뻥 油泵(유붕) 급유 펌프 氣泵(기붕) 공기 펌프 **펌프 붕**

돌 밑에 있는 물을 퍼 올리는 게 펌프다

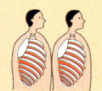 몸통 부분인 갈비뼈의 모양 (몸 육, 고기 육)	朋	朋	péng 펑 朋曹(붕조) 佳朋(가붕) 朋黨(붕당) 朋友(붕우) **벗 붕**

몸과 몸을 맞대고 다정히 노는 사이가 벗이다

  나무의 모양 (나무 목)		棚	péng, pēng 겅, 펑 高棚(고붕) 書棚(서붕) **사다리 붕** 

나무를 나란히 벗처럼 놓고 발판을 댄 것이 사다리다

  돌 (바위)의 모양 (돌 석)		硼	péng 펑 硼酸(붕산) 硼隱(붕은) **붕사 붕 (유리법랑유약의 원료)**

돌의 벗인양 돌을 닮은 광물이, 붕사이다

 새의 모양 (새 조)		鵬	약 鵬 péng 펑 鵬翼(붕익) 鵬圖(붕도) 鵬程萬里(붕정만리) **붕새 붕 (봉황같은 상상의 새)**

모든새가 벗으로 사귀고 싶어하는 새가 붕새다

 실타래의 모양 (실 사)		繃	약 綳 bēng, běng 뼹, 벙 綳子(붕자) 자수틀 綳不住(붕불주) 참지 못하다 **묶을 붕, 연색 굳어질 붕**

상품을 실로 벗이 묶다

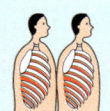  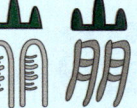 (벗 붕)		崩	bēng 뼹 崩壞(붕괴) 崩御(붕어) **무너질 붕** 

산 봉우리의 두 몸(두 봉우리)이 벗 되려고 붙어 무 지다

正 疋 疋 疋 새가 발목에 번호표를 달고 앉은 모양 (발 족)	蹦	béng 뻥 蹦蹦跳跳(붕붕도도) 활발하게 뛰는 모양 **뛸 붕**
발로 흙이 **무너지려고** 하니 **뛰다**		
 거북이가 등가죽을 방패로 쏘다 (풀 초) 備 備 (쓸 용) (사람 인)(쓸 용)	 備	약 备 bèi 뻬이 常備(상비) 具備(구비) 備置(비치) 未備(미비) **갖출 비, 준비할 비**
사람들이 **풀**과 **바위**도 쓸데가 있다고 **갖추어**두다		
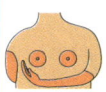 젖가슴의 모양 (가슴 심, 마음 심)	  	약 惫 bèi 뻬이 憊喘(비천) 倦憊(권비) 老憊(노비) 疲憊(피비) **고달플 비**
세간을 **갖추려고 마음**먹으니 **고달프다**		
 (코/스스로 자)  (밭 전) 	 鼻	bí 비 鼻孔(비공) 鼻笑(비소) 鼻祖(비조) 鼻血(비혈) **코 비**
스스로 **밭**작물을 **상** 위에 놓고 **코**로 냄새를 맡다		
 (몸 육)(뱀 파)	 肥 肥	féi 페이 溢肥(일비) 堆肥(퇴비) 金肥(금비) 綠肥(녹비) **살찔 비**
몸이 **뱀**을 잡아 먹고 **살찌다**		
 (입 구)  (쌀 곳간름)(마을 읍)	 鄙 鄙	bǐ, bì 비, 삐 鄙軀(비구) 鄙劣(비열) 鄙淺(비천) 鄙賤(비천) **더러울 비**
입을 위해 **창고**만 살피고 **마을** 청소는 안하니 **더럽다**		

 比	比	bǐ, bì 비, 삐 比等(비등) 比例(비례) 比率(비율) 對比(대비) **비교할 비, 견줄 비**
키를 나란히 앉혀놓고 **비교하다**		
  양손으로 괭이를 잡고 있는 모양 (손 수)	批	pī 피 批准(비준) 批判(비판) **비평할 비, 칠 비** 
손으로 **비교**하며 세워놓고 비평하다		
 집의 모양 (집 시, 지붕 시)	屁	pì 피 放屁(방비) 방귀 뀌다 **죽은 어머니 비, 방귀 비**
집에 앉아 소리를 **비교**하며 방귀뀌다		
  집의 모양 (집 엄)	庇	bì 삐 庇蔭(비음) 庇護(비호) 援庇(원비) 蔭庇(음비) **덮을 비, 감쌀 비**
집에 비싼 물건을 **비교**하여 본 후 덮어 감싸다		
  벼의 모양 (벼 화)	秕	bǐ 삐 秕政(비정) 垢秕(구비) 揚秕(양비) **쭉정이 비**
벼와 **비교**되는 것이 속이 빈 쭉정이다		
풀싹이 돋아나는 모양 (풀 초)   	蓖	bì 삐 蓖麻(비마) 아주까리, 피마자 蓖麻油(비마유) 아주까리 기름 **아주까리 비**
식물 기름을 **머리**에 바르고 **비교**해 보는게 아주까리 기름이다		

 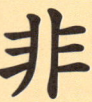 非	非	fēi 페이 非違(비위) 非常(비상) 非難(비난) 非行(비행) **아닐 비**

(감옥 문의 모양) 감옥에 갇혀 자유의 몸이 아니다

 상자의 모양 (상자 방)	匪	fēi 페이 匪賊(비적) 土匪(토비) **도적 비, 비적 비, 아닐 비** 

상자에 자기 것이 아닌 남의 것을 담는 자가 도적이다

 젖가슴의 모양 (가슴 심, 마음 심)	悲	bēi 뻬이 悲哀(비애) 喜悲(희비) 悲觀(비관) 悲痛(비통) **슬플 비**

몸이 편치 아니하니 마음이 슬프다

   입의 모양 (입 구)	啡	fēi 페이 咖啡(가비) 커피 **코고는 소리 배, 커피 비**

입으로 호흡이 잘 아니되 코고는 소리를 내다

  풀싹이 돋아나는 모양 (풀 초)	菲	fēi 페이 菲德(비덕) 덕이 박함 **엷을 비, 우거질 비**

풀이라고 아니할 정도로 숲이 우거지다

 수염을 들먹이며 입으로 말하는 모양 (말씀 언)	誹	약 誹 fēi 페이 誹怨(비원) 誹諧(비해) 誹毁(비훼) 服誹(복비) **비방할 비**

말도 아니되는 말로 남을 비방하다

bēi 뻬이

卑陋(비루) 卑俯(비부)
卑屈(비굴) 卑劣(비열)

낮을 비, 천할 비

체를 손에 잡고 술을 거르는 자는 신분이 **낮고 천하다**

pí 피

脾胃(비위) 脾臟(비장)

자라 비, 비위 비

※ 지라는 몸속에 노화된 적혈구를
  처리하기 때문임

몸속에서 **천한** 일을 하는 곳이 **지라**다

bēi 뻬이

碑面(비면)
碑文(비문)

비석 비

돌로 묘에 세워 **천하게** 쓰이는 것이 **비석**이다

🟠 **약** 痺 bì 비

冷痺(냉비) 頑痺(완비)
坐痺(좌비) 風痺(풍비)

저릴 비, 마비 비

병으로 **천하게** 여기는 병은 몸이 **저리**는 **마비**증이다

pí 피

啤酒(비주) 맥주
黑啤(흑비) 흑맥주

맥주 비

입에 당기고 도수가 **낮은** 술이 **맥주**다

pì 피

譬說(비설) 譬喻(비유)
譬解(비해) 譬況(비황)

비유할 비

직접 설명은 **피하고**(辟) 다른 **말**로 **비유하다**

비

 	弗	fú 푸 弗貨(불화) 百萬弗(백만불) **아닐 불**
지렁이나 뱀같은 걸 눌러서 **아니** 움직이게 하는 모양		
‌ 물방울이 떨어지는 모양 (물 수)	 沸	fèi 페이 沸聲(비성) 沸熱(비열) 沸水(불수) 沸渭(불위) **끓을 비**
물이 물이 **아닌**양 부글부글 끓다		
  돈이 든 자개장의 모양 (자개 패, 돈 패)	 費	약 費 fèi, bì 페이, 삐 費目(비목) 費用(비용) **쓸 비**
자기것이 **아니**라고 **돈**을 함부로 쓰다		
  	 飛	약 飞 fēi 페이 飛電(비전) 飛散(비산) 飛天(비천) 飛上(비상) **날 비**
새가 **날아가는** 모양		
(피할 벽) 창문에서 십자가를 내려오듯해 피하다 (피할 벽) (몸 육)	臂	bì, bèi 삐, 뻬이 臂力(비력) 臂膊(비박) **팔 비, 팔뚝 비** 
설명은 **피하고**(辟) **몸**(月)으로 직접 **팔**만 당기다		
	匕	bǐ 삐 匕箸(비저) 食匕(식비) 失匕(실비) 玉匕(옥비) **비수 비, 숟가락 비**
비 수의 모양을 본뜬 자		

아니 핀 꽃봉오리를 짚어보이는 모양  (아니핀 꽃봉오리 부) (입 구)	否	否	fǒu 퍼우 否認(부인) 否定(부정) 否運(비운) 나쁜, 막힌 운수 **아니 부, 막힐 비**

아니 핀 꽃봉오리같이 입을 내밀고 아니라고 하다

 가슴은 천으로 반드시 가려야 한다 (벼 화) (반드시 필)	秘	秘	mì, bì 미, 삐 秘方(비방) 秘書(비서) 秘傳(비전) 秘法(비법) **비밀 비, 숨길 비**

벼를 거두어 반드시 비밀스러운 곳에 숨기다

 가슴은 천으로 반드시 가려야 한다 (물 수)(반드시 필)		 泌	bì 삐 泌尿器(비뇨기) 요도의 총칭 **샘물 흐르는 모양 비**

물은 반드시 샘물흐르는 모양으로 흐르다

 (걸음 보) (머리 혈)		 頻	약 頻 pín 핀 頻度(빈도) 頻發(빈발) **자주 빈, 찡그릴 빈** 

(사마귀가) 걸어서 머리에 오를 때 같이 얼굴을 자주 찡그리다

비
빈

		 濱	약 瀕 bīn 삔 瀕死(빈사) 瀕水(빈수) **물가 빈, 가까울 빈**
	물방울이 떨어지는 모양 (물 수)		

바다에 조수 물이 자주 오가는 곳이 물가다

		蘋	약 苹 píng 핑 蘋萍(빈평) 개구리밥 蘋花(빈화) 개구리밥의 꽃 **개구리밥 빈, 사과 빈**
 풀싹이 돋아나는 모양 (풀 초)			

풀로 물위에 자주(계속) 번식하는 게 개구리밥이다

257

	(집 면)	(집 면)		약 宾 bīn 삔
	 (돈[궤] 패)			貴賓(귀빈) 內賓(내빈) 賓客(빈객) 接賓(접빈) **손 빈**

집의 커어튼을 젖히고 돈을 쓰려고 오는 이가 손님이다

				약 滨 bīn 삔

	물방울이 떨어지는 모양 (물 수)			濱死(빈사) 濱塞(빈새) **물가 빈, 가까울 빈**

물이 손님처럼 왔다 갔다 하는 곳이 물가다

				약 缤 bīn 삔
				繽紛(빈분) 많고 성한 모양 繽繽(빈빈) 많은 모양 **성할 빈, 많을 빈, 어지러울 빈**
	실타래의 모양 (실 사)			

실 커튼이 손님을 가려 주지만 많을 시 어지러웁다

(길게 머리늘일 발)				약 鬓 bìn 삔
				鬢毛(빈모) 살쩍, 귀밑 털 鬢髮(빈발) 귀밑 털과 머리털 **귀밑털 빈, 살쩍 빈**

긴머리털 중에 손님 같이 자란 귀밑털이 살쩍이다

(나눌 분)	(나눌 분)			약 贫 pín 핀
 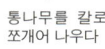	 (돈[궤] 패)			貧窮(빈궁) 貧民(빈민) 貧村(빈촌) 貧弱(빈약) **가난할 빈**
통나무를 칼로 쪼개어 나누다				

나누어 돈을 써 버리니 가난하다

				bīn 삔
				彬彬(빈빈) 彬蔚(빈울) **빛날 빈**
(수풀 림)				

우거진 수풀에 눈부신 무늬가 펼쳐져 빛나다

고드름이 달려있는 모양 (얼 빙, 얼음 빙)		bīng 삥 冰庫(빙고)　冰山(빙산) 冰壁(빙벽)　冰點(빙점) **얼음 빙**
덩이져 물에 뜬게 얼음이다		
	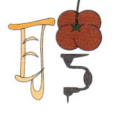	pìn 핀 聘父(빙부) 聘丈(빙장) **부릴 빙, 찾을 빙**
귀에 귀걸이를 달려고 구멍 뚫을자를 부르다		
고드름=얼음　(얼음 빙)　		약 冯 píng 핑 馮陵(빙릉) 세력을 타고 사람을 업신여김 **도섭할 빙, 탈(오를) 빙**
언 땅을 말 타고 도섭하다(건너다)		
고드름이 달린 모양　(얼음 빙) (말 마)　(책상궤)		약 凭 píng 핑 憑依(빙의) 의지하다, 기대다 **기댈 빙**
얼음 위에 말이 비틀비틀 책상에 기대다		
(몸 신) 무사의 몸 모양, (손마디 촌)		shè 셔 射殺(사살) 射精(사정) **쏠 사**
몸을 가누고 손마디를 굽혀 쏘다		
 수염을 들먹이며 입으로 말하는 모양 (말씀 언)		xiè 시에 謝過(사과) 謝恩(사은) **사례할 사**
상대에게 말을 쏘듯하며 사례하다		

빙
사

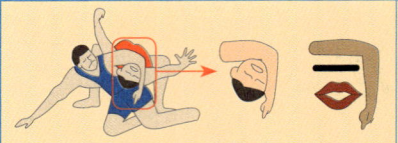

sī 쓰

司法(사법)　司書(사서)
司正(사정)　司祭(사제)

맡을 사

팔로 하나의 입 즉 한 사람을 조이려고 **맡다**

신에게 보이려고 잿상을 차려놓은 모양 (보일 시/켓상 시)

cí 츠

祠廟(사묘)　祠兵(사병)
祠屋(사옥)　報祠(보사)

사당 사, 제사지낼 사

제사 지내는 일을 맡아서 행하는 곳이 사당이다

수염을 들먹이며 입으로 말하는 모양 (**말씀 언**)

약 詞 cí 츠

臺詞(대사)　動詞(동사)
助詞(조사)　弔詞(조사)

글 사, 말씀 사

말로 맡은 일을 글이나 말씀으로 아뢰다

사람이 서 있는 모양 (**사람 인**)

sì 쓰

伺隙(사극) 기회를 엿봄

엿볼 사, 찾을 사

사람을 맡은 자가 늘 그를 엿보며 찾다

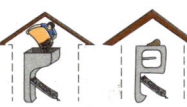 

집에서 정미기에 양식을 쓿어 밥을 하다 (**밥 식**)

약 飼 sì 쓰

飼桶(사통)　放飼(방사)
飼料(사료)　飼養(사양)

먹일 사, 기를 사

밥을 맡아 먹이다(기르다)

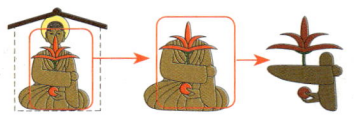 

sì 쓰

寺院(사원)　寺田(사전)
寺刹(사찰)　岬寺(갑사)

절 사, 관청 사

연꽃과 여의주를 든 부처를 모신 절을 뜻함

 서류함에 서류가 많이 쌓인 모양 (많을/쌓일 퇴)	 師	**약** 师 shī 스 師道(사도) 師兄(사형) 太師(태사) 恩師(은사) **스승 사**

많이쌓인 지식(논문)을 제자에게 **가르치는** 자가 **스승**이다

 개가 서있는 모양 (개 견)	 獅	**약** 狮 shī 스 獅子(사자) 金獅(금사) 獅子吼(사자후) **사자 사**

개가 **스승**처럼 무서워 하는 것이 사자다

대나무 이파리 모양을 본뜬 자 (대 죽)	篩	**약** 筛 shāi 사이 篩酒(체주) 술을 따르다(붓다) 篩子(사자) 체 **체 사, 칠 사**

대나무 체를 **스승**님이 들고 **체**로 **치다**

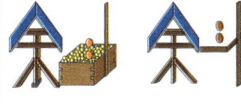 (남을 여) (말 두)	斜	xié 시에 傾斜(경사) 斜面(사면) **비낄 사** 

헛간에서 **남아있는** 말통의 곡식을 비스듬히 **비끼다**

   (붉을 적) (칠 복)	赦	shé 서 大赦(대사) 赦令(사령) **용서할 사, 놓아줄 사** 

붉은줄로 죄를 호적에 올리지 않고 볼기만 **치고 용서하다**

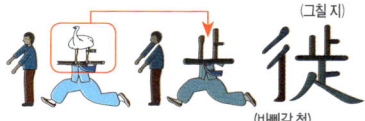 (그칠지) (바삐갈 척)	 徙	xǐ 시 徙散(사산) 徙植(사식) 徙月(사월) 轉徙(전사) **옮길 사, 넘길 사**

바삐가서 정지해 있는 걸 **달리듯**이 **옮기다**

(잇몸)  (어금니 아) (마을 읍)	牙ß	邪	邪	xié 시에  邪心(사심) 邪惡(사악) **간사할 사**

어금니를 빼서 마을에 기증하겠다 하니 **간사하다**

 (벼 화) (보습/쟁기 사)		私	sī 쓰  私服(사복) 私心(사심) 公私(공사) 私的(사적) **사사 사**

벼를 베거나 쟁기질하는 일은 **사사**로운 것이다

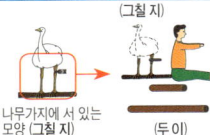 나무가지에 서 있는 모양 (그칠 지) (두 이)			些	xiē, suò 시에, 쑤어 些微(사미) 些些(사사) 些細(사세) 些少(사소) **적을 사**

가는 것을 그치고 앉아 둘로 쪼개니 **적어지다**

				shè 서 舍叔(사숙) 舍宅(사택) 舍兄(사형) 幕舍(막사) **집 사**

집의 모양을 본뜬 글자

사

				shè 서 舍利(사리) 부처나 고승의 유골 **놓을 사, 베풀 사**

집에 의자를 **놓아** 편의를 **베풀다**

			입의 모양 (입 구)	啥	shá 샤 你干啥(이간사)? 너 뭐하는 거냐? **무엇 사**

입으로 **집**에서 **무엇**하냐고 묻다

		sì 쓰 四顧(사고)　四方(사방) 四柱(사주)　四書(사서) **넉 사**

에워싼 주위를 **나누면** 동서남북 **사방**이다

 		shǐ, shì 스, 스 使命(사명)　使嗾(사주) 使者(사자)　御使(어사) **부릴 사, 하여금 사**

사람을 관리가 **부리다**

		shì 스 事故(사고) 事端(사단) **일 사**	

깃발을 손에 들고 **일**하러 가다

		shǐ 스 史庫(사고)　史蹟(사적) 史草(사초)　正史(정사) **역사 사**

(치우치지 않고) 가운데(中) 입장에서 붓으로 써 놓은 것이 **역사**다

		약 驶 shǐ 스 駛急(사급) 빠름. 신속함 駛力(사력) 달리는 힘 **달릴 사**

말의 역사란 **달리는** 역사다

 		shé, yí 셔이 毒蛇(독사) 白蛇(백사) **뱀 사**	

벌레를 잡으려고 **지붕**에서 **입**을 벌리고있는 게 **뱀**이다

				shè 셔
 (젯상 시) (흙 토)		社	社	社是(사시) 社友(사우) 社稷(사직) 愛社(애사) **모일 사, 단체 사**

젯상을 차리고 **토신(흙의 신)**에게 제사지내려고 **모이다**

				sì 쓰
(보습(쟁기)사)  (사람 인) (사람 인)	似	似	似	恰似(흡사) 近似(근사) 類似(유사) 倣似(방사) **같을 사**

사람이 쟁기를 사람들과 쓰는 모습이 거의 **같다**

				shā 사
 (물 수)	 (물 수)	 (적을 소)		沙礫(사력) 汰沙(태사) 爬沙(파사) 膠沙(교사) **모래 사**

물속에 **적게** 부서진 돌가루가 **모래**다

				shā 사
 돌 (바위)의 모양 (돌 석)			砂	砂金(사금) 금이 섞인 모래 **모래 사**

돌이 **적게** 부서진게 **모래다**   ※ 少(적을 소)

				약 纱 shā 사
	 (실 사) (적을 소)		紗	紗羅(사라) 紗障(사장) 紗窓(사창) 更紗(갱사) **비단 사, 깁 사**

실로 굵기가 **적은** 실로 짠 천이 **비단**이다

				약 丝 sī 쓰
		絲	絲	絲麻(사마) 絲狀(사상) 綿絲(면사) 製絲(제사) **실 사**

두 개의 **실타래**가 있는 모양

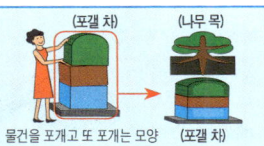 

약 查 chá, zhā 차, 자

查閱(사열)
查丈(사장)

조사할 사

나무를 포개어놓고 (질과 수량을) 조사하다

약 渣 zhā 자

渣滓(사재) 찌끼 침전물

찌기 사

물을 조사하여 걸러낸게 찌기다

약 喳 chá 차

喳喳(사사) 속삭임, 속삭이다

속삭일 사

입으로 조사하려고 속삭이다

약 碴 chá 차

冰碴(빙사) 얼음 조각

깨질 사, 파편 차

돌을 조사하려고 여러 파편으로 깨치다

zhà 자

乍晴(사청) 비가 잠깐 갬

잠깐 사, 언뜻 사

뚫기와 조이기를 잠깐 사이에 하다

약 詐 zhà 자

詭詐(궤사) 詐騙(사편)
狙詐(저사) 諂詐(첨사)

속일 사, 거짓 사

그럴듯한 말로 잠깐 사이에 속이다

|  | |  |  | **약** 写 xiě 시에
寫本(사본)
寫生(사생)
베낄 사, 그릴 사  |

집이 **절구통**같은 둥지에 **새**가 옮겨 앉듯이 글을 옮겨 **베끼다**

|  | | ; |  물방울이 떨어지는 모양(물 수) |  | **약** 泻 xiè 시에
瀉出(사출) 瀉土(사토)
瀉下(사하) 澤瀉(택사)
설사 사, 쏟을 사 |

물로 뱃속의 창자를 **베끼듯** (훑터내듯) 하는 것이 <u>설사</u>다

|  의자가 바로 그것이다 | (그 기) (도끼 근) |  |  | sī 쓰
斯界(사계) 斯文(사문)
斯學(사학)
이 사, 쪼갤 사 |

그 **도끼**로 바로 **이**것을 **쪼개다**

|  날마다 닭목을 매여 쉽게 죽이다 |  (쉬울 이) |  (돈(궤) 패) |  (쉬울 이) | 賜 **약** sì 쓰
賜諡(사시) 賜藥(사약)
下賜(하사) 惠賜(혜사)
줄 사, 하사할 사 |

돈 통에 **돈**을 **쉽게 주다**(하사하다)

|  곧게 서서 십자가 정신으로 살기란 어려운 일이다(어려울 신) |  (어려울 신) | |  | 辭 **약** cí 츠
辭令(사령)
辭意(사의)
말 사  |

손톱으로 반지의 보석알을 **집어내기**란 **어려운** 일이라고 **말**하다

| 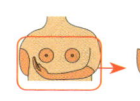 |  (밭 전)
(마음 심) |  |  | sī, sāi 쓰, 싸이
思慕(사모) 思索(사색)
思慮(사려) 思潮(사조)
생각할 사 |

밭에서 일하는 님을 **마음**으로 **생각하다**

shē 서

奢慾(사욕)　奢侈(사치)
驕奢(교사)　蘭奢(난사)

사치할 사, 거만할 사

크게 가진 자처럼 허세 부리며 사치하다

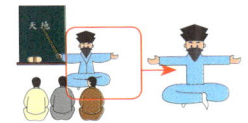  

sǐ 쓰

死傷(사상)　死地(사지)
死活(사활)　獄死(옥사)

죽을 사

앙상하게 뼈만 남기고 고꾸라져 사람이 죽다

shì 스

士類(사류)　士林(사림)
壯士(장사)　進士(진사)

선비 사

(글을 가르치는) 선비의 모양을 본뜬 글자

suō 수오, 쑤오

唆哄(사홍)　教唆(교사)

부추길 사

입으로 쟁기질하는 사람에게 가서 잘한다고 부추기다

梭杼(사저) 베짜는 북, 길쌈

북(베틀에 북) 사

나무로 되어 쟁기처럼 왔다갔다 하는 게 북(베틀에)이다

xiè 시예, 세

卸任(사임) 해임함

짐부릴 사

수레에서 술독과 바가지를 내려 짐을 부리다

사

267

(어른 장) (붓 율)	sì 쓰 肆赦(사사) 죄수를 석방함 肆體(사체) 몸을 편히함 **방자할 사, 늘어놓을 사**

어른이 붓을 방자하게 마구 늘어놓다

shí 스

疏食(소사) 거친 음식

먹일 사, 밥 사

집에서 정미기에 찧은 곡식으로 밥을 해 먹이다

돈이 든 자개장의 모양 (자개 패, 돈 패) (남을 여)

shé 서

賒貸(사대) 외상 거래함, 또 대여함

외상거래할 사, 멀 사

돈을 내고 값이 남아 외상거래하다

(계집 여)

shuǎ 수아

耍弄(사롱) 농락하다

희롱할 사

수염을 여자가 당기며 희롱하다

(천천히 갈 치)

shǎ 샤

傻子(사자) 바보, 천치

어리석을 사, 약을 사

사람이 머리가 둔한자에게 감은 어리석다

(즐길 락)

🔴약 烁 shuò 수아

爍金(삭금) 쇠를 녹임

빛날 삭, 녹일 삭

교방고를 치며 즐거워하다 (불 화) (즐길 락)

불을 즐겨써서 쇠를 녹이다.

 (여러 개 포갤 루)(두들길 복)			數	약 数 shǔ 수  數數(삭삭) 자주, 여러번 **셀 수, 자주 삭**
여러 개 **포개어** 인 물건을 **두들기듯** 짚어가며 수량을 **세다**				
			索	suǒ 쑤오  索出(색출) 搜索(수색) **헤어질 삭, 동아줄 삭, 찾을 색**
실타래의 모양 (실 사)				
교회에 나가 천당에 올라갈 **실**로 된 **동아줄**을 **찾다**				
	(작을 소) 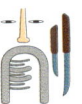	 (몸 육)(칼 도)	削	xuē, xiāo 쉬에 시아오 削髮(삭발) 削除(삭제) **깎을 삭** 
조금씩(小) 몸통(月)을 칼(刂)로 **깎다**				
 철봉에 거꾸로 매달린 모양	 (거꾸로역) (달월)		朔	shuò 수오 朔望(삭망) 朔方(삭방) 朔風(삭풍) 八朔(팔삭) **하루 삭, 처음 삭**
거꾸로 달이 커지기 시작할 때가 **초하루다**				
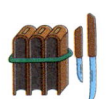		 (책 책) (선칼 도)	删	약 删 shān 산 删補(산보) 删削(산삭) 删撰(산찬) 删革(산혁) **도려낼 산, 깎을 산**
책을 사고 값을 **칼**로 **도려내듯**이 **깎다**				
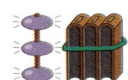		 (구슬 옥) (책 책)	珊	약 珊 shān 산 珊珊(산산) 珊瑚(산호)  **산호 산**
바다속 **보석**류로 묶인 **책(冊)**처럼 얽혀 있는게 **산호다**				

삭
산

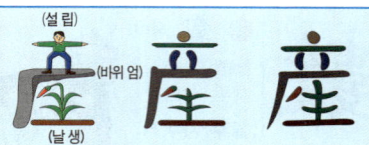 (설립)(바위 엄)(날생)	産	産	產

약 产 chǎn 찬
産卵(산란) 産出(산출)
初産(초산) 畜産(축산)
낳을 산, 날 산

서있는 **바위** 밑에 **나온(生)** 풀이 꽃봉오리를 **낳다, 생산하다**

 쇠를 다루는 대장간의 모양 (쇠 금)			 鏟

약 铲 chǎn, chàn 찬, 찬
鏟弊(산폐)
대패날 모양의 옛날 돈
깎을 산, 대패 산

쇠로 **생산한**(만든) **대패**로 나무를 **깍다**

			 傘

약 伞 sǎn 싼
傘下(산하) 陽傘(양산)
雨傘(우산) 日傘(일산)
우산 산

우산의 모양을 본뜬 자

 (두들겨 칠 복)			 散

sǎn, sàn 싼, 싼
散漫(산만) 散賣(산매)
散策(산책) 解散(해산)
흩을 산

엮은 **고기**와 **갈비(고기)**를 **두들기니** 살점이 **흩어지다**

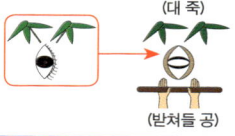 (대 죽)(받쳐들 공)			算

suàn 쑤안
算出(산출)
計算(계산)
셈할 산, 셀 산

대나무로 만든 수판을 **눈** 밑에 **받쳐들고 셈하다**

			 山

shān 샨
山城(산성) 山水(산수)
山積(산적) 山下(산하)
메 산

산의 모양을 본뜬 글자

酸 suān 쑤안

酸鼻(산비) 酸性(산성)
酸素(산소) 胃酸(위산)

실 산, 초 산

술맛이 변해 가니 맛이 **시다**

涮 shuàn 쏸

涮洗(살세) 물에 빨다

씻을 산

물로 집안에 수건과 칼을 씻다

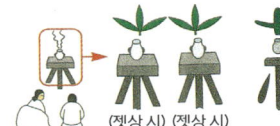 

蒜 suān 쑤안

蒜氣(산기) 암내 액취

마늘 산

푸성기 식물로 모든 젯상에 못 오르는게 **마늘**이다

약 杀 shā, shài 샤, 샤이

殺伐(살벌) 殺生(살생)
被殺(피살) 虐殺(학살)

죽일 살, 감할 살

절단기, 돌팔매, 나무 몽둥이로 두들겨 쳐서 **죽이다**

동 殺 shā 사

毒煞(독살) 木煞(목살)
厄煞(액살) 制煞(제살)

죽일 살

사람을 손으로 두들겨 패거나 불에 태워 **죽이다**

撒 sā, sǎ 싸, 싸

撒扇(살선) 撒水(살수)
撒菽(살숙) 撒布(살포)

뿌릴 살

손으로 엮은 고기를 두들겨 쳐 흩 **뿌리다**

	(언덕 부)			약 萨 sà 샤 菩薩(보살) 布薩(포살) **보살 살**
(풀초)	(생길 산)			

마음에 **잡초**의 **언덕**이 **생기잖게**(産) 도 닦는 자가 **보살**이다

三	三	三	三	sān 싼 三思(삼사) 三者(삼자) 三唱(삼창) 三災(삼재) **석 삼**

나무토막이 **세개**있는 모양

			叁	동 三 sān 싼 三의 갖은 자 **석 삼**

삼각형과 **큰 막대기** 3개로 **삼**을 나타내다

			參	cān, cēn, shēn 찬, 천, 션 參拜(참배) 參酌(참작) **참여할 참, 석 삼** 

꽃을 꽂은 **삿갓**을 **머리결** 위에 **쓰고** 식에 **참여한다**

		;	氵	渗
물방울이 떨어지는 모양 (물 수)				약 渗 shèn 션 滲淫(삼음) 滲入(삼입) 滲出(삼출) 滲透(삼투) **물스며들 삼, 뺄 삼**

물체속으로 **물**이 **참여하려고** 물이 스며들다

			扌	掺
양손으로 괭이를 잡고 있는 모양 (손 수)				약 掺 shān 샨 掺手(삼수) 손을 잡다 **잡을 삼(가지다, 쥐다)**

손으로 일에 **참여하려고** 일정을 **잡다**(가지다)

  		sēn 썬 蕭森(소삼) 森林(삼림) 森嚴(삼엄) 鬱森(울삼) **나무 빽빽할 삼, 수풀 삼**
나무가 **빽빽하게** 들어선 **수풀**의 모양		
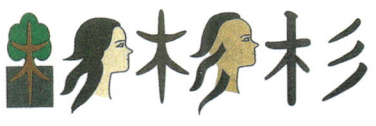		shān 산 杉木(삼목) 삼나무 杉籬(삼리) 삼목 울 **삼나무 삼**
나무로 **머리결** 무늬를 가진 게 **삼나무**다		
  (옷 의) 머릿결의 모양 (터럭 삼)		shān 산 長衫(장삼) 장삼 衫子(삼자) 여자옷, 반의(半衣) **적삼 삼**
옷으로 **머리결**(옷고름, 기타 장식)을 단게 **적삼**이다		
   (손 수)		약 插 chā 차 插入(삽입) 插話(삽화) **끼울 삽, 꽂을 삽** 
손으로 벼이삭을 절구에 **끼우듯**이 **꽂다**		
   나무가지에 서 있는 모양 (그칠 지) (물 수)(그칠 지)(그칠 지)		약 澀 sè 써 澀體(삽체) 艱澀(간삽) **떫을 삽, 껄끄러울 삽**
입에 (침)물이 나오다 **그치고 그치고 그칠**정도로 맛이 **떫다**		
 (설 립) 선풍기 날개 앞에 한 마리의 벌레가 바람을 타다 (바람 풍)		약 颯 sà 싸 颯爽(삽상) 바람이 불어 매우 상쾌함 **바람소리 삽**
평지에 **서**있으니 **바람**이 심해 **바람소리**가 나다		

				shà 사 霎雨(삽우) 가랑비 **가랑비 삽, 잠시 삽**
 (계집 녀)		(비 우)  (첩 첩)		

비가 오니 첩이 잠시 가랑비에 젖다

				shàng, shǎng, sháng 샹 上告(상고) 上納(상납) 上書(상서) 進上(진상) **위 상**

나뭇가지를 손 위에 들고 있으니 윗상이다

	(집 엄)			chuáng 추앙 病床(병상) 河床(하상) 起床(기상) 沈床(침상) **평상 상**
	 (나무 목)			

집안에 나무를 깔아 놓은 곳이 평상 (마루)이다

				약 狀 zhuàng 주앙 狀態(상태) 狀況(상황) 賞狀(상장) 現狀(현상) **모양 상, 문서 장**

(조각 장) (개 견)				

통나무 조각 옆에 개가 모양을 내고 서 있다

가게에 상품을 빛나게 진열하다	(큰 대)			shāng 샹 商權(상권) 商店(상점) **장사 상**	
 (빛날 경)	 (빛날 경)				

큰상인이 상품을 빛나게 진열해 놓고 장사하다

				shuǎng 수앙 爽節(상절) 爽快(상쾌) 英爽(영상) 精爽(정상) **시원할 상**

크게 벗고 서니 겨드랑이 털이 휘날려 시원하다

 (나무 목)		sāng 쌍 桑葉(상엽) 桑田(상전) **뽕나무 상**
잎을 **따**고 **따**고 **또 따** 누에를 먹이는 **나무**가 **뽕나무**다		
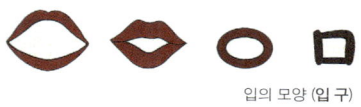 입의 모양 (**입 구**)		sāng 쌍 嗓音(상음) 목소리, 목청 嗓子(상자) 목, 곡구멍 **목구멍 상**
입으로 **뽕나무** 잎을 누에가 **목구멍** 차도록 먹다		
		xiàng 시앙 對象(대상) 現象(현상) 象牙(상아) 表象(표상) **코끼리 상**
코끼리의 모양		
 사람이 서 있는 모양 (**사람인**)		xiàng 시앙 影像(영상) 肖像(초상) 虛像(허상) 幻像(환상) **형상 상, 닮을 상**
(코끼리를 못 본) **사람**이 **코끼리**의 형상을 닮게 그리다		
 나무의 모양 (**나무 목**)		xiàng 시앙 橡木(상목) 상수리나무 橡皮(상피) 지우개, 고무 **상수리나무 상**
나무로 잎의 모양이 **코끼리** 귀 같은게 상수리나무다		
	 	약 喪 sāng, sàng 쌍, 쌍 喪家(상가) 喪輿(상여) 喪人(상인) 弔喪(조상) **잃을 상**
촛불과 **음식**을 **진열대**에 놓고 부모 **잃음**을 곡하다		

shàng 상

呂尙(여상) 高尙(고상)
尙宮(상궁) 尙今(상금)

오히려 상, 높일 상

안테나를 지붕위에 세워 오히려 더 높게 하다

   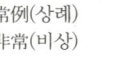 

cháng 창

常例(상례)
非常(비상)

항상 상, 떳떳할 상

옷걸이에 수건같은 천이 걸려있는 모양 (수건건,천건)

(고상하게) 높게 보이려고 수건같은 천을 항상 걸치다

cháng, shàng 창, 상

衣裳(의상)
裳板(상판)

치마 상

옷의 모양 (옷 의)

(고상하게) 높게 보이려고 입었던 옷이 치마다

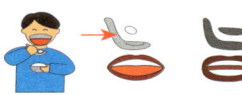  

약 嘗 cháng 창

未嘗不(미상불)
嘗味(상미) 嘗試(상시)

맛볼 상

(숟가락 비) (입을 벌린모양 가로 왈)

높게 떠서 숟가락을 입에 넣고 맛보다

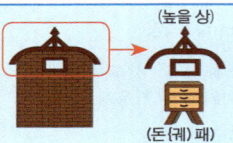  

(높을 상) (돈(궤) 패)

약 賞 shǎng 상

賞罰(상벌) 賞春(상춘)
賞勳(상훈) 入賞(입상)

상줄 상

높은 액수의 돈으로 상주다

약 償 cháng 창

無償(무상) 賠償(배상)
辨償(변상) 報償(보상)

갚을 상

사람이 서 있는 모양 (사람인)

사람에게 상주어 공을 갚다

상

(나무 목)(눈 목)	相 相	相	xiāng, xiàng 시앙 相見(상견) 相剋(상극) **서로 상, 볼 상** 

나무 곁에서 눈으로 서로 보다

	 젖가슴의 모양 (가슴 심,마음 심)	想	xiǎng 시앙 想像(상상) 豫想(예상) 回想(회상) 虛想(허상) **생각할 상**

서로 마음으로 생각하다

  대나무 이파리 모양을 본뜬 자 (대 죽)		箱	xiāng 시앙 箱籠(상롱) 箱子(상자) **상자 상** 

대나무를 서로 엮어 짠 것이 상자다

 구름에서 우산에 빗방울이 떨어지는 모양 (비 우)		霜	shuāng 수앙 霜籠(상롱) **서리 상**

가랑비가 찬공기와 서로 만나 생긴 게 서리다

  집의 모양 (집 엄)		廂	약 厢 xiāng 시앙 廂廊(상랑) 곁방 廂兵(상병) 兩廂(양상) **곁채 상, 곁방 상**

집으로 안채와 서로 보고 있는 게 곁채다

 물방울이 떨어지는 모양 (물 수)		湘	xiāng 시앙 湘娥(상아) 미인 **삶을(끓일) 상, 땅이름 상**

더운 물에 음식물을 서로 넣어 삶고 끓이다

 羊	yáng 양 羊角(양각) 羊頭(양두) **양 양**	

(풀을 먹는) **양**의 모양

 신에게 보이려고 젯상을 차려놓은 모양 (보일 시, 젯상 시)  祥	xiáng 상, 시앙 祥祉(상지) 吉祥(길상) **복 상, 상서로울 상**	

젯**상**에 **양**을 제물로 제지내니 **상**서로운 일이 일다

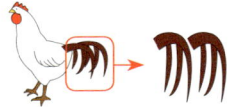 깃털의 모양 (깃 우) 翔	xiáng 상, 시앙 翔陽(상양) 翔泳(상영) **높이날 상**	

독수리가 새끼 **양**을 가로채 **깃**을 펴고 **높**이 **날**다

  수염을 들먹이며 입으로 말하는 모양 (말씀 언)  詳	약 详 xiáng 상, 시앙 詳悉(상실) 詳諦(상체) 未詳(미상) 詳報(상보) **자세할 상**	

말을 **양**의 울음 소리같이 길게 **자세**하게 하다

(햇살퍼질 양) (사람 인) (사람 인) 지평선에 햇살이 퍼지는 모양  傷 (햇살퍼질 양)	약 伤 shāng 샹 傷貧(상빈) 傷心(상심) **상할 상, 다칠 상**	

사람이 **사람**을 햇살이 펴지듯 쭉 뻗게 두들겨 **상**하다

 湯  햇살이 퍼지는 모양 (볕 양) (물 수)(볕 양)	약 汤 shāng 샹 湯湯(상상) 물결이 세차다 **물 흐르는 모양 상**	

물이 햇살이 퍼지듯 흘러 **물 흐르는 모양**을 짓다

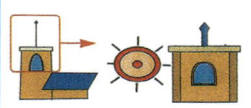 (해[날] 일) (향할 향)				shǎng 상 晌午(상오) 晌飯(상반) **대낮 상**

해가 중천을 향하여 왔을 때가 **대낮**이다

				sāi, sài, sè 싸ㄱ, 싸이, 써 填塞(전색) 栓塞(전색) 塞翁(새옹) 要塞(요새) **변방 새, 요새 새, 막을 색**

집에 거적을 치고 **사람**이 **땅**을 지키는 곳이 **변방(요새)**이다

 (돈(궤) 패)				약 賽 sài 싸이 報賽(보새) 春賽(춘새) 祈賽(기새) 答賽(답새) **굿 새(겨루다, 경쟁하다)**

집안에 천막을 치고 **돈**을 내 **굿**을 하다

				suǒ 쑤어  索引(색인) 索出(색출) **동아줄 삭, 찾을 색**

교회에 나가 천당에 올라갈 **실**로 된 **동아줄**을 찾다

			 입의 모양 (입 구)	 suō 쑤어 羅嗦(라색) 핥다, 빨다 **핥을 색**

입으로 먹을 걸 **찾아 핥다**

(사람 인)  (큰 뱀 파)				sè, shǎi 써, 샤이 色彩(색채) 染色(염색) 特色(특색) 灰色(회색) **빛 색**

사람이 **큰 뱀**을 밟고 낯 **빛**이 변하다

 塞 塞 塞	sāi, sài, sè 싸이, 싸이, 씨 塞翁(새옹) 要塞(요새) 鬱塞(울색) **변방 새, 막을 색**
집에 거적을 치고 사람이 땅을 지키는 곳이 **변방(요새)**이다	
 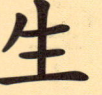	shēng 성 生氣(생기) 生動(생동) 生疎(생소) 誕生(탄생) **날(낳을) 생**
풀포기가 **낳은** 열매가 솟아 **나다**	
 牲	shēng 성 牲酒(생주) 牢牲(뇌생) 六牲(육생) 特牲(특생) **희생 생**
소가 **낳은** 새끼가 인간에게 희생만 당하다	
(밭전) 창살을 힘써 벌리는 모양 (힘 력) 밭에서 힘써 일하는 자가 사내다 (사내 남) 	shēng 성 舅甥(구생) 國甥(국생) 彌甥(미생) 外甥(외생) **생질 생**
누이가 **낳은** 사내애가 생질이다	
 笙 대나무 이파리 모양을 본뜬 자 (대 죽)	shēng 성 笙歌(생가) 笙鼓(생고) **생황 생, 대자리 생**
대나무로 엮어 **낳은**(생산한)게 대자리다	
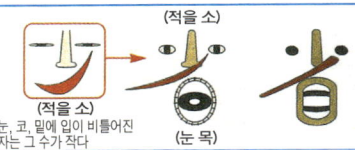 省 눈, 코, 밑에 입이 비틀어진 자는 그 수가 작다	xing 싱 省墓(성묘) 歸省(귀성) 省察(성찰) 省略(생략) **볼 성, 덜 생**
적은 것까지 눈으로 살피다(보다)	

(벼 화)  (물 수)			黍 shǔ 수 黍稷(서직) 黍禾(서화) 稷黍(직서) 春黍(춘서) **기장 서**

벼과 식물로 **사람**이 **물**없는 밭에 심는 것이 **기장**이다

 (나무 목) (아내 처)	棲 棲 棲	棲	약 栖 qī, xī 치, 시 棲息(서식) 同棲(동서) **살 서, 깃들일 서** 

큰 **나무** 곁에 **김 매는 여인인 아내**가 **살**다

(집 시)  (소 우)	 		약 犀 xī 시 野犀(야서) 燃犀(연서) **물소 서, 무소 서(코뿔소)** 

집(우리)에서 도 **물**(방울)을 그리워하는 **소**가 **물소**다

(메 산)  (구슬 옥) (수염 이)			ruì 루이 吉瑞(길서) 瑞祥(서상) 瑞雪(서설) 瑞玉(서옥) **상서로울 서**

구슬로 **산**신령이 **수염**을 꾸민 꿈은 **상서로운**것이다

		 	shǔ 수 水鼠(수서) 首鼠(수서) 田鼠(전서) 倉鼠(창서) **쥐 서**

새끼를 밴 **쥐**의 모양을 본뜬 자

 손에 스패너를 들고여럿이 더불어 정비하다 (더불 여)	  (메 산) (더불 여)		약 屿 yǔ 위 連嶼(연서) 蔚嶼(울서) 長嶼(장서) 州嶼(주서) **작은섬 서, 섬 서**

산과 **더불어**(**함께**) 있는 것이 **작은 섬**이다

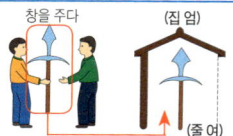  	序	xù 쉬 序頭(서두) 序論(서론) 序列(서열) 順序(순서) **차례 서**
집에서 창을 주니 차례로 받다		
	抒	shū 수 抒(敍)情的(서정적) 抒(敍)情詩(서정시) **당길 서, 끌어낼 서, 떼낼 서**
손으로 창을 주니 받으려고 당기다		
  	舒	shū 수 舒卷(서권) 舒情(서정) **펼 서** 
집을 창을 주듯 주니 쉬려고 팔 다리를 쭉 펴다		
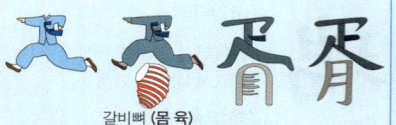	胥	xū 쉬 餘胥(여서) 靈胥(영서) **서로 서** 
손발이 몸에서 서로 교대로 움직인다		
	壻	xū 쉬 同壻(동서) 姪壻(질서) 賢壻(현서) **사위 서**
딸 년과 서로 짝이 된 자가 사위다		
 	書	약 书 shū 수 書類(서류) 書籍(서적) 淨書(정서) 親書(친서) **글 서**
붓으로 말한 바를 적은 것이 글이다		

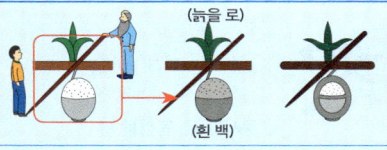

zhě 저

前者(전자) 走者(주자)
筆者(필자) 記者(기자)

놈 자

늙은이가 밥사발같이 흰 수염을 들먹이며 모든 자를 놈이라고 부르다

해의 모양(해가 떠서 새날이 온다는 뜻)(해 일,날 일)

shǔ 수

大暑(대서)
避暑地(피서지)

더울 서, 더위 서

햇볕을 쬐는 자는 더웁다

실타래의 모양 (실 사)

약 緒 xù 쉬

墜緒(추서)
端緒(단서)

실마리 서

실을 바늘에 꿰려는 자가 먼저 실마리를 찾다

 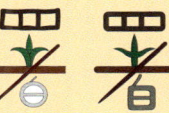 

shù 수

署名(서명) 署員(서원)
署長(서장) 官署(관서)

관청 서

그물같이 많은 자들로 조직된 것이 관청이다

해의 모양(해가 떠서 새날이 온다는 뜻)(해 일,날 일)

shù 수

曙光(서광) 拂曙(불서)
煙曙(연서) 初曙(초서)

새벽 서, 밝을 서

해가 관청뒤로 떠 오를 때가 새벽이다

풀싹이 돋아나는 모양 (풀 초)

shǔ 수

薯童(서동) 甘薯(감서)
薯類(서류)

감자 서, 고구마 서

식용 풀로 관청에서 경작을 권장하는 게 감자다

	恕	恕 (같을 여) (마음 심)	恕	shù 수 饒恕(요서) 宥恕(유서) 容恕(용서) 忠恕(충서) **용서할 서, 동정할 서**

여자의 **입같이** 수다떠는 짓을 **마음**으로 **용서**하다

	徐	徐 (자축거릴 척)(나 여)	徐	xú 쉬 徐脈(서맥) 徐步(서보) 徐緩(서완) 徐行(서행) **천천할 서, 천천히 할 서**

자축거림이 **나**를 두 **기둥집**까지 **천천히** 닿게한다

	叙	약 xù 쉬 叙事(서사) 叙述(서술) **펼 서, 차례 서** 

나의 두 **기둥집**에다 **고무래**를 잡고 곡식을 **펴**다

	庶	庶 (집 엄)(불 화)	庶	shù 수 庶務(서무) 庶子(서자) 庶民(서민) **여러 서, 무리 서**

집에서 **이십명**이 **불**을 쬐며 **여럿**이 **무리**져 있다

	逝	逝 (손 수)(도끼 근)(달릴 척)	逝	shì 스 急逝(급서) 流逝(유서) **갈 서, 죽을 서** 

손에 **도끼**를 들고 **달려가다**가 실수로 넘어져 **죽다**

	折	折 (손 수)(도끼 근)(말씀 언)	誓	shì 스 默誓(묵서) 誓券(서권) 誓盟(서맹) 誓文(서문) **맹세할 서**

손에 든 **도끼**로 **끊듯**이 나쁜짓 않겠다고 **말**로 **맹세하다**

   (같을 여) (실 사) (실 사) 	xù 쉬 絮樓(서루) 敗絮(패서) 絮煩(서번) 絮語(서어) **솜, 헌솜 서, 버들개지 서**
이불 **같은걸 실끈**으로 묶은 게 **솜(헌솜)**이다	
  (쇠 금) (도울 조) 	약 鋤 chú 추 鋤犁(서리) 호미와 쟁기 鋤理(서리) 김메어 밭을 다스림 **호미 서, 김맬 서**
금속 농기구로 김맬 때 **도움**을 주는 게 **호미**다	
 (마을 리) 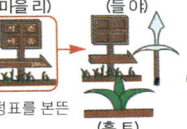 (들 야) 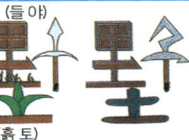 (흙 토)  마을의 이정표를 본뜬 글자	shù 수 墅舍(서사) 아래채, 별채 別墅(별서) 별장처럼 지은 집 **농막 서, 별장 서**
들 **땅(흙)**에 **별장**처럼 지은 게 **농막**이다	
  	xī 시 西方(서방) 西部(서부) 西洋(서양) 西學(서학) **서녘 서**
새가 **보금자리**를 찾을 때가 해가 **서녘**으로 기울 때다	
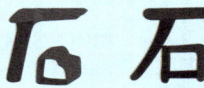 	shí, dàn 스, 딴 石手(석수) 石造(석조) 石塔(석탑) 礎石(초석) **돌 석**
돌(바위)의 모양	
 머리의 모양 (머리 혈) 	약 碩 shí 스 碩德(석덕) 碩望(석망) 碩士(석사) 碩儒(석유) **클 석, 충실할 석**
돌이 **머리**통 만큼 **크다**	

서 석

(나무 목) (도끼 근)

xī 시
剖析(부석)
分析(분석)
쪼갤 석

나무를 반달 도끼로 쪼개다

해의 모양(해가 떠서 새날이 온다는 뜻)(해 일,날 일)

 xī 시

明晳(명석)

밝을 석, 분석할 석

쪼개서 해처럼 밝게 분석하다

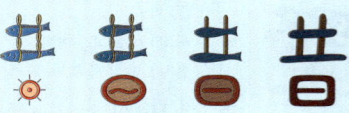 

xí 시
伊昔(이석) 今昔(금석)
宿昔(숙석) 憶昔(억석)
옛 석, 오랠 석

고기를 엮어서 햇볕에 오래 말리다

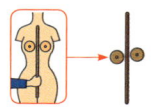  

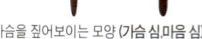
젖가슴을 짚어보이는 모양 (가슴 심,마음 심)

xí 시
惜吝(석린) 惜別(석별)
惜敗(석패) 哀惜(애석)
아낄 석

마음으로 오래된 것을 아끼다

몸통 부분인 갈비뼈의 모양 (몸 육,고기 육)

xí 시
腊魚(석어) 乾腊(건석)
腊肉(석육)
포 석(말린 고기)

육류고기를 오래 말린게 포다

눈으로 흙에 잠자리를 엿보다 (엿볼 역) 티끌과 쌀을 분별하다 (분별할 변)

약 shì 스
釋褐(석갈) 釋梵(석범)
保釋(보석) 釋門(석문)
풀 석

사람이 분별하여 엿볼 수 있게 뜻을 풀다

286

				xī 시 夕陽(석양) 夕烟(석연) 夕照(석조) 秋夕(추석) **저녁 석, 홀 단**

구름에 가려진 반달의 모양. **저녁**을 뜻함

			席	xí 시 席上(석상) 席次(석차) **자리 석, 깔 석** 

집안에 엮은 고기를 놓으려고 천으로 자리를 깔다

			錫	**약** 锡 xí 시 錫鑛(석광) 錫鸞(석란) 錫杖(석장) 錫錢(석전) **주석 석**

쇠로 불에 **쉽게** 녹는 쇠가 **주석**이다

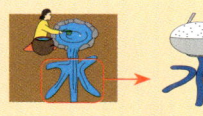			泉	quàn 취엔 泉水(천수) 溫泉(온천) 源泉(원천) 黃泉(황천) **샘 천**

밥을 지을 수 있는 **흰**(맑은) **물**이 솟아나는 곳이 **샘**이다

				xiàn 시엔 腺病(선병) 汗腺(한선) 乳腺(유선) **땀구멍 선, 샘 선**

몸에서의 **샘**은 **땀구멍**이다

				線	**약** 线 xiàn 시엔 線路(선로) 線狀(선상) **줄 선** 

실이 **샘**물 줄기같이 길게 이어진 것이 **줄**이다

 單 單 單

약 单 chán 찬

單身(단신) 孤單(고단)
單純(단순) 單科(단과)

오랑캐 이름 선, 홀 단

돌팔매를 창수레로 막으며 홀로 진격하다

   蟬
벌레의 모양 (벌레 충)

약 蝉 chán 찬

蟬脫(선탈) 매미가 허물을 벗음
蟬殼(선각) 매미 허물

매미 선

벌레로 홀로 우는 게 매미다

   善
(양양)
(입 구)

shàn 산

善良(선량)
善戰(선전)

좋을 선, 착할 선

(돈을 물린) 양머리를 받쳐놓고 입으로 제 지내니 좋다(착하다)

   膳
몸통 부분인 갈비뼈의 모양 (몸 육, 고기 육)

shàn 산

膳宰(선재) 加膳(가선)
本膳(본선) 常膳(상선)

반찬 선, 선물 선

몸에 좋은 반찬을 선물하다

  選
(갈 착)

약 选 xuǎn 쉬엔

選良(선량) 選拔(선발)
選手(선수) 入選(입선)

가릴 선, 뽑을 선

구부리고 앉아 함께 고기를 나누어 가려고 (나쁜걸) 가리어 뽑다

 仙 仙 仙
(사람 인)(메 산)

xiān 시엔

仙境(선경)
仙骨(선골)

신선 선

사람같이 생겨 산을 다스리는 이가 신선이다

xiān 시엔

先見(선견) 先攻(선공)
先導(선도) 先例(선례)

먼저 선

동물 중에 **소**를 **어진 사람**이 제일 **먼저** 가축으로 부리다

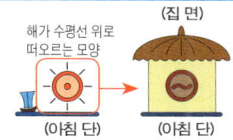  

🔴 약 銑 xiān 시엔

銑錢(선전) 銑鐵(선철)

무쇠 선

쇠로 용광로에서 제일 **먼저** 뽑은 쇠가 무쇠다

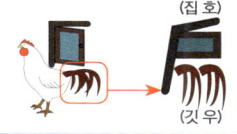   

xiān 쉬엔

宣言(선언) 宣傳(선전)
宣布(선포) 宣明(선명)

널리펼 선, 베풀 선

집의 천정 위로 **아침** 햇살이 널리 퍼지다

shàn, shān 산, 산

團扇(단선)
舞扇(무선)

부채 선

집에서 쓰려고 **깃**으로 만든 것이 부채다

🔴 약 羨 xiān 시앤

羨慕(선모) 羨餘(선여)
仰羨(앙선) 充羨(충선)

부러워할 선

양고기 먹는 것을 **물(군침)**을 삼키며 **입을 벌리고** 부러워하다

chuán 추안

船路(선로)
船舶(선박)

배 선

보트같이 생겨 **못**(연못)을 건너는 것이 배다

(깃발언) 손발의 모양 (발소)	旋	xuán, xuàn 쉬엔, 쉬엔 旋回(선회) 周旋(주선)  **돌릴 선, 돌 선**
깃발의 신호에 따라 발을 돌리다		
 물방울이 떨어지는 모양 (물 수)	漩	xuán 쉬엔 漩渦(선와) 소용돌이, 분규 **소용돌이칠 선**
물이 돌아서 흐르며 소용돌이치다 		
    (고기 어) (양 양)	鮮	xiān, xiǎn 시엔, 시엔 鮮明(선명) 鮮美(선미) 生鮮(생선) 鮮血(선혈) **고울 선**
물고기나 양은 곱다(깨끗하다)		
   병실의 모양 (병들 안병질 엄)	癬	xiǎn 시엔 癬明(선명) 癬明(선명) **마른 옴 선, 버짐 선**
병으로 깨끗이해도 번지는 게 마른 옴(버짐)이다		
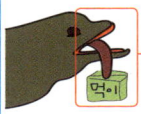  	舌	shé 셔 舌尖(설첨) 口舌(구설) 喉舌(후설) 舌禍(설화) **혀 설**
혀의 모양을 본뜬 자		
   (물 수) (세상 세)	泄	xiè 시에 泄露(설로) 泄瀉(설사) 排泄(배설) 滲泄(삼설) **샐 설**
물 세상이 되려고 물이 새다		

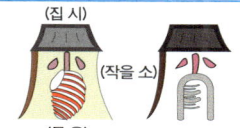 (집 시) (작을 소) (몸 육)		屑	屑	xiè 시에 屑塵(설진) 經屑(경설) **가루 설** 

집에서 작은 몸이되게 부셔 만든게 **가루**다

|  (비 우) |  (손 우) |  |  | xuě, xuè 쉬에, 쉬에
小雪(소설) 殘雪(잔설)
積雪(적설) 除雪(제설)
눈 설 |

비같이 생겨 **손**으로 잡을 수 있는 것이 **눈**이다

|  (말씀 언)(두들길 수) | |  |  |  약 設 shè 셔
設計(설계)
設令(설령)
베풀 설, 세울 설 |

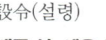

말로 말뚝을 **두들겨 박도록**하여 **세우다**

|  서류함에 서류가 많이 쌓인 모양 |  | (풀 초)

(쌓일 퇴)(열 십) |  | bì 삐

薛聰(설총)

성 설, 설풀 설  |

풀이 **쌓인**곳에 **서**있는 **십**여명을 애 먹이는 것은 **설풀**이다 ※ 설풀 : 설풀은 키가 높고 질긴 풀임

|  (나무 목) (계약 계) | (예쁠 봉)(칼 도)
 | 
나무의 모양 (나무 목) | 
(큰 대) | xiè 시에
楔子(설자) 둔설주
楔形(설형) 쐐기와 같은 모양
문설주 설, 쐐기 설 |

나무를 **계약**해 사서 **문설주**와 **쐐기**를 만들다

|  아이를 양팔에 끼고 있는모양 (낄 협) |  (언덕 부) |  (낄 협) |  | 약 陝 shǎn 산

陝西(섬서) 〈지명〉 섬서성

고을이름 섬, 땅이름 선 |

언덕을 **끼고 있는** 고을에 **고을 이름**을 붙이다

양손으로 괭이를 잡고 있는 모양 (손 수) (참여할 참)

약 掺 shān 산

掺手(섬수) 손을 잡다

섞을 참, 잡을 섬

손으로 짓는 일에 **참여하여** (흙을) **섞다**

(자개[돈] 패)
사람이 바위에서 망원경으로 말하는 곳을 보다 (볼 참) (볼 참)

약 赡 shàn 산

赡智(섬지) 넉넉한 슬기
赡富(섬부) 흡족하고 풍부함

넉넉할 섬

돈 있는 자를 **보면** 삶이 **넉넉하다**

약 闪 shǎn 산

閃閃(섬섬) 閃屍(섬시)
閃影(섬영) 電閃(전섬)

번쩍할 섬, 언뜻볼 섬

문 안으로 **사람**이 **번쩍하는** 시간만큼 **언뜻 보다**

(죽을 사) (가늘 섬)

약 歼 jiān 지엔

殲撲(섬박) 殲夷(섬이)
剿殲(극섬) 兵殲(병섬)

죽일 섬

죽일 사람들을 **빗**처럼 **가늘**게 **창**으로 쳐 **죽이다**

(실 사) (가늘 섬)

약 纤 xiān, qiàn 시엔, 치엔

纖麗(섬려)
纖眉(섬미)

가늘 섬

실을 **사람들**이 **빗**처럼 **가늘**게 **창**으로 쪼개 만든 바디로 **가늘**게 뽑다

사마귀가 걸음을 걷는 모양 (걸음 보) (물 수) (걸음 보)

shè 셔

干涉(간섭)
交涉(교섭)

건널 섭

물을 **걸어서 건너다**

	聑	聶	聶 (귀이)	 약 聂 niè 니에 **소근거릴 섭, 쥘 섭**

여러 **귀**에 **귀**에 **귀**에 대고 **소근거리**다

				 약 镊 niè 니에 鑷子(섭자) 족집게, 핀셋 釘鑷(정섭) 銅鑷(동섭) **족집게 섭, 못뽑이 섭**
	쇠를 다루는 대장간의 모양 (쇠 금)			

쇠집게로 **귀**청소에 필요한 게 **족집게**다

	攝	攝	攝 (손수) (귀이)	약 摂 shè 셔 攝政(섭정) 攝取(섭취)  **당길 섭**

손으로 상대방의 **귀**를 잡아 **당기**다

(귀이) (입구)				
	聖	聖	聖	약 圣 shèng 성 詩聖(시성) 神聖(신성) 聖徒(성도) 聖書(성서) **성인 성, 거룩할 성**
(짊어질 임)				

귀로 들은 바를 옳게 **말**하며 **짊어진** 책임을 다하는 자가 **성인**이다

(경쇠 경) (두들길 수)				
 			聲	약 声 shēng 성 聲明(성명) 聲援(성원)  **소리 성** (경쇠: 돌을 달아매여 두들기는 악기)
(귀이)				

경쇠를 **두들길** 때 **귀**에 와 닿는 것이 **소리**다

	(적을 소)			
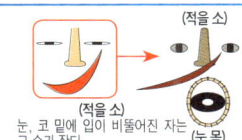		省	省	shěng, xǐng 성, 씽 歸省(귀성) 反省(반성) 省察(성찰) 省略(생략) **살필 성, 덜 생**
(적을 소) 눈, 코 밑에 입이 비뚤어진 자는 그 수가 적다	(눈목)			

적은 것까지 **눈**으로 **살피**다

成 chéng 청

成熟(성숙) 編成(편성)
合成(합성) 成就(성취)

이룰 성

벼슬 자리를 창으로 뺏어 뜻을 이루다

싹이 흙위에 돋아나는 모양 (흙 토)

城 chéng 청

城郭(성곽)
城壁(성벽)

성 성, 재 성

흙위에 이루어 놓은 것이 성이다

수염을 들먹이며 입으로 말하는 모양 (말씀 언)

誠 🟡 诚 chéng 청

精誠(정성) 致誠(치성)
誠力(성력) 誠心(성심)

정성 성

말한 바를 이루려고 정성을 다하다

그릇을 받침대(접시)에 놓은 모양 (그릇 명)

盛 shèng, chéng 성, 청

盛開(가결)
盛年(성년)

풍성할 성

(만들어) 이루어 놓은 음식을 그릇에 담으니 풍성하다

(가슴/마음 심) (날 생)

性 xìng 씽

性格(성격)
性品(성품)

성품 성

가슴에서 생겨나는 것이 성품이다

(계집녀) (날 생)

姓 xìng 씽

姓名(성명)
同姓(동성)

성 성

여자 몸에서 생겨나온 아이에게 성을 붙이다

(해 일)  (날 생)			星	xīng 씽, 싱 行星(행성) 黑星(흑성) 星辰(성신) 星座(성좌) **별 성**

해처럼 반짝이는 빛이 나는 것이 별이다

 ※ 술은 닭이 홰에 오른 저녁에 먹는 음식이라는 데서 술과 닭의 뜻을 가짐.		 술병을 본뜬 자 (술 유,닭 유)		 xīng 씽, 싱 醒覺(성각) 醒目(성목) 醒然(성연) 睡醒(수성) **술깰 성**

술을 마시고 난 후 별처럼 반짝 정신이 나며 술깨다

 갈비의 모양 (몸 육,고기 육)			 xīng 씽, 싱 鮮腥(선성) 臊腥(조성) 血腥(혈성) **비릴 성**

고기에 냄새가 별빛 같이 번져 비리다

	  개가 서있는 모양(개 견)	xīng 씽, 싱 猩狖(성유) 원숭이(monkey) **성성이 성, 우랑우탄 성**

개같이 생기고 별처럼 눈이 빛나는 게 우랑우탄이다

 소를 사람이 먼저 가축으로 부리다 (먼저 선) (물 수) (먼저 선)			洗 xǐ, xiǎn 시, 시엔 洗腦(세뇌) 洗練(세련) **씻을 세** 

물속에 소보다 사람이 먼저 들어가 씻다

			 shì 스 出世(출세) 治世(치세) 世孫(세손) 世情(세정) **인간 세**

지구의 씨줄과 날줄을 그린 것. **인간 세상**을 뜻함

	稅	shuì 쉐이
		印稅(인세) 租稅(조세)
		稅金(세금) 稅務(세무)
		세금 세

벼를 돈으로 바꾸어(팔아) 세금을 내다

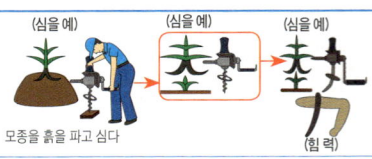

	勢	약 势 shì 스
		行勢(행세) 虛勢(허세)
		勢力(세력) 情勢(정세)
		권세 세

(자기편 사람을) 심어서 힘을 얻어 권세를 잡다

	歲	약 岁 suì 쉐이
		歲月(세월) 歲入(세입)
		歲末(세말) 歲暮(세모)
		해 세

(옛날 주식이 개고기였을 때 유랑민족이)걸어가면서(들) 개를 창으로 때려잡아 먹으며 한 해를 보내다

	細	약 细 xì 씨
		細則(세칙) 細胞(세포)
		細慮(세려) 細流(세류)
		가늘 세

(높은 곳에서 보니) 실같이 밭둑이 가늘다

 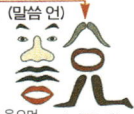 

	說	약 说 shuō 수오
		遊說(유세) 解說(해설)
		序說(서설)
		달랠 세, 말씀 설

말씀을 좋은 말로 바꾸어하며 달래다(말씀하다)

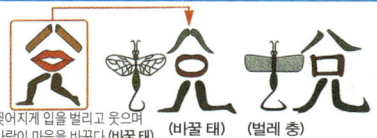

	蛻	tuì 투이
		蛻皮(세피) 허물을 벗다
		허물 세, 허물 태

벌레가 껍질을 바꾸려고 벗은 게 허물이다

			召	zhào, shào 쟈오, 샤오 召喚(소환) 召命(소명) **부를 소**
칼로 위협하며 **입**으로 오라고 **부르다**				
			沼	zhǎo 자오 龍沼(용소) 璧沼(벽소) 沼上(소상) 沼池(소지) **못 소**
		물방울이 떨어지는 모양 (물 수)		
물을 **불러**서 모아 놓은 곳이 **못**이다				
			昭	zhāo 자오 昭闡(소천) 昭詳(소상) 昭明(소명) **밝을 소**
		해의 모양(해가 떠서 새날이 온다는 뜻)(해 일,날 일)		
(아침) **해**를 **부르니** 날이 **밝다**				
			紹	약 绍 shào 샤오 篡紹(찬소) 紹介(소개) 紹繼(소계) 紹賓(소빈) **소개할 소, 이을 소**
		실타래의 모양 (실 사)		
(사람을) **실**로 **잇듯 불러**서 **소개하다**				
			箒	tiáo 탸오 箒帚(소추) ㅂ, 빗자루 **비 소**
		대나무 이파리 모양을 본뜬 자 (대 죽)		
대나무로 만들어 쓰레기를 **불러모으는** 게 **비**다				
			訴	약 诉 sù 쑤 訴訟(소송) 訴請(소청) **호소할 소**
반달도끼로 찍어 적을 물리치다 (물리칠 척)	(말씀 언) (물리칠 척)			
말로 억울함을 **물리쳐** 달라고 **호소하다**				

(손 수) (비 추)  	掃	**약** 扫 sǎo, sào 싸오, 싸오 掃地(소지) 一掃(일소) 掃除(소제) 掃蕩(소탕) **쓸 소**

손에 비를 들고 쓸다

  	巢	cháo 차오 卵巢(난소) 病巢(병소) 巢窟(소굴) 鵲巢(작소) **집 소, 새집 소**

새집(보금자리)의 모양

 머릿결이 흘러내린 모양 (흘러내릴 돌) (나무 목)(흘러내릴 돌) 	梳	shū 수 梳沐(소목) 梳髮(소발) **빗 소**	

나무의 틈 사이로 머리결이 **흘러내리게** 빗는 게 **빗**이다

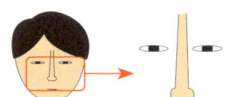 	小	xiǎo 시아오 小型(소형) 弱小(약소) 小船(소선) 小心(소심) **작을 소**

눈과 코가 작다

 머릿결이 흘러내린 모양 (흘러내릴 돌) (손발 소)(흘러내릴 돌) 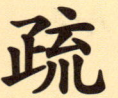	疏	shū 수 疏明(소명) 疏脫(소탈) **뚫릴 소, 트일 소**	

손발이 **흘러내릴** 정도로 장갑과 양말이 **뚫리다**

  풀싹이 돋아나는 모양 (풀 초)	蔬	shū 수 菜蔬(채소) 春蔬(춘소) 香蔬(향소) 蔬果(소과) **나물 소, 채소 소**

풀처럼 땅을 **뚫고 나온** 것이 **나물**이다

소

笑

xiào 시아오, 샤오

談笑(담소) 冷笑(냉소)
笑殺(소살) 笑聲(소성)

웃을 소

대나무가 예쁜 척하니 웃음이 난다

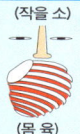    

xiào 샤오, 시아오

不肖(불초)
肖似(초사)

작을 소, 닮을 소

부모를 태어난 작은 몸이 닮다

宵

xiāo 시아오, 샤오

宵晨(소신) 宵餘(소여)
宵燭(소촉) 宵行(소행)

개똥벌레 소, 밤 소

집으로 작은 몸인 개똥벌레가 날아 들때가 밤이다

xiāo 시아오, 샤오

消毒(소독)
消燈(소등)

사라질 소

물이 작은 몸인 수증기가 되어 사라지다

🅰 銷 xiāo 시아오, 샤오

銷刻(소각) 깎여 없어짐
銷磨(소마) 닳아 없어짐

녹일 소, 사라질 소

쇠를 작은 몸이 되게 녹이니 형체가 사라지다

揱

shāo, shào 사오, 싸오

捎話(소화) 소식을 전하다
捎信(소신) 편지를 전하다

털 소, 뿌릴 소

손으로 작은 몸이 된 먼지를 털다 (뿌리다)

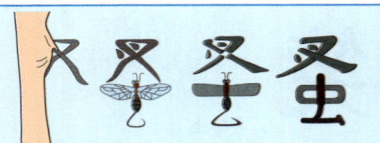		zǎo 짜오 蚤蝨(조슬) 벼룩과 이 **벼룩 조, 일찍 조**
살을 집게로 집어 뜯듯이 무는 벌레가 **벼룩**이다		
   양손으로 괭이를 잡고 있는 모양 (손 수)		약 搔 sāo 싸오 搔首(소수) 搔擾(소요) 抑搔(억소) 爬搔(파소) **긁을 소, 떠들 소**
손으로 **벼룩**이 무니 **긁**다		
 말의 모양 (말 마)	 	약 騷 sāo 싸오 騷亂(소란) 騷離(소리) **시끄러울 소**
말이 **벼룩**처럼 뛰니 **시끄럽다**		
   (실 사)		sù 쑤 要素(요소) 元素(원소) 素心(소심) 素養(소양) **흴 소, 바탕 소**
식물에서 뽑은 실의 **바탕**은 희다		
  철봉에 거꾸로 매달린 모양 (물 수) (거꾸로 역)(달 월)		sù 쑤 溯及(소급) 과거로 거슬러올라 미치게 함 **거슬러올라갈 소, 맞을 소**
물이 꺼꾸로 선 달처럼 거슬러올라가다		
  (초하루 삭) (초하루 삭) 거꾸로 달이 커지기 시작 할 때가 초하루다 (흙 토)		sù 쑤 塑佛(토불) 흙으로 만든 부처 **토우 소(빚다, 소조하다)**
거꾸로 달이 커지는 초하루부터 **흙**을 빚어 소조하다		

	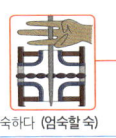			**약** 烧 shāo 사오 燒滅(소멸) 燒失(소실) 燒印(소인) 燒酒(소주) **불사를 소**

불길이 풀무덤 같이 높이 올라 **불사르다**

약 萧 xiāo 샤오
蕭散(소산)
蕭森(소삼)
쓸쓸할 소, 쑥 소

풀로 **엄숙하고** 또 **쓸쓸하게** 뜸을 뜨는 풀이 **쑥**이다

	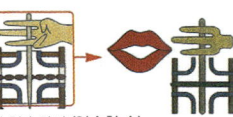	

약 箫 xiāo 샤오
簫管(소관)
簫郞(소랑)
퉁소 소

대나무로 만들어 **엄숙한** 소리를 내는 것이 **퉁소**다

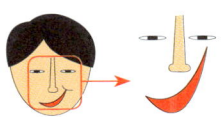		

약 啸 xiào 샤오
風嘯(풍소) 바람이 쏴쏴 불다
휘파람 불 소

입을 오무리고 **엄숙히 휘파람을 불다**

			少

shǎo, shào 샤오, 샤오
少領(소령) 少額(소액)
少量(소량) 少數(소수)
적을 소

눈, 코 밑에 **입이 비뚤어진** 자는 그 수가 **적다**

			약 所 suǒ 쑤어 所感(소감) 所見(소견) **바 소, 곳 소**

집의 문옆이 반달 **도끼**를 두던 **곳**이다

(풀초)	(풀초)	(고기 어)(벼 화)		**약** 苏 sū 쑤 蘇軾(소식) 美蘇(미소) 蘇聯(소련) 蘇復(소복) **깨어날 소**

(환자가) 약**풀**과 **생선**과 **벼**의 곡기를 먹고 **깨어나다**

배의 모양 (배 주)(늙은이 수)		sāo, sōu 싸오, 소우 十艘軍艦(십소군함) 군함 열 척 **배 소**

배로 **늙은이**가 만든 배도 **배**다

		 shù 수 束手(속수) 結束(결속) 團束(단속) 約束(약속) **묶을 속**

나무를 **묶다**

캥거루우가 달려가는 모양 (갈 착달릴 착)		sù 쑤 速記(속기) 速度(속도) **빠를 속**	

(몸을) **묶고** 달리니 속도가 **빠르다**

(골 곡) 골짜기의 모양	(사람 인)(골 곡)			sú 쑤 俗談(속담) 俗語(속어) 風俗(풍속) 土俗(토속) **풍속 속**

사람이 **골**(골짜기)에 모여 살면서 생긴 것이 **풍속**이다

(큰닭 촉) 곤충을 물고 있는 닭의 모양	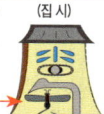(집 시) (큰닭 촉)			**약** 属 shǔ, zhǔ 수, 주 屬邦(속방) 屬性(속성) **붙을 속, 부탁할 촉** 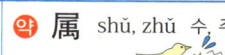

집에서 **눈물** 흘리며 우는 **큰 닭**에게 많은 암탉이 **붙다**

약 卖 mài 마이

賣却(매각) 賣盡(매진)
賣票(매표) 賣渡(매도)

팔 매

선비에게 광주리의 물건을 돈을 받고 팔다

실타래의 모양 (실 사)

약 续 xù 쉬

續出(속출) 續編(속편)
續會(속회) 存續(존속)

이을 속

실이 이어지듯 팔림을 계속 잇다

돈이 든 자개장의 모양 (자개 패, 돈 패)

약 赎 shú 수

赦贖(사속) 助贖(조속)
贖免(속면) 贖錢(속전)

속죄할 속, 죄사할 속

지은 죄를 돈을 내고 팔아 속죄하다

(쌀 미)

sù 수

粟殼(속각) 粟粒(속립)
粟麥(속맥) 粟飯(속반)

조 속, 좁쌀 속

가방에 쌀 대신 조를 가지고 오다

(아들 자) 밧줄이 이어져 있는 모양   (아들 자) (이을 계)

약 孙 sūn 쑨

外孫(외손) 子孫(자손)
孫婦(손부) 孫壻(손서)

손자 손

아들의 대를 이어주는 자가 손자다

속
손

캥거루우가 달려가는 모양 (갈 착, 달릴 착)

약 逊 xūn 쒼

遜色(손색) 遜讓(손양)
敬遜(경손) 恭遜(공손)

겸손할 손

손자는 어른과 함께 갈 때는 겸손해야 한다

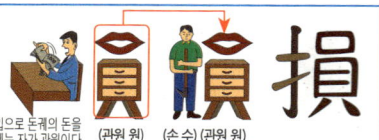

| 입으로 돈궤의 돈을 세는 자가 관원이다 | (관원 원) | (손 수) (관원 원) | 損 | 損 | **약** 损 sǔn 쑨
損財(손재) 損害(손해)
損傷(손상) 損失(손실)
덜 손, 감할 손 |

손을 써서 **인원(관원)** 수를 줄여 손해를 **덜다**

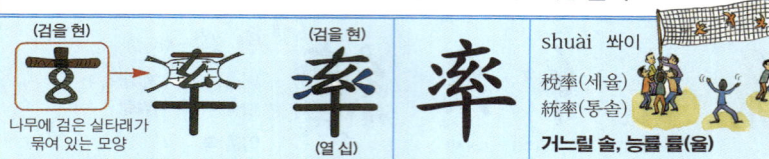

검은 새 그물의 **양쪽**을 당기게 열 명을 **능률**껏 **거느리다**

양손으로 괭이를 잡고 있는 모양 (손 수)

shuāi 수아이(솨이)

摔打(솔타) 탁탁 털다
摔掉(솔도) 자빠지다

버릴 솔

(오물을) **손**을 **거느리어** (움직여) **버리다**

벌레의 모양 (벌레 충)

shuài 솨이(수아이)

蟋蟀(실솔) 귀뚜라미

귀뚜라미 솔

벌레로 암컷을 **거느리려고** 울음소리내는 놈이 **귀뚜라미다**

shuǎi 수아이(솨이)

甩賣(솔매) 세일하다

던질 솔

거북이를 괴롭히니 **가스**(방귀)를 **던지다** (뀌다)

서류함에 서류가 많이 쌓인 모양

(많을/쌓일 퇴) (수건/천 건)

약 帅 shuài 솨이(수아이)

將帥(장수) 統帥(통수)

거느릴 솔, 장수 수

많은 군사를 **수건**을 들고 지휘하는 자가 **장수**다

		(움집 면/집 면)		sòng 쏭
				南宋(남송) 宋學(송학) 北宋(북송) **송나라 송**

집을 **나무**로 크게 짓기 시작한 때가 **송나라** 때다

	(나무 목)	(귀인 공)		sòng 쏭	
				松都(송도) 松柏(송백) **소나무 송, 솔 송**	
귀공자의 모양	(나무 목) (귀인 공)				

(솔은 절개가 굳어 사시에 푸르기 때문에)**나무**중에 **귀인**(귀공자)에 속하는 나무가 **솔**이다

				약 讼 sòng 쏭
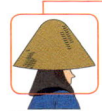				聚訟(취송) 訟事(송사) 訴訟(소송) **송사할 송**
귀공자의 모양	(말씀 언) (귀인 공)			

말로 **귀공자**같이 **공정**하게 판결해 달라며 **송사하다**

				약 颂 sòng 쏭	
				頌歌(송가) 頌詩(송시) **기릴 송, 칭송할 송**	
귀공자의 모양	(귀인 공) (머리 혈)				

귀인(귀공자)같은 우두 **머리**라고 **칭송하다**

(쪼갤 팔)				약 送 sòng 쏭	
				送客(송객) 送別(송별) **보낼 송**	
(하늘 천) (달릴 착)					

(님을/공기를) **쪼개듯이 하늘**을 **달리는** 여객기로 떠나 **보내다**

		(솟구칠 용)		약 诵 sòng 쏭
				朗誦(낭송) 誦讀(송독) 暗誦(암송) 愛誦(애송) **외울 송**
거북이가 목을 솟구치는 모양 (솟구칠 용)	(말씀 언) (솟구칠 용)			

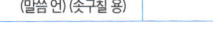

말을 **거북이** 목을 **솟구치듯**하며 글을 **외우다**

(집 시)  (수건 건)(칼 도)	刷	刷	刷	shuā, shuà 수아(솨)  刷新(쇄신) 印刷(인쇄) **새길 쇄, 인쇄할 쇄, 닦을 쇄**

집에서 목판을 **수건**으로 닦고 **칼**로 새기다

碎	碎	碎 (돌 석)(군사 졸)	碎	suì 쑤이  碎石(쇄석) 碎身(쇄신) **부술 쇄**

돌을 같은 **옷**을 입은 **십여명**의 **군사**들이 **부수다**

(작을 소)  (쇠 금) (돈[패]패)	鎖	鎖	鎖	약 锁 suǒ 쑤오 連鎖(연쇄) 封鎖(봉쇄) 鎖國(쇄국) 閉鎖(폐쇄) **자물쇠 쇄, 잠글 쇄**

쇠로 **작게** 만들어 **돈통**을 잠그는 것이 **자물쇠**다

(적을 소)  (돈[패]패)	 (구슬 옥)		瑣	약 琐 suǒ 쑤오 瑣事(쇄사) 쓸모없고 사소한 일 瑣屑(쇄설) 잔부스러기 **잘 쇄(자질구레하다)**

구슬같이 **작게** 만들어진 **돈**이 **잘**다

 색 안경을 쓰고 꽃사슴을 보니 곱다 (고울 려)	 (물 수) (고울 려)	灑	灑	약 洒 sǎ 사 灑泣(쇄읍) 灑塵(쇄진) 淋灑(임쇄) 霑灑(점쇄) **물부릴 쇄**

거리를 **물**로 **고웁게** 하려고 **물뿌리다**

 색 안경을 쓰고 꽃사슴을 보니 곱다 (고울 려)	(해 일, 날 일)	 (고울 려)	曬	약 晒 shài 사이 曬書(쇄서) 서적을 햇볕에 쬠 **쬘 쇄**

볕이 **고웁게** 산천을 **쬐다**

 (숟가락 비) / (이 시)	shi 스 鑰匙(약쇠) 열쇠, 키 **열쇠 쇠(키)**
이처럼 숟가락같이 만든 게 **열쇠**다	
  (옷 의)	shuāi 수아이 衰落(쇠락) 衰亡(쇠망) **쇠할 쇠** 
옷으로 사이 결이 성긴 상복을 입었으니 운이 **쇠하다**	
  	sǒu 써우 國叟(국수) 路叟(노수) **늙은이 수** 
절굿공이를 잡고 절구질하는 자가 **늙은이**다	
   양손으로 괭이를 잡고 있는 모양 (손 수)	sōu 써우 搜扮(수분) 搜爬(수파) 搜檢(수검) 搜訪(수방) **찾을 수**
손으로 **늙은이**가 무엇을 (잘) **찾다**	
  여자의 모양 (계집녀)	sǎo 싸오 家嫂(가수) 季嫂(계수) 丘嫂(구수) 梵嫂(범수) **형수 수**
여자중에 **늙은이**가 **형수**님이다	
   병실의 모양 (병들 안, 병질 안)	shòu 셔우 瘦軀(가치) 瘦面(수면) 瘦瘠(수척) 瘦鶴(수학) **파리할 수, 수척할 수**
병든 **늙은이**의 얼굴이 **파리하다**	

受

shòu 셔우

受諾(수락) 受難(수난)
受侮(수모) 受注(수주)

받을 수

손으로 **덮개**와 **집게**를 **받다**

양손으로 괭이를 잡고 있는 모양 (손 수)

授

shòu 셔우

授與(수여) 授精(수정)
授賞(수상) 教授(교수)

줄 수

손으로 **받도록** 주다

(드리울 수)

垂

chuí 췌이

垂簾(수렴) 垂綸(수륜)
垂柳(수류) 垂楊(수양)

드리울 수

배에 **돛**을 **드리우고** 있는 모양

눈의 모양 (눈 목)

睡

shuì 쉐이

睡癖(수벽) 睡醒(수성)
假睡(가수) 睡眠(수면)

잠잘 수, 졸음 수

눈꺼풀을 **드리우고** 잠자다

서류함에 서류가 많이 쌓인 모양

(많을/쌓일 퇴)

(수건/천 건)

帥

약 帅 shuài 솨이

將帥(장수)
總帥(총수)

장수 수

많은 군사를 **수건**을 들고 지휘하는 자가 **장수**다

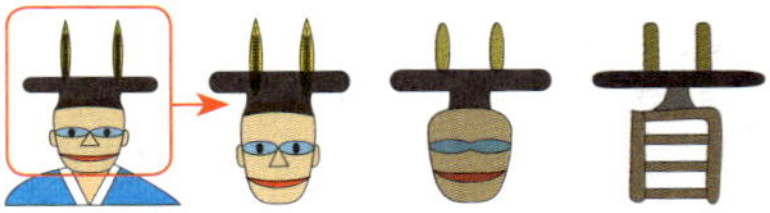

首

shòu 셔우

首級(수급) 首肯(수긍)
首相(수상) 首席(수석)

머리 수

머리의 모양

 (새 추) (벌레 충) (새 추)	 약 虽 suī 쒜이 雖然(수연) **비록 수**
입에 벌레를 문 새가 비록 작지만 새끼를 기른다	
   (여러개 포갤 루) (두들길 복)	 약 数 shǔ 수 數理(수리) 數次(수차) **셀 수, 자주 삭**
여러 개 포개어 인 물건을 두들기듯 짚어가며 수량을 세다	
   	 약 树 shù 수 樹立(수립) 樹木(수목) **세울 수, 나무 수**
나무를 북을 손으로 세우듯해 나무심다	
    (수레 거) (거룻배 유)	약 输 shū 수 禁輸(금수) 密輸(밀수) 輸送(수송) 輸入(수입) **보낼 수, 나를 수**
수레나 거룻배로 짐을 실어 보내다	
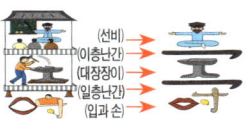 	약 寿 shòu 셔우 壽觴(수상) 米壽(미수) 壽命(수명) 喜壽(희수) **목숨 수**
선비는 이층에서 대장장이는 일층에서 입과 손으로 일해서 목숨을 이어가다	
   (새 추) (말씀 언) (말씀언) (새 추)	 약 谁 shéi 스에이 誰某(수모) 誰怨(수원) **누구 수**
말하는 새소리는 누구도 알 수 없다	

	(양양)	羞 (소축)	羞	xiū 시우 羞辱(수욕) 羞恥(수치) **부끄러울 수**

제사때 **양**이나 **소**를 잡지 못하면 **부끄럽다**

				약 須 xū 쉬 公須(공수) 斯須(사수) 相須(상수) 要須(요수) **모름지기 수**
		(터럭 삼)	(머리 혈)	

머리털은 머리에 **모름지기** 난다

	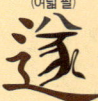		약 遂 suì 쑤이 未遂(미수) 遂行(수행) 完遂(완수) **드디어 수, 이룰 수**
(여덟 팔)			
(달릴 착)(돼지 시)			

팔방으로 애쓰며 **돼지**같이 달려가 **드디어** 뜻을 **이루다**

		약 隧 suì 쑤이 古隧(고수) 墓隧(묘수) 隧道(수도) 굴, 터널 **굴 수, 길 수**
지팡이의 모양 (글자 왼쪽에 붙을 시 → 언덕 부)		

언덕 밑으로 **드디어 이루어** 놓은 게 **길(굴)**이다

			약 隨 suí 쑤이 隨意(수의) 隨筆(수필) **따를 수** 
	(왼 좌) (몸 육)		
(언덕 부) (달릴 착)			

언덕위로 **좌**측뒤를 **몸** 중이 **달리듯**하며 **따르다**

		suí 쑤이 髓海(수해) 骨髓(골수) 精髓(정수) 眞髓(진수) **골수 수**
(뼈 골) (달릴 착)	(왼 좌) (몸 육)	

뼈속 **좌우몸**에 **달리듯** 뻗쳐있는 것이 **골수**다

suì 쑤이

燈穗(등수) 實穗(실수)
麥穗(맥수) 一穗(일수)

이삭 수

벼에 있어서 가장 **은혜**로운 부위가 **이삭**이다

xiū 시우

修交(수교)
修道(수도)

닦을 수

사람이 막대기로 두들기듯 하며 **머릿결**같은 걸레로 바닥을 **닦다**

xiù 시우

袖手(수수) 袖刃(수인)
半袖(반수) 修袖(수수)

소매 수

옷이 있는 **까닭**에 달려 있는 것이 **소매**다

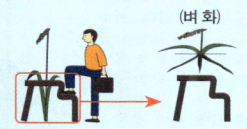  

xiù 시우

秀才(수재) 優秀(우수)
俊秀(준수) 秀粹(수수)

빼어날 수

벼가 층계보다 높게자라 성장이 **빼어나다**

약 绣 xiù 시우

錦繡(금수) 비단과 수
刺繡(자수) 수를 놓음

수놓을 수, 비단 수

실로 **빼어나게** 비단에 **수를 놓다**

약 锈 xiù 시우

銹澁(수삽) 녹이 슬어 깔깔함

녹슬 수

쇠가 **빼어나게** 대기중에 노출되니 **녹슬다**

 (에워쌀 위)				qiú 치우 虜囚(노수) 囚桎(수질) 囚役(수역) 囚衣(수의) **죄수 수, 가둘 수**

에워싼 울 안에 죄지은 **사람 죄수**를 가두다

못을 집게로 잡고 치다 (두들겨 칠 복)  (얽힐 구)				shōu 셔우 收金(수금) 收納(수납) **거둘 수**	

(낫과 갈퀴로) 얽힌 덩굴을 두들겨 쳐서 거두다

(집 면)  (손 촌, 마디 촌)				shǒu 셔우 守備(수비) 守勢(수세) **지킬 수**	

집을 손으로 지키다

(신하 신)(거듭잡을 우)  (설 립)				약 竪 shù 수 竪褐(수갈) 竪童(수동) **더벅머리 수**	

신하에게 꽉 **잡혀** 벌 서고 있는 **더벅머리** 총각

(가을 추)  벼가 불에 익은듯 누렇 때가 가을이다 (가을 추)	 (마음 심)			chóu 처우 愁啼(수제) 猿愁(원수) 哀愁(애수) 憂愁(우수) **근심 수**

가을같이 **마음**을 누렇게 뜨게 하는것이 **근심**이다

   살이 썩어 뼈만 앙상하게 남은 모양 (죽을 사) (붉을 주)			shū 수 殊常(수상) 보통과 다름 殊勳(수훈) 특별한 훈공 **죽일 수**

죽도록 **붉**은 **피**를 흘리게 해 **죽이다**

				xū 쉬
				盛需(성수) 需給(수급) **구할 수, 쓸 수** 

비에 수염을 적시지 않으려고 (우산을) 구하다

				sū 수
	(술 유)	(벼 화)		酥燈(수등) 불전(佛前)의 등불 酥酪(수락) 우유 **연유 수(크림 유지)**

우유로 **술**을 빚듯 **밥(벼**로 만듯)같이 만든 게 **연유**다

				chóu 처우
 술병의 모양(술 유) 냇물 건너있는 땅이 고을이다 (고을 주)		(술 유) (고을 주)		酬應(수응) 酬酌(수작) 報酬(보수) 應酬(응수) **갚을 수**

술을 고을 주막에서 먹고 술값을 **갚다**

				cuì 추이
 똑 같은 옷을 입은 많은 무리가 군사다 (군사 졸)	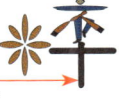	(쌀 미) (군사 졸)		粹靈(수령) 端粹(단수) 明粹(명수) 眞粹(진수) **순수할 수**

쌀로 군사의 군량미로 쓸 것은 **순수**하다(상한 쌀이 아니다)

				shū 수
(물 수)				漱口(수구) 양치질함 漱滌(수척) 빱, 씻음 **양치할 수, 씻을 수**
	(입크게벌릴 흠)	(묶을 속)		

물을 묶어(떠) 입을 크게 벌리고 마셔 **양치질하다**

				sòu 서우
			嗽	咳嗽(해수) 기침 嗽藥(수약) 입안을 가셔내는 약 **기침할 수**
(입 구)	(묶을 속)	(입크게벌릴 흠)		

입으로 묶인 숨을 입크게 벌리고 토하듯 **기침하다**

수

 (산짐승 휴) (개 견)				**약 兽** shòu 셔우 馴獸(순수) 摯獸(지수) 禽獸(금수) 猛獸(맹수) **짐승 수**
두 **귀**를 세우고 **뼈**를 **입**에 문 **개**같은 **짐승**				
				shuǐ 쉐이 脫水(탈수) 廢水(폐수) 水準(수준) 水平(수평) **물 수**
물이 흘러가는 모양을 그린 글자				
				shǒu 셔우 打手(타수) 投手(투수) 手記(수기) 手藝(수예) **손 수**
손에 **붓**을 들고 있는 모양을 본뜬 글자. **손**을 뜻함.				
 (새 추) (새 추)	(새 추) 		售	shòu 셔우 買售(매수) 매매, 사고 팖 發售(발수) 발매, 상품을 팖 **팔 수(소매하다)**
(짹짹이는) **새**처럼 **입**으로 싸구려 부르며 **팔다**				
(집 면)  (사람 인)(일백 백)				sù 수 宿泊(숙박) 여관에서 머뭄 星宿(성수) 온갖 성좌의 별들 **성수 수, 묵을 숙**
집에서 **사람**이 **백**여 명 **자다(묵다)**				
	(날 출) (제사 시)	祟		suì 쑤이 ① 귀신이 해를 끼치다 ② 정당하지 않은 행동 **빌미 수(수상쩍다)**
집을 떠나려고 **제사 지냄**이 **수상하다**				

 (집 면) (사람 인)(일백 백)		 sù 수 宿所(숙소) 宿敵(숙적) 星宿(성수) 合宿(합숙) **잘 숙**

집에서 **사람**이 백여 명 **자다**

	 	  약 肅 sù 수 肅正(숙정) 肅靜(숙정) 肅淸(숙청) 自肅(자숙) **엄숙할 숙**

손에 든 **바늘**로 **수**틀을 잡고 수놓는 자세가 **엄숙하다**

	 (콩 숙) (또 집어낼 우)	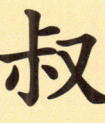 shū 수 叔父(숙부) 叔姪(숙질) 外叔(외숙) 堂叔(당숙) **어릴 숙, 아재비 숙**

콩 싹을 **집어내는** 말썽꾸러기가 **어린 아재비**다

	 물방울이 떨어지는 모양 (물 수)	 shú 수 淑慝(숙특) 淑女(숙녀) 淑德(숙덕) 淑淸(숙청) **맑을 숙**

물로 **어린 아재비**를 씻기는 물은 <u>맑다</u>

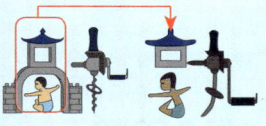 (높을 고)	 (아들 자)(둥글 환)	shú 수 孰誰(숙수) 孰是(숙시) **누구 숙** 

높게(크게)자란 **아들**과 **둥글게** 한 몸 될자 **누구**일까?

  불덩어리의 모양 (불 화)		shú 수 完熟(완숙) 圓熟(원숙) **익을 숙, 익힐 숙** 

누구든 음식은 **불**에 <u>익힌다</u>

숙

 	盾	dùn 뚠 戟盾(극순) 戈盾(과순) 矛盾(모순) 圓盾(원순) **방패 순**
방패를 들고 방어하는 모양		
 팔을 흔들며 총총 걸어가는 모양 (갈 척, 바삐갈 척)	 循	 xún 쉰 撫循(가결) 循行(순행) **좇을 순, 돌 순**
바쁜걸음으로 **방패**를 들고 순찰을 돌다		
   (새싹 둔) (실 사) (새싹 둔)	 純	약 纯 chún 춘 純金(순금) 純朴(순박) 純粹(순수) 純化(순화) **순수할 순**
실이 땅을 뚫고 나온 **새싹**같이 **순수하다**		
   (높을고) (물 수) (아들 자)	 淳	chún 춘 樸淳(박순) 淳良(순량) 淳朴(순박) 淳厚(순후) **순박할 순**
물처럼 **높게**(크게)자란 **아들**의 마음씨가 **순박하다**		
   (높을고) (술 유) (아들 자)	 醇	chún 춘 醇酒(순주) 醇化(순화) 甘醇(감순) 淸醇(청순) **진한술 순, 순수할 순**
술로 **높게**자란 **아들**이 즐겨 마시는 것이 **진한 술**이다		
  (높을 고) (말씀 언)(아들 자)	諄	약 谆 zhún 준 諄諄(순순) ① 친절히 가르치는 모양 ② 성실하고 삼가는 모양 **지성스러울 순, 도울 순**
말로 **높게 아들**이 출세토록 **도웁다**		

순

				旬	xún 쉰 上旬(상순) 旬刊(순간) 中旬(중순) 初旬(초군) **열흘 순**

(날 일)

날을 **열흘**을 합쳐 놓은 것이 **열흘순**이다

	殉	xùn 쉰 殉美(순미) **따라죽을 순**

살이 썩어 뼈만 앙상하게 남은 모양 (죽을 사)

죽으려고 **열흘**을 굶어서 따라죽다

| | 筍 | 약 笋 sǔn 순
筍席(순석)
筍芽(순아)
죽순 순 |

대나무 이파리 모양을 본뜬 자 (대 죽)

대나무에서 **열흘**에 하나 정도로 싹 트는 것이 죽순이다

| | | | | 詢 | 약 询 xún 쉰
詢計(순계) 계책(計策)을 물음
詢問(순문) 임금이 신하에게 물음
물을 순 |

수염을 들먹이며 입으로 말하는 모양 (말씀 언)

말로 따지며 **열흘**간 **묻다**

| | | 順 | 약 顺 shùn 순
順位(순위)
順應(순응)
순할 순, 좇을 순 |

(내 천) (머리 혈)

냇물이 흐르듯 **머리**로 지시를 **순**하게 **좇다**

| | | 馴 | 약 驯 xún 쉰
馴服(순복) 馴性(순성)
馴行(순행) 敎馴(교순)
길들 순 |

 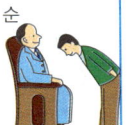   
(말 마) (내 천)

말이 **냇물**이 흘러가듯이 자연스럽게 **길들다**

				shùn 순
		 (저녁 석)	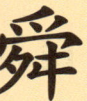	舜禹(순우) 堯舜(요순) **순임금 순** 

손수 가려진 민심을 보려고 **저녁**에 **사다리**에 **순임금**이 오르다

				shùn 순
			 눈의 모양 (눈목)	 瞬間(순간) 一瞬(일순) **잠깐 순, 눈깜짝할 순**

백성이 **눈**으로 **순임금**을 **잠깐** 배알하다

	(별 진)	(별 진)		동 脣 chún 춘
 망루에서 망원경으로 별을 관찰하는 모양 (별 진)				唇亡齒寒(순망치한) 입술이 없으면 이빨이 시리다 **입술 순**

별같이 붉은 **입**의 부위가 **입술**이다

	(내 천)			xún 쉰
		 (갈 착)		巡禮(순례) 巡訪(순방) 巡視(순시) 巡行(순행) **돌 순**

냇물이 흘러 **갈**때 산을 굽이굽이 **돌다**

				약 朮 shù 수
				術策(술책) 技術(기술) 醫術(의술) 武術(무술) **재주 술, 꾀 술**

사거리에 과목을 **뿌리**가 내리도록 심는 것도 **재주**다

뿌리의 모양 (뿌리 출)	(뿌리 출)			shù 수
			(달릴 착)	略述(약술) 論述(논술) 述懷(술회) 著述(저술) **지을 술, 설명할 술**

뿌리가 **달리**듯 빨리 자라는 비법의 책을 **지어 설명하다**

				chúng 충	
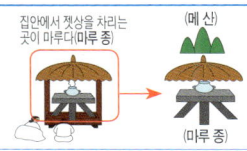집안에서 제상을 차리는 곳이 마루다 (마루 종)	(메 산)	(마루 종)	崇	崇文(숭문) 崇拜(숭배) **높을 숭**	

산 마루(등성이)는 높다

			sè 써
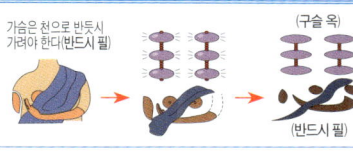가슴은 천으로 반드시 가려야 한다 (반드시 필) (구슬 옥) (반드시 필)			琴瑟(금슬) 蕭瑟(소슬) 琴瑟之樂(금실지락) **거문고 슬**

옥소리를 내는데 **반드시** 필요한 악기가 **거문고**다

(몸 육) (옻나무 칠)			膝	xī 시 膝下(슬하) 膝寒(슬한) 膝行(슬행) 前膝(전슬) **무릎 슬**

몸에서 살갗이 옻나무 진액같이 제일 검은 곳이 **무릎**이다

			虱	shī 스 虱官(슬관) 나라를 좀먹고 민폐를 일삼는 관리 **이 슬**(몸에 기생하는 이)

바람이 없는 동물의 몸에 기생하는 **벌레**가 **이**다

 뚜껑을 그릇에 덮어 합하다 (합할 합)	 (합할 합)	 (손 수) (합할 합)		shí 스 拾薪(습신) 收拾(수습) 拾得(습득) 拾萬(십만) **주울 습, 열 십**

손을 뚜껑을 덮어 **합하듯** 모아 물건을 **줍다**

				약 习 xí 시
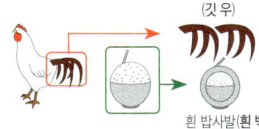	(깃 우) 흰 밥사발(흰 백)		習	習得(습득) 習俗(습속) **익힐 습** 

깃이 밥사발같이 **흰** 병아리가 나는 것을 **익히다**

319

	약 濕 shī 스
(물수) (실사)	濕疹(습진) 乾濕(건습) **젖을 습**

물에 넣은 **모자**와 **실타래**가 **젖다**

	약 襲 xí 시
(옷의) (옷의)	來襲(내습) 世襲(세습) 襲擊(습격) 一襲(일습) **엄습할 습**

용이 구름 **옷**에 싸여 갑자기 나타나듯 **엄습하다**

升

shēng 성

升授(승수) 升平(승평)
升斗之利(승두지리)

되 승, 올릴 승

(열 십)

홉으로 열 번을 퍼 **올린** 것이 한 **되다**

乘

chéng 청

乘車(승차) 乘機(승기)
乘積(승적) 乘艦(승함)

탈 승

경사진 기둥을 타고 있는 모양

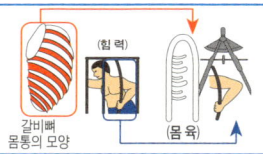  

약 胜 shèng 성

勝戰(승전)
勝地(승지)

이길 승

몸을 콤파스로 둥글게 그리듯 꺾을 **힘**이 있는 자가 **이긴다**

chéng 청

承諾(승낙) 承認(승인)
承統(승통) 傳承(전승)

이을 승

갈대기로 물을 흘러내려 병에 물 채우는 것을 **이어주다**

 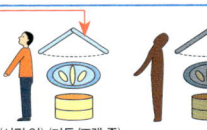 

약 僧 sēng 성

高僧(고승)
女僧(여승)

중 승

사람들을 거듭 포개어 놓고 포교하는 자가 **중**이다

약 绳 shéng 성

繩縛(승박)
捕繩(포승)

줄(노끈) 승

실끈을 맹꽁이같이 동그랗게 감아 놓은게 **노끈**이다

약 蝇 yíng 잉

蠅利(승리) 파리 대가리만큼의
이익. 아주 적은 이익

파리 승

벌레로 맹꽁이 같이 배가 부른 게 **파리다**

 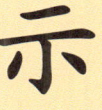

shì 스

示範(시범)
示威(시위)

보일 시, 젯상 시

향을 제사상에 피워 신에게 **보이다**

약 视 shì 스

視界(시계)
視力(시력)

볼 시

젯상을 신께 **보이면** 신이 **보시며** 살펴 **보다**

약 试 shī 스

試案(시안) 試錐(시추)
試驗(시험) 試作(시작)

시험할 시

말로 법식을 물어 **시험하다**

shì 스

市價(시가) 市立(시립)
市場(시장) 市廳(시청)

시장 시, 저자 시

장보러 **시장**에 가는 모양

나무의 모양 (나무 목)

柿

shì 스

乾柿(건시) 霜柿(상시)
樽柿(준시) 紅柿(홍시)

감나무 시

과일 **나무**로 **시장**(도시)에서 흔히 보이는 게 **감나무**다

(날일)
(손발소)

shì 스

是日(시일)
是正(시정)

이 시, 바를 시

해의 **손발**(즉 햇볕)은 **이**처럼 **바르게** 나간다

숟가락의 모양 (숟가락 비)

chí 츠

茶匙(다시) 飯匙(반시)
玉匙(옥시) 銀匙(은시)

숟가락 시

이처럼 **바르게** 만든 **숟가락**이 좋은 **숟가락**이다

shǐ 스

弧矢(호시) 嚆矢(효시)
矢心(시심) 矢言(시언)

화살 시

편지가 묶인 **화살**의 모양을 본뜬 자

 始
찢어지게 입을 벌리고   (계집 녀) (기쁠 태)
웃으며 기뻐하다 (기쁠 태)

shǐ 스

始發(시발) 始作(시작)
始祖(시조) 終始(종시)

비로소 시, 시작할 시

여자가 가장 **기뻐할** 때가 **비로소** 어미로 **시작할** 때다

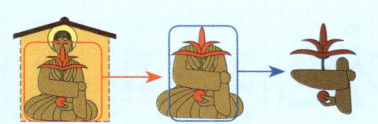

寺 sì 쓰
寺山(사산) 寺院(사원)
寺田(사전) 寺刹(사찰)

절 사

연꽃과 여의주를 든 부처를 모신 절을 뜻함

사람이 서 있는 모양 (**사람 인**)

侍 shì 스
內侍(내시)
侍女(시녀)

모실 시

사람을 절 받들듯 잘 모시다

해의 모양(해가 떠서 새날이 온다는 뜻) (**해 일, 날 일**)

🔴약 时 shí 스
時期(시기) 時流(시류)
時節(시절) 戰時(전시)

때 시

(종을 쳐) 날마다 절에서 때를 알리다

수염을 들먹이며 입으로 말하는 모양 (**말씀 언**)

🔴약 诗 shī 스
詩道(시도) 詩論(시론)
詩興(시흥) 英詩(영시)

시 시, 글 시

말로 절의 규율처럼 운율을 갖춘 것이 시다

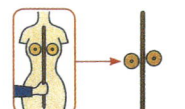 
젖가슴을 짚어보이는 모양 (**가슴 심, 마음 심**)

恃 shì 스
恃賴(시뢰) 믿고 의지함
恃寵(시총) 총애를 믿음

믿을 시, 의뢰할 시

마음먹은 바를 절에 가 빌며 될것을 믿다

  (집시)
(죽을 사)

🔴약 尸 shī 스
檢屍(검시) 屍山(시산)
屍身(시신) 屍體(시체)

송장 시, 주검 시

집에서 뼈를 남기고 고꾸라져 죽은 시체가 송장이다

시

323

				shī 스
			施	施恩(시은) 施主(시주) 施策(시책) 施術(시술) **펼 시, 베풀 시**
(깃발 언)	(이끼/뱀 야)			

깃발을 뱀같이 꿈틀거리게 **펴다**

				약 猜 cāi 차이
	猜	猜	猜	猜忌(시기) 猜惡(시오) **시기할 시** 
(개 견) (푸를 청)				

개같은 놈이 젊고 **푸른걸**(성성한걸) 보고 **시기하다**

	(그칠 지)	(그칠 지)		chái 차이
			柴	柴木(시목) 柴草(시초) **땔나무 시, 섶 시** 
가는 것을 그치고 가지에 앉은 모양 (그칠 지)		(나무 목)		

가는 것을 그치고 구부리고 나무를 쪼개 **땔나무**로 하다

	(주검 시)			shǐ 스
		屎	屎	屎尿(시뇨) 똥과 오줌. 분뇨 **똥 시**
	(쌀 미)			

몸에서 **죽어**(소화되)서 쌀이 나온 게 **똥**이다

				약 顋 sāi 사이
		腮	腮	腮頰(시협) 뺨, 볼 **뺨 시**
	(몸 육, 고기 육)(생각 사)			

몸을 **생각**해 화장하는 데가 **뺨**이다

	(도끼 근)			sī 쓰
			嘶	嘶嘆(시조) 말, 매미 등이 욺 嘶馬(시마) 우는 말 **울 시**
의자가 바로 그것이다		(그 기) (도끼 근)		

입을 벌리고 그 도끼에 다쳐 **울다**

chì 츠

魚翅(어시) 상어 지느러미
展開翅(전개시) 날개를 펴다

날개 시

깃으로 이루어져 지탱하는 게 날개다

sī 쓰

撕開(시개) 찢어 버리다
撕破(시파) 찢다 잡아 찢다

찢을 시, 훈계할 시

손에 그 토끼를 잡고 찍어서 찢다

xī 시

休息(휴식) 利息(이식)
歎息(탄식) 窒息(질식)

쉴 식, 숨쉴 식

스스로 코와 가슴으로 숨쉬다

xī 시

熄滅(식멸) 熄火(식화)
終熄(종식)

불꺼질 식

불 타는 것이 쉬니 불이 꺼지다

xī 시

媳婦(식부) 며느리

며느리 식

여자로 한 집에 쉬며(머물러) 사는 이가 며느리다

약 识 shí, zhì 스, 즈

識見(식견)
識者(식자)

알 식, 표할 지

말소리를 듣고 창칼로 그 뜻을 알아 새기어 적다 ※옛날에는 후세에 전하기 위하여 들은 바 소리를 창칼로 새겨두는 벼슬이 있었음

시
식

				shí 스 食費(식비)　食言(식언) 飮食(음식)　韓食(한식) **밥 식**
집에서 **정미기**에 찧은 곡식으로 **밥**을 짓는다는 뜻				
				**약** 饰 shì 스 服飾(복식) 粉飾(분식) **꾸밀 식** 
			밥상을 **사람**이 **수건**으로 덮어 **꾸미다**	
				**약** 蚀 shí 스 煤蝕(매식)　薄蝕(박식) 雨蝕(우식)　震蝕(진식) **좀먹을 식**
			(먹이를) **밥**같이 **벌레**가 **좀먹다**	
				shì 스 式場(식장)　公式(공식) 樣式(양식)　韓式(한식) **법 식**
			주살을 **만드는** 데도 **법식**이 있다	
				shì 스 磨拭(마식) 佛拭(불식) **닦을 식** 
			손을 **법식**대로 움직여 깨끗이 **닦다**	
				**약** 植 zhí 즈 植林(식림) 移植(이식) **심을 식** 
			나무를 **곧게** 세워 **심다**	

 십자가가 교회에 곧게 선 모양 (곧을 직)	 (죽을 사) (곧을 직)	殖	殖	**약** 殖 zhí 즈 養殖(양식) 增殖(증식) 繁殖(번식) 生殖(생식) **불릴 식, 번식할 식**

죽음을 무릅쓰고 **곧게** 일을 추진해 사업을 **불리다**

	中 申	申	shēn 션 申請(신청) 申時(신시) 甲申(갑신) 內申(내신) **펼 신, 말할 신**

연을 띄우려고 **실감개**의 실을 **펴다**

	亻 亻 사람이 서 있는 모양 (사람 인)	伸	shēn 션 伸張(신장) 伸長(신장) **기지개켤 신, 펼 신**	

사람이 몸을 **펴서** 기지개를 켜다

   입의 모양 (입 구)	呻	shēn 션 呻吟(신음) 呻呼(신호) **신음할 신, 읊조릴 신**

입을 **펴서**(벌리고) **신음하다**

   신에게 보이려고 젯상을 차려놓은 모양 (보일 시, 젯상 시)	神	shēn 션 神技(신기) 神通(신통) **귀신 신**	

젯상을 **펴서** **귀신**을 받들다

 실타래의 모양 (실 사)		紳	**약** 紳 shēn 션 紳笏(신홀) 紳士(신사) 鄕紳(향신) **띠 신**

실로 만들어 **펴서** 묶는 끈이 **띠다**

				chén 천
				辰韓(진한) 日辰(일진) 生辰茶禮(생신차례) **별 신, 때 신, 다섯째지지 진**

망루에서 **망원경**으로 **별**을 관측하는 모양

				chén 천

	해의 모양(해가 떠서 새날이 온다는 뜻) (해 일, 날 일)			宵晨(소신) 晨梵(신범) 詰晨(힐신) 晨鍾(신종) **새벽 신**

해가 뜨고 **별** 빛이 사라지는 때가 **새벽**이다

		xīn 신	

		新刊(신간) 新郞(신랑) **새 신**	

서서 나무를 **반달도끼**로 자르니 **새**순 나오다

		xīn 신
	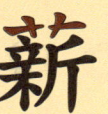	薪米(신미) 薪水(신수) 拾薪(습신) 束薪(속신) **땔나무 신**
풀싹이 돋아나는 모양 (풀 초)		

식물이 **새롭게** 자라나니 **땔나무**로 쓰다

			약 慎 shèn 션
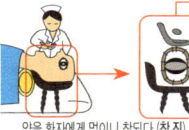			恪愼(각신) 樸愼(박신) 謹愼(근신) 愼重(신중) **삼갈 신**

마음이 **참**되니 **언행**을 **삼가**다

		xìn 신	
		信念(신념) 信徒(신도) **믿을 신**	

사람이 한 **말**을 **믿**다

 臣	chén 천 臣僚(신료) 臣民(신민) 臣下(신하) 文臣(문신) **신하 신**	

신하의 옆 모습을 본뜬 글자

(신하신)(거듭잡을 우)    腎
(몸/고기 육)

약 腎 shèn 선
補腎(보신) 腎管(신관)
腎氣(신기) 腎臟(신장)
콩팥 신, 자지 신

오줌의 배설을 신하처럼 맡아 잡고 있는 몸의 기관이 콩팥과 자지다

  身

shēn 선
身分(신분) 身長(신장)
身病(신병) 赤身(적신)
몸 신

갑옷을 입고 창을 든 무사의 몸을 본뜬 글자

 辛

xīn 신
辛艱(신간) 辛辣(신랄)
辛苦(신고) 辛方(신방)
어려울 신, 매울 신

곧게 서서 십자가 정신으로 살기란 맵고 어려웁다

    鋅
쇠를 다루는 대장간의 모양 (쇠 금)

약 鋅 xīn 신
鋅白(신백) 산화 아연
鋅版(신판) (인쇄) 아연판
아연 신

금속으로 중독되면 (쓰리고) 맵고 아픈게 아연 독이다

  訊
(말씀 언) (새 빨리날 신)

약 訊 xùn 쉰
訊問(신문)
訊責(신책)
신문할 신, 물을 신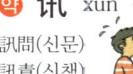

(자백의)말을 새가 날아감 같이 빨리하라며 신문하다

(새빨리날 신)  (달릴 착)	迅	xùn 쉰 迅雷(신뢰) 迅速(신속) 迅辦(신판) 迅風(신풍) **빠를 신**

새가 날아감이 캥거루가 **달려가는** 것같이 **빠르다**

 물방울이 떨어지는 모양 (물 수)	汛	xùn 쉰 汛掃(신소) 물을 뿌리고 깨끗이 소제함 **뿌릴 신, 조수 신**

물을 **새가 빨리 날아가는** 속도로 **뿌리다**

		xī 시 悉曇(실담) 悉銳(실예) 悉盡(실진) 精悉(정실) **다 실**

티끌과 **쌀**알을 **마음**에 들게 **다** 분별하다

 벌레의 모양 (벌레 충)	 	xī 시 蟋蟀(실솔) 귀뚜라미과에 속하는 곤충 **귀뚜라미 실**

벌레로 울음소리로 짝을 **다**불러 구애하는 게 **귀뚜라미다**

		shī 스 失格(실격) 失禮(실례) **잃을 실** 

송곳에 뚫린 것같이 **큰 사람**이 정신을 **잃다**

 보따리를 들고 목적지 땅에 이르다 (이를 지)		shì 스 室人(실인) 寢室(침실) 畵室(화실) 皇室(황실) **집 실**

집에 **이르니** (닿으니) **집**이다

   (집 면)   **약** 实 shí 스

實感(실감)
實務(실무)

열매 실

집 안에 꿴 돈이 돈궤에 가득 차 있듯 껍질 속에 꽉 차 있는 것이 **열매**다

  (집 면)   **약** 审 shěn 션

審問(심문)　審査(심사)
再審(재심)　主審(주심)

살필 심

집안 일을 **차례**로 **살피다**

    **약** 渖 shěn 션

瀋水(심수)
瀋陽(심양)

즙낼 심, 물이름 심

채소 과일 등의 **물기**를 **살펴** 짜서 **즙내다**

  **약** 嬸 shěn 션

嬸母(심모) 숙모, 작은어머니

숙모 심(작은어머니)

여자로 장손을 늘 **살펴**주는 자가 **숙모다**

    shēn 션

深刻(심각)
深度(심도)

깊을 심

물이 천막과 나무가 잠길 정도로 **깊다**

 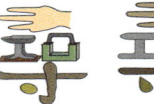   **약** 寻 xún 쉰

尋繹(심역)　尋究(심구)
尋問(심문)　尋訪(심방)

찾을 심

손으로 만든 **자물쇠**를 **손**으로 **찾다**

약 甚 shén 선

什麼(심마!) 뭐야!

무엇 심

사람 열(十)명이 **무엇**하지

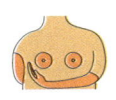  

xīn 신

心德(심덕) 心情(심정)
都心(도심) 孝心(효심)

마음 심

가슴을 본뜬 글자. **마음**을 뜻함

shèn 선

激甚(격심)
極甚(극심)

심할 심, 더욱 심

달콤한 사랑을 짝과 하니 쾌락이 **더욱 심하다**

xīn 신

芯子(심자)
양초 폭죽 등의 심지

심 심, 골풀(등심초) 심

풀로 그 심(안)을 쓰는 풀이 골풀이다

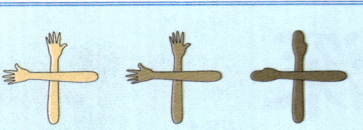 

shí 스

十分(십분) 十餘(십여)
十全(십전) 十里(십리)

열 십

교차시킨 양 팔의 손가락 수가 열 개다

shí 스

什長(십장) 공사판에서의 감독,
병졸 열 사람 가운데 우두머리

열(사람) 십, 세간 집

사람 열(十)명 곧 **열 사람**이 옮긴 **세간**

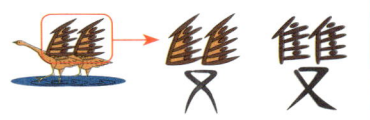 雙 雙	雙	**약** 双 shuāng 수앙 雙方(쌍방) 雙墳(쌍분) **쌍 쌍** 
두 마리 새가 잡혔으니 마리수가 한 쌍이다		
 凡 氏	 氏	shì 스 氏族(씨족) 某氏(모씨) 諸氏(제씨) 宗氏(종씨) **뿌리 씨, 성 씨**
나뭇가지를 휘어 묶어 **뿌리**를 내리게 한 모양		
 亞 亞	亞	**약** 亚 yà 야 亞流(아류) 亞麻(아마) 亞聖(아성) 亞洲(아주) **다음 아, 버금 아**
곱사등이가 마주선 모양 곱사등이는 보통사람 **다음**이라는 뜻		
  口 입의 모양 (입 구)	 啞	**약** 哑 yā, yǎ 야 啞嘔(아구) 啞啞(아아) 啞然(아연) **벙어리 아**
입이 보통사람 **다음**인 자가 곧 벙어리다		
	 兒	**약** 儿 ér 얼 幼兒(유아) 豚兒(돈아) 健兒(건아) 兒名(아명) **아이 아**
머리 위 숫구멍이 채 아물지 않아 머리가 **절구통**같은 **사람**이 **아이**다.		
  衙 衙	 衙	yá 야 衙內(아내) 衙牒(아첩) 衙推(아추) 公衙(공아) **마을 아, 관청 아**
사거리를 걸어 다섯 명(吾)이 마을(관청)으로 가다		

	牙	yá 야 象牙(상아) 牙器(아기) 牙山(아산) 牙城(아성) **어금니 아**
어금니의 모양을 본뜬 자		
	芽	yá 야 筍芽(순아) 腋芽(액아) 發芽(발아) 摘芽(적아) **싹 아**
풀싹이 돋아나는 모양 (풀 초)		
풀이 어금니같이 나오는 게 싹이다		
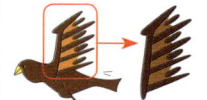	訝	약 讶 yá 야  訝惑(아혹) 驚訝(경아) **의심할 아, 맞이할 아**
수염을 들먹이며 입으로 말하는 모양 (말씀 언)		
상대를 말을 듣고 어금니를 물고 의심하며 맞이하다		
	雅	yǎ 야 雅淡(아담) 雅樂(아악) ※ 갈까마귀의 울음소리는 맑다 **갈까마귀 아, 맑을 아** 
날개를 편 새의 모양 (새 추)		
어금니를 부딪치는 소리를 내는 새가 갈까마귀다		
	呀	yā 야 呀! 下雪了(아! 해설료) 아! 눈이다 **입 딱 벌릴 아**
입의 모양 (입 구)		
입 안을 어금니가 보일정도로 입을 딱 벌리다		
	鴉	약 鸦 yā 야  鴉鶻(아골) 난추니. 새매의 수컷 鴉科(아과) 까마귀과 **갈까마귀 아, 검을 아**
새의 모양 (새 조)		
어금니를 부딪치듯이 소리 내 우는 새가 갈까마귀다		

아

 벌레의 모양 (벌레 충)	 蚜	yá 야 蚜虫(아충) 진드기 **진드기 아**
벌레로 어금니로 물듯 세게 무는 게 진드기다		
	我	wǒ 워 無我(무아) 小我(소아) 我國(아국) 我軍(아군) **나 아**
손에 창을 쥐고 나를 지키다		
 사람이 서 있는 모양 (사람 인)	俄	é 어 俄刻(아각) **잠깐 아, 아까 아**
사람이 나의 일을 아까 잠깐 도와주다		
 집에서 정미기에 양식을 찧어 밥을 하다 (밥 식)	 餓	약 饿 è 어  餓狼(아랑) 飢餓(기아) **굶을 아, 주릴 아**
밥이 나에게 없으니 굶다		
 새의 모양 (새 조)	 鵝	약 鹅 é 어 鵝毛(아모) 거위의 깃털, 가볍고 미세한 것. 하찮은 것. **거위 아**
집에서 나를 지켜주는 새가 거위다		
 벌레의 모양 (벌레 충)	 蛾	é 어 蠶蛾(잠아) 누에나방 **나방 아, 누에나방 아**
벌레로 나에게 이로움을 주는 게 누에나방이다		

 (언덕 부) (옳을 가)			阿	ā, a, ē 아, 아, 어 阿諂(아첨) 阿婆(아파) **언덕아, 아부할 아** 

언덕에 오를때같이 굽혀 선물하며 **옳습니다**하고 **아부하다**

 입의 모양 (입 구)		啊	ā, á, ǎ, a 아 啊, 失火了(아, 실화료) 아이고, 불이야! **사랑할 아, 어조사 아**

입으로 아부하니 **사랑하다**

	(두번째 아)		
 곱사등이는 보통사람 다음가는 두번째 사람이다 (다음 아, 두번째 아)	 (마음 심)	惡	**악** 惡 è 어 惡評(악평) 惡漢(악한) 憎惡(증오) 醜惡(추악) **악할 악, 악할 오**

사람이 선한 마음 **다음**에 두번째로 가진 **마음**이 **악**이다

  (마음 심)		愕	è 어 愕愕(악악) 愕然(악연) **놀랄 악**

마음이 떨려 **입을 하나의 드릴** 길이 만큼 벌리로 **놀라다**

  물고기의 모양 (고기 어)		鰐	**악** 鰐 è 어 鰐魚科(악어과) 鰐魚類(악어류) **악어 악**

고기같이 생겨 **입을 한 드릴**만큼 벌리는 놈이 **악어**다

(집 사)			
 보따리를 들고 목적지 (이를 지) 땅에 이르다 (이를 지)	(손 수)	握	wò 워 倦握(권악) 握力(악력) 掌握(장악) 把握(파악) **쥘 악**

손으로 **집**에 **이르러** 가구를 옮기려고 **쥐다**

아 악

336

교방고 : 북의 일종

약 乐 lè 러

樂園(낙원) ① 살기 좋은 즐거운 장소 ② 천국

풍류 악, 즐길 락

교방고의 모양을 본뜬 자, 교방고를 치며 **즐기다**

(반달도끼 근) (메 산)

yuè 위에

岳狩(악수)　雉岳(치악)
山岳(산악)　岳母(악모)

큰산 악

반달도끼를 세운듯 높은 **산**이 **큰산**이다

è 어

噩耗(악모) 사망통지, 부고(訃告)
噩噩(악악) 엄숙한 모양

놀랄 악, 엄숙할 악

유골함이 쌓인 걸 보고 **놀라**며 행동이 **엄숙하다**

(새 추)　(새 추)　(바위 엄)
　　　　　　(사람 인) (새 추)

yàn 앤

木雁(목안)　雁奴(안노)
雁堂(안당)　雁信(안신)

기러기 안

바위틈에 살며 **사람**같이 행동하는 **새**가 **기러기**다

※ (기러기는 짝이 죽으면 두번 다시 짝짓지 않기 때문임)

벼를 붓지 않으니 쌀 나오는 것이 멈추다 (멈출 간)　(눈 목) (멈출 간)

yǎn 이엔(앤)

眼帶(안대)　眼炎(안염)
眼中(안중)　眼疾(안질)

눈안, 눈알 안

눈에 멈추어 있는 것이 **눈알**이다

(메 산)
(방패 간)　(바위 엄) (방패 간)

àn 안

沿岸(연안)
彼岸(피안)

언덕 안, 낭떠러지기 안

산밑 **바위**가 **방패**같이 평평한 곳이 **낭떠러지기 언덕**이다

   (집 면) (계집 녀)	安	ān 안 安樂(안락) 安易(안이) 安存(안존) 便安(편안) **편안할 안**
집에 여자가 있으면서 일을 돌보니 (집안이) 편안하다		
   양손으로 괭이를 잡고 있는 모양 (손 수)	按	àn 안 按摩(안마) 按撫(안무) **어루만질 안, 누를 안** 
손으로 편안하게 해 주려고 어루만지며 누르다		
  나무의 모양 (나무 목)	案	àn 안 案內(안내) 案出(안출) 提案(제안) 法案(법안) **책상 안, 생각할 안**
(목수가) 편안하게 쓸 나무 책상을 생각하다		
  나뭇살을 대어 가죽을 말리는 모양 (가죽 혁, 고칠 혁)	鞍	ān 안 鞍馬(안마) 鞍鼻(안비) 玉鞍(옥안) 征鞍(정안) **안장 안**
가죽으로 편안하게 쓰려고 만든 것이 안장이다		
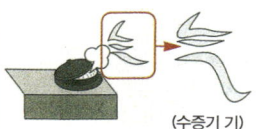  (수증기 기)	氨	ān 안 氨基酸(안기산) 아미노산 氨水(안수) 암모니아수 **암모니아 안**
공기에서 편안하게 쓰려고 뽑은게 암모니아다		
  (머리 혈)	顔	약 颜 yán 안 顔料(안료) 顔面(안면) 顔色(안색) 花顔(화안) **얼굴 안**
서 있는 바위까지 머리결이 늘어진 얼굴		

yān 옌

殷紅(안홍)
검붉은 색, 검붉은 핏자국

검붉은 빛 안, 은나라 은

북을 즐겨 두들겨 풍류가 성했던 나라가 **은나라**다

(수레 거/차 차)

약 轧 yà 야

軋軋(알알) 嘔軋(구알)
鳴軋(명알) 侵軋(침알)

삐걱거릴 알

수레의 굴대가 휘니 **삐걱거리다**

약 谒 yè 예

拜謁(배알)
謁見(알현)

아뢸 알

여쭐 말씀을 다하고 그쳐 할말을 다 **아뢰다**

è 어

遏情(알정)
사귀어 맺은 정을 끊음

막을 알

고통이 그치게 달려가서 (전통제로) **막다**(위의 謁자 참조)

wā 와

挖掘(알굴)
파다, 캐다, 발굴하다

팔 알(파다, 파내다)

손으로 굴을 몸을 새같이 해 **파다**

yán 이엔

癌汁(암즙) 癌瘡(암창)
肝癌(간암) 舌癌(설암)

암 암

병으로 바위 산같이 종기가 돋는 것이 **암**이다

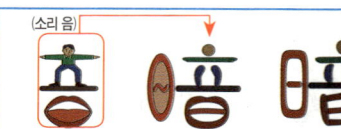 

(소리 음) 서서 입을 여니 소리가 난다 (해 일) (소리 음)

àn 안

暗躍(암약) 暗鬪(암투)
暗行(암행) 暗號(암호)

어두울 암

해가 지니 **소리**만 들릴 정도로 **어둡다**

(집 엄) (펼 신)

àn 안

庵室(암실)
庵主(암주)

암자 암, 초막 암

집을 실을 풀듯 나무껍질을 **크게 풀어** 덮은 작은 집이 **암자**다

사람이 서 있는 모양 (사람 인) (펼 신)

ǎn 안

우리와 나
(듣는 사람은 포함되지 않음)

나 엄, 나 암

사람에게 뜻을 **크게 풀어**(펴) **나**를 알리다

(메 산) 입으로 바위에서 못을 귀에 박듯 귀 따갑게 소리치니 엄하다 (엄할 엄) (엄할 엄)

약 岩 yán 이엔

巖扉(암비) 奇巖(기암)
巖窟(암굴) 巖盤(암반)

바위 암

산에 **엄하게** 버티고 있는 것이 **바위**다

jiǎ 지아

甲富(갑부) 甲種(갑종)
甲蟲(갑충) 甲板(갑판)

갑 갑, 첫째천간 갑

갑주를 거꾸로 든 모양. **갑옷**은 **첫째**가는 전투복이라는 뜻

양손으로 괭이를 잡고 있는 모양 (손 수)

yàn 야

押送(압송)
押收(압수)

누를 압

손이 **첫째**로 활용될 때가 누를 때다

새의 모양 (새 조)

약 鴨 yā
家鴨(가압) 水鴨(수압)
오리 압

보신용으로 **첫째**가는 새가 오리다

약 压 yā, yà 야, 야
壓力(압력) 壓迫(압박)
壓死(압사) 血壓(혈압)
누를 압

바위 밑에서 **날마다 고기**로 **개**를 잡아먹고 찌꺼기를 **흙**으로 덮어 **누르다**   ※(옛날 유목시대에는 개고기를 주식으로 하였음)

yāng 양
扇央(선앙) 年央(연앙)
中央(중앙) 震央(진앙)
가운데 앙

목도리를 목 **가운데** 감고 있는 모양

벼의 모양 (벼 화)

yāng 양
秧苗(앙묘) 秧揷(앙삽)
秧田(앙전) 秧針(앙침)
모 앙

벼가 **가운데** (반) 쯤 자란게 **모**다

살이 썩어 뼈만 앙상하게 남은 모양 (죽을 사)

yāng 양
苛殃(가앙) 殃禍(앙화)
災殃(재앙)
재앙 앙

죽음에 이르는 길 **가운데** 처한 것이 **재앙**이다

새의 모양 (새 조)

약 鸯 yāng 양
鴛鴦(원앙)
靑鴦(청앙)
원앙새 앙

가운데 틈도 없이 딱 붙어 사는 **새**가 원앙새다

卬 높을 앙

토끼가 앞다리를 넣고 **뒷다리**를 펴 몸을 **높인** 모양

yǎng 양
信仰(신앙)
仰望(앙망)
우러러볼 앙

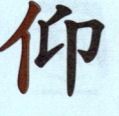

사람이 서 있는 모양 (**사람 인**)

사람이 높게되니 우러러보다

yáng 양
昂騰(앙등) 昂昂(앙앙)
昂然(앙연)
오를 앙

해의 모양(해가 떠서 새날이 온다는 뜻)(**해 일,날 일**)

해가 높게 떠 오르다

āng 앙

肮交易(앙교역) 더러운 거래

더러울 앙, 목구멍 항

몸통 부분인 갈비뼈의 모양 (**몸 육, 고기 육**) (**목 항**)

몸에서 **목** 가운데가 **목구멍**이다

ai 아이

蓬艾(봉애) 艾葉(애엽)
灼艾(작애) 鍼艾(침애)
쑥 애

(풀 초)

풀로 베어도 쉬 자라는 풀이 **쑥**이다

āi 아이

哎呀(애아) 아야! 아아! 아이구!

애통해하는 소리 애

(입 구) (풀 초)

입으로 **쑥** 뜸을 할때 내는 소리가 애통해하는 소리다

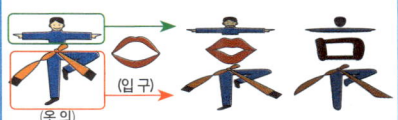

āi 아이

哀悼(애도)
哀憐(애련)

슬플 애

옷으로 입을 막고 슬프게 운다

āi 아이

唉! 可怜!(애! 가령!)
아! 가엽구나!

대답할 애

입으로 쟁기와 화살을 보고 (뜻을) 대답하다

āi, ái 아이, 아이

挨打(애타) 매맞다, 구타당하다

맞댈 애, 칠 애

손을 쟁기같이 굽여 화살같은 회초리로 치다

āi 아이

埃滅(애멸) 煙埃(연애)
塵埃(진애) 土埃(토애)

티끌 애

흙에 쟁기와 화살촉이 닿으니 티끌(먼지)이 일다

yá, ái 야, 아이

崖穴(애혈)
岐崖(기애)

낭떠러지 애

산밑 바위와 흙이 켜켜이 쌓여 낭떠러지를 이루다

yá 야

生涯(생애) 水涯(수애)
際涯(제애) 天涯(천애)

물가 애

물 옆 바위와 흙이 층을 이루고 있는 곳이 물가다

(덮을 멱) (손(톱) 조)    (기슴 심) (천천히 갈 치)	**약 愛** ài 아이  愛撫(애무) 愛情(애정) **사랑 애**
손을 덮어씌운 젖가슴 속으로 천천히 넣으며 사랑하다	
입의 모양 (입 구)	**약 噯** ài 아이  噯氣(애기) 〈생리〉 트림 **애통해 하는 소리 애, 숨 애**
(님이) 입으로 사랑에 흥분해 애통해하는 소리를 내다	
(아침 단)    (돌 석) (손/마디 촌)	**동 礙** ài 아이  礙子(애자) 拘礙(구애) 障礙者(장애자) **장애 애, 막을 애, 거리낄 애**
돌을 아침부터 손으로 들어 장애물 되게 막다	
옆으로 누운(물 수)  →   (물 수) 물을 그릇에 부어 더하다 (더할 익) (언덕 부) (더할 익)	ài 아이  隘巷(애항) 困隘(인애) **좁을 애**
언덕같은 담장이 더하여지니 주위가 좁다	
(풀 초)  →  낮에 닭목을 칼로 치니 숨이 그치다 (그칠 간) (말씀 언) (그칠 간)	**약 藹** ǎi 아이  藹藹(애애) 초목이 무성한 모양 **우거질 애**
풀이 말소리가 그칠(퍼지지 못할) 정도로 우거지다	
 →  집에 각각 찾아온 분이 손님이다 (손 객) (손 객) (머리 혈)	**약 額** é 어  額數(액수) 額子(액자) 額字(액자) 殘額(잔액) **이마 액, 액수 액**
손님의 머리 수효에 따라 숙박비의 액수를 정하다	

  液

yè 예

液狀(액상)
液汁(액즙)

진 액, 즙 액

갓 쓴 사람이 저녁 때 지팡이를 의지해 밤길을 가다 (물 수) (밤야)

물같은 진액이 **밤**같이 컴컴한 덩이 속에서 나오는 것이 **즙**이다

    腋

yì 이

腋氣(액기) 腋毛(액모)
腋芽(액아) 腋臭(액취)

겨드랑이 액

갓 쓴 사람이 저녁 때 지팡이를 의지해 밤길을 가다 (몸 육) (밤야)

몸에서 **밤**같이 해가 비치지 않는 곳이 **겨드랑이**다

   掖

yì 이

掖門(액문)
궁전의 양쪽 곁에 있는 작은 문

낄 액

갓 쓴 사람이 저녁 때 지팡이를 의지해 밤길을 가다 (밤야) (손수)

손으로 **밤**마다 님을 옆에 **끼다**

 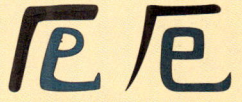 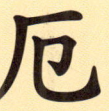 厄

è 어

罹厄(이액) 厄煞(액살)
厄年(액년) 厄運(액운)

재앙 액

(바위 엄) (구부릴 절)

바위밑에 **구부리고** 있다가 **재앙**을 당하다

   扼

è 어

扼據(액거) 扼殺(액살)
扼喉(액후) 衡扼(형액)

잡을 액

양손으로 괭이를 잡고 있는 모양 (손 수)

손으로 넘어질 뻔한 **재앙**을 붙**잡아** 면하다

    鶯

약 莺 yīng 잉

鶯谷(앵곡) 鶯遷(앵천)
老鶯(노앵) 黃鶯(황앵)

꾀꼬리 앵

(덮을 멱) (새 조)

불꽃을 **덮어쓴** 양 화려한 차림으로 노래하는 **새**가 **꾀꼬리**다

 (나무 목) (어릴 영)		약 櫻 yīng 잉 櫻脣(앵순) 櫻花(앵화) 梅櫻(매앵) 山櫻(산앵) **앵두 앵**
나무 열매로 **어린**(작은) 과일이 **앵두**다		
 (어릴 영) (새 조)		약 鸚 yīng 잉 鸚鵡(앵무) 앵무새, 벙어리 鸚鵡石(앵무석) 공작석의 하나 **앵무새 앵**
어린애같이 말하는 **새**가 **앵무새**다		
 (귀 이) (마을 읍)		yé 예 有耶無耶(유야무야) 千耶萬耶(천야만야) **아버지 야, 어조사 야**
귀로 **마을** 사정을 듣고 돕는 이가 **아버지**다		
 나무의 모양 (나무 목)		yīng 이에 椰子(야자) 야자나무 또는 그 열매 **야자나무 야**
(열대)**나무**중에 **아버지같은** 나무가 아자나무다		
 아버지의 모양 (아비 부)		약 爺 yé 예 爺孃(야양) 老爺(노야) 阿爺(아야) 太爺(태야) **아비 야**
아버지의 아버지도 아비다		
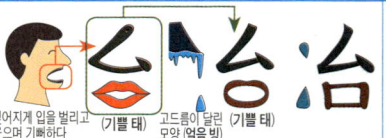 찢어지게 입을 벌리고 웃으며 기뻐하다 (기쁠 태) 고드름이 달린 (기쁠 태) 모양 (얼음 빙)		yé 예 冶金(야금) 冶鎔(야용) **풀무 야, 쇠녹일 야**

얼음을 녹이듯 **기쁘게 풀무**질하여 **쇠**를 녹이다		

野 yě 예

野望(야망) 野薄(야박)
野慾(야욕) 草野(초야)

들 야

마을의 이정표를 본뜬 글자 / (마을 리)

마을 사람들이 창을 들고 곡식을 지키는 곳이 들이다

惹 rě 러

惹起(야기)
惹端(야단)

야기할 야

약초를 오른손으로 마음먹고 캐 횡재를 야기하다

夜 yè 예

夜學(야학) 夜會(야회)
除夜(제야) 晝夜(주야)

밤 야

갓 쓴 사람이 저녁 때 지팡이에 의지해 밤길을 가다

也 yě 예

獨也(독야) 厥也(궐야)
初也(초야) 必也(필야)

이끼 야, 뱀 야, 이다 야

뱀을 보고 이크! 야 뱀이다하고 소리치는 모양

🔴 葯 yào 야오

藥果(약과)
藥理(약리)

약 약

풀로서 병자에게 즐거움을 주는 것이 약(초)이다

🔴 跃 yuè 위에

欣躍(흔약) 跳躍(도약)
飛躍(비약) 暗躍(암약)

뛸 약

새가 날기 직전 발과 깃을 펴 날개치며 뛰다

 (풀 초) (오른쪽 우)			若	ruò 루오 萬若(만약) 般若(반야) 傍若無人(방약무인) **같을 약**

식용 **풀**을 **오른손**으로 **같은**걸 골라따다

 (움켜잡을 작)	 (실 사)	 (움켜잡을 작)	約	약 約 yuē 위에 約束(약속) 約婚(약혼) **약속할 약, 맺을 약** 

(청실 홍실) **실**을 **움켜 잡**고 부부인연을 **약속하다**

			입의 모양 (입 구)	哟	약 哟 yō, yo 요, 요 用力哟(용력약) 힘써보자 **어조사 약**

입으로 **약속**한듯 **어조사**말로 독려하다

			弱	ruò 루어, 뤄 弱冠(약관) 弱點(약점) 老弱(노약) 貧弱(빈약) **약할 약**

부러져 **동여맨 활**은 **약하다**

(뭉치 륜)  집안에 있는 책 뭉치의 모양	 (쇠 금) (뭉치 륜)		鑰	약 钥 yuè 위에 鑰牡(약모) 자물쇠와 열쇠 鑰鉤(약구) 약시 **자물쇠 약**

쇠로 쇠 **뭉치**같이 만든 게 **자물쇠**다

 집에서 정미에 찧은 곡식으로 밥을 짓다(밥 식)	(양 양)  (밥 식)		養	약 养 yǎng 양 養分(양분) 養魚(양어) 養育(양육) **기를 양, 봉양할 양**

양고기와 **밥**을 먹고 몸을 **기르다**

약
양

약 癢 yǎng 양

癢痛(양통) 技癢(기양)
掃癢(소양)

가려울 양

병실의 모양 (병들 안 병질 안)

피부 **병**을 그냥 두어 **기르듯**하니 가렵다

yáng 양

羊角(양각)
羊頭(양두)

양 양

(풀을 먹는) **양**의 모양

 洋

yáng 양

洋弓(양궁)
洋服(양복)

큰바다 양

물방울이 떨어지는 모양 (물 수)

물결이 **양**떼같이 이는 곳이 **큰 바다**다

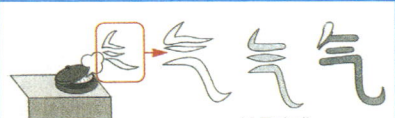 氧

yǎng 양

氧化(산화) 酸化(산화)
氧氣(산기)

산소 양

(수증기 기)

공기중에 **양**처럼 순수한 기체가 산소다

 樣

약 样 yàng 양

樣相(양상)
樣式(양식)

모양 양, 무늬 양

여러 갈래의 물이 합쳐져 길게 흐르다 (길 영) (나무 목) (길 영)

나뭇결이 **양** 곱창같이 **길게** 이어진 여러 모양의 무늬

 漾

yàng 양

漾碧(양벽)
푸른 빛을 물 위에 뜨게 함

출렁거릴 양, 들 양

여러 갈래의 물이 합쳐져 (물 수) (길 영)
길게 흐르다 (길 영)

물이 **양**의 곱창같이 **길게** 흐르며 출렁거리다

양

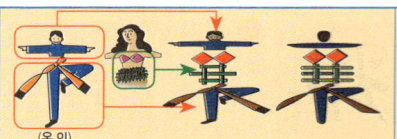 (옷 의)	襄	xiāng 씨앙(샹) 宋襄(송양) 襄同(양동) 襄陽(양양) **겹겹이 감쌀 양, 도울 양**

옷속의 몸을 브래지어와 넓은 띠로 **겹겹이 감싸다**

 싹이 흙위에 돋아나는 모양 (**흙토**)		rǎng 랑 穹壤(궁양) 擊壤(격양) 天壤(천양) 土壤(토양) **흙덩이 양**

흙이 **겹겹이 감싸인** 것이 흙덩이다

 입의 모양 (**입 구**)	嚷	양 嚷 rǎng, rāng 랑 嚷了一聲(양료일성) 한마디 크게 외쳤다 **소리 지를 양**

입으로 **겹겹이 감싼** 감시망을 뚫고 소리지르다

  양손으로 괭이를 잡고 있는 모양 (**손 수**)	攘	rǎng 랑 攘除(양제) 攘斥(양척) **물리칠 양** 

손을 **겹겹이 감싼** 주먹으로 쳐 물리치다

 (**오이 과**)		ráng 랑 表瓤(표양) 시계의 속 부분 **박속 양, 박 양**

겉이 단단하게 **겹겹이 싸인** 외(오이)과 식물이 박이다

 쇠를 다루는 대장간의 모양 (**쇠 금**)		양 鑲 xiāng 씨앙(샹) 鑲嵌(양감) 끼워 넣다, 상감하다 **끼울 양**

(귀중품을) 쇠로 **겹겹이 싸서** 끼우다

수염을 들먹이며 입으로 말하는 모양 (말씀 언)

약 让 ràng 랑

分讓(분양) 辭讓(사양)
禪讓(선양) 移讓(이양)

사양할 양

인사말을 **겹겹이 감싸**서 사양하다

※ 술은 닭이 해에 오른 저녁에 먹는 음식이라는 데서 술과 닭의 뜻을 가짐.

술병을 본뜬 자 (술 유·닭 유)

약 酿 niàng 니앙

釀甕(양옹) 釀造(양조)
野釀(야양) 自釀(자양)

술빚을 양, 술 양

술병을 **겹겹이 감싸** 따뜻하게 해서 술을 빚다

yáng 양

陽의 옛자

햇살퍼질 양

지평선에 햇살이 퍼지는 모양

지팡이의 모양 (글자 왼에 붙을 시 → 언덕 부)

약 阳 yáng 양

陽光(양광) 陽氣(양기)
陽地(양지) 陽傘(양산)

볕 양, 양지 양

언덕에 햇살이 퍼지니 볕이 들다

양손으로 괭이를 잡고 있는 모양 (손 수)

약 扬 yáng 양

宣揚(선양)
揚陸(양륙)

날릴 양

손에 든 것을 햇살이 퍼지듯 날리다

나무의 모양 (나무 목)

약 杨 yáng 양

綠楊(녹양)
垂楊(수양)

버들 양

나무가지가 햇살이 퍼지듯 늘어진 게 버들이다

    (물 수)	yū 위 淤血(어혈) 어혈이 지다 **진흙 어**
물길을 쟁기로 사람이 여니 진흙벌이 되다	
 (말씀 언)(나 오)	약 语 yǔ, yù 위, 위 語感(어감) 語法(어법) 語源(어원) **말씀 어**
말로 나의 생각을 말씀드리다	
	약 鱼 yú 위 魚卵(어란) 魚雷(어뢰) 乾魚(건어) 稚魚(치어) **고기 어, 물고기 어**
물고기의 모양	
 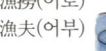 물방울이 떨어지는 모양(물 수)	약 渔 yú 위 漁撈(어로) 漁夫(어부) **고기잡을 어** 
물에서 물고기를 잡다	
 (갈 척)	yù 위 御命(어명) 御使(어사) 御用(어용) 制御(제어) **임금 어, 모실 어**
빨리가서 술독의 술을 퍼드리며 임금을 모시다	
 신에게 보이려고 젯상을 차려놓은 모양(보일 시,젯상 시)	yù 위 禦戰(어전) 禦寒(어한) 彊禦(강어) 制禦(제어) **막을 어, 부릴 어**
임금을 모시는 자가 주위를 보며 위험을 막다	

 意 yì 이

意見(의견)
意思(의사)

뜻 의

서서 말로 **마음** 먹은 바를 나타낸 것이 **뜻**이다

 億

사람이 서 있는 모양 (**사람인**)

약 亿 yì 이

億萬長者(억만장자)
億兆蒼生(억조창생)

억 억, 헤아릴 억

사람의 **뜻**은 수 **억** 가지이다

 憶

젖가슴을 짚어보이는 모양 (**가슴 심, 마음 심**)

약 忆 yì 이

記憶(기억)
憶昔(억석)

생각할 억, 기억할 억

마음으로 **뜻**한 바를 생각하다

 抑

(손 수) (높을 앙)

yì 이

抑留(억류)
抑壓(억압)

누를 억

손을 토끼가 몸을 높이듯 **높게** 들어 아래로 **누르다**

彥 彦 彦 彦

yàn 이앤, 앤

彥士(언사) 彦會(언회)
諸彦(제언)

선비 언

서서 바위까지 **머리결**을 늘어트린 자가 더러운 **선비**다

  諺

수염을 들먹이며 입으로 말하는 모양 (**말씀 언**)

약 谚 yàn 얘, 이앤

諺語(언어) 諺問(언언)
俗諺(속언) 野諺(야언)

상말 언, 속언 언

말로 **선비**의 몰꼴같이 지저분한 말이 상말이다

 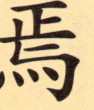

yān 이앤

終焉(종언)
於焉間(어언간)
어찌 언, 의심쩍을 언

가지에 **바르게** 새가 **어찌** 앉을까 **의심쩍다**

 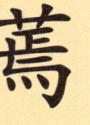

niān 녠

蔫呼呼(언호호) 〈성격이〉
연약하고 대담하지 못한 모양
시들 언

풀이 어찌해 시드는지 모르겠다

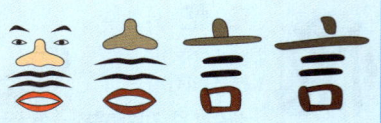 

yán 이엔, 앤

言質(언질) 言爭(언쟁)
暴言(폭언) 豪言(호언)
말씀 언

수염과 입을 들먹이며 **말씀**하다

yán 앤

門唁(문언) 唁電(언전)
阻唁(조언) 弔唁(조언)
위문할 언

입으로 **말씀**을 드리며 **위문하다**

yàn 앤

石堰(석언)
廢堰(폐언)
방죽 언

흙을 일정한 구역에 날마다 날라 여자가 방죽을 쌓다

niè 네

孼子(얼자) 서자(첩의 아들)
서자 얼

풀밭에서 **많은 어려운** 일을 하는 **아들**이 **서자다**

 嚴 嚴 嚴

🔴 약 严 yán 이엔

嚴罰(엄벌) 嚴密(엄밀)
嚴守(엄수) 莊嚴(장엄)

엄할 엄

입으로 바위에서 못을 귀에 박듯 귀 따갑게 소리치니 **엄하다**

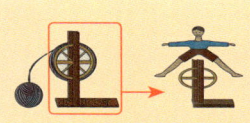 (큰 대)   (펼 신)

奄 yǎn 얜

奄留(엄류) 奄然(엄연)
奄虞(엄우) 奄運(엄지)

덮을 엄, 내시 엄

천을 크게 실 풀듯 풀어(펴)서 몸을 **덮다**

   사람이 서 있는 모양 (**사람인**)

俺 ǎn 안

俺設(엄설) : 나의 설명

나 엄(나, 우리)

사람이 다 자기를 먼저 **덮어 나**를 보호하다

   양손으로 괭이를 잡고 있는 모양 (**손 수**)

掩 yǎn 이엔

掩土(엄토)
掩蔽(엄폐)

가릴 엄

손으로 **덮어 가리다**

    물방울이 떨어지는 모양 (**물 수**)

淹 yān 이엔

淹沒(엄몰) 물 속에 빠짐
淹漬(엄지) 물에 잠기게 함

담글 엄, 넓을 엄

물로 **덮어서 담그다**

    몸통 부분인 갈비뼈의 모양 (**몸 육, 고기 육**)

腌 yān 이엔

腌肉(엄육) 소금에 절인 고기
腌魚(엄어) 소금에 절인 생선

절일 엄, 업

고기를 소금물로 **덮어 절이다**

	業	**약** 业 yè 예 業績(업적) 修業(수업) 職業(직업) 營業(영업) **업 업, 직업 업**
화초 키우는 **일**을 **업**으로 삼다		
 (큰대) (술유)(펼신) 	醃	yān 앤 醃肉(엄육) 소금에 절인 고기 醃魚(엄어) 소금에 절인 생선 **절일 업, 절일 엄**
술을 크게 풀어(부어) 절이다		
 팔로 철창살을 힘써 벌리는 모양 (힘 력) (힘 력) (힘 력)		lì 리 荔江(여강) 광서성에 있는 강 **여지 여(지명에 쓰이는 글자)**
풀밭(초원)을 힘과 힘과 힘을 써 개척한 곳이 **여지**땅이다		
 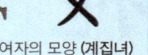 여자의 모양 (계집녀)		nǚ 뉘 女史(여사) 仙女(선녀) 聖女(성녀) **같여자 녀(여), 계집 녀**
여자의 모양을 본뜬 글자		
 (계집녀) (입구)		rú 루 如實(여실) 如前(여전) **같을 여** 
여자의 입은 수다스럽기가 다 **같다**		
		yú, yǔ 위, 위 予奪(여탈) 欲取先予(욕취선여) **나 여, 줄 여**
창을 나에게 **주다**		

				**동** 餘 yú 위 余等(여등) 余輩(여배) 余月(여월) 殘余(잔여) **남을 여, 나 여**
네 기둥집 대신 두 기둥 집을 지으면 기둥이 **남다**			
 (받쳐들 공)				**약** 与 yǔ, yú, yù 위 與黨(여당) 與否(여부) 與奪(여탈) 贈與(증여) **더불 여, 참여할 여, 줄 여**
손에 스패너를 받쳐들고 더불어 정비에 **참여하다**			
 (받쳐들 공)				**약** 輿 yú 위 喪輿(상여) 輿隷(여례)  **수레 여, 가마 여, 많을 여**
양손으로 받쳐들고 수레같이 나르는 것이 **가마**다			
				yì 이 盜亦有道(도역유도) 亦是(역시) 亦然(역연) **또 역**
거북이가 목을 넣었다가 **또** 내민다는 뜻			
				yì 이 役事(역사) 役員(역원) 助役(조역) 主役(주역) **부릴 역**
(바삐갈척)(두들길 수)			
바삐가라고 두들기며 (종을) **부리다**			
	(병들 안)	 (두들길 수)		yì 이 檢疫(검역) 免疫(면역) 防疫(방역) 疫疾(역질) **전염병 역, 염병 역**
병으로 두들겨쳐 무찔러야 할 병이 **전염병**이다			

여 역

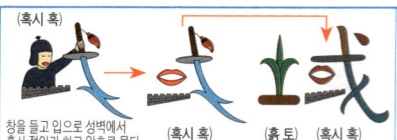

	yù 위
	域外(역외) 聖域(성역)
	地域(지역) 流域(유역)
域	**지경 역**

흙(땅)이 혹시 섞일까봐 갈라놓은 것이 **지경**이다

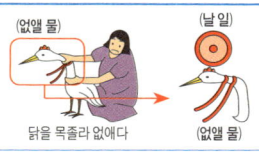  

	yì 이
易	易學(역학) 交易(교역)
	容易(용이) 簡易(간이)
	쉬울 이, 바꿀 역

날을 잡아 닭을 목졸라 없애 쉽게 닭 운명을 **바꾸다**

	nì 니
逆	逆情(역정) 逆浪(역랑)
	逆流(역류) 逆戰(역전)
	거스를 역

(일을) 거꾸로 진행해 가면서 명을 **거스르다**

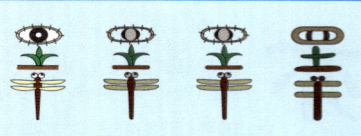 

睪	yì 이
	엿볼 역(사찰하다)

눈으로 흙에 앉은 잠자리가 주위를 **엿보다**

	약 绎 yì 이
繹	繹騷(역소)
	繹如(역여)
	풀어낼 역, 찾을 역

실을 엿보며(살피며) 엉클어진 것을 **풀어내다**

	약 译 yì 이
譯	佛譯(불역) 譯書(역서)
	重譯(중역) 直譯(직역)
	번역할 역

(외국)말을 엿볼 수 있게 **번역하다**

	rán 란
(고기 육) (개 견) (불 화)	然 本然(본연) 必然(필연) 浩然(호연) 依然(의연) **그러할 연**

고기로 개를 잡아 먹을 때는 숯**불**에 **그러하게** 그을러야 한다

	rán 란
장작에 불이 붙어 타는 모양 (불 화)	燃 燃比(연비) 燃燒(연소) 可燃(가연) 不燃(불연) **불사를 연, 그슬릴 연**

불 놓아 **그러하게** 불사르다

	약 淵 yuān 위앤
(물 수)	淵 淵沼(연소) 淵奧(연오) 淵源(연원) 淵澄(연징) **못 연**

물을 좌우에 둑을 **쌓아** 모아놓은 곳이 **못**이다

	약 硯 yàn 얜
(돌 석) 눈으로 사람이 보다 (볼 견)	硯 硯滴(연적) 硯池(연지) **벼루(돌) 연**

돌중에 글 쓰는 것을 늘 **보는 돌**이 **벼루(돌)**이다

	약 烟 yān, yīn 이엔, 인
(불 화) (흙 토)	煙 煙滅(연멸) 煙霧(연무) 煙霞(연하) 黑煙(흑연) **연기 연, 담배 연**

불을 가방 속의 **흙**(방화사)으로 끄니 **연기**가 나다

	yǎn 앤
사거리의 모양 (다닐 행) (물 수)	衍 墳衍(분연) 衍文(연문) 衍義(연의) 衍字(연자) **넘칠 연, 넓을 연**

다니는 길까지 **물**이 **넘쳐 넓다**

	yán 이엔
공룡이 천천히 걷는 모양　(천천히 걸을 인)	延期(연기) 延發(연발) **끌 연, 늘일 연**

(몸을) **바르지 않게** 해서 **천천히 걷느라** 발을 **끌다**

    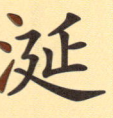

물방울이 떨어지는 모양 (물 수)

xián 시앤

涎篆(연전)
달팽이같은 벌레가 내는 점액
침 연, 점액 연

생물의 몸에서 **물같은** 걸 **끌어낸** 것이 **점액(침)**이다

(못 연)　(물 수)　(못 연)

yán 이엔

沿邊(연변)　沿岸(연안)
沿海(연해)　沿革(연혁)
좇을 연, 물가 연

물이 **못(연못)**을 **좇아** 흘러가는 **물가**

(못 연)　대장간의 모양(쇠금)　(못 연)

약 铅 qiān, yán 치엔, 이엔

鉛鑛(연광)　鉛鐵(연철)
鉛筆(연필)　鉛版(연판)
납 연

쇠로 그 빛깔이 **못(연못)**의 물빛같이 검푸른 것이 **납**이다

(입 구)
(손 수)　(고기 육)

juān 쥐엔

捐忘(연망)　捐背(연배)
捐補(연보)　義捐(의연)
버릴 연, 덜 연

손에 **입**으로 씹던 **고기**가 상해 받아 **버리다**

(집 면)
(계집 녀)

yàn 이엔

宴饗(연향)　家宴(가연)
甲宴(갑연)　宴居(연거)
잔치 연

집에서 **날**을 잡아 **여자**들이 **잔치**를 열다

360

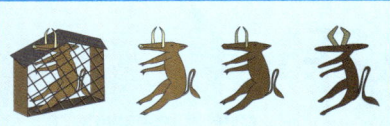 

tuàn 투안

彖傳(단전)
주역의 십익(十翼)의 하나

끊을 단, 뚫을 단

뻐드렁니로 돼지가 우리를 끊다(뚫다)

실타래의 모양 (실 사)

약 緣 yuán 위앤

緣故(연고)
緣分(연분)

가장자리 연, 인연 연

실로 옷의 끊어진 가장자리를 잇듯 사람과 인연을 맺다

황이 묶인 불화살 (물 수) (집 면)

yǎn 이엔

演技(연기) 演壇(연단)
演士(연사) 助演(조연)

펼 연, 익힐 연

물가 집에서 황이 묶인 불화살 쏘는 법을 익히다

(수레 거) (하품 흠)

약 軟 ruǎn 루안

軟禁(연금) 軟性(연성)
軟水(연수) 軟化(연화)

부드러울 연, 연할 연

수레의 굴러감이 하품(졸음)이 올만큼 부드러웁다

  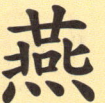

yàn, yān 기엔, 이엔

燕京(연경) 燕息(연식)
燕會(연회) 胡燕(호연)

제비 연

제비의 모양을 본뜬자

입의 모양 (입 구)

약 咽 yàn 얜

嚥下(연하) 삼킴, 삼켜버림
嚥漿(연잡) 꿀떡 삼킴

삼킬 연

입으로 제비가 먹이를 삼키다

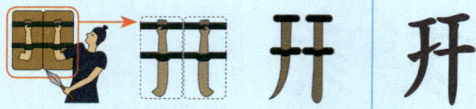

jiān 졘

평평할 견, (평평[반반]하다)

방패 두 개를 붙인 것같이 **평평하다**

돌 (바위)의 모양 (돌 석)

약 研 yán, yàn 이엔, 이엔

研究(연구)
研磨(연마)

갈 연, 연구할 연

돌을 평평하게 갈다

(사람 인)

shǔn 순

吮吸(연흡) 빨다

빨 연

입을 쟁기같이 오무리고 **사람**이 ( )을 **빨다**

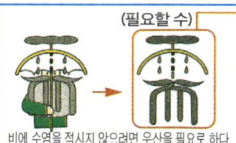
비에 수염을 적시지 않으려면 우산을 필요로 하다 (필요할 수) (벌레 충) (필요할 수)

ruǎn 루안

蠕動(연동)
꿈틀거림, 꿈틀꿈틀 움직임

꿈틀거릴 연

벌레가 필요에 따라 **꿈틀거리다**

동 嚥 yàn 이엔

咽氣(연기) 숨을 거두다

삼킬 연

입을 크게 벌리고 큰것을 **삼키다**

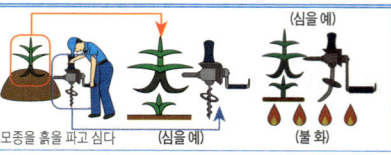
모종을 흙을 파고 심다 (심을 예) (심을 예) (불 화)

약 热 rè 러

熱望(열망) 熱辯(열변)
熱中(열중) 熱火(열화)

더울 열

심어 놓은 불길이 **덥다**

 | 兌 duì 뚜이
兌利(태리)
사물이 잘 通達(통달)함
기뻐할 태, 바꿀 태

찢어지게 입을 벌리고 사람이 기뻐하다

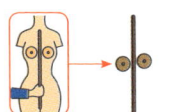   | 悅 yuè 위에
悅欣(열흔) 悅憙(열희)
悅樂(열락) 咸悅(함열)
기쁠 열

젖가슴을 짚어보이는 모양 (가슴 심,마음 심)

마음으로 기뻐하니 기쁘다

    | 說 약 说 shuō 수오
說樂(열락) 기뻐하고 즐거워함
기뻐할 열

(말씀 언)
찢어지게 입을 벌리고 웃으며
사람이 마음을 바꾸다 (바꿀 태)
(바꿀 태)

말씀을 듣고 기쁘고 또 기쁘다

   | 閱 약 阅 yuè 위에
披閱(피열) 檢閱(검열)
校閱(교열) 閱閱(벌열)
볼 열, 점고할 열

문의 모양을 본뜬 자 (문 문)

문을 열고 기쁘게 밖을 내다보다

    | 炎 yàn 이엔
肺炎(폐염)
暴炎(폭염)
불꽃 염, 탈 염

불과 불이 합하여 일어나는 게 불꽃이다

   | 焰 yàn 이엔
氣焰(기염) 聲焰(성염)
勢焰(세염) 陽焰(양염)
불꽃 염

(사람 인)
(불 화) (절구 구)

불을 사람이 절구같은 구덩이에 지피니 불꽃이 일다

열 염

사람이 빠지는 절구같은 구덩이 (함정 함)

약 閻 yán 얜

閻閻(여염)
閻羅大王(염라대왕)

저승 염, 염라 염

죽음의 문을 들어서면 큰 함정으로 된 저 세상이 저승이다

(여러번 [아홉] 구) (물 수) (아홉 구) (나무 목)

rǎn 란

染料(염료)
染色(염색)

물들일 염

물감에 천을 넣고 여러번(九) 나무로 저어 물들이다

   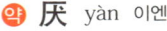

(바위 엄) (고기육) (개견)

약 厌 yàn 이엔

厭詛(염저) 厭忌(염기)
厭足(염족) 厭症(염증)

싫어할 염

바위 밑에서 날마다 고기로 개를 잡아먹어 더 먹기 싫어하다 (옛날 유목시대에는 개고기를 주식으로 하였음)

(신하 신)(사람 인) (그릇 명)

약 盐 yán 이엔

巖鹽(암염) 鹽分(염분)
鹽酸(염산) 鹽素(염소)

소금 염

신하된 사람같이 굽혀 밀대로 소금 그릇에 소금을 담다

(풍성할 풍) 농작물이 풍성한 모양 (풍년 풍) (빛 색)

약 艳 yàn 이엔

艷態(염태) 麗艷(여염)
婉艷(완염) 妖艷(요염)

고울 염

풍년되니 사람이 뱀의 빛깔같이 환하고 곱다

지구의 씨줄과 날줄을 그린 것 (인간 / 세상 세) (풀 초) (나무 목)
인간 세상을 뜻함

약 叶 yè, yé 예, 예

葉書(엽서) 葉錢(엽전)
葉茶(엽차) 枯葉(고엽)

잎 엽, 잎사귀 엽

풀같이 세상에 나온 나무의 싹이 잎사귀다

 머리의 모양 (머리 혈)		**약** 页 yè 예 頁心(엽심) 관심(책이나 장부 따위의 한쪽 면) **쪽 엽, 머리 혈**

머리의 모양 **머리 혈**

 토끼가 뒷다리를 펴 몸을 높인 모양 (달릴 착)	 (높을 앙) (달릴 착)	  yíng 잉 迎新(영신) 迎入(영입) 迎接(영접) 出迎(출영) **맞을 영**

높은 사람이 오니 달려가서 **맞이하다**

		 yíng 잉 盈滿(영만) 盈月(영월) 盈科(영과) 盈虛(영허) **가득찰 영, 넘칠 영**

음식을 층지게 집어서 그릇에 담으니 **가득차다**

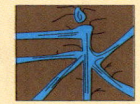 	 yǒng 용 永眠(영면) 永世(영세) 永續(영속) 永永(영영) **길 영**

여러 갈래의 물이 합쳐져 **길게** 흐르다

	  물방울이 떨어지는 모양 (물 수)	 yǒng 용 背泳(배영) 水泳(수영) **헤엄칠 영** 

물에서 몸을 **길게** 펴서 헤엄치다

수염을 들먹이며 입으로 말하는 모양 (말씀 언)		**약** 咏 yǒng 용 詠詩(영시) 詠唱(영창) **읊을 영** 

말소리를 **길게** 하여 (시를) 읊다

엽 영

映 yìng 잉

映像(영상)　映窓(영창)
映彩(영채)　映畵(영화)

비칠 영

해가 하늘 **가운데(중앙에)** 떠서 **비치다**

英 yīng 잉

英斷(영단)
英姿(영자)

꽃부리 영, 영웅 영

※ 꽃부리 같이 인생을 꽃피운 자가 영웅이다.

풀 포기 **가운데** 피는 것이 **꽃부리**다

약 莹 yīng 잉

崔瑩
(최영: 고려 말의 名將(명장))

밝을 영, 옥돌 영

불꽃을 덮어쓴 **구슬**이 **밝게** 빛나니 **옥돌**이다

약 荣 róng 롱

榮光(영광)
榮譽(영예)

영화 영

불꽃을 덮어씌운 **나무**(크리스마스 트리) 앞에서 하늘에 **영화**를 돌리다

약 営 yíng 잉

營農(영농)
營業(영업)

다스릴 영, 경영할 영

쌍 **등불**을 밝히고 **궁궐**에서 나라를 **다스리다**

yǐng 잉

帆影(범영)　近影(근영)
反影(반영)　投影(투영)

그림자 영

볕을 가릴때 **머리결**같이 생기는 그늘이 **그림자**다

 (돈궤 패) 嬰 嬰 (계집 녀) 	약 嬰 yīng 잉 嬰果(영루) 嬰羅(영리) 嬰禍(영화) 嬌嬰(교영) **어릴 영, 갓난아이 영**
출가 시킬때까지 **2통의 돈**이 들어갈 만큼 **여자**가 **어리다**	
  실타래의 모양 (실 사) 	약 纓 yīng 잉 纓冠(영관) 갓끈을 맴, 곧, 관을 쓴 **갓끈 영**
실로 **어리**(가늘)게 꼰 줄이 **갓끈이다**	
(거꾸러질 비)    (벼 화)(머리 혈) 	약 穎 yīng 잉 穎果(영과) 견과(堅果)의 하나 穎異(영이) 보통사람보다 뛰어남 **이삭 영, 빼어날 영**
거꾸러진 벼의 **머리**를 주어 모은게 **이삭**이다	
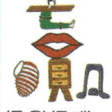    (몸 육)(돈 패) (무릇 범)	약 贏 yíng 잉 贏輸(영수) 이김과 짐 贏財(영재) 재물과 남김 **승리 영, 남을 영**
망한자가 **입**과 **몸**으로 **돈**을 **뭇사람**보다 많이 벌어 **승리**하다	
   창을 주다 (줄 여) (머리 혈)	약 預 yù 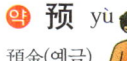  預金(예금) 預託(예탁) **미리 예, 맡길 예, 참여할 예**
창을 **줄 것**이라고 **머리**로 **미리** 생각한 대로 **맡기다**	
     창을 주다 (줄 여)(코끼리 상)	yù 위  豫見(예견) 豫防(예방) **미리 예**
창을 **주기**도 전에 **코끼리**가 코를 **미리** 내민다	

약 岁 suì 수이
歲末(세말) 歲暮(세모)
歲拜(세배) 歲月(세월)
해 세

사마귀가 걸어가는 모양 (걸음 보)

걸어가면서 (들)개를 창으로 때려잡아 먹으며 한 해를 보내다 (옛날 주식이 개고기였을 때 유랑민족이)

벼의 모양 (벼 화)

약 秽 huì 후이
穢草(예초) 觸穢(촉예)
穢德(예덕) 穢濁(예탁)
거칠 예, 더러울 예

벼를 해마다 계속해 지으면 땅이 거칠어진다

찢어지게 입을 벌리고 사람이 기뻐하다 (기뻐할 태)

(쇠 금) (기뻐할 태)

약 锐 ruì 뤠이
銳鋒(예봉) 銳角(예각)
銳騎(예기) 銳利(예리)
날카로울 예

쇠칼이 기뻐할이만큼 잘 들고 날카로웁다

(심을 예) (심을 예) (풀 초) (심을 예)

모종을 흙을 파고 심다 확성기의 모양 (말할 운)

약 艺 yì 이
藝文(예문) 藝術(예술)
藝體能系(예체능계)
재주 예

풀을 심는 것도 말하자면 하나의 재주다

(더불 여) (더불 여)

양손에 공구를 들고 여럿이 더불어 정비하다 (더불 여) (말씀 언)

약 誉 yù 위
榮譽(영예)
名譽(명예)
기릴 예, 명예 예

여럿이 더불어 칭찬의 말을 하며 공을 기리니 명예롭다

(풀 초)

ai 아이
秀艾(수예) 幼艾(유예)
差艾(차예)
쑥(약쑥) 애, 다스릴 예

(약) 풀로 억세어 절단기로 거두어 들인 게 약쑥이다

		(풀 초)		
				ruǐ 루이 燈蕊(등예) 雌蕊(자예) **꽃술 예, 꽃 예**

풀에서 그 중심이 중심 또 중심에 있는 것이 **꽃술**이다

약 乌 wū, wù 우, 우

烏桓(오환) 烏金(오금)
烏飛梨落(오비이락)

까마귀 오

(몸 색이 검어 눈은 보이지 않음) **까마귀**의 모양을 본뜬자

입의 모양 (입구)

약 呜 wū 오

鳴泣(오읍)
鳴呼(오호)

탄식할 오

입으로 **까마귀**가 울며 탄식하다

싹이 흙위에 돋아나는 모양 (**흙 토**)

약 坞 wù 우

塢壁(오벽) 작은 성

마을 오, 작은성 오

오지 **흙**을 찾아 **까마귀**가 온 곳이 작은성 마을이다

양손으로 괭이를 잡고 있는 모양 (**손 수**)

동 捂 wǔ 우

技捂(기오) 尷捂(겁오)

가릴 오(막다, 가리다)

손으로 망을 쳐 **까마귀**가의 피해를 **막다, 가리다**

wǔ 우

午時(오시) 午前(오전)
午餐(오찬) 甲午(갑오)

낮 오

시침과 분침이 합쳐진 때가 곧 정오 **낮**이다

예
오

369

五 五 五	五	wǔ 우 五達(오달) 五輪(오륜) 五倫(오륜) 五賊(오적) **다섯 오**

나무토막이 **다섯** 개 있는 모양

 亻 亻 亻 사람이 서 있는 모양 **(사람인)**	伍	wǔ 우 伍列(오열) 伍長(오장) **대오 오, 다섯사람 오** 

사람 **다섯**이 한조가 되어 **대오**를 이루다

吾 吾 吾	吾	wú 우 吾人(오인) 吾等(오등) 吾鼻三尺(오비삼척) **나 오**

다섯손가락으로 자신을 짚으며 **입**으로 자신을 **나**라고한다

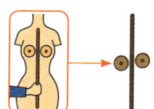 忄 忄 忄 젖가슴을 짚어보이는 모양 **(가슴 심,마음 심)**	悟	wù 우 醒悟(성오) 夙悟(숙오) 覺悟(각오) 悟性(오성) **깨달을 오**

마음으로 **나**의 잘못을 **깨닫다**

 木 木 木 나무의 모양 **(나무 목)**	梧	wú 우 魁梧(괴오) 梧桐(오동) 梧葉(오엽) 梧右(오우) **오동나무 오**

나무로 **나**의 가구를 만들 때 쓰는 나무가 **오동나무**다

 해의 모양(해가 떠서 새날이 온다는 뜻)**(해 일,날 일)**	晤	wù 우 晤對(오대) 만남, 면회함 晤語(오어) 마주대해 이야기함 **만날 오(면회), 밝을 오**

날마다 **나**를 **만나다**

wū 우

涅汚(열오) 霑汚(점오)
汚物(오물) 汚損(오손)

더러울 오

물이 파인(뚫린)곳에 수평으로 괴였으니 썩어 **더러웁다**

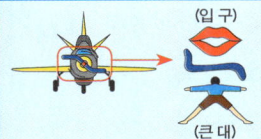

(두들겨칠 복)

ào 아오

奢傲(사오) 傲倨(오거)
傲氣(오기) 傲慢(오만)

거만할 오

사람이 온 땅을 **사방**다니며 아무나 **두들겨치니 거만하다**

(입 구)

(큰 대)

약 吴 wú 우

吳綾(오릉) 吳榜(오방)
吳吟(오음) 吳子(오자)

큰소리칠 오, 성씨 오, 오나라 오

입으로 프로펠라도는 소리만큼 크게 **큰소리치다**

여자의 모양 (계집녀)

약 娛 yù 위

晏娛(안오)
娛樂(오락)

즐길 오

여자를 끼고 **큰소리치며** 즐기다

수염을 들먹이며 입으로 말하는 모양 (**말씀 언**)

약 误 wù 우

誤解(오해) 錯誤(착오)
誤診(오진) 正誤(정오)

그르칠 오, 잘못할 오

말로만 큰소리치다가 일을 그르치다

벌레의 모양 (**벌레 충**)

약 蜈 wù 우

蜈蚣(오송) 지네
※지네는 값비싼 한약제임

지네 오

벌레로 **큰소리치며** 잡은 것이 지네다

오

  티끌과 쌀알을 분별하다 (분별할 변) / (집 면) / (큰 대)	奧	약 奧 ào 아오 奧如(오여) 奧域(오역) 淵奧(연오) 精奧(정오) **속 오, 깊을 오**
집의 가보를 **분별**해 값이 **큰** 것부터 **깊이** 숨기다		
  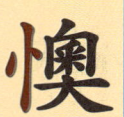 젖가슴을 짚어보이는 모양 (가슴 심,마음 심)	懊	약 懊 ào 아오 懊惱(오뇌) 懊悔(오회) 悔懊(회오) **원망할 오, 한탄할 오**
마음 깊이 한을 품고 **원망(한탄)**하다		
  물방울이 떨어지는 모양 (물 수)	澳	약 澳 ào 아오 悔懊(회오) **깊을 오**
물이 **깊이**를 모를만큼 **깊다**		
  옷의 모양 (옷 의)	襖	약 襖 ǎo 아오 悔襖(회오) 素襖(소오) 襦襖(유오) 抱襖(포오) **저고리 오, 웃옷 오**
옷으로 코트에 **깊이** 가려진 게 **웃옷(저고리)**이다		
   (흙 토)(다질 복) (모 방) (불 화)	熬	áo 아오 熬穀(오곡) 볶은 곡식 熬煎(오전) 볶음 **볶을 오, 삶을 오**
흙을 모나게 **다져** 솥을 얹고 (음식을) **불**에 **볶(삶)다**		
 곱사등이는 보통사람 다음가는 두번째 사람이다 (다음 아, 두번째 아) / (두번째 아) / (마음 심)	惡	약 恶=惡 è 어 姦惡(간악) 邪惡(사악) 醜惡(추악) **미워할 오, 모질 악**
사람이 선한 마음 **다음에 두번째**로 가진 **마음**이 **악**이다		

	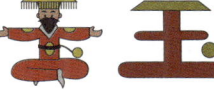		yù 위 玉露(옥로) 玉條(옥조) 玉座(옥좌) 珠玉(주옥) **구슬 옥**

임금이 허리에 차고 있는 것이 **구슬**이다

			 wò 워 肥沃(비옥) 灑沃(쇄옥) 沃田(옥전) 沃川(옥천) **기름질 옥**

물만 주면 초목이 **예쁘게** 쑥쑥 자랄 정도로 땅이 **기름지다**

			 wū 우 洋屋(양옥) 屋內(옥내) 屋號(옥호) 家屋(가옥) **집 옥**

집 추녀 밑에 이르니 **집**이다

			약 獄 yù 위 獄事(옥사) 獄死(옥사) 脫獄(탈옥) 投獄(투옥) **옥 옥**

개새끼가 **말**다툼하듯 **개**싸움을 하니 **옥**에 가두다

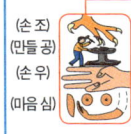				약 穏 wěn 원 不穩(불온) 深穩(심온) **편안할 온** 

벼를 **손**수 만들듯 길러 **손**으로 추수하니 **마음**이 편안하다

			 약 醖 yùn 원 醞釀(온양) 술을 담금 醞戶(온호) 술을 빚는 사람 **빚을 온**

술을 **죄수**와 함께 **그릇**에 **빚다**

    약 溫 wēn, yūn 원, 원
溫床(온상)　溫順(온순)
溫室(온실)　溫泉(온천)
따뜻할 온

물을 **죄수**에게 한 **그릇** 떠 주는 것이 **따뜻한** 인정이다

   약 瘟 wēn 온
瘟疫(온역) 봄철의 돌림병
염병 온

병든 죄수와 같은 **그릇**을 쓰다가 번진 게 **염병**이다

    약 蘊 yùn 원
餘蘊(여온)
五蘊(오온)
쌓을 온

채소와 **실**국수를 **죄수**에게 한**그릇** 주어 덕을 **쌓다**

    yūng 옹
雍睦(옹목)　雍穆(옹목)
雍防(옹방)　雍蔽(옹폐)
막을 옹, 화락할 옹

갓으로 실끈에 묶인 새를 날지 못하게 덮어 막다

    약 拥 yǒng 옹
擁衛(옹위)
擁護(옹호)
안을 옹

손으로 앞을 **막아** 감싸 **안다**

   약 瓮 wèng 옹
甕器(옹기)　甕津(옹진)
糟甕(조옹)　鐵甕(철옹)
독 옹, 옹기 옹

가마의 사면을 **막아** **기와**처럼 구운게 **옹기**다

wēng 웡

老翁(노옹)
塞翁之馬(새옹ㅈ마)

늙은이 옹

귀공자같은 **깃털**을 늘인 자가 **늙은이**다

wēng 웡

嗡嗡地飛(웅웅지비)
앵앵거리며 날다

날개소리 옹(곤충 따위가 나는 소리)

(숨이 차) **입**으로 **늙은이**가 **날개소리**를 내다

🟠 訛 é 어

訛語(와어) 訛寫(와위)
妖訛(요와) 轉訛(전와)

그릇될 와

말이 일관성 없게 **변하면** 일이 **그릇되다**

wā 와

蛙聲(와성) 井中蛙(정중와)
井底之蛙(정ㅈ지와)

개구리 와

벌레를 잡아 먹으며 **흙**에 서식하는 것이 **개구리**다

🟥 동 窪 wā 와

洼地(와지) 움푹한 지대

구덩이 와(움푹 들어간 구덩이)

물고인 (영토)**땅**이 움푹 들어간 게 **구덩이**다

wǎ, wà 와, 와

瓦塼(와전) 瓦全(와전)
瓦匠(와장) 瓦解(와해)

기와 와

기와집의 모양을 본뜬 자

臥 wò 워
臥龍(와룡)
臥病(와병)

눌 와, 엎드릴 와

(임금 앞에서) **신하**되는 **사람**이 **누운**듯 **엎드리**다

입삐뚤어질 괘(비뚤다)

스패너로 **입**을 돌려 놓은 것같이 **입**이 **삐뚤어지**다

약 涡 wō, guō 워, 꾸어
渦盤(와반) 渦旋(와선)
渦線(와선) 渦水(와수)

소용돌이 와

물방울이 떨어지는 모양 **(물 수)**

물이 **입**이 **삐뚤어진** 것같이 돌며 소용돌이치다

약 蜗 guā 꾸아
蝸角(와각)
蝸廬(와려)

달팽이 와

벌레의 모양 **(벌레 충)**

벌레로 **입**이 **삐뚤어진** 것같은 껍질을 쓴게 달팽이다

약 窝 wō 워
蜂窩(봉와) 벌집
窩中(와중) 굴속

집 와(둥지, 둥우리)

굴의 모양 **(구멍 혈, 굴 혈)**

굴 속에 **입**이 **삐뚤어진** 것같이 얽어 놓은게 움집이다

약 缓 huǎn 후안
緩慢(완만)
緩衝(완충)

느릴 완, 늘어질 완

방패를 집게로 집듯이 잡고 끌어당기다 **(끌어당길 원)** **(실 사)** **(끌어당길 원)**

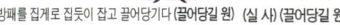

실을 천천히 **끌어당기**어 늘이다

(집 면)  	 宛	wǎn 완 宛似(완사) 宛然(완연) **굽힐 완, 지정할 완** 

집에서 **저녁**까지 **구부리고** 몸을 **굽히다**

 여자의 모양 (계집녀)	 婉	wǎn 완 婉娩(완만) 婉穆(완목) 婉愉(완유) 微婉(미완) **순할 완, 아름다울 완**

여자로 성질을 잘 **굽히는** 자는 순하다

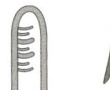 몸통 부분인 갈비뼈의 모양 (몸 육,고기 육)	 腕	wàn 완 腕力(완력) 腕釧(완천) 提腕(제완) 鐵腕(철완) **팔 완, 팔목 완**

몸에서 대표적으로 잘 **굽히는** 부위가 팔이다

 (콩 두)	 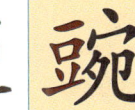 豌	wǎn 완 豌豆(완두) 완두 **완두 완**

콩깍지가 길고 **굽히여**져 달린게 완두(콩)이다

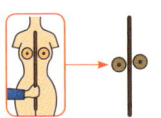 젖가슴을 짚어보이는 모양 (가슴 심,마음 심)	  惋	wǎn 완 惋怛(완달) 놀라며 한탄함 惋歎(완탄) 슬퍼하며 탄식함 **한탄할 완**

(님의) **마음**이 좁고 **굽히여**져 있으니 한탄하다

 돌 (바위)의 모양 (돌 석)	 碗	wǎn 완 銀碗(은완) 은으로 된 주발 **주발 완**

돌을 **굽히여**진 모양으로 (둥글게) 깎은게 주발이다

	 (집 면) (으뜸 원)		 完	wán 완 完遂(완수) 完全(완전) 完快(완쾌) 完熟(완숙) **완전할 완, 꾸밀 완**

집을 으뜸가게 완전하게 꾸미다

 (으뜸 원) 구슬이 꿰어 있는 모양 (구슬 옥)		玩	wán 완 玩具(완구) 장난감 **희롱할 완, 장난할 완**

구슬이 으뜸인가 살피듯 몸을 만지며 희롱하다

 (으뜸 원) (머리 혈)		 頑	약 頑 wán 완 頑固(완고) 頑頓(완돈) 頑碑(완비) 頑守(완수) **완고할 완**

스스로 으뜸인 머리를 가졌다고 믿는자는 완고하다

	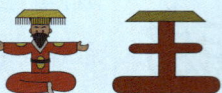	 王	wáng, wàng 왕, 왕 王道(왕도) 王孫(왕손) 王朝(왕조) 王座(왕좌) **임금 왕**

임금이 앉아 있는 모양을 본뜬 글자

			 汪	wǎng 왕 汪茫(왕망) 汪洋(왕양) 汪濊(왕예) **넓을 왕**
물방울이 떨어지는 모양 (물 수)				

물이 임금같이 크고 세게 흐르니 넓다

			日	旺 wàng 왕 旺盛(왕성) 旺運(왕운) 儀旺(의왕) 興旺(흥왕) **왕성할 왕**
해의 모양(해가 떠서 새날이 온다는 뜻)(해 일날 일)				

해가 임금같이 크고 넓게 비쳐 빛이 왕성하다

나무의 모양 (나무 목)

	wǎng 왕
枉	枉徑(왕경) 枉늠(왕고) 枉臨(왕림) 枉法(왕법) **굽을 왕, 굽힐 왕**

나무가 **임금**같이 크니 임금 모시듯 굽히다

(바삐갈 척)(주인 주)

	wǎng 왕
往	往來(왕래) 往生(왕생) **갈 왕**

바삐 걸어서 촛대 옆 주인에게로 **가다**

아니 핀 꽃을 짚어 보이는 모양(아니 불) (아니 불) (바를 정)

	wāi, wǎi 와이, 와이
歪	歪曲報道(왜곡보도) 歷史歪曲(역사왜곡) **비뚤 왜(외)**

아니핀 꽃처럼 아니 **바르니 비뚤어**진 것이다

(벼 화) (계집 녀)

	ǎi 아이
矮	足矮(족왜) 矮小(왜소) **난쟁이 왜**

키가 **화살**이나 **벼** 정도인 **여자**는 **난쟁이**다

왕
왜
외

(영토 규)

	wá 와
娃	娃鬟(외환) 아름다운 쪽, 미인 **미인 왜, 예쁠 왜**

여자의 미모가 **영토**에 퍼질만큼 **예쁘고 미인**이다

거북 등을 지져 갈라진 반달의 모양
금을 보고 점을 치다 (점칠 복) (저녁 석) (점칠 복)

	wài 와이
外	外觀(외관) 外面(외면) 外患(외환) 海外(해외) **바깥 외**

(반달이 뜨는)**저녁**에 **점치는** 일은 상례 **밖**의 일이다 ※ 점은 본디 아침에 치는 것이 상이였음

 畏

wèi 웨이

畏敬(외경)
畏友(외우)

두려워할 외

깊은 산 **밭** 가운데 **의자**를 놓고 혼자있기를 **두려워하다**

 喂

입의 모양 (입 구)

wèi 웨이

喂奶(외내) 젖을 먹이다

부르는 소리 외, 부르는 소리 위

입으로 **두려워해** 경호원 부르는 소리를 연발하다

 偎

사람이 서 있는 모양(사람 인)

wēi 웨이

偎依(외의) 가까이 기대다

가까이할 외

사람을 **두려워해** 경호원을 늘 가까이하다

 巍

wéi 웨이

巍然(외연) 巍巍(외외)
崔巍(최외)

높을 외, 높고 클 외

산이 크니 높다

 夭

yāo 야오

夭枉(요왕) 夭折(요절)
早夭(조요) 胎夭(태요)

예쁠 요

고개를 갸우뚱하게 하고 아양떠니 **예쁘다**

 妖

여자의 모양(계집녀)

yāo 야오

妖女(요녀) 妖妄(요망)
妖星(요성) 妖術(요술)

아리따울 요, 요사할 요

여자가 **예쁘니** 아리따우면서도 요사하다

외
요

yào 야오

藻耀(조요) 眩耀(현요)
晃耀(황요) 煌耀(황요)

빛날 요

빛이 퍼져 빛나다

고기 담긴 질그릇 요, 질그릇 요

고기가 담긴 질그릇을 뜻 하는 자

yáo 야오

搖動(요동)
搖亂(요란)

흔들 요

손으로 고기가 담긴 질그릇을 흔들다

yáo 야오

遙望(요망)
遙遠(요원)

멀 요

고기가 담긴 질그릇 도시락을 들고 달려가야 할 만큼 멀다

  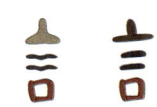 

약 谣 yáo 야오

謠俗(요속)
歌謠(가요)

곡없는 노래 요, 노래 요

말의 흐름이 고기가 담긴 질그릇을 칠 때같이 투박한 게 곡없는 노래다

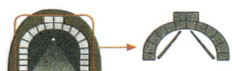 

yáo 야오

窯地(요지) 가마터
瓦窯(와요) 기와를 굽는 굴

오지그릇 요

굴같은 가마에 질그릇을 구운게 오지그릇이다

요

 (계집 녀)			要	yào, yāo 야오, 야오 要求(요구) 要領(요령) **중요할 요**
		가방은 **여자**에게 **중요하다**		
 몸통 부분인 갈비뼈의 모양 (몸 육,고기 육)			腰	yāo 야오 腰痛(요통) 折腰(절요) **허리 요** 
		몸에서 **중요한** 부분은 허리다		
			夭	yāo 야오 夭柱(요왕) 夭折(요절) 早夭(조요) 胎夭(태요) **일찍죽을 요, 무성할 요**
		고개를 갸우뚱하게 하고 아양떠니 **예쁘다**		※ 얼굴이 예쁘면 팔자가 사나워 일찍 죽기 때문임
				凹	wā 와 뜻은 洼와 같으며 지명에 쓰임 核桃凹(핵도요) 산서성에 지명 **요괴 요, 요사할 요**
		오목한 모양의 상형문자		
 (조짐 조) 점치려고 거북등을 지지어 그 조짐을 보다 (조짐 조)		 (계집 녀) (조짐 조)	姚	yáo 야오 姚江(요강) **예쁠 요, 고을 요** 
		여자가 아들을 낳을 **조짐**이 있으니 **예쁘다**		
 (두들길 복)			邀	yāo 야오 相邀(상요) 遮邀(차요) **맞이할 요**
	(달릴 착)			
		흰북을 **사방**에서 **두들기며** 달려가 손님을 **맞이하다**		

요

yáo 야오

堯舜(요순) 堯堯(요요)

높을 요, 요임금 요

흙을 방공호 위에 **우뚝하게 높게** 쌓다　　※ 명망이 높았던 임금이 요임금이다.

사람이 서 있는 모양 (**사람 인**)

약 侥 jiǎo 쟈오

僥倖(요행)

요행 요, 바랄 요

사람이 실력도 없이 높게 요행이 오르기를 바라다

실타래의 모양 (**실 사**)

약 绕 rào 라오

繞帶(요대) 두름, 몸에 감음

두를 요

실로 높게(두툼하게) 짠 요대를 몸에 두르다

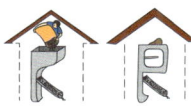  

집에서 정미기에 양식을 찧어 밥을 하다 (**밥 식**)

약 饶 ráo 라오

餘饒(여요)
沃饒(옥요)

넉넉할 요

밥이 높게 쌓여 있으니 넉넉하다

물방울이 떨어지는 모양 (**물 수**)

약 浇 jiāo 쟈오

澆灌(요관) 물을 댐, 물을 줌

물댈 요

물을 높게 퍼 올려 고지대에 물을 대다

사람이 서 있는 모양 (**사람 인**)

약 侥 yáo 야오

僥倖(요행)
뜻밖에 이르어지는 일

요행 요

사람이 높게 될 운이 되 선거에서 요행이 이기다

yāo 야오

舀子(요자) 국자, 바가지

떠낼 요

손으로 절구에 찧은 곡식을 떠내다

교방고 : 북의 일종

약 乐 lè 러

樂山(요산) 산을 좋아함

좋아할 요, 즐길 락

교방고의 모양을 본뜬 자, 교방고를 치며 **좋아하다**

(입 구)

yāo 야오

吆喝(요갈) 고함치다

크게 부를 요

입을 조롱박같이 벌리고 크게 부르다

머리를 파묻고 마음 무겁게 걸어가며 근심하다 (근심 우) (손 수) (근심 우)

약 扰 ráo,nǎo,rǎo 라오,라오,라오

擾攘(요양) 擾擾(요요)
憂擾(우요) 雜擾(잡요)
시끄러울 요, 어지러울 요

손을 써서 근심스럽게 하니 시끄럽다

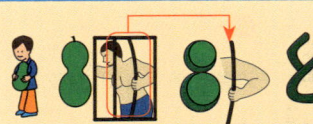

(작을 요)(힘 력)

yòu 여우

幼年(유년) 幼蟲(유충)
幼兒洗禮(유아세례)
어릴 유

작은 조롱박을 들 힘 뿐이니 어리다

양손으로 괭이를 잡고 있는 모양 (손 수)

ǎo, ào 아오, 아오

拗强(요강) 拗體(요체)
執拗(집요)
꺾을 요, 비뚤 요

손으로 어린 나무 가지를 꺾다

āo 아오

凹面(요면) 凹處(요처)
凹凸(요철) 凸凹(철요)

오목할 요

오목한 모양의 상형문자

rǔ 루

困辱(곤욕)
屈辱(굴욕)

욕할 욕, 욕될 욕, 욕보일 욕

별(장군)을 보고 **손가락**질 하며 **욕하다**

rù 루

席褥(석욕) 茵褥(인욕)
皮褥(피욕) 芳褥(방욕)

요 욕, 방석 욕

옷이 늘 깔고 앉자 욕보이는 것이 방석이다

yù 위

浴場(욕장) 浴槽(욕조)
沐浴(목욕) 浴盆(욕분)

목욕할 욕

물이 있는 골짜기(골)에서 **목욕하다**

yù 위

欲求不滿(욕구불만)
欲情(욕정) 情欲(정욕)

하고자할 욕

배가 골이 지녀 입을 벌리고 포식 하고자 하다

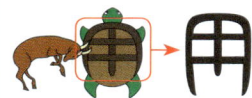

yòng 용

用途(용도) 用例(용례)
公用(공용) 混用(혼용)

쓸 용

거북이가 등가죽을 방패삼아 **쓰다**

				yǔng 용
				甬道(용도) 斗甬(두용) 楚甬(초용)
			 甬	**솟구칠 용**

거북이가 목을 솟구치는 모양을 본뜬 자

				yǒng 용
			 勇	勇氣(용기) 勇斷(용단) 勇猛(용맹) 勇壯(용장)
철창살을 팔로 힘을 써 벌리는 모양 (**힘력**)				**날랠 용**

솟구치듯 힘이 솟으니 **날래다**

				yǒng, chōng 용, 총
				涌沫(용말) 涌煙(용연) 涌裔(용예) 涌溢(용일)
물방울이 떨어지는 모양 (**물 수**)			 涌	**샘솟을 용**

물이 솟구치며 **샘솟다**

				yǒng 용
				踊躍(용약) 踊溢(용일) 翔踊(상용) 號踊(호용)
새가 발목에 번호표를 달고 앉은 모양 (**발족**)			 踊	**뛸 용**

발로 몸을 솟구쳐 **뛰다**

				yǔng 용
				蛹臥(용와) 고치에 번데기가 누워있다
		벌레의 모양 (**벌레 충**)	蛹	**번데기 용**

벌레시절 솟구쳐 오르던 놈이 잠든게 **번데기다**

				약 聳 sǒng 쏭
	 (쫓을 종)	 (쫓을 종)	聳	直聳(직용) 靑聳(청용)
바쁜 걸음으로 사람을 발로 쫓다 (**쫓을 종**)		(귀이)		**솟을 용** 

말소리를 **쫓아** 들으려고 **귀**를 쫑긋이 세우니 **솟다**

				róng 룽
				容疑(용의) 容態(용태) 容許(용허) 許容(허용) **얼굴 용**

얼굴 모양을 본뜬 글자

				róng 룽
				溶媒(용매) 溶液(용액) 溶溶(용용) 溶解(용해) **녹을 용**
		물방울이 떨어지는 모양 (물 수)		

물로 **얼굴**의 때를 닦으니 **녹다**

				róng 룽
				榕木(용목) 용수나무 **용나무 용(용수나무)**
		나무의 모양 (나무 목)		

(공예용)**나무**로 **얼굴** 조각하기 좋은 나무가 **용나무다**

				róng 룽
				熔鑛爐(용광로) 熔巖(용암) 溶解(용해) **녹을 용**
	장작에 불이 붙어 타는 모양 (불 화)			

(용광로)**불**에 쇠의 **얼굴** 모형이 일그러져 **녹다**

				róng 룽
				芙蓉(부용) 
				**연꽃 용**
	풀싹이 돋아나는 모양 (풀 초)			

풀로 잎과 줄기는 물에 넣고 **얼굴**(꽃)만 보이는 게 **연꽃이다**

				róng, rŏng 룽, 룽
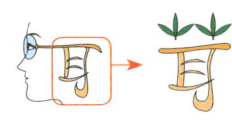			茸	茸茸(용용) 鹿茸(녹용) 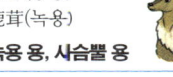
		(귀 이)		**녹용 용, 사슴뿔 용**

풀처럼 **귀** 위에 돋은 것이 **녹용(사슴뿔)**이다

(집 엄)

 庚 庚 庸

yūng 용
登庸(등용)
庸劣(용렬)

떳떳할 용, 쓸 용

집에서 손에 든 포크로 음식을 찍으며 떳떳하게 쓰다

사람이 서 있는 모양 (사람인)

약 佣 yúng 용
雇傭(고용) 傭兵(용병)
傭船(용선) 傭役(용역)
고용할 용, 품팔이할 용

사람을 떳떳하게 대우하니 품팔이하다

(집 면)

(사람 인)

약 冗 rǒng 룽
冗兵(용병) 쓸모없는 군사
쓸데없을 용

지붕같이 큰 갓은 사람에게는 쓸데가 없다

(드리울 수)(마을 읍)

약 邮 yóu 여우
郵政(우정) 郵便(우편)
郵票(우표) 郵丞(우승)
우편 우, 역말 우

배에 돛을 드리우고(올리고) 마을로 우편을 배달하다

  憂 憂

약 忧 yōu 여우
憂慮(우려) 憂愁(우수)
憂鬱(우울) 憂患(우환)
근심 우

머리를 파묻고 마음 무겁게 걸어가며 근심하다

사람이 서 있는 모양 (사람인)

약 优 yōu 여우
優等(우등) 優先(우선)
優秀(우수) 女優(여우)
배우 우, 넉넉할 우, 뛰어날 우

사람의 근심을 잊도록 웃기는 자가 배우다

※ 배우는 넉넉하다

			禺	yù 위 禺彊(우강) 禺淵(우연) 禺中(우중) **원숭이 우, 긴꼬리 원숭이 우**

먹이를 뒤로 숨기는 원숭이의 모양을 본뜬자

 사람이 서 있는 모양 (사람인) 偶

ǒu 어우
伴偶(반우)
偶發(우발)
짝 우, 뜻밖에 우

사람과 원숭이가 뜻밖에 짝이 되다

  지붕을 덮어씌운 집의 모양 (집면) 寓

yù 위
寓命(우명) 寓目(우목)
寓舍(우사) 寓宿(우숙)
머무를 우, 붙어살 우

집에 원숭이가 머물러 붙어 살다

  지팡이의 모양 (글자 왼쪽에 붙을 시 → 언덕 부) 隅

yú 위
隅奧(우오) 隅中(우중)
坐隅(좌우) 天隅(천우)
모퉁이 우, 구석 우

언덕에서 원숭이가 노는 곳이 모퉁이다

  쟁기의 모양 (쟁기 뢰, 따비 뢰) 藕

ǒu 어우
藕花(우화) 연꽃, 연화
藕根(우근) 연뿌리
연뿌리 우

풀 뿌리 중에 캐어서 원숭이가 즐겨 먹는 게 연뿌리다

   젖가슴의 모양 (가슴 심,마음 심) 愚

yú 위
愚鈍(우둔) 愚劣(우열)
愚弄(우롱) 愚弟(우제)
어리석을 우

원숭이 마음같이 어리석다

牛牛牛牛 **牛**	niú 니우 牛舍(우사) 牛羊(우양) 牛肉(우육) 鬪牛(투우) **소 우**	
소의 모양		
尤尤尤 **尤**	yóu 여우 尤隙(우극) 尤妙(우묘) 尤物(우물) 尤甚(우심) **더욱 우**	
개가 **절름발이**가 되니 **더욱** 보기 흉하다		
右右右 **右**	yòu 여우 右文(우문) 右姓(우성) **오른 우, 도울 우**	
양 손 중에 **입**에 수저질 하는 손이 **오른쪽** 손이다　　※ 오른쪽에 서서 도웁다		
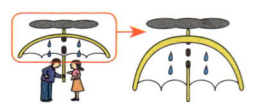  **佑**	yòu 이우, 여우 眷佑(권우) 保佑(보우) **도울 우**	
사람을 오른쪽에 서서 두웁다		
 雨 **雨**	yǔ, yù 위, 위 雨備(우비) 雨水(우수) 雨滴(우적) 雨傘(우산) **비 우**	
빗방울이 우산에 떨어지는 모양, **비**를 뜻함		
 **羽**	yǔ 위 駁羽(박우) 迅羽(신우) 羽檄(우격) 羽聲(우성) **깃 우**	
깃의 모양을 본뜬 글자		

우

 又

yòn 여우

又況(우황) 一又(일우)
罪中又犯(죄중우범)

또 우

집게의 모양을 본뜬 자 집게로 **또** 물건을 집는다는 뜻

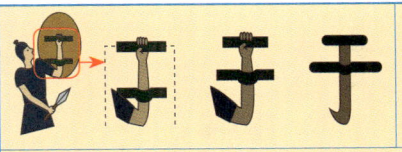 友

yǒn 여우

友邦(우방)
友誼(우의)

벗 우

양손을 또 잡고 반기는 사이가 **벗**이다

  于

yú 위

于勒(우륵) 于歸(우귀)
于先(우선) 至于今(지우금)

갈 우, 탄식할 우, 어조사 우

방패를 잡은 손의 모양 방패를 들고 **가며** 힘들어 **탄식하다**

 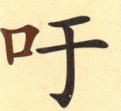 宇

yǔ 위

梵宇(범우) 祠宇(사우)
氣宇(기우) 屋宇(옥우)

집 우, 우주 우

집이 있는 곳으로 **가는** 곳이 (내) **집**이다

  吁

xū, yū 쉬, 위

吁嗟(우차) 다, 하고 탄식함
長吁(장우) 嗟吁(차우)

탄식할 우

입으로 중얼거리어 **가며 탄식하다**

芋

yù 위

芋魁(우괴) 종자로 쓰는 토란
芋菽(우숙) 토란과 콩

토란 우

풀싹이 돋아나는 모양 (풀 초)

풀로 뿌리를 뻗어 **가며** 뿌리 열매를 맺는 게 **토란**이다

우

 (고기 육)			 yǒu 여우 兼有(겸유) 固有(고유) 公有(공유) 占有(점유) **또 우, 있을 유**

양 손에 고기(갈비)를 가지고 있다

드릴을 여러번 돌리는 모양
(아홉 구, 여러번 구)

xù 쉬
旭光(욱광)
旭日(욱일)
빛날 욱, 아침해 욱

많은(九) 햇살이 빛날때가 아침해다

(고을 읍, 읍 읍)
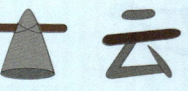 
yù 위
郁文(욱문) 郁馥(욱복)
郁郁(욱욱) 鬱郁(울욱)
성할 욱

(백성이) 손에 고기를 들고 먹을 만치 고을이 성하다

yún 윈
云爾(운이) 云云(운운)
云爲(운위)
말할 운, 이를 운

확성기를 나무가지에 달아놓고 말하다

쟁기의 모양 (쟁기 뢰)
yún 윈
耘培(운배) 耘耔(운운)
決耘(결운) 耕耘(경운)
김맬 운

쟁기는 말하자면 김맬때 쓰는 기구다

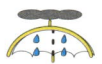 
구름에서 우산에 빗방울이 떨어지는 모양 (비 우)
약 云 yún 윈
雲岩(운암)
雲集(운집)
구름 운

비올것을 말하여 주는 것이 구름이다

  		**약** 运 yùn 윈 運搬(운반) 運身(운신) 運營(운영) 通運(통운) **돌 운, 옮길 운**
군사들이 달려서 자리를 옮기다		
 		**약** 陨 yǔn 윈 隕淚(운루) 隕石(운석) 飛隕(비운) 失隕(실운) **떨어질 운, 무너질 운**
언덕에서 관원이 떨어지다		
  		**약** 韵 yùn 윈 押韻(압운) 餘韻(여운) 韻律(운율) 韻文(운문) **운 운, 운치 운**
소리치는 관원의 음성이 운에 맞고 운치가 있다		
 		jūn 쥔 均一(균일) 한결같이 고름 **운운, 고를 균**
흙위에 장애물을 가지런히 옮겨, 땅을 고르다		
 		yù 위 郁郁(욱욱) 무늬가 찬란하다 郁伊(욱이) 芳郁(방욱) **성할 욱, 우거질 울**
(백성이) 손에 고기를 들고 먹을 만치 고을이 성하다		
		xióng 시융 伏熊(복웅) 熊女(웅녀) 熊膽(웅담) 熊津(웅진) **곰 웅**
능숙한 재주로 (숯)불에 앉은 것이 곰이다		

xióng 시옹

雄大(웅대)
雄辯(웅변)

수컷 웅, 웅장할 웅

손에 **쟁기**를 든 것처럼 **새**를 잡고 있기 힘들면 **수컷**이다

 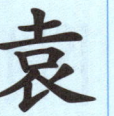

yuán 위앤

袁紹(원소)
袁安(원안)

주렁주렁 달릴 원, 옷길 원

양파에 뿌리가 **주렁주렁 달린** 모양

약 园 yuán 위앤

園林(원림) 園藝(원예)
園丁(원정) 花園(화원)

동산 원

(담장으로) 에워싼 속에 과일이 **주렁주렁 달려** 있는 곳이 동산이다

yuán 위앤

猿愁(원수)
猿狙(원저)

원숭이 원

나무에 **개**같은 것이 **주렁주렁 달린** 것이 원숭이다

약 远 yuǎn 위앤

遠景(원경)
遠近(원근)

멀 원

(행장을) **주렁주렁 달고 달려가야** 할 만큼 **멀다**

yuán 위앤

轅門(원문)
끌채를 세워서 만든 문

끌채 원

차 앞에 **주렁주렁 매단** 가마같은 장식물이 **끌채**다

   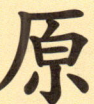

yuán 위엔

原文(원문) 原本(원본)
原案(원안) 原初(원초)

근원 원

바위틈에서 솟는 밥 짓는 흰 물이 내의 근원이다

물방울이 떨어지는 모양 (물 수)

yuán 위엔

源泉(원천) 資源(자원)
起源(기원) 電源(전원)

샘 원, 근원 원

물의 근원이 샘이다

   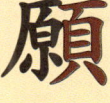

머리의 모양 (머리 혈)

약 愿 yuán 위엔

願書(원서) 願人(원인)
念願(염원) 請願(청원)

원할 원

(생각의) 근원이 되는 머리로 잘 되기를 원하다

(저녁 석) (구부릴 절)

yuán, wǎn 위엔, 완

뒹굴 원

늦은 저녁까지 구부리고 타인과 뒹굴으다

젖가슴의 모양 (가슴 심·마음 심)

yuàn 위엔

怨望(원망) 怨慕(원모)
怨聲(원성) 怨恨(원한)

원망할 원

정부와 뒹굴으는 님을 마음으로 원망하다

새의 모양 (새 조)

약 鸳 yuān 위앤

鴛侶(원려)
鴛鷺(원로)

원앙새 원

(사랑하여) 늘 뒹굴으는 새가 원앙새이다

		yuán 위엔
  		元物(원물) 元帳(원장) 元祖(원조) 元首(원수) **으뜸 원**

엄지를 **책상**에 세워 **으뜸**이라고 알리는 모양

		yuàn 위엔
		院內(원내) 院生(원생) **관청 원, 집 원** 

언덕에 **집**을 **으뜸**가게 지은 것이 **관청**이다

		약 冤 yuān 위엔
 		冤傷(원상) 冤訴(원소) 冤痛(원통) 冤恨(원한) **원통할 원, 억울할 원**

집에 갇힌 **토끼**같이 사는 것이 **원통**하다

		yuán 위엔
		爰書(원서) 爰爰(원원) **끌어당길 원**

잡고있는 방패를 밑에서 **집어잡고 끌어당기다**

		yuán 위엔
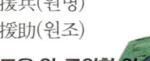		援兵(원병) 援助(원조) **도울 원, 구원할 원**

손으로 **끌어당기어** 돕다(구원하다)

		약 员 yuán,yún,yùn 위엔,윈,윈
 	 	役員(역원) 要員(요원) 會員(회원) 總員(총원) **관원 원, 인원 원**

입으로 **돈궤**에 **돈**을 세는 자가 **관원**이다

 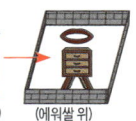   圓 yuán 위엔

圓滿(원만)
圓舞(원무)

둥글 원

주위를 에워싸 관원에게 둥글게 모이다

  yuè 위에

月桂(월계) 月收(월수)
月報(월보) 前月(전월)

달 월

구름에 가린 반달의 모양

  yuè 위에

優越(우월)
越權(월권)

뛰어넘을 월

달리며 갈구리와 창을 들고 뛰어넘다

  yuè 위에

粵東(월동) 곧 동성의 별칭
粵宛(월원) 후(厚)하고 순함

나라이름 월, 두터울 월

뒤주엔 쌀이 가득하고 공예가 성했던 나라가 월나라다

   wēi 웨이

危懼(위구) 危急(위급)
危機一髮(위기일발)

위태할 위

사람이 선 바위 밑에 구부리고 있으면 위태하다

  wèi 위웨이

位相(위상) 位置(위치)
位土(위토) 地位(지위)

자리 위, 벼슬 위

(임금님 앞에서 조회할 때) 사람이 서 있는 자리가 벼슬 등급이다

 (벼 화) (계집 녀)		wěi, wēi 웨이, 웨이 委託(위탁) 委付(위부) **맡길 위** 
 벼같이 계집이 고개를 숙이고 몸을 맡기다		
 풀싹이 돋아나는 모양(풀 초)	 萎	wēi 웨이 萎靡(위미) 萎縮(위축) 萎悴(위체) 枯萎(고위) **시들 위, 마를 위**
풀위에 맡긴 물건을 놓으면 풀이 눌려 시들어 마르다		
  외뿔이 나고 입이 십자로 찢어진 괴물(귀신 귀)		wèi 웨이 北魏(북위) 西魏(서위) 魏書(위서) 魏徵(위징) **클 위, 나라이름 위**
맡긴 일을 귀신처럼 잘하니 능력이 크다		
(밭 전) (몸/고기 육)	  胃	wèi 웨이 健胃(건위) 胃壁(위벽) 胃散(위산) 胃酸(위산) **밥통 위, 위 위**
밭에서 나는 음식을 몸속에 넣어두는 곳이 위다		
 벌레의 모양(벌레 충)	 蝟	약 猬 wèi 웨이 蝟集(위집) 고슴도치 털같이 일시에 많이 모임 **고슴도치 위**
벌레를 잘 먹고 비상시 위 모양 몸을 웅크리는 놈이 고슴도치다		
수염을 들먹이며 입으로 말하는 모양(말씀 언)	謂	약 谓 wèi 웨이 可謂(가위) 所謂(소위) **말할 위, 이를 위** 
말씀 드릴 내용을 위같이 소화시켜 말하다		

 尉

wèi 웨이

大尉(대위) 少尉(소위)
尉官(위관) 尉斗(위두)

어루만질 위, 벼슬 위

집에다 젯상을 차리려고 제물을 **손**으로 **어루만지다**

   慰

wèi 웨이

慰安(위안) 慰問(위문)
慰藉(위자) 撫慰(무위)

위로할 위

젖가슴의 모양 (가슴 심,마음 심)

어루만지듯 마음을 위로하다

 蔚

wèi 웨이

蔚然(위연)

무성할 위, 제비쑥 위

풀싹이 돋아나는 모양 (풀 초)

(약)풀로 몸이 허한자의 통증을 **어루만지듯** 치료해 주는 게 제비쑥이다

  威

wēi 웨이

威信(위신) 威壓(위압)
威嚴(위엄) 威風(위풍)

위엄 위

개를 창으로 때려잡을 수 있는 여자는 위엄이 있다

    爲

약 为 wéi, wèi 웨이, 웨이

爲計(위계) 爲民(위민)
爲福(위복) 爲人(위인)

할 위, 위할 위

(머리 빗는 것을 보고) **손톱**으로 원숭이가 머리를 빗는 척 **한다**

  イ イ 僞

약 伪 wěi 웨이

訛僞(와위)
矯僞(교위)

거짓 위

사람이 서 있는 모양 (사람인)

사람같이 원숭이가 행동**하지**만 참 뜻이 없는 거짓 흉내다

 韋

약 韦 wéi 웨이

韋衣(위의)　韋陀(위타)
韋布(위포)　韋革(위혁)

에워쌀 위, 가죽 위

가죽을 사방에서 묶어 에워싸 가죽을 말리는 모양

 偉

사람이 서 있는 모양 (사람인)

약 伟 wěi 웨이

偉功(위공)
偉名(위명)

훌륭할 위, 위인 위

사람들에게 에워싸여 있는 자가 훌륭한 위인이다

 圍

담장같이 사면을 에워싼 모양 (에울 위,에워쌀 위)

약 围 wéi 웨이

圍立(위립)　圍繞(위요)
範圍(범위)　周圍(주위)

둘레 위, 에울 위

사방 주위를 에워싼 것이 둘레다

  違

캥거루가 달려가는 모양 (갈 착,달릴 착)

약 违 wéi 웨이

違背(위배)　違法(위법)
違約(위약)　違憲(위헌)

어길 위

(죄수가) 에워싸인 감옥에서 달아나 법을 어기다

 緯

실타래의 모양 (실 사)

약 纬 wěi 웨이

讖緯(참위)　恤緯(휼위)

씨줄 위, 가로선 위

날줄 실을 에워싸고 있는 것이 씨줄이다

衛

사거리 모양 (다닐 행)

약 卫 wèi 웨이

衛星(위성)　衛戍(위술)
防衛(방위)　前衛(전위)

지킬 위

다니며 주위를 에워싸서 지키다

위

 풀싹이 돋아나는 모양 (풀 초)	葦	**약** 苇 wěi 웨이 葦席(위석) 갈대로 짠 자리 葦蒲(위포) 갈대와 부들 **갈대 위**

(강인한) 풀로 쉬주위를 에워싸는 놈이 갈대다

 (창 모)    (나무 목)	柔	róu 러우 柔宛(유완) 柔脆(유취) 外柔(외유) 優柔(우유) **부드러울 유**

창대로 쓰는 나무는 탄력이 있고 부드러웁다 (※ 강하면 수 부러지기 때문임)

 새가 발목에 번호표를 달고 앉은 모양 (발 족)		yú 위 蹂躪(유린) 蹂若(유약) 蹂踐(유천) **짓밟을 유, 밟을 유, 넘을 유**

발을 부드럽게 움직여 짓밟다

 양손으로 괭이를 잡고 있는 모양 (손 수)		róu, rǒu 러우, 러우 揉木(유목) 나무를 휘어잡음 揉目(유목) 눈을 비빔 **주무를 유**

손으로 부드럽게 하려고 주무르다

   비에 수염을 적시지 않으려면 우산을 필요로 하다 (사람 인) (필요할 수)		rú 루 儒家(유가) 儒林(유림) **선비 유**	

사람 중에 필요한 자가 선비다

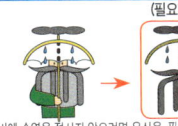   비에 수염을 적시지 않으려면 우산을 필요로 하다 (마음 심) (필요할 수)		nuò 누오 懦夫(나부) 겁이 많은 남자 懦弱(나약) 약함, 기력이 없음 **나약할 나, 겁쟁이 유**

마음 써 보살핌이 필요할이만큼 나약한 겁쟁이다

				yú 위	俞騎(유기) 俞俞(유유) 俞允(유윤) 俞兒(유아)
				거룻배 유, 그러할 유	

거룻배가 그러하게 물결을 헤치고 가는 모양

 젖가슴을 짚어보이는 모양 (가슴 심.마음 심)		yú 위	愉樂(유락) 愉色(유색) 愉愉(유유) 歡愉(환유)
		즐거울 유	

마음이 거룻배를 탄것 같이 즐거웁다

 캥거루우가 달려가는 모양 (갈 착.달릴 착)		yú 위	逾越(유월) 逾月(유월) 逾日(유일)
		넘을 유	

거룻배를 타고 가며 경계를 넘다

			입의 모양 (입구)		yù 위 喩喩(유유) 直喩(직유) 風喩(풍유) 解喩(해유) **깨우칠 유, 비유할 유**

입으로 거룻배 같이 낡은 점을 비유해 깨우치다

		젖가슴의 모양 (가슴 심.마음 심)	 yù 위 愈盛(유성) 愈甚(유심) 愈愈(유유) **더욱 유, 병나을 유**

거룻배 타고 마음을 안정시키니 더욱 병이 낫다

	木	木	木 나무의 모양 (나무 목)	 yú 위 榆柳(유류) 姑榆(고유) **느릅나무 유**

나무중에 거룻배를 만들기 좋은 나무가 느릅나무다

yóu 여우

由緒(유서) 事由(사유)
理由(이유) 經由(경유)

까닭 유, 말미암을 유

꼭지가 있는 **까닭**에 과일이 달려 있다

물방울이 떨어지는 모양 (물 수)

yóu 여우

油脂(유지) 豆油(두유)
油畵(유화) 精油(정유)

기름 유

물같은 액체를 짜낸 **까닭**에 기름이 있다

yōu 여우

悠久(유구)
悠然(유연)

멀 유

사람을 막대기로 두들기니 마음이 멀리 떠나다

(옷 의) 골짜기의 모양 (골 곡)

yù 위

富裕(부유)
餘裕(여유)

넉넉할 유

옷이 골짜기 같이 골이 졌으니 품이 넉넉하다

(깃발 언)

(물 수)

yóu 여우

游女(유녀)
游兆(유조)

헤엄칠 유

물에서 깃발을 들고 아들이 헤엄치다

(귀할 귀)　(귀할 귀)

엽전 꽂이와 돈궤는 귀한 것이다 (달릴 착)

약 遗 yí, wèi 이, 웨이

遺憾(유감) 遺留(유류)
遺物(유물) 遺傳(유전)

남길 유, 잃을 유

귀한 것을 갖고 달리다가 잃다

(고기 육)	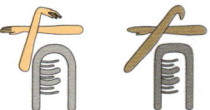	 yǒu, yòu 여우 有益(유익) 有限(유한) 有效(유효) 占有(점유) **있을 유**
양 손에 고기(갈비)를 가지고 **있다**		
(작을 요) (힘 력)		 yòu 여우 幼昧(유매) 老幼(노유) 幼年(유년) 幼兒(유아) **어릴 유**
작은 조롱박을 들 힘 뿐이니 **어리다**		
덮어놓아 잘 익은 술 (개 견)		 약 yóu 여우 溝猶(구유) 猶豫(유예) 猶父猶子(유부유자) **오히려 유, 머뭇거릴 유**
개에게 덮어 싼 술을 주면 **오히려** 의심해 **머뭇거리다**		
(손톱 조) (아들 자) (구부러질 을)		 rǔ 루 乳頭(유두) 母乳(모유) **젖 유** 
손을 아들이 구부려 **젖**을 먹다		
		 yōu 여우 幽寤(유오) 幽晦(유회) 幽欣(유흔) 幽界(유계) **그윽할 유**
산속에 조롱박같은 작은 집을 짓고 **그윽하게** 숨다		
(새 추) (입 구) (새 추)		 wéi 웨이 唯物(유물) 唯識(유식) **오직 유** 
입으로 **새**가 낼 수 있는 소리는 **오직** 짹!소리 뿐이다		

약 維 wéi 웨이

緬維(면유) 纖維(섬유)
維新(유신) 維州(유주)

맬 유, 얽을 유

실로 새 발목을 얽어 매다

약 誘 yòu 여우

誘導(유도) 誘發(유발)
誘引(유인) 誘致(유치)

꾈 유, 이끌 유

말을 빼어나게 하여 상대방을 꾀다

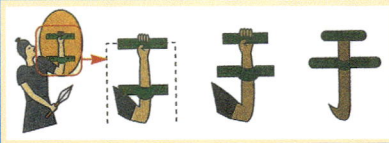 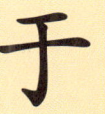

yú 위

于今(우금) 지금까지
于歸(우귀) 시집감

갈 우, 탄식할 우

방패를 잡은 손의 모양 방패를 들고 가며 힘들어 탄식하다

yū 위

迂遠(우원) 길이 돌아서 멂
迂廻(우회) 멀리 돌아서 감

굽을 우, 멀 우

가고 또 달려가야 할 만큼 길이 굽고 멀다

xū 쉬

長吁(장우) 吁咈(우불)

부를 우, 탄식할 우

입으로 일이 않되어 가니 탄식하다

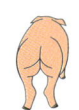   

ròu 러우

肉類(육류) 肉身(육신)
肉慾(육욕) 肉親(육친)

고기 육, 몸 육

살이 찐 돼지의 둔부를 본뜬 글자. 고기, 몸을 뜻함

			育	yù, yò 위, 요 育兒(육아) 育英(육영) 訓育(훈육) 發育(발육) **기를 육**

아이가 성인이 되어 **갓**을 쓸 정도로 **몸**을 **기르다**

			尹	yǐn 인 官尹(관윤) 關尹(관윤) **다스릴 윤, 성씨 윤** 

손에 **막대기**를 들고 **윤씨**가 집안 종을 **다스리다**

	亼	允	允	yǔn 원 允恭(윤공) 允君(윤군) 允納(윤납) 允當(윤당) **진실로 윤**
(사람 인)				

쟁기질 하는 **사람**은 **진실로** 선한 자이다

			閏	약 闰 rùn 룬 閏朔(윤삭) 閏餘(윤여) 閏月(윤월) 再閏(재윤) **윤달 윤**

(대궐) **문** 안을 **왕**이 벗어나지 못하는 때가 **윤달**이다　　※ 윤달에는 재수가 없다하여 왕이 대궐을 떠나지 않았다는 데서 유래

			潤	약 润 rùn 룬 霑潤(점윤) 利潤(이윤) 潤氣(윤기) 潤色(윤색) **젖을 윤, 윤택할 윤**
	물방울이 떨어지는 모양 (물 수)			

(윤달에 왕이 대궐을 벗어나지 못하듯) 물이 **윤달**같이 고여 식물이 **젖어서 윤택하다**

	匀	匀	勻	yūn 원 勻勻(균균) 고른 모양 **가지런할 윤, 고를 균**
(가지런할 균)				

중장비로 땅을 **고르려**고 든 것이 **가지런하다**

(창 과)

	róng 롱
戎	戎虜(융로) 戎場(융장) 戎裝(융장) 軍戎(군융) **병장기 융**

창과 절단기같은 **병장기**를 본뜬 자

   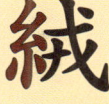
실타래의 모양 (실 사)

	약 绒 róng 롱
絨	絨衣(융의) 絨氈(융전) 石絨(석융) 製絨(제융) **융 융**

실로 **병장기**같이 투박하게 베를 짠 것이 융이다

(질그릇병 격) (벌레 충)

	róng 롱
融	融液(융액) 融資(융자) 融通(융통) 融和(융화) **녹을 융**

질그릇 병속에 **벌레**가 들어가 독한 물에 **녹다**

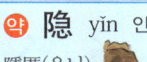
(손조)
(만들 공)
(손우)
(가슴 심)

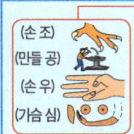  
(언덕 부)

	약 隐 yǐn 인
隱	隱匿(은닉) 隱身(은신) **숨을 은, 숨길 은**

언덕을 **손수 만든** 도구를 **손**에 쥐고 **가슴**밑까지 파 **숨다**

병실의 모양 (병들 안.병질 안)

	약 瘾 yǐn 인
癮	烟癮(연은) 담버 인(중독) **두드러기 은**

병으로 몸 속에 **숨어있다**가 나타난 게 두드러기다

(의지할 인) (의지할 인)

  恩
주위를 에워싸고 큰
사람이 의지하다 (마음 심)

	ēn 언
恩	恩義(은의) 恩典(은전) 恩惠(은혜) 報恩(보은) **은혜 은**

의지하려고 **마음**먹은 자의 청을 들어주는 것이 **은혜**다

		gèn 껀 艮卦(간괘) 艮方(간방) 艮止(간지) **머무를 간**
정미기에 벼를 붓지 으니 쌀 나오는 게 머무르다(멈추다)		

					약 银 yín 인 銀輪(은륜) 銀髮(은발) 銀河(은하) 銀錢(은전) **은 은**
쇠를 다루는 대장간의 모양 (쇠 금)				
금속으로 보배 대열에 머물러 있는 것이 은이다					

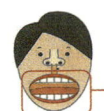					약 龂 yín 인 齒齦(치은) 잇몸 **잇몸 은, 깨물 간**
이의 모양을 본뜬 자 (이 치)				
잇발이 머물러 있는 곳이 잇몸이다					

				yīn 인 殷繁(은번) 殷富(은부) 殷商(은상) 殷昌(은창) **풍류성할 은, 은나라 은**
(두들길 수)			
북을 즐겨 두들겨 풍류가 성했던 나라가 은나라다				

				yǐ 이 乙卯(을묘) 乙未(을미) 乙夜(을야) 乙丑(을축) **새 을**
(물에) 새가 앉아 있는 모양				

			音	yīn 인 音質(음질) 音癡(음치) 音標(음표) 雜音(잡음) **소리 음**
(설 립) / (말할 왈)			
서서 말하니 소리가 난다				

		yín 인
(손톱 조, 손 조)  淫 淫 淫		賣淫(매음) 手淫(수음) 淫亂(음란) 淫行(음행) **음란할 음**
(물 수) (짊어질 임)		

(정액) 물 쏟는 일을 손에 **짊어지우**는 행위(자위)는 **음란하다**

| 
집에서 정미기에 찧은
곡식으로 밥을 짓다 (밥식) |  
(밥식) (입 크게 벌릴 흠) |  飮 | 약 饮 yǐn 인
飮毒(음독)
飮料(음료)
마실 음  |

밥 먹을 때처럼 **입**을 크게 벌리고 **마시다**

| 
집에서 낫을 들고 이제 막
일하러 간다는 뜻 (이제 금) |  
(입구) (이제 금) |  吟 | yín 인
謳吟(구음)
呻吟(신음)
읊을 음, 신음할 음 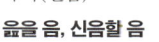 |

입으로 **이제** 막 시를 **읊으다**

| (이제 금) 
집에서 낫을 들고 이제 막
일하러 간다는 뜻 | 지팡이의 모양 (이제 금) 
(언덕 부) 나무에 묶여있는 확성기의 모양 (말할 윤) |  陰  | 약 阴 yīn 인
陰德(음덕)
陰謀(음모)
그늘 음  |

언덕이 **이제 막** 볕을 가린 상태를 **말하여 그늘**이 졌다고 한다

| 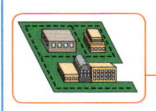 | (입구)  
(큰 뱀 파) |  邑 | yì 이
邑民(읍민) 邑樣(읍양)
邑村(읍촌) 小邑(소읍)
고을 읍 |

많은 **입**(사람)이 **큰 뱀** 같은 길을 내고 모여 사는 곳이 **읍**이다

|  泣 泣 泣
(물 수) (설 립) | | qí 치
泣諫(읍간)
泣訴(읍소)
울 읍  |

물방울 같은 눈물을 흘리며 **서서 울다**

 (귀 이) (손 수) (귀 이)	揖	揖	揖	yī 이 揖遜(읍손) 揖讓(읍양) **읍할 읍** 
손을 모아 **입 귀** 방향만큼 올리고 **읍하다**					

손을 모아 **입 귀** 방향만큼 올리고 **읍하다**

 (거꾸러질 비) (발 소) 거꾸러지게 화살 쏘는 속을 달렸다니 의심하다 **(의심할 의)** 고드름=얼음  (의심할 의)		凝	凝	níng 닝 凝固(응고) 凝視(응시) 凝積(응적) 凝脂(응지) **엉킬 응**

얼음이 얼었나 **의심**이 갈 정도로 **엉키다**

 (집 엄) 사람인(새 추)	 (마음 심)			**약** 应 yīng 잉 應急(응급) 應用(응용) **응할 응, 응당 응** 

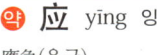

집에서 **사람**이 키운 새(매)가 주인 **마음**에 **응하다**(응하여 사냥하다)

 (집 엄) (새 조)				**약** 鹰 yīng 잉 籠鷹(농응) 鷹犬(응견) 鷹視(응시) 秋鷹(추응) **매 응**

집에서 **사람**이 키운 새로 사냥하는 새가 **매**다

			yī, yì 이, 이 衣類(의류) 衣裳(의상) 上衣(상의) 着衣(착의) **옷 의**

옷의 모양

	 사람이 서 있는 모양 **(사람인)**		yī 이 依賴(의뢰) 依願(의원) 依然(의연) 依他(의타) **의지할 의**

사람이 **옷**에 의지하다

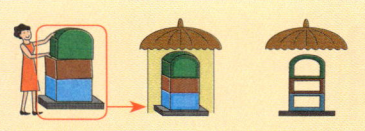 	yí 이 宜當(의당) 宜稻(의도) 便宜(편의) **마땅 의**
집에서 제사음식을 많이 **쌓고** 제지냄은 **마땅하다**	
　수염을 들먹이며 입으로 말하는 모양 (**말씀 언**)	약 谊 yì 이 誼士(의사) 誼主(의주) 高誼(고의) **옳을 의, 친할 의**
말을 **마땅한** 말만하니 **옳다**	
 	약 义 yì 이 義理(의리) 義務(의무) 忠義(충의) 意義(의의) **옳을 의**
(맹수로부터) **양**을 **손에 창을 잡고** 지킴은 **옳다**	
 　사람이 서 있는 모양 (**사람인**)	약 仪 yí 이 儀式(의식) 禮義(예의) 容儀(용의) 葬義(장의) **거동 의, 법도 의**
사람의 **옳은 거동**이 **법도다**	
　수염을 들먹이며 입으로 말하는 모양 (**말씀 언**)	약 议 yì 이 議決(의결) 議案(의안) **의논할 의** 
말로 **옳은** 방법을 **의논하다**	
벌레의 모양 (**벌레 충**)	약 蚁 yǐ 이 蟻蜂(의봉) 蟻蛭(의봉) 蟻穴(의혈) **개미 의**
벌레로 노력하는 **옳은** 삶을 보이는게 **개미다**	

  크게 굽혀 예물드리며 인사함이 기이하다 (기이할 기) (나무 목) (기이할 기)	椅 椅 椅	yī, yǐ 이, 의 椅子(의자) 高椅(고의) **의자 의** 

나무로 **기이하게**(구부러지게) 만든 것이 **의자**다

  크게 굽혀 예물드리며 인사함이 기이하다 (사람 인) (기이할 기)	 倚 	yǐ 이 倚人(기인) 倚傾(의경) 倚勢(의세) **의지할 의**

못난 **인간**은 강자에겐 **기이하게** 아첨하며 **의지하다**

 (거꾸러질 비) 편지가 묶인 화살 (화살 시) (발 소)	 	yí 이 嫌疑(혐의) 疑訝(의아) 疑問(의문) 疑心(의심) **의심할 의**

꺼꾸러지게 화살 쏘는 속을 모자쓰고 달렸다니 **의심하다**

 양손으로 괭이를 잡고 있는 모양 (손 수)	 	약 拟 nǐ 니 擬古(의고) 擬律(의율) 模擬(모의) 配擬(배의) **비교할 의, 비슷할 의, 헤아릴 의**

손으로 **의심하며** 만져보고 비교하니 비슷하다

(설립)  毅 (돼지 시) (두들길 수)		yì 이 毅武(의무) 毅魄(의백) 毅然(의연) **굳셀 의**

털을 **세운 돼지**를 **두들겨 패니** 저항함이 **굳세다**

   편지가 묶인 화살 (화살 시) (두들길 수) (술/닭 유)	醫	약 医 yī 이 醫術(의술) 醫藥(의약) 獸醫(수의) 醫院(의원) **의원 의**

푹 파이게 **화살**이 박힌 상처나 **두들겨** 맞은 데를 **술**(알콜)로 소독해 치료하는 자가 **의원**이다

 (설립)	 (마음 심)			yì 이 意思(의사) 意義(의의) 意向(의향) 他意(타의) **뜻 의**

서서 말로 마음 먹은 바를 나타낸 것이 **뜻**이다

 (사람 인)(바위 엄)(구부릴 절)	 (나무 목)(위태할 위)		wéi 웨이 桅杆(의간) 돛대 桅檣(의장) 돛대 **돛대 의**

나무로 위태한 항해를 도와주는 게 **돛대**다

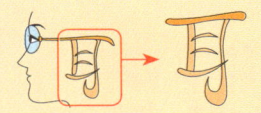			ěr 얼 耳明酒(이명주) 耳目(이목) 耳目口鼻(이목구비) **귀 이**

귀의 모양을 본뜬 글자

	 집에서 정미기에 양식을 찧어 밥을 하다 (밥 식)		약 饵 ěr 얼 鉤餌(구이) 餅餌(병이) **미끼 이, 먹이 이** 

밥(먹이)을 **귀**모양의 낚시에 끼워 놓은것이 **미끼**다

—	—	—	二	èr 얼 二面(이면) 二世(이세) 二重(이중) 二君(이군) **두 이**

나무토막이 **두** 개 있는 모양

 (두 이)	 (돈[궤]패) (주살 익)			약 贰 èr 얼 貳極(이극) 貳相(이상) 貳臣(이신) 貳心(이심) **두 이, 갖은두 이**

주살 **두**개를 돈을 내고 사니 **두**개다

ér 얼

然而(연이) 似而非(사이비)
學而時習(학이시습)

말이을 이

수염을 본뜬 글자. **수염**을 들먹이며 **말을 잇다**

yī 이

伊昔(이석)
伊時(이시)

저 이

사람을 손에 **지휘봉**을 들고 다스리는 자가 **저**분이다

나무 가지에 뱀이 감긴 모양 (뱀 야, 이다 야) (활 궁) (뱀 야)

shǐ 스

弛紊(이문) 弛緩(이완)
張弛(장이) 偸弛(윤이)

느슨할 이, 늦출 이

활시위가 뱀처럼 늘어나 느슨하다

yí 이

東夷(동이)
陵夷(능이)

오랑캐 이, 무리 이

큰 활을 즐겨 메고 다니는 자가 오랑캐 무리다

여자의 모양 (계집녀)

yí 이

姨妹(이매) 姨母(이모)
大姨(대이) 小姨(소이)

이모 이

여자로 어머니 형제 무리들이 이모이다

몸통 부분인 갈비뼈의 모양 (몸 육, 고기 육)

yí 이

胰腺(이천)
胰子(이자) 돼지 췌장

등심 이(췌장)

몸(신체) 기관의 한 무리로 췌장이 곧 등심이다

		yǐ 이
		不得已(부득이) 已甚(이심) 已往(이왕) 而已(이이) **이미 이, 그칠 이**

뱀이 잘리어 숨이 **이미** 그치다

		yǐ 이
		以內(이내) 以南(이남) 以下(이하) 以後(이후) **부터 이, 써 이, 쓰다 이**

쟁기를 사람들이 옛날**부터 써** 오다

				yí 이
				移秧(이앙) 移讓(이양) 移越(이월) 移行(이행) **옮길 이**

(추수한) **벼**가 **많으니 옮기다**

		약 异 yì 이
		異腹(이복) 異常(이상) 異彩(이채) 異色(이색) **다를 이**

밭과 엮은 고기는 쪼개는(나누는) 방법이 **다르다**

				약 尔 ěr 얼
				爾汝(이여) 爾爲(이위) 法爾(법이) 率爾(솔이) **너 이, 어조사 이, 그러할 이**

4각 도장의 모양. 이 도장이 **너**의 것이다

				yì 이
				容易(용이) 簡易(간이) 安易(안이) **쉬울 이, 바꿀 역**

날을 잡아 닭을 목졸라 없애 쉽게 닭 운명을 **바꾸다**

				yì 이
 편지가 묶인 화살 (화살 시)	 (붓 율)			肄習(이습) 익힘. 공부함 條肄(조이) 存肄(존이) **익힐 이**
거꾸러지게 앉아 화살같은 붓을 잡고 글씨를 익히다			

(거꾸러질 비)

거꾸러지게 앉아 화살같은 붓을 잡고 글씨를 익히다

 (물 수)  (그릇 명) 옆으로 누운(물 수)  (그릇 명)

yì 이
無益(무익) 有益(유익)
益金(익금) 益母草(익모초)
더할 익

(물수자를) 물을 옆으로 기울여 그릇에 부어, 더하다

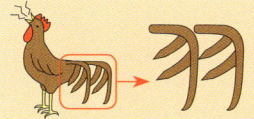  

yǔ 우
項羽壯士(항우장사)
宮商角緻羽(궁상각치우)
깃 우

깃의 모양을 본뜬 글자

밭과 엮은 고기는 나누는 법이 다르다 (다를 이)

yì 이
右翼(우익)
羽翼(우익)
날개 익

깃이 좌우로 다른 방향에 달린 것이 날개다

  (사람인) (두이)

rén 런
仁恕(인서) 仁勇(인용)
仁慈(인은) 仁術(인술)
어질 인

사람 둘이 사이좋게 지내니 어질다

  (손(톱) 조)

yìn 인
印刊(인간) 印鑑(인감)
印本(인본) 印章(인장)
도장 인, 찍을 인

손(손톱)으로 바가지에 (상표) 도장을 찍다

yīn 인

因循(인순) 原因(원인)
因襲(인습) 病因(병인)

인연 인, 의지할 인, 인할 인

에워싼 담장에 큰 사람이 인연을 맺고 의지하다

yīn 인

姻弟(인제) 親姻(친인)
婚姻(혼인)

혼인 인

여자와 인연을 맺고 혼인하다

yān 앤

咽喉(인후) 咽下(연하)
充咽(충열) 呑咽(탄연)

목구멍 인, 목멜 열, 삼킬 연

입과 인연을 맺은 곳이 목구멍이다

yīn 인

拂茵(불인) 軟茵(연인)
茵席(인석) 자리에 까는 방석

깔개 요 인, 사철쑥 인

풀과 인연을 맺고 사철쑥으로 만든게 깔개다

 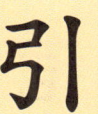

yǐn 인

引導(인도) 引力(인력)
引責(인책) 引揚(인양)

끌 인, 당길 인

활을 똑바로 쏘려고 끌어당기다

yǐn 인

附蚓(부인) 紫蚓(자인)

지렁이 인

벌레로 몸을 끌어 당기며 가는 게 지렁이다

			刃	rèn 런 袖刃(수인) 兇刃(흉인) 霜刃(상인) 刃傷(인상) **칼날 인**

칼날의 모양

		실타래의 모양 (실 사)	紉	약 紉 rèn 런 紉針(인침) 바늘귀에 실을 꿰다 **실꿸 인**

실을 **칼날**로 잘라 바늘에 실을 꿰다

  에워싸 말린 (가죽 위)	韌	약 韌 rèn 런 韌帶(인대) 관절의 단단한 결제조직의 띠 **질길 인**

에워싸 말린 가죽은 **칼날**을 써야할 만큼 **질기다**

(칼날인)		(마음(가슴)심)	忍	rěn 런 忍苦(인고) 忍耐(인내) **참을 인** 

칼날로 **가슴**을 찌르는 듯한 고통을 **참다**

			言 言	약 認 rèn 런 認可(인가) 認容(인용) 認知(인지) **알 인**

수염을 들먹이며 입으로 말하는 모양 (**말씀 언**)

말을 끝까지 **참아** 듣고 사실을 **알다**

			人	rén 런 人工(인공) 人倫(인륜) 人命(인면) 超人(초인) **사람 인**

사람의 모양을 본뜬 글자

				yī 이
				一代(일대)　一切(일체) 一致(일치)　合一(합일) **한 일**

나무토막이 **하나** 있는 모양

				yī 이
				樸壹(박일)　醇壹(가치) 壹是(일시)　壹意(일의) **한 일**

선비가 가진 것은 **덮어 놓은 제기그릇 하나** 뿐이다

				yì 이
				安逸(안일)　隱逸(은일) 逸居(일거) **편안할 일**

토끼가 빠르게 **달리어** 숨으니 **편안하다**

옆으로 누운 (물 슈)자				yì 이
 (물 슈)　(그릇 명)	 (그릇 명)			無益(무익)　有益(유익) 益金(익금)　益母草(익모초) **더할 익, 유익할 익**

(물수자를) **물**을 옆으로 **기울여 그릇**에 부어서 **더하다**

				yì 이
		 물방울이 떨어지는 모양(물 슈)		滿溢(만일) 富溢(부일) **넘칠 일, 찰 일** 

물을 부어 **더하니** 그릇이 **넘치다**

				rì 르
				日氣(일기)　日輪(일륜) 日程(일정)　後日(후일) **날 일, 해 일**

해의 모양을 본뜬 글자. **날(해)**을 뜻함

  		rén 런 壬午軍亂(임오군란) 壬辰倭亂(임진왜란) **북박 임, 짊어질 임**

북방 사람이 짐을 **짊어지고** 서있는 모양

  (사람인)(돈 패)		🔴약 賃 lìn 린 賃搗(임도) 勞賃(노임) 無賃(무임) **품삯 임**

사람이 **짊어진 일**을 끝내고 받는 **돈**이 **품삯**이다

  		rù 루 入庫(입고) 入納(입납) 入住(입주) 侵入(침입) **들 입**

나무의 찢어진 틈 사이에 **칼**이 들어 있다

	孚	yùn 윈 孕別(잉별) 孕婦(잉부) 字孕(자잉) 胎孕(태잉) **아이 밸 잉**

배가 층지게 **아들**인 **아이를 배다**

	扔	rāng 렁 扔球(잉구) 공을 던지다 **던질 잉, 당길 잉**

(손 수)

손을 써 **층계** 위로 (공을) **던지다**

(사람 인)	仍	réng 렁 仍用(잉용) 仍任(잉임) 仍孫(잉손) 因仍(인잉) **인할 잉**

사람이 **층계**가 있으니 거기에 **인해** 행동하다

임 입 잉

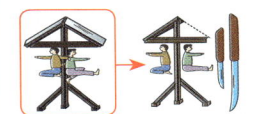 기둥을 타고 올라가는 모양 (오를 승)	 (칼 도)	(오를 승)	 剩	shèng 성 剩數(잉수) 剩餘(잉여) **남을 잉, 더줄 잉**

(저울에) **오를** 정량 외에 것을 **칼질**해 **남을** 것을 **더주다**

			子	zǐ, zi 즈, 즈 子孫(자손) 子爵(자작) 孝子(효자) 赤子(적자) **아들 자**

아들의 모양을 본뜬 글자

	 사람이 서 있는 모양 (**사람 인**)		仔	zǐ, zǎi, zī 즈, 자이, 즈 仔詳(자상) 仔細(자세) 仔蟲(자충) 肩仔(견자) **자세할 자**

사람(어른)이 **아들**에게 삶의 지혜를 일러줌이 **자세하다**

	 지붕을 덮어씌운 집의 모양 (**집 면**)		 字	zì 쯔 字句(자구) 字劃(자획) **글자 자** 

집에서 **아들**이 **글자**를 익히다

	 쌀알이 흩어져 있는 모양 (**쌀 미**)		籽	zǐ 즈 稻籽(도자) 볍씨 菜籽油(채자유) 식물씨 기름 **씨앗 자**

벼가 곧 **쌀**의 **아들 씨앗**이다

			刺	cì, cī 츠, 츠 亂刺(난자) 刺客(자객) **찌를 자** 

나무의 **가시**나 **칼**로 **찌르다**

잉자

(두 이) (입 크게 벌릴 흠)			次	cì 츠 次例(차례) 目次(목차) **다음 차, 버금 차** 

두 번째로 **입을 크게 벌리고** 명령하는 자는 서열이 첫째 **다음** 가는 자다

		女 여자의 모양 (계집녀)	姿	zī 즈 姿貌(자모) 姿勢(자세) 雄姿(웅자) **시 자, 아름다울 자**

본처 **다음**에 맞는 **여자**(즉 첩)의 **맵시**가 **아름답다**

		口 입의 모양 (입 구)	咨	zī 즈 奢咨(사자) 放咨(방자) 咨行(자행) **상의할 자, 물을 자**

첫째 **다음**가는 자는 **입**으로 상관께 **물어 상의하다**

		瓦 瓦 기와집의 모양 (기와 와)	瓷	cí 츠 綠瓷(녹자) 素瓷(소자) 紫瓷(자자) 花瓷(화자) **사기그릇 자**

초벌구이 **다음**에 **기와**굽듯 구은게 **사기그릇**이다

		貝 貝 돈이 든 자개장의 모양 (자개 패,돈 패)	資	약 資 zī 즈 資金(자금) 資料(자료) 資本(자본) 學資(학자) **재물 자**

사람에게 건강 **다음**으로 치는 **재산(돈)**이 **재물**이다

 집안에 20명이 불을 쬐며 무리로 서 있다 (무리 서)	 (무리 서)	蔗	蔗	zhè 저 蔗糖(자당) 蔗漿(자장) 甘蔗(감자) 都蔗(도자) **사탕수수 자**

풀같은 곡물로 **많은 무리**들이 즐겨먹는 것이 **사탕수수**다

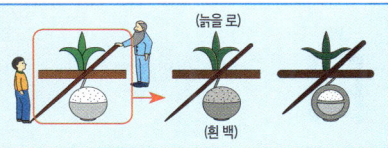
(늙을 로)
(흰 백)

zhě 저

前者(전자) 走者(주자)
筆者(필자) 學者(학자)

놈 자, 사람 자

늙은이가 **밥같이 흰** 수염을 들먹이며 모든 **사람**을 **놈**이라 부르다

불덩어리의 모양 (불 화)

zhǔ 주

煮字(자자) 煮湯(자탕)
羹煮(갱자) 私煮(사자)

삶을 자

모든 **사람**이 **불**에 음식물을 **삶다**

(계집 녀) (시장 시)

약 姉 zǐ 즈

姉氏(자씨) 姉弟(자제)
姉兄(자형) 愚姉(우자)

누이 자

여자로 **시장**에 찬거리를 사러가는 자가 **누이**다

가는 것을 그치고 서다 (그칠 지) (그칠 지)

cǐ 츠

此日彼日(차일피일)
此後(차후) 如此(여차)

이 차, 머무를 차

가는 것을 **그치고** 구부리고 앉아 **이**같이 **머무르다**

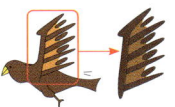
날개를 편 새의 모양 (새 추)

cí 츠

孀雌(상자) 雌犬(자복)
雌雄(자웅)

암컷 자

교미시 수컷아래 **이**같이 **머무르는 새**가 **암컷**이다

실타래의 모양 (실 사)

zǐ 즈

紫莖(자경)
紫色(자색)

자줏빛 자

염색공이 **이**같이 **머무르면**서 **실**에 **자주빛**을 물들이다

자

zì 쯔

自滅(자멸)　自負(자부)
自主(자주)　自爆(자폭)

스스로 자

코의 모양을 본뜬 글자. 코로 **스스로** 숨 쉰다는 뜻

   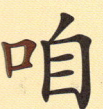

입의 모양 (입 구)

zán 잔

咱們(자문) 우리들

우리 자(우리들)

입으로 스스로를 말할 때 우리들이라 한다

zī 쯔

龜玆(구자)　今玆(금자)
來玆(내자)

이 자, 흐릴 자

풀포기 밑 땅에 이 같이 맺힌 땅콩 색이 흐리다

물방울이 떨어지는 모양 (물 수)

zī 즈

滋漫(자만)　滋茂(자무)
滋殖(자식)　滋甚(자심)

불을 자

장마철에 물이 이 같이 불어나다

젖가슴의 모양 (가슴 심/마음 심)

cí 츠

仁慈(인자)　慈堂(자당)
慈悲(자비)　慈善(자선)

사랑 자

이 같이 (참) 마음을 쓰는 것이 사랑이다

돌 (바위)의 모양 (돌 석)

cí 츠

磁氣(자기)
磁力(자력)

자석 자

돌에 이 같이 쇠붙이가 붙으니 자석이다

(구멍 혈, 굴 혈) (굴 혈)
(나무 목) (잠깐 사)

zhà 자
榨油(자유)
짜낸 기름
짤 자, 기름틀 자

※ 아래 잠깐 사(乍) 참조하세요

나무로 굴같은 틀을 잠깐 눌러 기름을 짜다

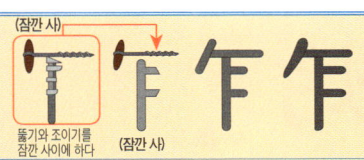
(잠깐 사)
뚫기와 조이기를 잠깐 사이에 하다
(잠깐 사)

zhà 자
乍晴(사청)
비가 오다가 잠깐 갬

잠깐 사

뚫기와 조이기를 잠깐 사이에 하다

사람이 서 있는 모양 (사람 인)

zuó, zuō, zuò 주어, 쭈어, 쭈어
作家(작가)
作業(작업)

작품 작, 만들 작

사람이 잠깐 사이에 작품을 만들다

해의 모양(해가 떠서 새날이 온다는 뜻)(해 일 날 일)

zuó 주어
昨年(작년) 昨日(작일)
昨朝(작조) 昨紙(작지)

어제 작

날(해가)이 잠깐 사이에 지나간 것이 어제다

장작에 불이 붙어 타는 모양 (불 화)

zhà, zhá 자, 자
炸裂(작렬) 炸發(작발)
炸藥(작약) 炸彈(작탄)

터질 작

자
작

불이 잠깐 사이에 터지다

(사람 인)

(실 사) (일찍 조)

🔴약 绰 chuò 추오
綽約(작약) 綽然(작연)
綽態(작태) 弘綽(홍작)

여유있을 작, 너그러울 작

실처럼 계속 사람이 일찍부터 일을 하니 삶이 여유있다

	shuò 수오
	勺飮(작음) 圭勺(규작) 鼻勺(비작) 升勺(승작)
	움켜잡을 작, 구기 작

닭목을 **움켜잡은** 모양

장작에 불이 붙어 타는 모양 (불 화)

	zhuó 주오
	灼爛(작란) 灼艾(작애) 鑽灼(찬작) 焦灼(초작)
	불사를 작

불을 **움켜잡고** 붙여 **불사르다**

※술은 닭이 홰에 오른 저녁에 먹는 음식이라는 데서 술과 닭의 뜻을 가짐. 술병을 본뜬 자 (술 유, 닭 유)

	zhuó 주오
	酌婦(작부) 酌定(작정) 參酌(참작)
	술부을 작

술을 **움켜잡고** 술을 **붓다**

(손(손톱) 조)

탈곡이 멈추다 (멈출 간)　(멈출 간)　(손 촌)

	약 爵 jué 쥐에
	男爵(남작) 伯爵(백작) 爵位(작위) 爵號(작호)
	참새 작, 벼슬아치 작

손으로 그물을 **멈추게** 쳐 놓고 **손**으로 **참새**를 **벼슬아치**가 잡다

입의 모양 (입 구)

	약 嚼 jiáo 쟈오
	嚼味(작미) 吟嚼(음작) 咀嚼(저작) 呑嚼(탄작)
	씹을 작

입으로 **참새**구이를 **벼슬아치**가 **씹다**

고기를 볕에 오래 말리다 (오랠 석) (오랠 석) (새 조)

	약 鵲 què 취에
	群鵲(군작) 山鵲(산작) 鳥鵲(조작)
	까치 작

오랜 옛부터 울면 반가운 손님이 온다는 **새**가 **까치**다

작

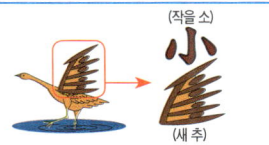 (작을 소)  (새 추)	 雀	què, qiāo, qiǎo 취에, 치아오, 치아오 羅雀(나작) 挑雀(도작) 靑雀(청작) 楚雀(초작) **참새 작, 공작 작**

몸이 **작은 새**가 **참새**다

  (흰 백)  (실 사) (두들길 복)	 繳	약 繳 jiǎo 쟈오 釣繳(조작) 繳網(작망) 주살과 그물 **주살 작(주살의 실)**

실이(줄)이 달린 **흰창**을 **사방 두들겨치**듯 던져잡는게 **주살**이다

  	 戔	약 戔 cán 찬 **작을 잔**

창과 **창**에 찍혀서 **작아지다**

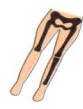  살이 썩어 뼈만 앙상하게 남은 모양 (죽을 사)	 殘	약 殘 cán 찬 殘黨(잔당) 殘務(잔무) 殘忍(잔인) 殘虐(잔학) **남을 잔, 잔인할 잔**

죽어서 작은 뼈만 **남다**

  나무의 모양 (나무 목)	 棧	약 棧 zhàn 잔 棧徑(잔경) 棧橋(잔교) 棧道(잔도) **사다리 잔**

두 **나무** 기둥에 **작은** 발판을 박아 놓은게 **사다리**다

  그릇을 받침대(접시)에 놓은 모양 (그릇 명)	 盞	약 盞 zhǎn 잔 建盞(건잔) 金盞(금잔) 滿盞(만잔) 玉盞(옥잔) **술잔 잔, 잔 잔**

작은 그릇이 **잔**이다

					동 替 일찍 참

목이 메이고 또 메이니 입을 벌리고 일찍부터 숨을 내쉬다

				약 潛 qián 치엔 潛蟠(잠반) 潛奢(잠사) 潛水(잠수) 潛入(잠입) **잠길 잠, 자맥질할 잠**

물이 불어나 **일찍**부터 주위가 잠기다

			약 蠶 cán 찬 蠶繭(잠견) 養蠶(양잠) 蠶絲(잠사) 蠶食(잠식) **누에 잠**

목이 메인듯 **일찍**부터 실을 토해 내는 **벌레**가 **누에**다

약 賺 zhuàn 주안

賺錢(잠전) 이윤을 얻다

되팔 잠, 팔 잠

물건을 **돈**이 **겹치**게 이익을 남겨 **되팔다**

zhàn 잔

蘸墨水(잠묵수) 잉크를 찍다

담글 잠

식물성 과일을 **술**에 **구어지**게 담그다

				약 暫 zàn 짠 暫時(잠시) 暫間(잠간) **잠깐 잠**

(시간이) **수레**나 **도끼**에 베어지듯 **해**가 **잠깐** 사이에 지다

	약 杂 zá 자
	雜歌(잡가) 雜念(잡념) 雜談(잡담)
	섞일 잡

(가지각색 깃털) **옷**을 입고 **나무** 위에 앉은 **새**들이 **섞이다**

	kǎ, qiǎ 카, 치아
	卡子(잡자) 집게, 핀, 클립
	지킬 잡[끼(이)다], 관 잡

(물건)**위 아래**를 집으니 집게에 **끼(이)다**

	zá 자
	砸門(잡문) 문을 세게 두드리다
	깨뜨러질 잡(으스러지다)

돌로 치니 **수건**이든 **상자**가 **깨뜨러지다**

   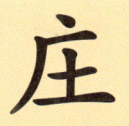

	zhǎ 자
	眨眼(잡안) 눈을 깜박거리다
	눈 깜박일 잡

눈을 걸어 가며 **깜박이다**

	동 莊 zhuāng 주앙
	庄家(장가) 庄園(장원)
	농막 장, 전장 장

집으로 **농토** 주변에 세운집이 **농막**이다

	zhuāng 주앙
	啼粧(제장) 內粧(내장) 丹粧(단장) 粧鏡(장경)
	단장할 장

쌀을 찧으니 **농막**이 쌀겨 분을 바른듯 뿌옇게 **단장하다**

429

(고기 육)

(통나무조각 장) (손 촌)

약 將 jiāng, jiàng 지앙

將軍(장군)
將兵(장병)

장수 장, 장차 장

(전쟁터에 나가기 전에) **통나무**에 **고기**를 **손**으로 올려놓고 제 지내는 자가 **장수**다

양팔과 다리를 크게 벌린 모양 (큰 대)

약 奖 ziǎng 지앙

奬學(장학) 奬進(장진)
推奬(추장) 激奬(격장)

권면할 장, 장려할 장

장수같이 **크게** 되라고 **권면하다**

물이 흘러가는 모양 (물 수)

약 浆 jiāng 지앙

酪漿(낙장) 腦漿(뇌장)
鐵漿(철장) 寒漿(한장)

미음 장

장수같이 힘을 나게 하는 **물**이 **미음**이다

※ 술은 닭이 홰에 오른 저녁에 먹는 음식이라는 데서 술과 닭의 뜻을 가짐.

술병을 본뜬 자 (술 유·닭 유)

약 醬 jiàng 지앙

豆醬(두장) 麥醬(맥장)
美醬(미장)

젓갈 장, 간장 장

장수같이 끈기있게 **술**처럼 발효시킨 음식이 **젓갈**이다

풀싹이 돋아나는 모양 (풀 초)

약 蔣 jiǎn 장

蔣茅(장모) 줄과 띠

과장풀 장, 성씨 장

풀 중에 **장수**같이 강한 풀이 **과장풀**이다

(나무 목)

약 槳 jiāng 지앙

輕槳(경장) 蘭槳(난장)

노 장(배의 노)

장수같이 강한 **나무**로 만든게 **노**다

	약 壯 zhuàng 주앙
(나뭇조각 장) (선비 사)	壯年(장년) 壯談(장담) 壯途(장도) 壯元(장원) **씩씩할 장**

나뭇조각을 선비가 한 손으로 거뜬히 드니 **씩씩하다**

	약 庄 zhuāng 주앙
풀싹이 돋아나는 모양 (풀 초)	鄙莊(비장) 老莊(노장) 別莊(별장) 山莊(산장) **장엄할 장, 엄할 장, 풀 성할 장**

초야에서 **씩씩하게** 싸우는 자는 장엄하다

	약 装 zhuāng 주앙
옷의 모양 (옷 의)	裝備(장비) 裝藥(장약) **꾸밀 장**

씩씩하게 보이는 옷으로 꾸미다

	zhàng 장
	査丈(사장) 岳丈(악장) 王丈(왕장) 丈母(장모) **어른 장**

손에 **지팡이**를 든 자가 **어른**이다

	zhàng 장
사람이 서 있는 모양 (사람 인)	仗氣(장기) 仗隊(장대) 兵仗(병장) 馮仗(빙장) **무기 장, 의장 장**

사람이 **어른**처럼 들고 다니는 지팡이가 무기다

	zhàng 장
나무의 모양 (나무 목)	杖毒(장독) 杖問(장문) 鳩杖(구장) 錫杖(석장) **지팡이 장, 몽둥이 장**

나무로 **어른**이 짚고 다니는 게 지팡이다

장

cáng, zàng 창, 짱

寶藏(보장)　收藏(수장)
愛藏(애장)　藏府(장부)

감출 장

풀이나 나무조각 밑에 창을 신하가 감추고 왕을 배알하다

※ 임금을 만날때는 몸에 무기를 지닐 수 없음

몸통 부분인 갈비뼈의 모양 (몸 육,고기 육)

약 脏 zàng 짱

肝臟(간장)
內臟(내장)

오장 장

몸 속에 감추어 있는 것이 오장이다

돈이 든 자개장의 모양 (자개 패,돈 패)

약 赃 zāng 짱

犯贓(범장)　宿贓(범장)

장물 장, 뇌물받을 장

돈을 감추어 몰래 뇌물받다

약 旸 yáng 양

햇살퍼질 양, 양지 양

지평선에 햇살이 퍼지는 모양

약 场 chǎng, cháng 창, 창

場所(장소)　每場(매장)
退場(퇴장)　刑場(형장)

마당 장

싹이 흙위에 돋아나는 모양 (흙 토)

흙이 햇살이 퍼지듯 평평한 곳이 마당이다

약 肠 cháng, chǎng 창, 창

斷腸(단장)　大腸(대장)
胃腸(위장)　小腸(소장)

창자 장

몸통 부분인 갈비뼈의 모양 (몸 육,고기 육)

몸 속에 햇살이 퍼지듯 퍼져 있는 것이 창자다

약 长 cháng, zhǎng 창, 장

長老(장로) 長生(장생)
長安(장안) 族長(족장)

긴 장, 어른 장

의자에 앉은 분이 수염이 긴 어른이다

    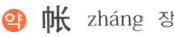

옷걸이에 수건같은 천이 걸려있는 모양 (수건건,천건)

약 帐 zhàng 장

帳幕(장막)
帳簿(장부)

휘장 장, 장부책 장

수건같은 천을 길게 느린 것이 휘장이다

활의 모양 (활궁)

약 张 zhāng 장

張力(장력)
張本(장본)

당길 장, 베풀 장

활시위를 길게 잡아 당기다

돈이 든 자개장의 모양 (자개 패,돈 패)

약 账 zhàng 장

賬目(장목)
賬單(장단) 명세서, 계산서

장부 장

돈의 흐름을 길게 써 놓은게 장부다

(광름)

약 啬 sè 서

嗇夫(색부) 吝嗇(인색)
儉嗇(검색)

아낄 색

적십자사가 사람들에게 줄 구호품을 광문을 닫고 아끼다

싹이 흙위에 돋아나는 모양 (흙 토)

약 墙 qiáng 치앙

隔墻有耳(격장유이)
路柳墻花(노류장화)

담 장

흙으로 재물 나가는 것을 아끼려고 쌓은 게 담이다

장

 	章	zhāng 장 章句(장구) 章程(장정) 詞章(사장) 印章(인장) **글 장, 문체 장**

서서 말한 바를 열 개(여러 개) 적은 것이 글이다

 	障	zhàng 장 障壁(장벽) 障害(장해) **막을 장, 막힐 장** 

언덕에 글을 써 붙이고 길을 막다

  	樟	zhāng 장 烏樟(오장) 釣樟(오장) **녹나무 장** 

나무결에 글 같은 무늬가 나 있는게 녹나무다

	掌	zhǎng 장 車掌(차장) 管掌(관장) **손바닥 장, 맡을 장**

높게 손을 들어 손바닥을 펴고 선서한 후 일을 맡다

	匠	jiàng 지앙 匠宰(장재) 匠戶(장호) 心匠(심장) 良匠(양장) **장인 장, 만들 장**

상자 안에 도끼를 써서 장인(기술자)이 물건을 만들다

	葬	zāng 짱 埋葬(매장) 副葬(부장) 安葬(안장) 移葬(이장) **장사지낼 장**

풀 아래 뼈만 남기고 죽은자를 받들어 장사지내다

※ 옛날에는 사람이 죽으면 땅에 묻지 않고 풀로 덮어 장사 지냈음.

약 椿 zhuāng 주앙

椿子(장자) 말뚝
木椿(목장) 나무말뚝

말뚝 장

나무의 무성하게 자란 가지를 쳐 절구공이같이 만든게 **말뚝**이다

zhuàng 주앙

狀態(상태)　狀況(상황)

모양 상, 문서 장

통나무 조각 옆에 **개**가 **모양**을 내고 서 있다

zhuāng 주앙

妝扮(장분) 몸치장하다
妝飾(장식) 화장하다

단장할 장

통나무 조각에 앉아 여자가 단장을 하다

cái 차이

才德(재덕)　才士(재사)
秀才(수재)　俊才(준재)

재주 재

곡예사가 그네 위에서 **재주**를 부리는 모양

cái 차이

材料(재료)　材種(재종)
資材(자재)　好材(호재)

재목 재

나무로 재주부린 것이 재목이다

약 财 cái 차이

財物(재물)　財閥(재벌)
財界(재계)　財政(재정)

재물 재

돈으로 재주부려 모은 것이 재물이다

弋 找 找 戈	자를 재 
풀을 창을 휘둘러 **자른다**는 뜻	

|  나무의 모양 (나무 목) | 栽 | zāi 짜이
栽培(재배)
栽揷(재삽)
심을 재 |  |
| 자른 **나무**를 꺾꽂이 하여 **심다** |||

| 衣 衣 衣 옷의 모양 (옷 의) | 裁 | cái 차이
獨裁(독재) 洋裁(양재)
裁判(재판) 制裁(제재)
마름질할 재 |
| 자른 **천**으로 옷을 **마름질하다** |||

| 車 車 車 車 차나 수레의 모양 (차 차수레 거) | 載 | 약 載 zài, zǎi 짜이, 자이
揭載(게재) 記載(기재)
登載(등재)
실을 재 |
| **잘라**놓은 물건을 **차**에 **싣다** |||

|  | 再 | zài 짜이
再拜(재배) 再生(재생)
再訴(재소) 再侵(재침)
거듭 재, 두 재 |
| 의자에 **등받이**를 **거듭** 올린 모양 |||

|  在 在 (재주재) (흙토) | 在 | zài 짜이
在來(재래)
在野(재야)
있을 재 |  |
| (조물주가) **재주** 부리어 **흙**(지구가)이 **있다** |||

재

		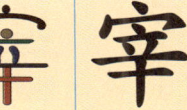		zaǐ 자이 宰輔(재보) 宰匠(재장) 宰相(재상) 宰臣(재신) **재상 재, 다스릴 저**

관청집에 서서 십자가 짐같은 국사를 보는 자가 **재상**이다

				zǐ 지 垢滓(구재) 泥滓(이재) 塵滓(진재) 沈滓(침재) **찌꺼기 재, 앙금 재**

물 안에 **재상**처럼 버티고 있는게 **찌꺼기**다

			🟠 약 災 zāi 자이 災殃(재앙) 災厄(재액) 災異(재이) 旱災(한재) **재앙 재**

냇물이나 **불**이 덮치는 것이 **재앙**이다

				🟠 약 斋 qì 치 齋場(재장) 齋長(재장) 禪齋(선재) 長齋(장재) **재계할 재, 공부방 재**

가지런히 작은 세간까지 정돈하여 두는 곳이 **공부방**이다

			🟠 약 铛 chēng 청 鐺戶(당호) 소금을 굽는 집 鐺鬲(쟁력) 발이 있는 솥 **솥 쟁**

쇠를 녹여 **마땅이**(당당하게) **솥**을 만들다

		tàng, tāng 탕, 탕 看一趟(간일정) 한차례 **차례 정, 차례 정**

높은 곳을 향해 **달리어 차례**로 닫다

약 争 zhēng 정
爭訴(쟁소) 爭議(쟁의)
爭點(쟁점) 戰爭(전쟁)
다툴 쟁

손톱과 손으로 갈퀴를 서로 가지려고 다투다

양손으로 괭이를 잡고 있는 모양 (손 수)

약 挣 zhēng, zhèng 정
掙扎(쟁찰) 힘써 버티다
참을 쟁

손으로 다투듯 일하며 참다(버티다)

약 狰 zhēng 정
獰寧(쟁녕) 사나움, 포악함
사나울 쟁, 짐승이름 쟁

개가 서있는 모양(개 견)

개가 다투어 싸우는 형세가 사나웁다

약 筝 zhēng 정
箏曲(쟁곡) 거문고의 가락
箏箏然(쟁쟁연) 쟁 소리의 형용
쟁 쟁

대나무 이파리 모양을 본뜬 자 (대 죽)

대나무로 치고 받고 다투니 그 소리가 쟁쟁하다

dī 띠

爭訴(쟁소)

낮을 저, 근본 저

가지를 휘어서 지면 밑으로 낮게 묻다

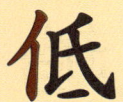

dī 띠

低廉(저렴) 低速(저속)
低音(저음) 低下(저하)
숙일 저, 낮을 저

사람이 서 있는 모양 (사람 인)

사람이 몸을 낮게 숙이다

dī, de 디, 더

底流(저류) 底邊(저변)
底意(저의) 徹底(철저)

밑 저

집에서 **낮은** 부분이 **밑** 바닥이다

dǐ 디

抵當(저당)
抵觸(저촉)

막을 저

손을 **낮게**하여 막다

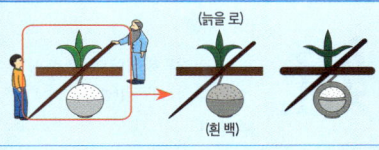

zhě 저

前者(전자) 走者(주자)
筆者(필자) 筆者(필자)

사람 자, 놈 자

늙은이가 밥같이 흰 수염을 들먹이며 모든 **자**를 놈이라고 부르다

zhū 주

猪突(저돌) 猪毛(저모)
山猪(산저) 野猪(야저)

돼지 저

(사냥)개로 많은 **자**가 (산) 돼지를 잡다

zhù 주

著名(저명) 著書(저서)
著述(저술) 顯著(현저)

나타날 저, 지을 저, 붙을 착

식물을 연구하려고 많은 **자**가 나타나 책을 짓다

🔵약 儲 chu 추

儲君(저군) 황태자
儲位(저위) 황태자의 자리

쌓을 저, 동궁(태자)저

(태자되는)사람에게 말씀 드리는 **자**가 동궁저하라 부르다

저

		qiě 치에 且說(차설) 且置(차치) 苟且(구차) **포갤 차, 또 차**

음식물을 목판위에 포개고 또 포갠 모양

  물방울이 떨어지는 모양 (물 수)		jǔ 쥐 沮誹(저비) 沮氣(저기) 沮散(저산) 沮喪(저상) **막을 저, 그칠 저**

물이 포개여져 범람해 길을 막다

 女 女 여자의 모양 (계집녀)		jiě 지에 小姐(소저) 계집아이의 존칭 大姐(대저) 阿姐(소저) **누이 저**

여자형제로 나이가 더 포개진 자가 누이다

 벌레의 모양 (벌레 충)	蛆	qu 취 玉蛆(옥저) 蝍蛆(즉저) 蠱蛆(충저) **구더기 저**

벌레들이 포개여져 우글거리는 게 구더기다

  言 言 수염을 들먹이며 입으로 말하는 모양 (말씀 언)	詛	zǔ 주 厭詛(염저) 怨詛(원저) 呪詛(주저) **저주할 저**

쌍 말을 포개여 저주하다

  貝宀 (돈(궤)패)(고무래 정)	貯	약 贮 zhǔ 주 貯藏(저장) 貯蓄(저축) 貯炭(저탄) 貯水(저수) **쌓을 저**

돈을 집안에 고무래 높이 만큼 쌓다

캥거루우가 달려가는 모양 **(갈 착달릴 착)**

약 这 zhè 저
這間(저간) 그 동안, 그 당시
這番(저번) 바로 지난 적의 그때
이(저번) 저

말로 할 때 달려간 (지나간) 그 때가 저번이다

(돈[궤]패)

약 责 zé 쩌
責望(책망) 責任(책임)
重責(중책)
책임 책, 꾸짖을 책

가시로 찌르듯 돈을 책임지고 갚으라고 꾸짖다

벼의 모양 **(벼 회)**

약 积 jī 지
積極(적극)
積立(적립)
쌓을 적, 모을 적

벼를 책임지고 거둬들여 쌓다

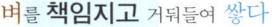
실타래의 모양 **(실 사)**

약 绩 jī 지
紡績(방적) 成績(성적)
實績(실적) 紡績(방적)
길쌈할 적, 공적 적

실을 책임지고 맡아 길쌈하다

새가 발목에 번호표를 달고 앉은 모양 **(발 족)**

약 迹 jī 지
古蹟(고적) 奇蹟(기적)
事蹟(사적) 史蹟(사적)
자취 적, 좇을 적

발로 책임지고 걸어 자취를 남기다

(쟁기 뢰) 고기를 볕에 오래 말리다 **(오랠 석)**
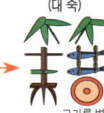
(대 죽)

jí 지
籍沒(적몰)
籍田(적전)
서적 적, 호적 적

대쪽을 엮어 쟁기로 밭 갈듯이 오랜 세월 글을 새겨 놓은 것이 서적(호적)이다

※ 종이가 없던 옛날에는 대나무 조각을 엮어서 거기다 글을 썼음

저
적

dì 띠

뿌리 적, 밑둥 적, 꼭지 적

조상의 신위를 모신 **사당**이 곧 성씨의 **뿌리**다

  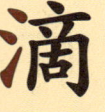
물방울이 떨어지는 모양 (물 수)

dì 띠

宵滴(소적)
硯滴(연적)

물 방울 적, 스며내릴 적

물이 **뿌리**로 물방울되어 **스며내리다**

  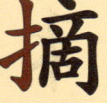
양손으로 괭이를 잡고 있는 모양 (손 수)

zhāi 자이

摘芽(적아)
摘要(적요)

들출 적, 딸 적

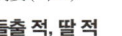

손으로 **뿌리**의 열매를 **들추어 따다**

캥거루우가 달려가는 모양 (갈 착,달릴 척)

🔴약 适 dì 스

適當(적당)   適齡(적령)
適否(적부)   適切(적절)

적당할 적

식물 **뿌리**의 뻗어 **감**이 줄기의 성장과 견주어 **적당하다**

여자의 모양 (계집녀)

dí 디

嫡女(적녀)   嫡流(적류)
嫡出(적출)   嫡統(적통)

본처 적, 정실 적

여자로 집안의 **뿌리**가 되는 자가 **본처**(정실)다

못을 집게로 잡고 두들겨 치는 모양 (칠 복,두드릴 복)

🔴약 敌 dí 디

敵對(적대)   敵意(적의)
利敵(이적)   政敵(정적)

원수 적, 대적할 적, 맞을 적

(조상의) **뿌리**를 들추며 **두들기는** 자가 **원수**다

적

 입의 모양 (입 구)

dī, dí 디, 디

嘀咕(적고)
속닥거리다, 소곤거리다

중얼거릴 적

입으로 자기 **뿌리(밑둥치)**의 자랑을 중얼거리다

 (돈(궤) 패)(병장기 융)

🔴**약** 贼 zéi 제이

贼盗(적도) 盗贼(도적)
贼船(적선)

도적 적

돈을 병장기로 빼앗아가는 자가 도적이다

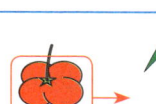 꼭지가 있는 까닭에 달려 있다. (까닭 유) (대 죽)  (까닭 유)

dí 디

簫笛(소적) 警笛(경적)
鼓笛(고적) 汽笛(기적)

피리 적

대나무가 있는 까닭에 피리가 있다

 흰 밥의 모양 (흰 백) (움켜잡을 작)

de, dí, dì 더, 디, 띠

的當(적당)
的中(적중)

과녁 적

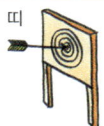

흰 표적을 화살이 날아가 움켜잡도록 만든 것이 과녁이다

 (집 면)  (아재비 숙)

jí 찌

寂謐(적밀) 寂寥(적료)
入寂(입적) 寂滅(적멸)

고요할 적

집안에서 아재비가 콩싹을 뽑으며 혼자 노니 고요하다

  赤

chì 츠

赤旗(적기) 赤字(적자)
赤潮(적조) 赤化(적화)

붉을 적

칼로 거북의 목을 따니 **붉은** 피가 나오다

 典 典 典	典	diǎn 디엔 典範(전범) 典籍(전적) 盛典(성전) 祭典(제전) **법 전**

책으로 **책상**에 있는 것이 **법전**(책)이다

ㄈ ㄈ 石 石 돌(바위)의 모양 (돌 석)	碘	diǎn 디엔 碘酒(전주) 약 옥도정기 **요오드 전**

돌같이 멍든데 바르게 (약제) **법전**에 기술된 약이 요오드정기다

前	qián 치엔 前記(전기) 前進(전진) 門前(문전) 前篇(전편) **앞 전**

쌍 돛대 배가 물을 칼로 가르듯하며 앞으로 나아가다

	jiǎn 지엔 剪斷(전단) 剪刀(전도) **가위 전, 자를 전**	

앞으로 밀며 **칼**같이 생긴 **가위**로 자르다

煎	jiān 지엔 煎督(전독) 煎迫(전박) 煎藥(전약) 煎調(전조) **달일 전, 졸일 전**

불덩어리의 모양 (불 화)

진국을 만드려고 **앞**에 불을 놓고 달(졸)이다

	jiàn 지엔 激箭(격전) 斷箭(단전) 叢箭(총전) 快箭(쾌전) **화살 전**

대나무 이파리 모양을 본뜬 자 (대 죽)

대나무로 만들어 **앞으로** 날아가는 것이 **화살**이다

전

 (손/마디 촌)		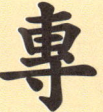	專	**약** 专 zhuān 주안 專攻(전공) 專念(전념) 專擔(전담) 專制(전제) **오로지 전**

물레를 세모돌로 눌러 놓고 **손**으로 **오로지** 실만 잣고 있다

			傳	**약** 传 chuán, zhuàn 추안, 주안 傳達(전달) 傳來(전래) 口傳(구전) 傳染(전염) **전할 전**
사람이 서 있는 모양 (사람 인)				

(문화나 소식 같은 것을) **사람**만이 **오로지** 전하다

			磚	**약** 砖 zhuān 주안 磚房(전방) 磚壁(전벽) **벽돌 전**
돌 (바위)의 모양 (돌 석)				

돌같이 구워 **오로지** 건축할 때 쓰는 게 **벽돌이다**

			轉	**약** 转 zhuǎn, zhuàn 주안, 주안 轉用(전용) 轉移(전이) 移轉(이전) 轉換(전환) **구를 전, 옮길 전**
차나 수레의 모양 (차 차, 수레 거)				

차는 **오로지** 바퀴로만 **구른다**

	 		展	zhǎn 잔 展覽(전람) 展眉(전미) 展性(전성) 展望(전망) **펼 전**

집에서 화초를 진열대 위에 펴놓다

			輾	**약** 辗 zhǎn 잔 輾轉(전전) 누워서 이리저리 뒤척임 **돌아누울 전**
차나 수레의 모양 (차 차, 수레 거)				

차안에서 몸을 **펴고 돌아눕다**

(마을 리) (이정표의 모양) → (집 엄) (흙 토)	廛	廛

약 厛 chán 찬

廛市(전시) 廛布(전포)
廛鋪(전포) 郊廛(교전)

터 전, 가게 전, 집 전

집을 마을에서 나눈 땅에 지은 것이 가게다

   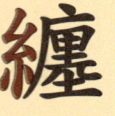

실타래의 모양 (실 사)

약 缠 chán 찬

纏結(전결) 纏帶(전대)
纏綿(전면) 纏着(전착)

얽을 전

실처럼 끊이지 않고 가게를 운영해 (손님과) 거래가 얽히다

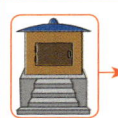   

광같이 크다 (클 단) (클 단) (머리 혈)

약 颤 chàn, zhàn 찬, 잔

顫恐(전공) 顫動(전동)
顫筆(전필)

떨릴 전

광같이 큰 병이 머리에 생겨 사지가 떨리다

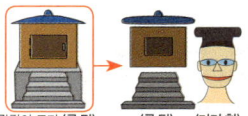   

광같이 크다 (클 단) (클 단) (머리 혈)

약 颤 zhàn 잔

顫恐(전공) 顫動(전동)
顫筆(전필)

사지떨릴 전

광같이 큰 병이 머리에 생겨 사지가 떨리다

약을 환자에게 먹이니 참되다 (참 진) (머리 혈)

약 颠 diān 띠엔

顚頓(전돈) 顚沛(전패)
傾顚(경전) 酒顚(주전)

정수리 전, 꼭대기 전

참으로 머리에서 중요한 부분이 정수리다

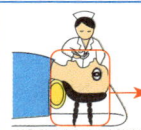    

약을 환자에게 먹이니 참되다 (참 진) (흙 토) (참 진)

약 填 tián 티엔

委填(위전)
裝填(장전)

메울 전

흙을 채워서 구덩이를 참되게 메우다

diàn 띠엔

奠物(전물) 奠雁(전안)
疏奠(소전) 遺奠(유전)

제사 전, 올릴 전, 정할 전

덮어놓아 잘 익은 술을 큰 사람이 제사에 올리기로 정하다

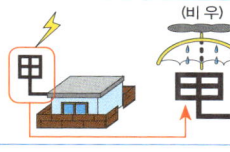 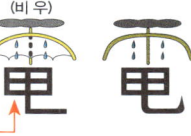 

약 电 diàn 띠엔

電流(전류) 電信(전신)
停電(정전) 充電(충전)

번개 전, 전기 전

비 올 때 안테나에 번개같이 이는 것이 전기다

약 毡 zhān 잔

氈帽(전모) 氈案(전안)
氈帳(전장) 主氈(가전)

모전 전, 모 전

광같이 큰 털로 짠 것이 모전이다

tián 띠엔

田里(전리) 田園(전원)
耕田(경전) 田地(전지)

밭 전

밭의 모양을 본뜬 글자

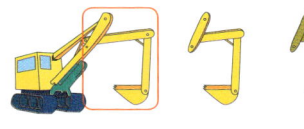 

diàn 띠엔

緬甸(가치) 甸役(전역)
甸人(전인) 甸地(전지)

경기 전

여러 성으로 둘러싸인 밭이 있는 서울 가까운 곳이 경기(도)다

diàn 띠엔

佃作(전작) 밭을 만듦
佃民(전민) 경작인

밭갈 전, 소작인 전

사람이 밭을 빌려 농사 지으니 소작인이다

447

(집 시) (함께 공) (두들길 수)

diàn 띠엔

坤殿(곤전)
宮殿(궁전)

큰집 전, 대궐 전

집에 함께 엎드려 **두들겨** 맞을때 같이 끙끙대는 곳이 **대궐**이다

※ 임금 앞에서 숨을 죽이고 엎드려 있자니 숨을 몰아쉬는 끙끙 소리가 나기 때문임

물방울이 떨어지는 모양 (물 수)

약 淀 diàn 띠엔

澱粉(전분) 沈澱(침전)

찌꺼기 전, 앙금 전

폐수 물로 대궐 물에 많은 것이 찌꺼기다

(들 입) (들 입)
나무의 찢어진 틈에 칼이 들어 있다
(구슬 옥)

quán 취엔

全力(전력) 全般(전반)
全盛(전성) 全集(전집)

온전할 전

좋은 보석에 **들어갈** 수 있을 만큼 **구슬**이 흠이 없고 **온전하다**

나무의 모양 (나무 목)

shuān 수안

栓木(전목) 栓塞(전색)
密栓(밀전) 音栓(음전)

나무못 전

나무를 온전하게 붙이려고 나무못을 치다

양손으로 괭이를 잡고 있는 모양 (손 수)

shuān 수안

拴結實(전결실)
실하게 묶어매다

맬 전, 묶을 전

손으로 온전하게 묶어매다

병실의 모양 (병들 안병질 안)

quán 취엔

痊瘥(전채) 병이 나음
痊病(전병) 병을 고침

병나을 전, 병고칠 전

병을 온전하게 치료해 병을 고치다

전

448

		**약** 戋 cán 찬 **작을 잔, 상할 잔**
창과 창에 찍혀 형체가 작게 되고 상하여지다		
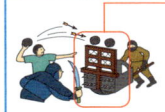 쇠를 다루는 대장간의 모양 (쇠 금)		**약** 钱 qián 치엔 錢百(전백) 錢主(전주) **돈 전**
쇠조각으로 작게 만든 것이 돈이다		
  (홑 단) (창 과)		**약** 战 zhàn 잔 戰傷(전상) 戰術(전술) 戰友(전우) 敗戰(패전) **싸움 전**
돌팔매를 창수레로 막으며 홀로 창과 맞서 싸움하다		
 흰 밥을 숟가락이나 바가지로 이제 곧 푸다	 (대 죽)  (이제/곧 즉)	**약** 节 jié, jiē 지에, 지에 節氣(절기) 節度(절도) **마디 절** 
대나무에 이제 곧 생긴 것이 마디다		
 (새 추) (새 추) (창 과)		jié 지에 截斷(절단) 截然(절연) 截破(절파) 直截(직절) **끊을 절**
풀을 베듯 (육용-) 새 (닭, 타조 …)를 창으로 토막내어 끊다		
(굴 혈) (티끌과 쌀을 분별하다) (분별할 변)		**약** 窃 qiè 치에 竊據(절거) 竊念(절념) 竊盜(절도) 竊賊(절적) **훔칠 절**
쌀에 굴을 분별해서 바구미가 파고 쌀을 훔치다		

전
절

qiē, qiè 치에, 치에

切感(절감)
切迫(절박)

끊을 절, 온통 체

일곱 등분 되게 칼로 온통 끊다

絶 jué 쥐에

絶交(절교) 絶叫(절규)
絶妙(절묘) 絶命(절명)

끊을 절, 자를 절

실을 사람이 뱀 자르듯 끊다

zhé, shé, zhē 저, 셔, 저

折半(절반) 折衷(절충)
折花(절화) 折腰(절요)

꺾을 절

(나무를) 손에 든 도끼로 꺾다

약 浙 zhè 저

浙江(절강)
중국 절강성에 흐르는 강

물이름 절

물이 크게 꺾여 흐르는 강이 절강이다

zhān, zhàn 잔, 잔

占星(점성) 占術(점술)
占奪(점탈) 先占(선점)

점칠 점

거북등을 지지어 갈라지는 것을 보고 입으로 점을 치다   ※ 옛날에는 거북등을 지지어 점을 쳤음

diàn 띠엔

賣店(매점) 飯店(반점)
店員(점원) 店鋪(점포)

가게 점, 점방 점

집에서 점 쳐본 후 가게를 차리다

 쌀알이 흩어져 있는 모양 (쌀 미)		nián 니엔 粘膜(점막) 粘液(점액) 粘着(점착) 粘綴(점철) **끈끈할 점, 붙을 점**
쌀의 성분을 **점 쳐** 본 후 끈끈하니 잘 붙을걸 알다		
 재떨이와 숯이 검다 (검을 흑)		^약 点 diǎn 띠엔 點心(점심) 點呼(점호) 點火(점화) **점 점**
검은 먹물로 **점 쳐** 나온 결과대로 점을 찍다		
 (가슴 심, 마음 심) (집 엄)	惦	diàn 띠엔 惦記(점기) 생각하다, 염려하다 **염려할 점**
마음으로 집안 일을 **점 쳐**보며 염려하다		
 (손 수) (집 엄)		diān 띠엔 掂量(점량) 손대중하다, 짐작하다 **손대중할 점**
손으로 집높이를 **점 치듯** 가늠해 손대중하다		
 구슬이 꿰어 있는 모양 (구슬 옥)		diàn 띠엔 玷缺(점결) 옥에 티 玷汚(점오) 흠이 생기고 더러워짐 **옥티 점**
구슬을 잡고 **점 치듯** 만져 옥 티를 찾다		
  (벼 화) (기장 서) (물 수)		^동 粘 nián 니엔 黏液(점액) 끈끈한 액체 黏土(점토) 끈끈한 흙, 진흙 **끈끈할 점, 찰질 점**
기장의 점액을 **점 쳐**보니 점토같이 차지고 끈끈하다		

 풀싹이 돋아나는 모양 (풀 초)		shān 산 苫蓋(점개) 苫塊(점괴) **거적 점**
풀로 짜 점쟁이가 **점 칠**때 깔고 앉는게 **거적**이다		
 (물 수)(수레 거)(도끼 근)		약 漸 jiàn 지앤 漸騰(점등) 漸染(점염) 漸增(점증) 漸進(점진) **점점 점, 흐를 점**
물은 **수레바퀴**나 **도끼로 베어**도 쉬지 않고 **점점 흐른다**		
  (손수)(둥글 환) (흙 토)		diàn 띠엔 垫被(점피) 깔 방석 椅垫(의점) 의자 방석 **받칠 점**
손으로 **둥글게** 가공한 걸 **땅**에 놓고 **받치다**		
(설립)  (손수) (계집 녀)	接 	jiē 지에 接客(접객) 接待(접대) **닿을 접, 접할 접**
손으로 **서 있는 여자**(즉 첩)를 안아 자기 몸에 **접하다**		
(세계 세)   (벌레 충) (나무 목)	蝶	dié 띠에 蝶簪(접잠) 蝶夢(접몽) 蝶泳(접영) 孤蝶(고접) **나비 접**
벌레의 **세계**에서 **나무**잎과 같은 날개를 가진 게 **나비**다		
(세계 세)   (나무 목) 돌 (바위)의 모양 (돌 석)	碟	dié 띠에 碟子(접자) 접시 一碟菜(일접채) 요리한 접시 **접시 접**
돌이 가공 되 **세상** 밖 **나무**탁자에 놓인 게 **접시**다		

				약 青 qīng 칭
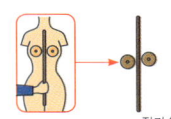			青	青年(청년) 青雲(청운) 青春(청춘) 青龍(청룡) **푸를 청**
화초가 화분에서 자랐어도 푸르다				

				약 情 qíng 칭
				情	情景(정경) 情分(정분) 無情(무정) **뜻 정**
젖가슴을 짚어보이는 모양 (가슴 심,마음 심)				

가슴에 있는 푸른 꿈이 뜻이다

	약 睛 jīng 징
	睛	方睛(방정) 白睛(백정) 眼睛(안정) 點睛(점정) **눈동자 정**
눈의 모양 (눈 목)	

눈에서 푸른 광채가 나는 곳이 눈동자다

		약 精 jīng 징
		精	精巧(정교) 精密(정밀) **정할 정, 정미할 정**	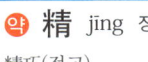
쌀알이 흩어져 있는 모양 (쌀 미)		

쌀을 푸른색이 날 정도로 정하게 정미하다

	약 靖 jīng 징
	靖	靖共(정공) 靖難(정난) 靖邊(정변) 靖節(정절) **편안할 정**
사람이 서 있는 모양 (설 립)	

세운 푸른 목표를 달성해야 삶이 편안하다

	약 靜 jīng 징
	靜	靜物(정물) 精謐(정밀) 動靜(동정) 冷靜(냉정) **고요할 정**
손톱과 손으로 갈퀴를 서로 가지려고 다투다 (다툴 쟁)	

푸른 숲 속을 다투어 찾아드니 고요하다

정

	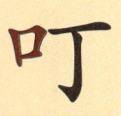	dīng, zhēng 띵, 정 丁夫(정부) 丁憂(정우) 丁銀(정은) 壯丁(장정) **장정 정, 고무래 정, 넷째 천간 정**
장정이 든 고무래의 모양		
 입의 모양 (**입 구**)		dīng 띵 **정성스러울 정, 물을 정(모기 따위가 물다)**
입으로 장정이 물다		
 눈의 모양 (**눈 목**)		dīng 띵 **똑바로 볼 정**
눈을 뜨고 장정을 똑바로 보다		
 수염을 들먹이며 입으로 말하는 모양 (**말씀 언**)	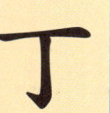	약 订 dìng 띵 改訂(개정) 校訂(교정) 修訂(수정) **바로잡을 정, 맺을 정**
말하며 장정이 틀린 곳을 바로잡다		
		zhēng 정 丁丁(정정) 쩡쩡 딱딱 뚱땅하는 소리 **벌목 소리 정(벌목 바둑, 거문고타는 소리)**
장정이 고무래로 치니 벌목소리가 나다		
  쇠를 다루는 대장간의 모양 (**쇠 금**)		약 钉 dīng, dìng 띵, 띵 釘頭(정두) 撞釘(당정) **못 정**
쇠로 장정 정(丁)자 모양으로 만든 것이 못이다		

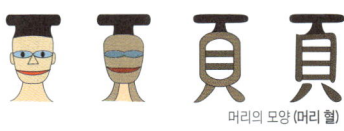 머리의 모양 (머리 혈)		**약** 頂 dīng 딩 絶頂(절정) 頂上(정상) 頂點(정점) **정수리 정**
	장정의 머리 윗부분이 정수리다	
	正	zhèng, zhēng 정, 정 正義(정의) 正直(정직) 正確(정확) 正常(정상) **바를 정**
	표식을 단 새가 **날개를 수평으로** 펴 **바르게** 앉아 있는 모양	
 팔을 흔들며 총총 걸어가는 모양 (갈 척, 바삐갈 척)		zhēng 정 征途(정도) 征伐(정벌) **칠 정** 
	바삐가서 **바르게** 피려고 치다	
 못을 집게로 잡고 두들겨 치는 모양 (칠 복, 두드릴 복)		zhèng 정 政府(정부) 政事(정쟁) 政治(정치) 政派(정파) **정사 정, 다스릴 정**
	잘못된 것을 **바르게** 쳐서 정사를 다스리다	
 (묶을 속) (칠 복) (바를 정)		zhēng 정 整頓(정돈) 整列(정렬) **가지런할 정** 
	나무를 묶어 쳐서 옆을 **바르게**하니 가지런하다	
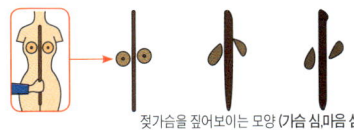 젖가슴을 짚어보이는 모양 (가슴 심, 마음 심)	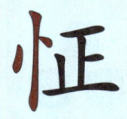	zhēng 정 怔螢(정영) 怔忡(정충) **황겁할 정**
	마음을 **바르게** 쓰는 상관을 대하니 황겁하다	

(짊어질 임)

공룡이 걸어가는 모양　(천천히 걸을 인)

| 廷 | tíng 팅
法廷(법정)
廷論(정론)
조정 정 |  |

나라일을 **짊어진** 자들이 **천천히 걸으며** 일하던 곳이 **조정**이다

　　　　　　　집의 모양 (집 엄)

| 庭 | tíng 팅
庭園(정원)
庭訓(정훈)
뜰 정 |  |

집에 있는 **조정** 대신을 만나려고 **뜰**로 들어가다

　　　　양손으로 괭이를 잡고 있는 모양 (손 수)

挺　tǐng 팅
挺秀(정수)　挺身(정신)
寄挺(기정)　茂挺(무정)
빼어날 정, 뽑을 정

손으로 **조정**에 나아가 **빼어나게** 일 할 자를 **뽑다**

　　　　　벌레의 모양 (벌레 충)

蜓　tíng 팅
蜻蜓(청정) 잠자리
잠자리 정

벌레로 **조정**(청와대)에 맘대로 다니는 게 **잠자리다**

　　　배의 모양 (배 주)

艇　tǐng 팅
漕艇(조정)　競艇(경정)
小艇(소정)　艦艇(함정)
거룻배 정, 배 정

※ 거룻배 = 바닥이 평평한 배로
　평시에 주로 쓰던 배임

배로 **조정**의 신하가 타던 배가 **거룻배**다

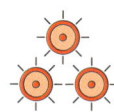 

晶　jīng 징
水晶(수정)　晶光(정광)
晶耀(정요)
밝을 정, 수정 정

햇빛을 받으면 **반짝반짝 밝게** 빛나는 것이 **수정**이다

chéng 청

謹呈(근정)　贈呈(증정)
贈呈本(증정본)

드러낼 정, 드릴 정

물건을 **짊어지고** 가서 **드러내 놓고** 윗분께 **드리다**

벼의 모양 (벼 화)

chéng 청

課程(과정)
里程(이정)

법 정, 헤아릴 정

벼를 **드러내 놓고** **법**에 따라 **헤아리다**

캥거루가 달려가는 모양 (갈 착,달릴 착)

chěng 청

逞着(정착) 내버려두다
逞能(정능) 거드럭거리다

쾌할 령, 쾌할 정

관광지를 **드러내 놓고** 맘껏 **가니** 저마다 **쾌할하다**

(집 면)

(발 소)

dìng 띵

定規(정규)　定員(정원)
確定(확정)　推定(추정)

고정시킬 정, 정할 정

집에 **발**(즉 기둥)을 **고정시키다**

쇠를 다루는 대장간의 모양 (쇠 금)

약 錠 dìng 띵

錠劑(정제)
糖衣錠(당의정)

덩이 정, 덩어리 정

쇠로 **고정시키려고** 만든 게 무거운 **덩어리다**

덮어놓아 잘 익은 술　(큰 대)　(고을 읍)

약 郑 zhèng 정

鄭聲(정성)　鄭重(정중)
鄭澈(정철)

정중할 정, 성씨 정

덮어 잘 익은 술을 **큰 고을** 젯상에 올릴 때 **정중하다**

정

	 (돈(궤) 패)			🔸 貞 zhēn 전 貞潔(정결) 貞烈(정렬) 貞淑(정숙) 貞節(정절) **곧을 정, 바를 정**

거북등을 지지어 점쳐 달라고 **돈**을 주면, **곧게** 점을 쳐준다   ※ 옛날에는 거북등을 지지어 점을 쳤음

	사람이 서 있는 모양 (사람인)			🔸 偵 zhēn 전 密偵(밀정) 偵客(정객) 偵察(정찰) 偵探(정탐) **염탐할 정**

사람이 **곧게** 행동하는가를 몰래 염탐하다

				tíng 팅 柯亭(가정) 料亭(요정) 驛亭(역정) **술 취할 정**

정자의 모양을 본뜬 자

	 사람이 서 있는 모양(사람 인)			tíng 팅 停船(정선) 停電(정전) 停滯(정체) 停年(정년) **바로잡을 정**

사람이 **정자**에 올라 머무르다

				jǐng 징 井臼(정구) 藻井(조정) 浚井(준정) 井然(정연) **우물 정**

우물의 모양을 본뜬 자

		 굴의 모양 (구멍 혈굴 혈)		🔸 阱 jǐng 징 深穽(심정) 墜穽(추정) 陷穽(함정) 檻穽(함정) **함정 정**

굴을 **우물**처럼 아래로 파 놓은 것이 함정이다

정

鼎 dǐng 띵

沸鼎(비정) 鼎談(정담)
鼎立(정립) 鼎業(정업)

솥 정

세 개의 발이 달린 옛날 솥의 모양을 본뜬 자

 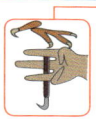  

(다툴 쟁) / 손톱과 손으로 갈퀴를 서로 가지려고 다투다 / (물 수) (다툴 쟁)

약 淨 jìng 징

淨書(정서) 淨水(정수)
淨土(정토) 淨化(정화)

깨끗할 정

물을 수도국에서 **다투듯** 정수하니 **깨끗하다**

(다툴 쟁) / 손톱과 손으로 갈퀴를 가지려고 다투다 / 눈의 모양(눈 목) (다툴 쟁)

약 睜 zhēng 청

睜眼看(정안간) 눈을 뜨고 보다

눈알 정, 싫어하는 눈빛 정

눈으로 **다투듯** 눈알을 **싫어하는 눈빛**으로 쏘아보다

(높을 상) (달아날 주)

tàng 탕

看一趟(간일정) 한 번 보다

차례 정, 차례 쟁

높은 곳까지 달리어 **차례**로 닫다

(고기 육) (젯상 시)

jì 지

祭禮(제례) 祭物(제물)
祭服(제복) 祭享(제향)

제사 제

고기를 **집어다 젯상**을 차리고 **제사**를 지내다

지팡이의 모양 (글자 왼쪽에 붙을 시 → 언덕 부)

약 际 jì 지

際會(제회) 交際(교제)
實際(실제) 此際(차제)

즈음 제, 만날 제

(서로) **언덕**에서 **제사**를 지낼 때 **즈음**해서 **만나다**

 (날 일) (손발 소)	是	shì 스 是日(시일) 是正(시정) 如是(여시) 亦是(역시) **이 시, 바를(옳을) 시**

해의 손발(즉 햇볕)은 이처럼 바르게 나아간다

  싹이 흙위에 돋아나는 모양 (흙 토)	堤	dī 띠 堰堤(언제) 防潮堤(방조제) 堤塘(제당) 防波堤(방파제) **제방 제, 둑 제**

흙을 바르게 쌓아 제방 둑을 만들다

 양손으로 괭이를 잡고 있는 모양 (손 수)	提	tí, dī 티, 띠 提請(제청) 提出(제출) **들 제**

손으로 바르게 들다

  머리의 모양 (머리 혈)	題	약 題 tí 티 題目(제목) 題言(제언) 副題(부제) 問題(문제) **제목 제**

바르게 글의 첫 머리에 내놓은 것이 제목이다

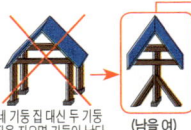 네 기둥 집 대신 두 기둥 집을 지으면 기둥이 남는다 (남을 여) (언덕 부) (남을 여) 지팡이의 모양	除	chú 추 除隊(제대) 除名(제명) 除夕(제석) 除草(제초) **버릴 제, 덜 제**

언덕 밑으로 남은 찌꺼기를 버리다(덜다)

  (말씀 언) (놈 자)	諸	약 诸 zhū 주 諸蕃(제번) 諸國(제국) 諸君(제군) 忽諸(홀저) **모두 제, 모두 저**

말로 많은 자들을 부를 때 모두라 한다

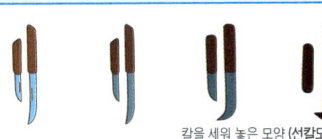 

약 齐 qí 치'

齊禱(제도) 齊慄(제율)
齊家(제가) 齊唱(제창)

가지런할 제

컵과 칼과 붓통을 진열장에 가지런히 놓은 모양

칼을 세워 놓은 모양 (선칼도,칼도)

약 剂 jì 지

洗劑(세제) 防腐劑(방부제)
藥劑(약제) 營養劑(영양제)

약제 제, 약지을 제

가지런히 칼로 약제를 썰어 약을짓다

물방울이 떨어지는 모양 (물 수)

약 济 jì, jǐ 찌, 지

濟度(제도)
濟民(제민)

건널 제

물 위를 가지런히 손잡고 건너다

양손으로 괭이를 잡고 있는 모양 (손 수)

약 挤 jǐ 지

擠排(제배) 배제함(forcing out)
擠陷(제함) 사람을 모함해 빠뜨림

밀칠 제 (꽉 차다, 붐비다)

손을 써 차에 가지런히 타게 조수가 밀치다

풀싹이 돋아나는 모양 (풀 초)

jì 지

薺菜(제채) 냉이, 냉이나물

냉이 제

풀(나물) 찬이 가지런히 식탁에 놓인 게 냉이다

몸통 부분인 갈비뼈의 모양 (몸 육,고기 육)

qí 치

臍帶(제대) 탯줄
臍瘡(제창) 배꼽에 부스럼

배꼽 제

동물의 몸에 가지런히 나 있는 게 배꼽이다

제

弟 dì 띠

弟嫂(제수)　弟子(제자)
弟兄(제형)　妻弟(처제)

아우 제

갈라지게 머리를 땋고 활을 메고 있는 자가 아우다

나무의 모양 (나무 목)

梯 tī 티

梯航(제항)
梯形(제형)

사다리 제

나무가 나란히 형 아우처럼 서있는 게 사다리다

활을 맨 아이 (아우 제)

第 dì 띠

第宅(제택)
登第(등제)

차 제

대나무에 아우격인 새순이 차례로 생겨나다

(수건 건, 천 건)

帝 dì 띠

帝王(제왕)　帝位(제위)
帝政(제정)　帝姬(제희)

임금 제

궁중에 살면서 비단천을 두르고 있는 자가 임금이다

입의 모양 (입 구)

啼 tí 티

啼眉(제미)　啼泣(제읍)
啼粧(제장)　深啼(심제)

울 제

(슬프면) 입을 벌리고 임금도 울다

새가 발목에 번호표를 달고 앉은 모양 (발 족)

蹄 tí 티

輕蹄(경제)　單蹄(단제)
馬蹄(마제)　駝蹄(타제)

발굽 제

발에서 임금같이 귀한 부분이 발굽이다

(소우) (선칼 도)

zhì 즈

制服(제복) 制壓(제압)
制約(제약) 統制(통제)

마를 제, 억제할 제

소 코뚜레를 칼로 다듬어 **마름질하다**

zhōu 저우

周密(주밀) 周易(주역)
周知(주지) 周邊(주변)

두루 주

거북 등에는 **네모꼴(□)** 무늬가 **두루**두루 나 있다는 뜻

벼의 모양 (벼 화)

chóu 처우

稠適(조적) 稠濁(조탁)
繁稠(번조) 杜稠(점조)

빽빽할 조

벼가 논에 **두루**두루 서있어 (논이) 빽빽하다

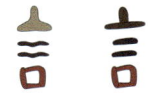
수염을 들먹이며 입으로 말하는 모양 (말씀 언)

🅰 调 diào tiào 띠아오,티아오

調査(조사) 調印(조인)
調節(조절) 調停(조정)

조사할 조, 고를 조

질문의 말을 **두루**두루 하여 조사하다

돌 (바위)의 모양 (돌 석)

diāo 띠아오

碉堡(조보) 토치카, 돌집
碉房(조방) 돌로 만든 집

돌집 조

돌을 **두루**두루 쌓아 만든 게 돌집이다

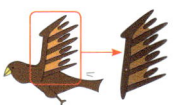
날개를 편 새의 모양 (새 추)

diāo 띠아오

雕琢(조탁) 〈옥석을〉 조각하다
雕刻(조각) 조각, 조각하다

새길 조(조각하다), 독수리 조

(나무에) **두루**두루 새의 모형을 새기다

					qiě 치에
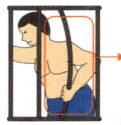	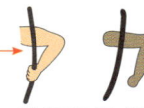			且	且說(차설) 且置(차치) 苟且(구차) **또 차, 포갤 차**

물건을 **포개**고 **또 포개**는 모양

					zhù 주	
		力	力	助	助成(조성) 助言(조언) **도울 조**	

철창살을 팔로 힘을 써 벌리는 모양 (**힘력**)

포개진 많은 힘으로 **도웁다**

					zǔ 주
				阻	阻隔(조격) 阻難(조난) 艱阻(간조) 妨阻(방조) **험할 조**

지팡이의 모양 (글자 왼쪽에 붙을 시 → **언덕 부**)

언덕이 **포개어**져 있어 길이 **험하다**

					zǔ 주
				祖	始祖(시조) 元祖(조업) 祖上(조상) 祖宗(조종) **할아비 조**

신에게 보이려고 젯상을 차려놓은 모양 (**보일 시**/**젯상 시**)

젯상에 **포개어**져 있는 신들이 곧 (조상) **할아비**다

					zū 주	
				租	租界(조계) 租稅(조세) **세금 조**	

벼의 모양 (**벼 화**)

벼섬이 **포개진** 양에 따라 **세금**을 매기다

					cū 추
				粗	粗痰(조담) 粗澹(조담) 粗通(조통) 粗暴(조포) **거칠 조**

쌀알이 흩어져 있는 모양 (**쌀 미**)

쌀에 겨가 **포개어**져 있으니 쌀이 **거칠**다

조

				약 組 zǔ 주 組立(조립) 組成(조성) 組長(조장) 組織(조직) **짤 조, 끈 조**
실타래의 모양 (실 사)				
가로와 세로로 **실**을 **포개어서** 베를 **짜다**				
				cáo 차오 曹操(조조) 曹參(조참) 工曹(공조) 末曹(말조) **무리 조, 관청 조**
놀이 기를 타고 **이야기**하는 많은 **무리**의 사람을 뜻함 ※ 많은 무리가 일하는 곳이 관청이다				
				zāo 짜오 遭逢(조봉) 遭遇(조우) 遭際(조제) 遭値(조치) **만날 조**
캥거루우가 달려가는 모양 (갈 착,달릴 착)				
많은 **무리**들이 **달려가서** 서로 **만나다**				
				cáo 차오 檀槽(단조) 馬槽(마조) 石槽(석조) **구유 조, 통 조**
나무의 모양 (나무 목)				
통**나무**를 파서 가축 **무리**의 먹이를 담는 것이 **구유통**이다				
				zāo 짜오 糟丘(조구) 糟粕(조박) 糟甕(조옹) 肥糟(비조) **지게미 조, 전국 조**
쌀알이 흩어져 있는 모양 (쌀 미)				
쌀로 술을 담을 때 **무리지어** 생기는 것이 지게미다				
				약 弔 diào 띠아오 謹弔(근조) 弔客(조객) 弔哭(조곡) **조상할 조, 매달 조**
(활 궁)				
활과 **몽둥이**를 들고 **조상하다** ※ 옛날에는 시체를 풀로 덮어서 장사 지냈기 때문에 짐승이 시체를 파먹지 못하게 활과 몽둥이로 쫓아가며 장사 지냈음.				

조

떠들 소

새가 **입을 벌리고** 나무 위에서 **떠들다**

양손으로 괭이를 잡고 있는 모양 (손 수)

cāo 차오

操鍊(조련)
操業(조업)

지조 조, 잡을 조

손을 써 **떠드는** 놈을 지조를 지키도록 잡다

장작에 불이 붙어 타는 모양 (불 화)

zào 짜오

乾燥(건조) 焦燥(초조)
燥渴(조갈)

말릴 조, 마를 조

불 옆에서 **떠들며** 옷을 말리다

새가 발목에 번호표를 달고 앉은 모양 (발 족)

zào 짜오

躁狂(조광) 躁急(조급)
躁進(조진) 躁虐(조학)

조급할 조

빨리 발을 움직여 **떠드는** 소리가 날때가 조급할 때다

물방울이 떨어지는 모양 (물 수)

zǎo 짜오

澡雪(조설) 씻음, 깨끗이함
澡濯(조탁) 씻음, 닦음

씻을 조, 빨 조

물가에서 **떠들며** 몸을 씻고 옷을 빨다

(풀 초)
(물 수)

zǎo 짜오

藻棟(조동)
藻類(조류)

마름 조, 조류 조

(水草) 풀로 물이 **떠드며** 흐르는 데서 자라는 게 마름이다

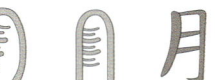 몸통 부분인 갈비뼈의 모양 (몸 육,고기 육)	臊	sāo 싸오 臊腥(조성) 누린내(비린내) 남 臊惡(조악) 누린내나고 나쁨 **누릴 조, 기름 조**
(백정이) **살고기**에서 **떠들며** 제거 한 게 **누린**내 나는 **기름**이다		
 입의 모양 (입 구)	噪	zào 자오 噪聒(조괄) 떠들어 시끄러움 噪蟬(조선) 시끄럽게 우는 매미 **떠들 조, 새지저귈 조**
입으로 **떠들며** **새가 지저귀다**		
	兆	zhào 자오 吉兆(길조) 亡兆(망조) 瑞兆(서조) **많을 조, 조짐 조, 조 조, 갈라질 조**
거북등을 점치려고 **부저**로 지지니 수 **많은 조짐**으로 **갈라지다**		※ 옛날에는 거북등을 부저로 지져 그 조짐을 보고 점을 쳤음
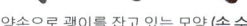 양손으로 괭이를 잡고 있는 모양 (손 수)	挑	tiāo 티아오 挑發(도발) 부추김, 충동함 挑燈(도등) 등불을 돋음 **돋울 도, 돋울 조**
손으로 틈이 나 **갈라지게** 하려고 화를 **돋우다**		
 (해돋을 간) (달 월)	朝	zhāo, zháo 자오, 차오 朝令(조령) 朝暮(조모) 朝飯(조반) 朝野(조야) **아침 조**
초원에 **해가 돋고 달**이 서쪽으로 기울 때가 **아침**이다		
 물방울이 떨어지는 모양 (물 수)	潮	cháo 차오 干潮(간조) 高潮(고조) **조수 조** 
바닷**물**이 **아침** 나절에 드나드는 것이 **조수다**		

zào 짜오

造林(조림)　造物(조물)
造語(조어)　織造(직조)

지을 조

소를 잡아 **입**으로 신께 **고하려 가려고** 제사 음식을 **짓다**

쌀알이 흩어져 있는 모양(쌀 미)

cāo 차오

糙米(조미) 현미
糙活(조활) 막일, 막노동

현미 조, 거칠 조

쌀로 **지어** 만든 현미밥은 거칠다

[약] 鸟 niǎo, diǎo 니아오, 디아오

鳥網(조망)　鳥獸(조수)
海鳥(해조)　鳥雀(조작)

새 조

새의 모양을 본뜬 글자

고기를 볕에 오래   (손 수)(오랠 석)
말리다 (오랠 석)

cuò 추어

罔措(망조)　失措(실조)
措辭(조사)　措處(조처)

정돈할 조, 둘 조

손으로 **오래전**부터 쓰던 것을 잘 **정돈하여 두다**

(두들겨칠 복)
(사람 인)　(나무 목)

[약] 条 tiáo 티아오

條件(조건)
條例(조례)

곁가지 조, 가지 조

사람을 **막대기**로 두들기는 **나무**가 **곁가지**다

(쇠 금)　(움켜잡을 작)

[약] 钓 diào 띠아오

釣臺(조대)　釣名(조명)
釣船(조선)　釣魚(조어)

낚시 조

쇠철사로 고기를 **움켜잡게** 만든 것이 **낚시다**

				🟠 棗 zǎo 짜오 棗栗(조율) 乾棗(건조) 大棗(대조) **대추나무 조, 대추 조**
	가시가 많은 나무가 대추나무다				

가시가 많은 나무가 대추나무다

zǎo 자오
早期(조기) 早晚(조만)
早速(조속) 早熟(조숙)
일찍 조, 새벽 조

해가 수평선에서 막 떠오를 때가 이른(일찍) 새벽이다

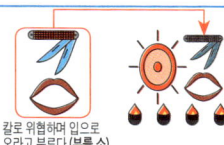  

zhào 자오
照灼(조작) 觀照(관조)
對照(대조) 落照(낙조)
비출 조

햇볕을 불러들여(끌어들여) 불처럼 비추다

🟠 趙 zhao 자오
趙璧(조벽) 前趙(전조)
後趙(후조)
성씨 조, 조나라 조

달리기를 잘하는 자가 작은 몸(체구)인 조씨다

zuò 쭈오
疏鑿(소착) 鑿空(착공)
鑿掘(착굴) 鑿井(착정)
구멍 조, 뚫을 착

무성한 풀을 절구에 넣고 찧다가 두들기는 쇠가 바닥을 뚫다

zao 짜오
蚤起(조기) 아침 일찍 일어남
蚤歲(조세) 젊은 시절, 연초
벼룩 조, 일찍 조

살을 집게로 집어 뜯듯이 무는 벌레가 벼룩이다

zhǎo, zhuǎ 자오, 주아

爪牙(조아) 爪印(조인)
利爪(이조) 指爪(지조)
손(발)톱 조

발톱(손톱)의 모양

zhuā 주아

嚬抓(빈조) 虎抓(호조)
攫抓(확조)
움킬 조, 긁을 조

양손으로 괭이를 잡고 있는 모양 (손 수)

(몸을)**손**과 **손톱**으로 **긁다**

(손 수) (창 과)

zhǎo 자오

找事(조사) 일[직업]을 찾다
찾을 조, 채울 조

손으로 **창**을 **찾아** 그 수효를 **채우다**

약 皁 zào 짜오

皁君(조군) 황새
皁白(조백) 검은 것과 흰 것
검을 조, 구유 조(말이나 소의 구유)

해의 흰 빛이 수평선 밑으로 꺼져 날이 검으니(저므니) 구유에 소를 들이다

(불 화) (흙 토)

zào 자오

灶台(조대) 부뚜막
부엌 조

불을 땔 흙아궁이가 있는 곳이 부엌이다

(그물 망)
(사람 인)
(일찍 조)

zhào 짜오

罩罩(조조)
가리를 놓아 고기를 잡는 모양
보쌈 조, 가릴 조(덮다, 가리우다)

그물을 사람이 일찍 들고가서 여자눈을 가리고 보쌈해 오다

	刁	diāo 띠아오 刁姦(조간) 교활함 **조루 조, 간사할 조**
괴물이 **입벌리고 혀를 날름거리**니 **간사하다**		
	叼	diāo 띠아오 叼緊(족긴) 꽉 물다 **입에 물 조**
(괴물이)**입**으로 덮쳐 **간사하게 입에 물다**		
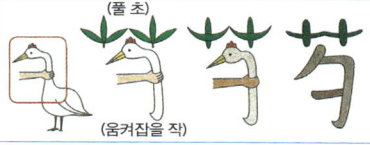	芍	sháo 사오 芍藥(작약) 〈埴〉 작약 **작약 조 [埴] 작약**
약초를 찾아 다니다 **움켜잡은**(캔) 것이 **작약**이다		
	族	zú 주 族黨(족당) 族譜(족보) 族長(족장) **겨레 족, 모일 족**
깃발 아래 **화살**같이 많은 **겨레가 모이다**		
 	簇	cù 추 簇葉(족엽) 簇擁(족옹-) 簇酒(족주) 簇出(족출) **가는대 족, 조릿대 족**
대나무가 **겨레**같이 모여 자라는 거 **가는대**이다		
	足	zú 주 足心(족심) 足跡(족적) 足下(족하) 自足(자족) **발 족, 과할 주**
발에 식별**표**를 단 새 **발**의 모양		

  存 cún 춘
(재주 재) (아들 자)
存立(존립)
存廢(존폐)
있을 존

(부모가) **재주**를 부린 결과 **아들**이 **있다**

  尊 zūn 쭌
덮어놓아 잘 익은 술 (손/마디 촌)
尊貴(존귀)
尊敬(존경)
높을 존

약

덮어 놓아 잘 익은 **술**을 **손**에 들고 **높은** 분에게 드리다

  蹲 dūn 뚠
새가 발목에 번호표를 달고 앉은 모양 (발 족)
夷蹲(이준) 虎蹲(호준)
발뻗을 존, 쭈그릴 준

약

발을 헛디디어 **높은**자가 **발**을 삐니 **쭈그리다**

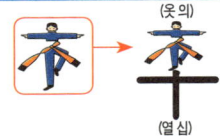   卒 zú 주
(옷 의)
(열 십)
卒倒(졸도)
卒兵(졸병)
군사 졸, 마칠 졸

똑같은 **옷**을 입고 **십**자로 모여 선 자들이 **군사**이다

 拙 zhuó 주오
(손 수) 풀이 나오다 (날 출)
拙劣(졸렬)
拙速(졸속)
못날 졸, 졸할 졸

손을 쑥 **나오게** 내밀고 구걸하니 **못낫다**

    終 zhōng 종
(겨울 동)
천천히 가는 발 밑에 얼음이 어는 계절이 겨울이다 (실 사) (겨울 동)
終末(종말) 終身(종신)
最終(최종) 終章(종장)
마칠 종

약

실 잣는 일을 **겨우내 마치다**

  (집 면) (젯상 시)		宗 zōng 쫑 宗規(종규) 宗廟(종묘) 宗派(종파) 宗氏(종씨) **마루 종, 으뜸 종**

집안에서 젯상을 차리는 곳이 으뜸으로 넓은 마루다

	 나무의 모양 (나무 목)	棕 zōng 쫑 棕櫚木(종려목) 종려나무 **종려나무 종**

열대나무 중에서 으뜸인 것이 종려나무다

		  실타래의 모양 (실 사)	 综 zōng, zèng 쫑, 쩡 綜覽(종람) 綜理(종리) 綜析(종석) 綜合(종합) **모을 종**

실을 마루에서 물레로 뽑아 모으다

	 새가 발목에 번호표를 달고 앉은 모양 (발 족)	 踪 zōng 쫑 踪跡(종적) 昧踪(매종) 失踪(실종) **발자취 종**

발로 마루를 밟고 가 발자취를 남기다

 (사람 인) (바삐갈 척) (발 소)		从 cóng 총 從來(종래) 從事(종사) 服從(복종) 主從(주종) **좇을 종**

바쁜 걸음으로 두 사람이 발로 좇다

		 실타래의 모양 (실 사)	 纵 zòng 쫑 縱斷(종단) 縱隊(종대) **세로 종, 늘어질 종**

실이 앞실을 쫓아 늘어진 것이 세로다

(마을 리)

	zhòng 종
	重大(중대) 重量(중량) 重言復言(중언부언)
	무거울 중, 거듭 중

곡식을 **마을**까지 지고 가기가 **무겁다**

몸통 부분인 갈비뼈의 모양 (몸 육, 고기 육)

	약 腫 zhǒng 종
	腫毒(종독) 腫病(종병) 浮腫(부종) 水腫(수종)
	종기 종

몸에 **무겁게** 달려 있는 것이 **종기**다

벼의 모양 (벼 화)

	약 种 zhǒng,zhòng 종,종
	種目(종목) 種別(종별) 種族(종족) 雜種(잡종)
	종자 종, 씨 종

벼 중에 **무겁고** 잘 여문 것을 골라 **종자(씨)**로 쓴다

쇠를 다루는 대장간의 모양 (쇠 금)

	약 钟 zhōng 종
	鍾鉢(종발) 鍾子(종자) 鍾愛(종애) 鍾情(종정)
	종 종, 모을 종

쇠로 **무겁게** 만든 것이 **종**이다

서서 마을에서 노는 자가 아이들이다 (아이 동) / 대장간의 모양 (쇠 금) (아이 동)

	약 钟 zhāng 중
	鐘閣(종각) 鐘樓(종루)
	쇠북 종

쇠로 만들어 **아이**들이 즐겨 치는 것이 **쇠북종**이다

(만들 공)

	zuǒ 주어
	左翼(좌익) 左遷(좌천) 證左(증좌) 左右(좌우)
	왼 좌

두 손 중에 만드는 데(일할 때) 쓰는 손이 **왼쪽** 손이다

※ 옛날에는 오른 손으로 글씨만 쓰고 일할 때는 왼 손을 사용하였음.

 (흙 토)		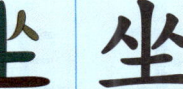	坐	zuò 쭈어 連坐(연좌) 丙坐(병좌) 坐視(좌시) 坐藥(좌약) **앉을 좌**
	사람 둘이 땅위에 앉다			
	 집의 모양 (집 엄)		座	zuò 쭈어 座談(좌담) 座席(좌석) 上座(상좌) 座標(좌표) **자리 좌**
	집에 앉아서 자리를 잡다			
	 양손으로 괭이를 잡고 있는 모양 (손 수)		挫	cuò 추어 挫鋒(좌봉) 挫傷(좌상) 傷挫(상좌) 抑挫(억좌) **꺾일 좌, 꺾을 좌**
	손으로 당겨 앉히니 키가 반으로 꺾이다			
		 쇠를 다루는 대장간의 모양 (쇠 금)	 銼	약 銼 cuò 추어 銼刀(좌도) 줄, 줄칼 用銼磨(용좌마) 줄을 써 갈다 **줄 좌, 가마솥 좌**
	쇠톱을 앉히여(고정시켜)놓고 줄로 갈다			
(아닐 비) (그물 망) 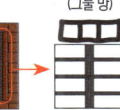 옥에 갇히니 자유인이 아니다 (아닐 비)			罪	zuì 쮀이 罪目(죄목) 罪狀(죄상) 罪悚(죄송) 罪名(죄명) **허물 죄, 죄 죄**
	그물(법망)에 걸려들 정상이 아닌 짓을 하는 것이 죄다			
 (배 주)			舟	zhōu 저우 犀舟(서주) 舟檣(주장) 汎舟(범주) 維舟(유주) **배 주**
	작은 배의 모양을 본뜬 자			

zhǔ 주

主張(주장)　主體(주체)
自主(자주)　主唱(주창)

주인 주, 임금 주

촛대의 모양, 나그네가 쓰고 있는 촛대는 집 주인의 것이다

사람이 서 있는 모양 (**사람인**)

zhù 주

住居(주거)　住民(주민)
住所(주소)　住宅(주택)

살 주

사람이 주인되여 집에 살다

물방울이 떨어지는 모양 (**물 수**)

zhù 주

注目(주목)
注視(주시)

물댈 주

물을 땅 주인이 논에 물을 대다

나무의 모양 (**나무 목**)

zhù 주

柱杖(주장)　四柱(사주)
電柱(전주)　柱石(주석)

기둥 주

집에서 나무중에 주인격에 해당되는 나무가 기둥이다

양손으로 괭이를 잡고 있는 모양 (**손 수**)

zhǔ 주

拄杖(주장) 행각승의 지팡이
拄頰(주협) 턱을 받침, 턱을 굄

버틸 주, 받칠 주

손에 쥔 지팡이로 주인이 몸을 버티다

말의 모양 (**말 마**)

🟠 駐 zhù 주

常駐(상주)　停駐(가능)
駐車(주차)　駐步(주보)

머무를 주

말과 (말)주인이 함께 숙소에 머무르다

주

zhù 주

蛀蟲(주충) 나무 좀
蛀米蟲(주미충) 식충이, 밥벌레

나무 굼벵이 주

벌레로 **주**인같이 기둥에 사는 게 **나무굼벵이다**

zhū 주

朱木(주목) 朱土(주토)
朱黃(주황) 朱門(주문)

붉을 주, 붉은빛 주

송곳으로 **나무** 속을 뚫어보니 속심이 **붉다**

zhū 주

新株(신주)
株價(주가)

그루 주

나무를 벤 **붉은**색의 밑동이 **그루**터기다

zhū 주

寶珠(보주) 珠閣(주각)
珠露(주로)

구슬 주, 진주 주

구슬로 **붉은** 빛을 내는 것이 **진주다**

zhū 주

蜘蛛(지주) 거미
蛛網(주망) 거미줄

거미 주

벌레의 **붉은** 피를 먹고 사는 게 **거미다**

zǒu 저우

走行(주행) 競走(경주)
快走(쾌주) 脫走(탈주)

달아날 주

사람이 **달아나는** 모양을 본뜬 글자

(집 엄)

약 厨 chú 추
廚房(주방) 廚費(주비)
廚下(주하) 軍廚(군주)
부엌 주

집에서 북을 손으로 치는 듯한 도마 소리가 나는 곳이 **부엌**이다

나무의 모양 (나무 목)

약 橱 chú 추
碗櫥(완주) 찬장
依櫥(의주) 옷장
궤짝 주

나무로 **부엌**에 찬장을 만든게 **궤짝**이다

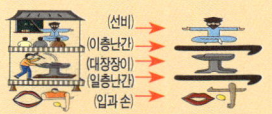
(선비)
(이층난간)
(대장장이)
(일층난간)
(입과 손)

약 寿 shòu 서우
壽福康寧(수복강녕)
萬壽無疆(만수무강)
목숨 수, 오래살 수

선비는 **이층**에서 **대장장이**는 **일**층에서 **입**과 **손**으로 일해서 **목숨**을 이어가다

밭의 모양 (밭 전)

약 畴 chóu 처우
畔疇(반주) 範疇(범주)
田疇(전주)
밭이랑 주

밭에서 식물이 **목숨**을 부지하는 곳이 **밭이랑**이다

대나무 이파리 모양을 본뜬 자 (대 죽)

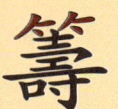

약 筹 chóu 처우
籌備(주비) 계획하여 준비함
籌措(주조) 계획과 처리
투호 살 주, 꾀할 주, 산가지 주

대나무살을 통에 던져 **목숨**붙은 살로 승리를 **꾀하는** 게 **산가지**놀이다

쇠를 다루는 대장간의 모양 (쇠 금)

약 铸 zhù 주
鑄鎔(주용) 鑄繰(주조)
鑄工(주공) 鑄錢(주전)
주물 주, 쇠불릴 주

쇠를 녹여 새 **목숨**으로 다시 태어난 물건이 **주물**이다

				zòu 쩌우
무성하게 자란 풀의 모양	(하늘 천)			獨奏(독주) 前奏(전주)  **아뢸 주, 상소 주**
(풍성) **무성하게** 제물을 차려놓고 **하늘**을 보며 **아뢰다**			

				약 凑 còu 처우
물방울이 떨어지는 모양 (물 수)				 湊理(주리) 살결 湊泊(주박) 배가 모임 **모일 주(모으다, 모이다)**
물이 **아뢰듯** 소리내 흘러 **모이다**			

				zòu 쩌우
양손으로 괭이를 잡고 있는 모양 (손 수)				 挨揍(애주) 매를 맞다 把他揍(파타주) 그를 때리다 **세게 때릴 주, 추**
손으로 죄를 **아뢰라며 세게 때리다**			

				jiǔ 지우
(물수) (술유)				 酒毒(주독) 酒幕(주막) 酒飯(주반) 酒稅(주세) **술 주**
물같으면서 **술병**에 들어 있는 것이 **술**이다			

(붓율)				**약** 昼 zhòu 저우
(한일)				 晝夜長川(주야장천) 晝耕夜讀(주경야독) **낮 주**
붓으로 **해**를 **하나** 그린 것이 **낮**을 뜻한다			

				zuò 쭈어
 (사람 인)(옛날 비석=옛고)	(두들길 복)			 做恭(주공) 做伴(주반) 看做(간주) **지을 주**
사람은 **옛날**부터 **두들겨치며** 농사 집 등을 **짓다**			

주

			zhōu 저우
		 州	州郡(주군) 州旗(주기) 州都(주도) 光州(광주) **고을 주**
냇물 건너 있는 땅도 **고을**이다			

			zhōu 저우
		 물방울이 떨어지는 모양 (물 수)	 洲
			洲嶼(주서) 滿洲(만주) 美洲(미주) 亞洲(아주) **섬 주, 물가 주** ※ 섬 주위 전체가 물가다
물에 둘러 싸인 **고을**이 **섬**이다			

			약 咒 zhòu 저우
 동생에게 입으로 좋게 타이르는 사람이 형이다 (맏 형)	(맏 형)	 呪	 呪
			誦呪(송주) 琴呪(금주) 巫呪(무주) 符呪(부주) **저주할 주, 주문 주**
입으로 **맏형**을 (동생이) **저주하다**			

			zhōu 저우
	周	 周	周
			周旋(주선) 周知(주지) 周察(주찰) 周易(주역) **두루 주**
거북 등에는 □(네모꼴) 무늬가 **두루** 나 있다			

			약 绸 chóu 처우
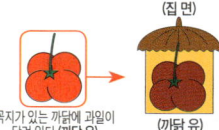		  실타래의 모양 (실 사)	 綢
			綢緞(주단) 품질이 썩 좋은 비단 綢繆(주무) 얽힘, 동여맴 **동여맬 주, 비단 주**
실로 **두루두루 비단**을 **동여매다**			

			zhòu 저우
(집 면) 꼭지가 있는 까닭에 과일이 달려 있다 (까닭 유)	(까닭 유)	宙	宙
			宇宙(우주) 宇宙船(우주선) 宙合樓(주합루) **집 주, 하늘 주**
지붕이 있는 **까닭**에 **집**이다			

몸통 부분인 갈비뼈의 모양 (몸 육, 고기 육) (마디 촌)

zhǒu 저우

肘腋(주액) 팔꿈치와 겨드랑이

팔꿈치 주

몸의 마디 중에 잘 굽혀 지는 게 팔꿈치다

diū 띠우

丟失(주실) 잃어버리다

잃어버릴 주(방치 하다, 내던지다)

덮게 덮은 탱크가 덮게를 때때로 잃어버리다

zhú 주

竹筍(죽순)
竹杖(죽장)

대 죽

대나무 잎을 본뜬 글자

(쌀 미)

(활 궁) (활 궁)

zhōu, yù 저우, 위

粥飯(죽반) 죽과 밥
小米粥(소미죽) 좁쌀죽

죽 죽

음식면이 활궁자같이 푹푹 들어가게 쌀로 쑨게 죽이다

(달릴 착)

🟠**약** 遵 zūn 쭌

遵法(준법) 遵守(준수)
遵用(준용) 遵行(준행)

지킬 준, 좇을 준

술병을 손으로 받들 듯 달려가면서 받들어 지키다

술병

(손 촌) (발 족) (높을 존)

🟠**약** 蹲 dūn, cūn, zǔn 뚠, 춘, 쭌

蹲坐(준좌)
주저앉음, 일의 중단

발뻴 존, 쭈그릴 준

발을 헛디디어 높은 자가 발을 삐니 쭈그리다

주
죽
준

 	夋	갈 준, 천천히 갈 준

쟁기질하는 사람이 천천히 걸어서 가다

 사람이 서 있는 모양 (사람인)	俊	jùn 쥔 英俊(영준) 俊傑(준걸) 俊德(준덕) 俊秀(준수) **뛰어날 준, 준걸 준**

사람 중에 앞서 가니 뛰어난 준걸이다

 산 봉우리의 모양 (메산)	峻	jùn 쥔 險峻(험준) 峻險(준험) 泰山峻嶺(태산준령) **높을 준, 준엄할 준**

산이 높게 올라가니 높고 준엄하다

 사람이 서 있는 모양 (설 립)	竣	jùn 쥔 竣工(준공) 竣功(준공) 竣成(준성) 竣役(준역) **마칠 준, 일 마칠 준**

일을 계획 세운 날짜보다 앞서 가게해 잘 마치다

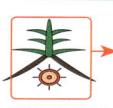 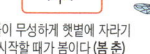 말의 모양 (말 마)	駿	약 骏 jùn 쥔 駿犬(준견) 駿骨(준골) 駿驥(준기) 駿良(준량) **준마 준, 빠를 준**

말이 잘 달려가니 준마다

  (봄 춘) 풀이 무성하게 햇볕에 자라기 시작할 때가 봄이다 (봄 춘) (벌레 충) (벌레 충)	蠢	chǔn 춘 蠢然(준연) 蠢愚(준우) 蠢爾(준이) 蠢蠢(준준) **꿈틀거릴 준, 어리석을 준**

봄이 되니 벌레들이 나오려고 꿈틀거리다

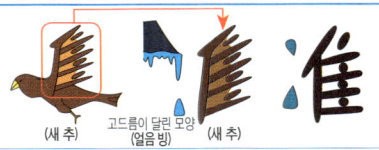 (새 추) (고드름이 달린 모양/얼음 빙) (새 추) 准	准	zhǔn 준 批准(비준) 認准(인준) 准尉(준위) 准將(준장) **견줄 준, 비준 준**
얼음이 얼 때 오는 새처럼 냉정하게 견주어 보고 비준하다		
  	屯	tún 툰 zhūn 준 屯兵(둔병) 군대가 머물러 있음 屯營(둔영) 군대가 주둔한 곳 **땅을 뚫고 나온 새싹 둔, 진칠 둔, 어려울 준**
땅을 뚫고 나온 새싹이 땅에 진을 치다(진치기 어려웁다)		
 (풀 초) 풀이 나오다 (날 출)   	茁	zhuó 줘 茁長(출장) [식물, 동물이] 왕성하게 자라다 **싹 줄**
풀이 뾰족뾰족 나와 싹이 돋다		
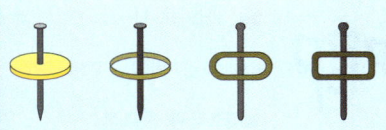 	中	zhōng, zhòng 종, 종 中央(중앙) 中庸(중용) 的中(적중) 中卒(중졸) **가운데 중**
가운데를 뚫고 있는 모양		
  사람이 서 있는 모양 (사람인)	仲	zhùng 중 伯仲(백중) 仲媒(중매) **다음 중, 버금 중** 
세 사람 중에 가운데 있는 자가 다음(버금)가는 자다		
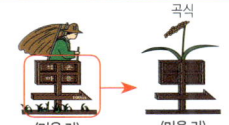 (마을리) (마을리) 곡식	重	zhòng, chóng 종, 총 重大(중대) 重量(중량) 重言復言(중언부언) **무거울 중** 
곡식을 마을까지 지고 가기가 무겁다		

준 줄 중

(피 혈) (피 혈)  피를 그릇에 받는 모양 (사람 모일 음)	衆	衆	**약** 众 zhòng,zhōng 종,종 衆意(중의) 衆智(중지) 公衆(공중) 衆生(중생) **무리 중**
피로 맺어진 많은 **사람들의 모임**이 **무리**다			
(흰 백)  (숟가락 비)		卽	**약** 即 jí 지 卽刻(즉각) 卽決(즉결) 卽位(즉위) 卽興(즉흥) **곧 즉**
흰밥을 **숟가락**이나 **바가지**로 이제 **곧** 푸다			
 물고기의 모양 (고기 어)		鯽	**약** 鲫 jì 지 鯽魚(즉어) 붕어 **붕어 즉**
고기중에 이제 **곧** 잡을 수 있는 게 붕어다			
 입의 모양 (입 구)		唧	**약** 唧 jī 지 唧唧(즉즉) 벌레가 우는 소리 **벌레소리 즉, 물댈 즉**
입으로 이제 **곧** 낼 수 있는 소리가 벌레소리다			
 (돈(궤) 패) (칼 도)		則	**약** 则 zé 저 原則(원칙) 法則(법칙) **곧 즉/법칙/나눌 칙**
돈을 칼로 배듯 **곧 법칙**대로 **나누다**			
(잠깐 사)  뚱기와 조이기를 잠깐 사이에 하다 (잠깐 사)	 (가슴 심, 마음 심)	怎	zěn 쩐 怎麽(즘마) 여하(如何) 怎生(즘생) 여하(如何) **어찌 즘(왜 어째서 어떻게 어찌하여)**
잠깐새 **마음**이 변함은 **어째서**인가			

 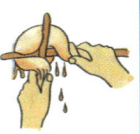

zhī 즈

米汁(미즙)
蜜汁(밀즙)

즙 즙

과일속 물(氵)액을 막대기를 십(十)자로 해서 짠 것이 **즙**이다

약 曾 zēng, céng 정, 청

曾前(증전) 曾子(증자)
曾孫(증손) 曾祖(증조)

일찍 증, 거듭 증, 포갤 증

덮개와 만두 접시를 찬합위에 일찍이 거듭 포개다

약 增 zēng 정

增加(증가)
增殖(증식)

더할 증

흙을 거듭 포개어 더하다

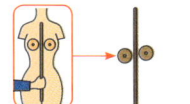  

약 憎 zēng 정

可憎(가증) 愛憎(애증)
憎惡(증오)

미워할 증

섭섭한 마음이 거듭 포개어 지니 미워하다

약 贈 zèng 쩡

贈儺(증나) 贈賻(증부)
加贈(가증) 贈呈(증정)

드릴 증, 줄 증

돈(재물)을 거듭 포개어 높은 자에게 드리다(주다)

약 证 zhèng 정

證券(증권) 證明(증명)
證人(증인) 僞證(위증)

증거 증, 증명 증

(재판할 때) 말을 올리어 증거로 삼다

					zhèng, zhēng 정, 정
 (병들 안, 병질 안)	症 (바를 정)	症	症		疝症(산증) 脹症(창증) 狂症(광증) 急症(급증) **증세 증**

병을 바르게 보려고 병 증세를 살피다

					zhēng 정
 (풀 초)(물 수)(불 화)		 蒸	蒸		炎蒸(염증) 蒸氣(증기) 蒸發(증발) 汗蒸(한증) **찔 증**

나물 찜통을 물통에 넣고 불로 찌다

					zhěng 정
		 (물 수)	拯		拯救(증구) 건짐, 구조함, 구제(구원)하다 **건질, 도울 증**
양손으로 괭이를 잡고 있는 모양 (손 수)					

손으로 나물찜통에 넣을 나물을 건지다

					zhǐ 즈
			旨		密旨(밀지) 本旨(본지) 旨甘(지감) 旨意(지의) **맛 지, 뜻 지**

숟가락으로 떠서 입을 열고 맛보다

					zhǐ 즈	
			手	指	指示(지시) 指針(지침) **손가락 지**	
	양손으로 괭이를 잡고 있는 모양 (손 수)					

손으로 찍어 맛 볼 때 쓰는 것이 손가락이다

					zhī 즈
			月 (몸 육, 고기 육)	脂	脂肪(지방) 丹脂(단지) 樹脂(수지) 脂澤(지택) **기름 지**

고기 중에서 맛있는 곳이 기름기 있는 부분이다

	zhī 즈
支 支 支 **支**	支給(지급) 支援(지원) 依支(의지) 支社(지사) **갈라질 지, 지 할 지**

(나무의) 갈라진 가지를 잡고 지탱하다

	zhī, qí 즈, 치
木 木 木 **枝** 나무의 모양 (**나무 목**)	枝蹄(지제) 枝梢(지초) 楊枝(양지) 枝葉(지엽) **가지 지**

나무 원줄기에서 갈라진 것이 가지다

	zhī 즈
 月 **肢** 몸통 부분인 갈비뼈의 모양 (**몸 육, 고기 육**)	肢體(지체) 肢解(지해) 四肢(사지) 上肢(상지) **팔다리 지, 사지 지**

몸에서 갈라진 부분이 팔다리다

	zhī, zī 즈, 쯔
 口 **吱** 입의 모양 (**입 구**)	老鼠吱(로서지) 쥐가 찍찍거리다 **가는 소리 지, 삐걱소리날 지**

입으로 갈라진 소리를 내니 삐걱소리가 나다

	zhì, zhī 즈, 즈
只 只 只 **只**	只今(지금) 只此(지차) **다만 지**

입에서 나온 말은 곧 퍼져나가니 다만 조심해야 한다

수염을 들먹이며 입으로 말하는 모양 (**말씀 언**)

	약 识 zhì 쯔
誌	款識(관지) 금석(金石)에 새긴 글자, 음각한 글 **표할 지**

(비석에) 말 뜻을 다만 나타내 표하다

zhī 즈

金蘭之交(금란지교)
人之常情(인지상정)

갈 지

부리를 벌리고 새가 앞으로 **가다**

zhī 즈

靈芝(영지)
瑞芝(서지)

버섯 지, 지 지

풀처럼 퍼져 나**가**는 것이 버섯이다

zhī 즈

止痛(지통)　停止(정지)
止血(지혈)　閉止(폐지)

머무를 지, 그칠 지

새가 가는 것을 **그치고** 서서 **머무르다**

zhī 즈

舊址(구지)　寺址(사지)
城址(성지)　遺址(유지)

터 지

건축물이 **땅**에 **머물러** 있는 곳이 터다

zhī 즈

趾福(지복)　餘趾(여지)
帝趾(제지)

발 지

발이란 머물러 땅을 밟고 있는 발을 뜻한다

chí 츠

持分(지분)
持參(지참)

가질 지

손에 절에서 준 부적을 **가지다**

 (화살 시) (화살 시) (입 구)	知	zhī 즈 知的(지적) 知情(지정) 親知(친지) 探知(탐지) **알 지**

화살처럼 빨리 **입**으로 **알아** 맞추다

 입을 벌리고 말하는 모양 (**말할 왈**)	 智	zhì 즈 智能(지능) 智略(지략) **지혜 지, 슬기 지** 

알아 듣게 **말하는** 것이 지혜다

 벌레의 모양 (**벌레 충**)	 蜘	zhī 즈 蜘蛛(지주) 거미 蜘網(지망) 거미집, 거미줄 **거미 지**

벌레의 성질을 **알아** 놈을 잡는 게 거미다

  (흙 토)	至	zhì 즈 至純(지순) 至愛(지애) 至嚴(지엄) 至論(지론) **이를 지, 닿을 지**

보따리를 들고 목적지 **땅**에 **이르다**

   (손 수)	 摯	약 摯 zhì 즈 眞摯(진지) 摯拘(지구) **잡을 지, 지극할 지** 

흙에 앉은 잠자리나 드릴을 **손**으로 **잡다**

 (집 시)   (달릴 착)	 遲	약 迟 chí 츠 奄遲(엄지) 遲刻(지각) 遲明(지명) 遲延(지연) **더딜 지**

집에서 눈물 흘린 소는 **달려가기**가 **더디다**

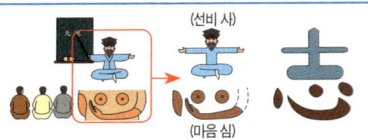

zhì 즈

志操(지조)　志向(지향)
雄志(웅지)　立志(입지)

뜻 지

선비가 가슴(마음)에 지닌 것이 뜻이다

dì, de, di 띠, 더, 띠

地理(지리)　地域(지역)
地籍(지적)　土地(토지)

땅 지

흙 뱀이 사는 곳이 땅이다

chí 츠

塘池(당지)　池畔(지반)
池卉(지훼)　湯池(탕지)

못 지

물 뱀이 사는 곳이 못이다

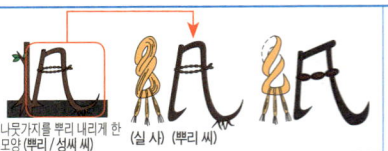  zhǐ 즈

紙墨(지묵)　紙背(지배)
紙幣(지폐)　片紙(편지)

종이 지

실 뿌리같은 나무 섬유질을 떠서 만든 것이 종이다

 织 zhī 즈

織物(직물)
織造(직조)

짤 직

실로 소리를 창칼이 부딪치듯 내며 베를 짜다

 职 zhí 즈

職能(직능)
職務(직무)

벼슬 직, 맡을 직

귀로 들은 소리를 창칼로 새기어 기록하는 벼슬 직분을 맡다

※ 옛날에는 후세에 전하기 위하여 들은 바 소리를 창칼로 새겨두는 벼슬직이 있었음

약 直 zhí 즈

直通(직통) 宿直(숙직)
正直(정직) 直航(직항)

곧을 직

십자가가 **교회**에 **곧게** 선 모양

chén 천

庚辰(경진) 北辰(북신)
生辰(생신) 日辰(일진)

별 진, 때 신

(별 진)

망루에서 **망원경**으로 **별**을 관측하는 모양

zhèn 전

振動(진동)
振武(진무)

떨칠 진

양손으로 괭이를 잡고 있는 모양 (손 수)

맨손으로 **별**을 따서 장군이 되어 그 이름을 **떨치다**

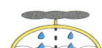  

zhèn 전

餘震(여진) 地震(지진)
震動(진동) 震雷(진뢰)

우레 진, 벼락 진

구름에서 우산에 빗방울이 떨어지는 모양 (비 우)

비올 때 **별**처럼 번쩍이며 큰소리 나는 것이 **우레다**

zhēn 전

珍貴(진귀)
珍奇(진기)

진귀할 진, 보배 진

(구슬 옥) (머릿결 진)

구슬 안에 **머릿결**같은 무늬가 이는 것이 **진귀한 보배**다

zhěn 전

痲疹(마진) 發疹(발진)
濕疹(습진) 疾疹(질진)

마마 진, 홍역 진

(병들 안) (머릿결 진)

병으로 **머릿결** 속까지 붉은 반점이 돋는 게 **마마다**

		**약** 真 zhēn 전 眞空(진공) 眞談(진담) 眞理(진리) 眞珠(진주) **참 진**
약을 **환자**에게 먹이니 **참**되다		
 		**약** 镇 zhèn 전 鎭魂(진혼) 鎭火(진화) **진압할 진**
흔들림을 **쇠**덩이로 **참**말로 눌러 **진압하다**		
		**약** 阵 zhèn 전 陣勢(진세) 陣容(진용) 陣痛(진통) 出陣(출진) **진칠 진**
언덕에 **수레**들을 배치하고 **진을 치다**		
 	 	**약** 陈 chén 천 陳述(진술) 陳容(진용) **베풀 진, 늘어놓을 진**
언덕의 **동쪽**으로 뜨는 해가 따스한 빛을 **베풀**어준다		
  		qín 친 前秦(전진) 秦律(진율) 秦聲(진성) 秦篆(진전) **벼 진, 진나라 진**
무성하게 **벼**가 잘 자라 **벼**농사가 번창한 게 **진나라**다		
		zhēn 전 榛刺(진자) 나뭇가지, 가시나무 **개암나무 진, 덤불 진**
나무로 **진나라**의 대표나무가 **개암나무**다		

약 诊 zhěn 전

往診(왕진) 診斷(진단)
診療(진료)

진찰할 진

말도 듣고 머릿결(머리)도 만져 보면 **진찰하다**

chèn 천

趁便(진편) ~하는 김에
趁机(진궤) 기회를 타다

좇을 진

머릿결을 휘날리며 달아나는 악당을 **좇다**

jīn 진

松津(송진)
津軍(진군)

나루 진, 진액 진

(강)물이 붓으로 그린 선같이 좁게 흐르는 곳이 **나루**다

jìn 진

東晉(동진) 三晉(삼진)
晉州市(진주시)

나아갈 진, 나라 진

장갑차를 몰고 날마다 쉬지 않고 딴 나라로 진격해 **나아가다**

약 进 jìn 진

進路(진로) 進步(진보)
進展(진전) 行進(행진)

나아갈 진

새가 캥거루같이 달리어 앞으로 **나아가다**

약 儘(尽) jǐn, jìn 진, 진

盡心(진심) 賣盡(매진)
盡忠(진충) 消盡(소진)

다할 진, 죽을 진

손에 누르는 것을 잡고 불 그릇(화로)을 누르면 불기가 **다하여 죽다**

(사슴 록)  (흙 토)	麤	塵	塵	약 尘 chén 천  落塵(낙진) 蒙塵(몽진) **티끌 진, 먼지 진**
사슴이 땅(흙)위를 달려가니 티끌 먼지가 나다				
			至	zhì 즈 至純(지순) 至愛(지애) 至嚴(지엄) 至急(지급) **이를 지, 닿을 지**
보따리를 들고 목적지 땅에 이르다				
	 여자의 모양 (계집녀)		姪	약 侄 zhí 즈 姪壻(질서) 叔姪(숙질) 族姪(족질) 姪女(질녀) **조카딸 질, 조카 질**
형(계)수씨 되는 여자의 배속에 이르렀다가 나온 애가 조카다				
(굴 혈) (굴 혈)  보따리를 들고 목적지 땅에 이르다 (이를 지)			窒	zhì 즈 窒氣(질기) 窒酸(질산) 窒塞(질색) 窒素(질소) **막힐 질, 막을 질**
굴속에 이르니 앞이 막히다				
(병들 엄, 병질 엄)	편지가 묶여있는 화살	(화살 시)	疾	jí 지 疫疾(역질) 疾故(질고) 疾患(질환) 稱疾(칭질) **병 질**
병으로 화살처럼 빠르게 퍼지는 것이 (전염)병이다				
		여자의 모양 (계집녀)	嫉	jí 지 嫉心(질심) 嫉惡(질악) 嫉妬(질투) 憎嫉(증질) **질투할 질, 시기할 질**
여자가 마음 병이 들어 질투하다				

	失	shī 스 失格(실격) 失禮(실례) **잃을 실** 

송곳에 뚫린 것같이 **큰 사람**이 정신을 **잃다**

 벼의 모양 (벼 화)	秩	zhì 즈 秩滿(질만) 秩米(질미) **차례 질** 

벼를 **잃어**버리지 않게 하려고 **차례**로 쌓다

 새가 발목에 번호표를 달고 앉은 모양 (발 족)	跌	diē 띠에 跌失(질실) 跌墜(질추) 跌宕(질탕) 傾跌(경질) **넘어질 질**

발이 밟을 곳을 **잃어** (헛디디어) **넘어지다**

 (도끼 근)(도끼 근)  (돈[쾌] 패)	質	약 质 zhì 즈 質疑(질의) 質責(질책) 素質(소질) 品質(품질) **바탕 질**

도끼 두 자루는 **돈**을 많이 주고 사 **바탕(질)**이 좋다

 달콤한 사랑을 짝과 하니 쾌락이 더욱 심하다 (심할 심)	 (심할 심) (말 두)	斟

zhēn 전
斟酌(짐작) 斟問(짐문)
淺斟(천짐)
짐작할 짐, 머뭇거릴 짐

심할 정도로 곡식이 몇 **말**이 되나 맞게 **짐작하다**

 (새 추)	 (나무 목)	集

jí 지
集結(집결)
集散(집산)
모을 집, 모일 집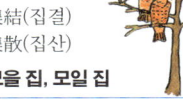

새가 **나무** 위에 **모이다**

 輯 輯 輯

약 輯 jí 지

編輯(편집) 蒐輯(수집)
綴輯(철집) 補輯(보집)

모을 집

수레를 타고 입으로 묻고 귀로 들으며 자료를 모으다

 執

약 执 zhí 즈

執着(집착)
執筆(집필)

잡을 집

흙에 앉은 잠자리와 드릴을 잡다

   縶

약 絷 zhí 즈

縶馬(집마) 말을 매다

맬 집(묶어 매다, 가두다)

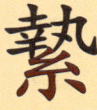

물건을 잡고 실로 매다

 徵 徵 徵

약 征 zhēng 정

徵兵(징병) 徵收(징수)
徵用(징용)

부를 징

빨리가서 산에 제일인자 왕(산적두목)을 두들겨 잡을 자를 부르다

 心 心 懲

약 惩 chéng 청

懲毖(징비) 懲膺(징응)
懲戒(징계) 懲罰(징벌)

징계할 징

젖가슴의 모양 (가슴 심,마음 심)

죄인을 불러 마음 뉘우치게 벌주어 징계하다

 癥

약 症 zhēng 정

癥結(징결) 적취, 애로
(일의 문제점, 애로 장애)

적취 징

병실의 모양 (병들 안,병질 안)

병든 자를 불러 적취(장애)를 없애주다

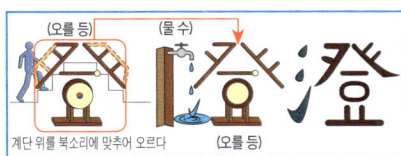 계단 위를 북소리에 맞추어 오르다 (오를 등)		chéng 청 澄泉(징천) 澄太(징태) 照澄(조징) 淸澄(청징) **맑을 징**
물은 올라와 있는 윗부분이 아래보다 더 **맑다**		
 계단 위를 북소리에 맞추어 오르다	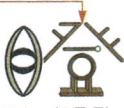 (오를 등)  (눈 목)	 dèng 떵 瞪眼(징안) 노려 보다, 부라리다 **바로볼 징**
눈을 올려(올리어) 뜨고 **바로보다**		
		 chā 차 叉手(차수) 叉牙(차아) 交叉(교차) 支叉(지차) **깍지낄 차, 갈래 차**
집게로 구슬을 꽉 잡으려고 **깍지끼다**		
 나무의 모양 (나무 목)		 chā 차 魚杈(어차) 작살 排杈(배차) **작살 차**
나무 끝에 **깍지낀** 창을 박은 게 작살이다		
 옷의 모양(옷 의)	 	chà 차 開衩(개차) 옷의 양옆을 트다 **옷깃 차, 채**
옷이 서로 **깍지낀듯** 포개진 데가 옷깃이다		
		 qiě, jū 치에, 쥐 苟且(구차) 重且大(중차대) 且置(차치) 況且(황차) **또 차, 포갤 차**
물건을 포개고 **또 포개**는 모양		

				cǐ 츠
 (그칠 지)	止	此	此	若此(약차) 如此(여차) 此際(차제) 此後(차후) **이 차, 머무를 차**

가는 것을 **그치고 구부리고** 앉아 **이**같이 **머무르다**

				chá 차
	 (풀 초) (사람 인) (나무 목)			茶	綠茶(녹차) 雙和茶(쌍화차) **차 차, 차 다** 

풀잎을 **사람**이 **나무**에서 따서 달여 먹는 게 **차**다

				chā, chà, chāi 차, 차, 차이
 (양 양) (만들 공)			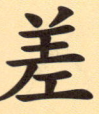	差	差別(차별) 差異(차이) **다를 차, 어긋날 차** 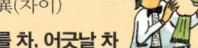

(풀 먹는) **양**고기로 **만든** 음식은 (다른 것과) 맛이 **다르다**

					cuō 추
				搓	搓板(차판) 빨래판 **비빌 차**
양손으로 괭이를 잡고 있는 모양 (손 수)					

손으로 옷이 얼룩져 **다르게** 보이니  **비비다**

				cì 츠
二 (두 이)	 (입크게 벌릴 흠)	次	次	次	次例(차례) 次序(차서) **다음 차, 버금 차** 

두 번째로 **입을 크게 벌리고** 명령하는 자는 서열이 첫째 **다음** 가는 자다

				jiè 지에
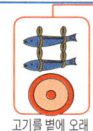 고기를 볕에 오래 말리다 (오랠 석)	 (사람 인) (오랠 석)	借		借	貸借(대차) 賃借(임차) 租借(조차) **빌릴 차**

사람에게 **오래** (돈을) **빌리다**

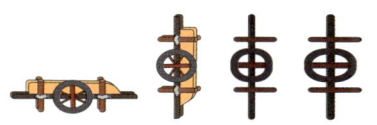 

약 车 chē, jū 처, 쥐

車庫(차고) 車道(차도)
車輛(차량) 車氏(차씨)

차 차, 수레 거

수레를 세워 놓은 모양

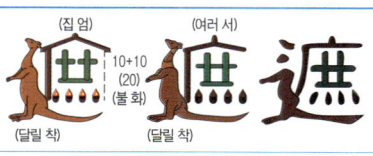 

zhē 저

遮斷(차단) 遮道(차도)
遮路(차로) 遮止(차지)

가릴 차, 막힐 차

집으로 이십명이 불을 쬐려고 (여럿이) 달려가니 길이 막히다

chà 차

岔子(차자) 갈림길, 사고

산길 나뉠 차

(길이) 나누어져 오르던 산에 산길이 나뉘다

chě 처

扯平(차평) 평평하게 하다

찢을 차(당기다, 찢다)

손으로 그치어 걸려있는 것을 찢다

chá 차

璃磋(리차) 유리 조각

파편 차, 깨질 사

돌을 나무위에 포개어 놓고 깨니 파편이 일다

zhuō 주어

捉弄(착롱)
捉筆(착필)

잡을 착

손으로 발을 잡다

(양 양)  (눈 목)			着	zhuó, zhù 주어, 주 着工(착공) 着眼(착안) **붙을 착** 

양들이 눈으로 보면서 붙어 다닌다

고기를 볕에 오래 말리다 (오랠 석)	(쇠 금) (오랠 석)		錯	약 错 cuò 추어 糾錯(규착) 倒錯(도착) 失錯(실착) 錯誤(착오) **어긋날 착, 섞일 착**

쇠판에 쓴 오래된 글씨가 판독이 안돼 뜻이 어긋나다

풀기와 조이기를 잠깐 사이에 하다 (잠깐 사)	(구멍 혈, 굴 혈) 	(굴 혈)  (잠깐 사)	 窄	zhǎi 자이 窄袖(착수) 窄韻(착운) 傾窄(경착) 局窄(국착) **좁을 착, 끼울 착**

굴(구멍)이 오물에 잠깐 사이에 막힐 정도로 좁다

(두들길 수)	 (쇠 금)		 鑿	약 凿 záo 자오 鑿掘(착굴) 鑿井(착정) 疏鑿(소착) 六鑿(육착) **뚫을 착**

무성한 풀을 절구에 넣고 찧다가 두들기는 쇠가 바닥을 뚫다

새가 깃을 펴다	(펼 적) (창 과)		 戳	chuō 주오 戳記(착기) 도장, 스탬프 木戳(목착) 나무도장 **찌를 착**

깃과 날개를 펴듯 창을 펴 찌르다

착
찬

절굿공이를 잡고 찧은 쌀빛이 선명하다 (선명할 찬)	(선명할 찬)	(불 화) (선명할 찬)	燦	약 灿 càn 찬 閃燦(섬찬) 燦爛(찬란) 燦然(찬연) 燦煥(찬환) **빛날 찬**

불 빛이 선명하게 빛나다

(지아비 부) 夫夫 賛 賛 賛 (돈(궤) 패)	賛	약 **贊(赞)** zàn 짠 贊成(찬성) 贊意(찬의) **도와줄 찬, 도울 찬**

두 지아비가 돈을 주며 도와주다

  攢

양손으로 괭이를 잡고 있는 모양 (손 수)

약 **攢(攒)** zǎn 잔
攢立(찬립) 모여섬
攢生(찬생) 무더기로 자람.
모을 찬

손을 써 도와주려고 사람을 모으다

  鑽

쇠를 다루는 대장간의 모양 (쇠 금)

약 **鑽(钻)** zuàn 쭈안
鑽空(찬공)　鑽具(찬구)
鑽礪(찬려)　鑽木(찬목)
송곳 찬, 뚫을 찬

쇠로 만들어 뚫는 걸 도와주려고 송곳으로 뚫다

   餐

cān 찬
晩餐(만찬)　尙餐(상찬)
聖餐(성찬)　素餐(소찬)
먹을 찬

절굿공이를 잡고 탈곡해 밥을 지어 먹다

 撰撰撰 撰

(손 수) (함께 공)

zhuàn 주안
撰錄(찬록)　撰文(찬문)
撰述(찬술)
글지을 찬, 지을 찬

손으로 구부리고 함께 앉아 글을 짓다

  篹 篹

(계산할 산)
쟁기
대나무 수판을 눈 밑에 받쳐들고 계산하다 (계산할 산)

cuàn 추안
篡立(찬립)　篡弑(찬시)
篡惡(찬악)　篡逆(찬역)
빼앗을 찬

유리하게 경계를 계산하여 쟁기질 해 남의 땅을 더 빼앗다

찬

 (굴 혈) (쥐 서)	 **약** 竄 cuàn 추안 竄逃(찬도) 몰래 도망감 竄斥(찬척) 내쫓음 **달아날 찬, 숨을 찬**
굴 속으로 쥐가 달아나다	
 (구부러질 을) (손 수)	 zā, zhá, zhā 자, 자, 자 扎針(찰침) 침을 놓다 **뺄 찰, 묶을 찰, 찌를 찰**
손으로 구부러진 걸 빼려고 묶다(찌르다)	
 절단기  (나무 목) (칼 도)	 chà, shā 차, 샤 古刹(고찰) 名刹(명찰) 寺刹(사찰) 刹那(찰나) **절 찰**
절단기로 나무를 베어 칼로 다듬어 절을 짓다	
 고기를 집어다 쟁상을 차리고 제사를 지내다 (제사 제)  (집 면) (제사 제) 	chá 차 巡察(순찰) 視察(시찰) 考察(고찰) 偵察(정찰) **살필 찰**
집에서 제사를 지내려고 젯상을 살피다	
  양손으로 괭이를 잡고 있는 모양 (손 수)	 cā 차 按擦(안찰) 擦傷(찰상) **문지를 찰** 
손으로 살피어 보려고 문지르다	
 (돈(궤) 패) (쇠 금) (칼 도)	**약** 铡 zhá 자 鍘刀(찰도) 작두 **작두 찰**
쇠(철)로 돈을 받고 (절단기)칼을 만든게 작두다	

(설립) (차지할 점)

站

zhàn 잔

站立(참립) 站夫(참부)
兵站(병참) 驛站(역참)

역 마을 참, 우두커니설 참

역 건물을 세우고 넓은 땅을 **차지해** 세운게 **역 마을**이다

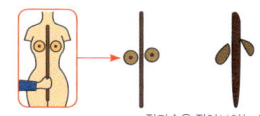  
(머릿결 진)

參

약 参 cān,cēn,shēn 찬,천,션

參拜(참배)
參與(참여)

참여할 참, 석 삼

꽃을 꽂은 **삿갓**을 **머릿결** 위에 쓰고 식에 **참여하다**

젖가슴을 짚어보이는 모양 (가슴 심,마음 심)

慘

약 惨 cǎn 찬

慘澹(참담) 無慘(무참)
悲慘(비참) 慘酷(참혹)

슬플 참, 참혹할 참

마음에 근심이 **참여하니** 슬프고 참혹하다

양손으로 괭이를 잡고 있는 모양 (손 수)

掺

약 掺 chān 찬

掺搓(참차) 손으로 문지름

섞을 참, 섬

(양념을) **손**을 써 **참여하여** 섞다

(사람 인) (토끼 토) (밥 식) (밥 식)

饞

약 馋 chán 찬

饞吻(참문)
굶에 먹고자 하는 입

탐할 참

밥을 **사람**이 먹을때 나란히 **토끼구이**를 탐하다

(사람 인)

攙

약 搀 chān,chán,chàn 찬

攙和(참화) 섞다, 혼합하다

찌를 참

(손 수) (토끼 토)

포크를 **손**에 잡고 **사람**이 먹으려고 나란히 **토끼구이**를 찌르다

참

 (수레 거)(도끼 근)	**약** 斩 zhǎn 잔 斬頭(참두) 斬伐(참벌) 斬殺(참살) **벨 참, 끊을 참**
죄인을 형틀 **수레**에 묶고 **도끼**로 목을 **베다**	
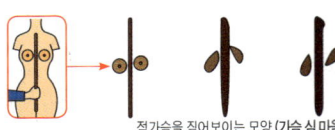 젖가슴을 짚어보이는 모양 (가슴 심·마음 심)	**약** 惭 cǎn 찬 慚愧(참괴) 부끄럽다, 면구스럽다 **부끄러울 참**
마음을 **베어** 보이듯 악함 맘이 탈로되 <u>부끄러워하다</u>	
 (메 산)	**약** 崭 zhǎn 잔 嶄嵌(참감) 嶄巖(참암) 嶄絕(참절) 산이 높고 험한 모양 **높을 참**
산이 창공을 **베듯**(가르듯) 우뚝 솟아 <u>높다</u>	
 창고의 모양 (창고 창)	**약** 仓 cāng 창 檻倉(함창) 穀倉(곡창) 營倉(영창) 倉庫(창고) **창고 창, 곳집 창**
창고의 모양을 본뜬 자	
 칼을 세워 놓은 모양 (선칼도·칼도)	**약** 创 chuàng, chuāng 추앙 創業(창업) 創作(창작) 創出(창출) 創始(창시) **시작할 창, 비롯할 창**
창고를 칼질 해 짓기 <u>시작하다</u>	
 양손으로 괭이를 잡고 있는 모양 (손 수)	**약** 抢 qiǎng, qiāng, qiàng 치앙 搶攘(창양) 어지러움, 문란함 搶奪(창탈) 빼앗음, 탈취함 **닿을 창, 빼앗을 창**
손으로 창고 안에 물건을 마구 <u>빼앗다</u>	

참 창

약 沧 cāng 창

滄波(창파) 滄浪(창랑)
滄茫(창망) 滄熱(창열)

바다 창

물이 흘러 모이는 물 창고가 바다다

약 呛 qiāng 창

嗆着了(창착료) 사레가 들었다

사레들 창

(음료를) 입으로 창고문 인양 급히 마시다 사레가 들다

약 苍 cāng 창

蒼麓(창록) 蒼昊(창호)
蒼惶(창황) 蒼波(창파)

푸를 창

풀을 쌓는 풀 창고는 푸르다

약 枪 qiāng 치앙

槍法(창법) 亂槍(난창)
短槍(단창)

창 창

긴 나무 자루가 달리고 창고를 지키는 것이 창이다

약 疮 chuāng 창

瘡毒(창독) 瘡病(창병)
凍瘡(동창) 荳瘡(두창)

부스럼 창, 종기 창

병으로 피부에 창고같이 솟은 것이 부스럼이다

약 舱 cāng 창

艙間(창간) 艙底(창저)
船艙(선창)

부두 창, 선창 창

배가 모이는 배의 창고가 부두다

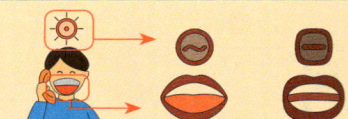 	chāng 창 鞏昌(공창) 蕃昌(번창) 隆昌(융창) 繁昌(번창) **창성 창**

해처럼 빛나게 말하니 창성하다

 사람이 서 있는 모양 (사람인)	chàng, cāng, càng 창 歌倡(가창) 名倡(명창) 俳倡(배창) **광대 창, 여광대 창**

사람으로 창성하게 노래와 춤을 추는 자가 광대다

 입의 모양 (입구)	chàng 창 唱歌(창가) 獨唱(독창) **노래부를 창** 

입으로 창성하게 노래부르다

 개가 서있는 모양 (개 견)	chāng 창 猖狂(창광) 猖悖(창패) 猖披(창피) 姦猖(간창) **미쳐 날뛸 창, 미칠 창**

개가 창성하게 미쳐 날뛰다

   (긴장) (몸육) (긴장) 갈비뼈=몸	🔴약 脹 zhàng 장 脹滿(창만) 脹症(창증) **배부를 창** 

몸에서 배가 가로세로 길게 늘어나니 배부르다

 (물 수)(활궁) (긴장)	🔴약 涨 zhǎng 장 漲滿(창만) 漲水(창수) 泛漲(범창) 積漲(적창) **물 불을 창, 넘칠 창**

물이 활시위같이 길게 늘어나서 물이 불어 넘치다

창

		chǎng 창
 (높을 상) (높을 상)(두들길 복)	 敞	宏敞(굉창) 敞麗(창려) 通敞(통창) 華敞(화창) **시원할 창, 넓을 창, 높을 창**

높은 곳에 기초를 두들겨 박고 집을 지으면 **시원하다**

		약 厂 chǎng 창
	 집의 모양 (집 엄)	 廠	廠房(가망) 廠獄(창옥) 工廠(공창) **공장 창, 곳집 창**

집 내부를 넓고 **시원하게** 지은 집이 **공장**이다

		tāng 탕
	   물방울이 떨어지는 모양 (물 수) (높을 상)	淌血(창혈) 피를 흘리다 **흐를 창**

물이 높은 데서 아래로 **흐르다**

		약 窗 chuāng 추앙
 (굴 혈)	(마음/가슴 심)	  窓	窓口(창구) 窓門(창문) **창 창**	

(벽에) **굴**같이 **뚫어 가슴**으로 숨 쉬게 만든 것이 **창**(문)이다

		zhāng 장
 서서 입으로 한 말을 열 개 모아 쓴 게 글이다 (글 장)	 (글 장) (머릿결 삼)		 彰	彰示(창시) 表彰(표창) **밝을 창, 드러낼 창**	

글을 머리결 같이 휘갈겨 써서 실력을 **밝게 드러내다**

		약 畅 chàng 창
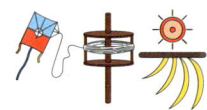 실감개의 실을 펴다 (펼 신)	 (햇살퍼질 양)	 暢	暢茂(창무) 暢懷(창회) 和暢(화창) **화창할 창, 펼 창**

(실을) **펴듯 햇살**이 퍼져 날이 **화창하다**

창

	釆	采	采	căi, cài 차이, 차이 采椽(채연) 風采(풍채) **풍채 채, 캘 채**	

손톱으로 **나무**를 캘 때는 **풍채**가 좋은 걸 골라 **캔다**

					căi 차이 睬用(채용) 睬集(채집) **주목할 채**
			눈의 모양 (눈 목)		

눈으로 나물을 **캐려고** 숲을 주목하다

				踩	căi 차이 踩風琴(채풍금) 풍금을 치다 **밟을 채**
새가 발목에 번호표를 달고 앉은 모양 (발 족)					

발로 누비듯 삼을 **캐려고** 산등성이를 밟다

		căi 차이 光彩(광채) 文彩(문채) **채색 채, 무늬 채**	
긴 머릿결의 모양 (머릿결 삼, 터럭 삼)			

색소를 **캐여** 머리결 같은 **털**붓으로 채색하다

		cài 차이 瓜菜(과채) 山菜(산채) 生菜(생채) 野菜(야채) **채소 채, 나물 채**
풀싹이 돋아나는 모양 (풀 초)		

풀중에 **캐어먹는** 풀이 채소(나물)이다

채

	(옷 의) 	衩	衩	chà 차 開衩(개차) 옷의 옆을 트다 **옷깃 차, 채**
집게로 구슬을 잡아 깍지끼다 (깍지낄 차)				

옷이 **깍지낀듯** 포개진 곳이 **옷깃**이다

 (집 면) (나무 목)	寨	zhài 자이 外寨(외채) 要寨(요채) **울타리 채**
집을 둘러쳐 나무로 막은 것이 울타리다		
 가시로 찌르듯 고통을 주니 돈을 책임지고 갚다 (책임 책) (사람인) (책임책)	債	약 債 zhài 자이 國債(국채) 起債(기채) 卜債(복채) 負債(부채) **빚 채**
사람이 책임지고 갚아야 할 것이 빚이다		
 	册	약 册 cè 처 册名(책명) 册房(책방) 册立(책립) 册床(책상) **책 책**
책을 묶어 놓은 모양		
 나무의 모양 (나무 목)	柵	약 柵 zhà 자 僑柵(교책) 豚柵(돈책) 木柵(목책) 城柵(성책) **울타리 책**
나무로 책(册) 글자 모양 둘러 친게 울타리다		
 (대 죽) (가시 치)	策	cè 처 上策(상책) 術策(술책) **꾀 책** 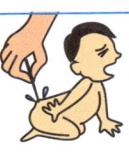
대나무침이나 가시나무로 꾀를 써 찌르다		
	責	약 責 zé 저 免責(면책) 責務(책무) 職責(직책) 責任(책임) **꾸짖을 책, 책임 책**
가시로 찌르듯 돈을 책임지고 갚으라고 꾸짖다		

채
책

(계집 녀)	妻 아내 처	qī, qì 치, 치 前妻(전처) 妻兄(처형) 
풀을 손으로 뜯는(김을 매는) 여자가 아내다		
 고드름이 달려있는 모양 (얼빙, 얼음빙)	凄 찰 처, 쓸쓸할 처	qī 치 凄其(처기) 凄凉(처량) 凄風(처풍) 凄寒(처한)
얼음같은 아내를 두면 집안이 차고 쓸쓸하다		
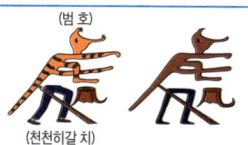(범 호) (천천히갈 치)	處 곳 처	약 處 chù, chǔ 추, 추 處理(처리) 處罰(처벌) 
여기가 범이 천천히 걸어 나타나던 곳이다		
 	尺 자 척	chǐ, chě, chè 츠, 처, 처 繩尺(승척) 咫尺(지척) 三尺(삼척) 越尺(월척)
줄자와 대나무자의 모양		
(도끼 근)	斥 물리칠 척	chì 츠 斥譴(척견) 斥黜(척출) 排斥(배척) 斥和(척화)
반달도끼로 찍어 (丶) 적을 물리치다		
(손수) (돌석)	拓 개척할 척, 박을 탁	tuò 투오 干拓(간척) 開拓(개척) 拓本(탁본)
손으로 돌을 가려내어 땅을 개척하다		

처
척

jī 지

刀脊(도척) 山脊(산척)
嶺尺(영척) 屋脊(옥척)

등뼈 척, 등성마루 척

인체의 좌우에 붙어 몸을 지탱하여 주는것이 **등뼈**다

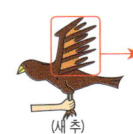

약 只 zhī 즈

隻騎(척기)
隻手(척수)

외짝 척

한 마리의 **새**를 **잡고** 있으니 **외짝**이다

약 涤 dí 띠

滌濫(척람)
滌署(척서)

씻을 척, 닦을 척

물을 **사람**이 곧게 두들기듯 뿌려 **나무**를 **씻**다

약 掷 zhí 즈

擲殺(척살) 挑擲(도척)
放擲(방척) 打擲(타척)

던질 척, 뿌릴 척

손에 든 잘 익은 술을 큰 고을 제사 때 **정중**하게 무덤에 **뿌리**다

qī 치

外戚(외척)
姻戚(인척)

겨레 척, 친척 척

풀줄기와 **콩나물**같이 **창**을 들고 모인 많은 **겨레**와 **친척**

qī 치

喊喊(척척) 소곤소곤, 재잘재잘

소곤소곤할 척

입으로 **친척**과 소곤소곤하다

척

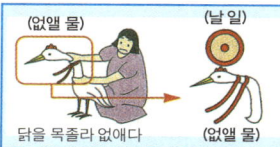  

易

yì 이

容易(용이) 簡易(간이)
安易(안이)

쉬울 역, 바꿀 역

날을 잡아 **닭을 목졸라 없애 쉽게** 닭 운명을 **바꾸다**

剔

tī 티

剔抉(척결) 살을 긁고 뼈를 발름
剔出(척출) 후벼냄

뼈 바를 척, 벨 체

(고기를) **쉽게 칼로** 베어 뼈를 바르다

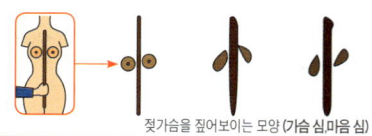 

惕

tī 티

惕懼(척구) 두려워함
惕悚(척송) 두려워하여 삼감

두려워할 척

(님의) 마음이 **쉽게** 변할까 두려워하다

踢

tī 티

踢球(척구)
공을 차다, 축구하다

찰 척(공을 차넣다)

발로 **쉽게**(공을) 차다

千

qiān 치엔

千萬多幸(천만다행)
千萬人(천만인) 天佑(천우)

일 천 천

이삭에 **천여 개**의 곡식이 달린 모양

天

tiān 티엔

祭天(제천) 蒼天(창천)
天賦(천부) 天眞(천진)

하늘 천

(사람이) 양 팔을 벌리고 **하늘**을 처다보는 모양을 본뜬 자

 (물 수)		 (흰 백)	 quán 취엔 泉脈(천맥) 泉水(천수) 溫泉(온천) 源泉(원천) **샘 천**

밥을 지을 수 있는 **흰**(맑은) **물**이 솟아나는 곳이 **샘**이다

	 (어금니 아)	 (굴 혈)	 chuān 추안 穿結(천결) 穿耳(천이) 穿鑿(천착) **뚫을 천**

굴을 **어금니**같이 생긴 굴착기로 구멍을 **뚫다**

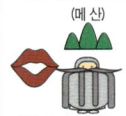 (입 구) (수염 이)	 (메 산)		 chuǎn 추안 喘氣(천기) 喘息(천식) 餘喘(여천) 殘喘(잔천) **헐떡거릴 천**

입으로 **산**에 오르며 **수염**을 들먹이며 말하느라 **헐떡거리**다

			 〈약〉 迁 qiān 치엔 變遷(변천) 左遷(좌천) **옮길 천**

가방에 **큰물건**을 **구부리어**넣고 달리며 **옮기**다

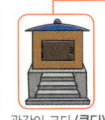 광같이 크다 (클 단)	 (손 수) (클 단)		 shàn 산 雄擅(웅천) 擅權(천권) 專擅(전천) **멋대로 천**

손으로 **큰 광**에서 물건을 **멋대로** 가지다

 (새 조)	 (풀 초)		 〈약〉 荐 jiàn 지앤 公薦(공천) 落薦(낙천) **천거할 천, 드릴 천**

상관께 **약초**와 **녹용**과 **새**를 들이며 사람을 **천거하**다

					**약** 戔 **작을 잔**
창과 창에 찍혀서 **작아지다**					
					**약** 浅 qiǎn, jiān 치엔, 지엔 膚淺(부천) 深淺(심천) 日淺(일천) 淺綠(천록) **얕을 천**
물방울이 떨어지는 모양 **(물 수)**					
(고인) 물이 **작으니 얕다**					
					약 贱 jiàn 지엔 貴賤(귀천) 賤人(천인) 賤職(천직) **천할 천**
돈이 든 자개장의 모양 **(자개 패, 돈 패)**					
돈(재물)이 **작으니 천하다**					
					**약** 践 jiàn 지엔 踩踐(유천) 踵踐(종천) 實踐(실천) 踐歷(천력) **밟을 천**
새가 발목에 번호표를 달고 앉은 모양 **(발 족)**					
발로 **작게** 부수려고 **밟다**					
					**약** 溅 jiàn 지엔 了濺身水(료천신수) 몸에 물이 튀었다 **뿌릴 천(흙탕물이 튀다)**
(물 수)			**(자개 패, 돈 패)**		
물을 돈이 **작게** 듣게 분무기로 **뿌리다**					
					chuān 추안 川獵(천렵) 川邊(천변) 山川(산천) 陝川(합천) **내 천**
냇물이 흘러가는 모양을 본뜬 글자. **내**를 뜻함					

약 阐 chǎn 찬

闡究(천구) 闡明(천명)
昭闡(소천) 槓闡(정천)

열 천, 밝힐 천

돌팔매를 창수레로 막으며 홀로 싸우다 (홀 단) (문 문)

문을 홀로 열고 들어가 집안을 **밝히**다

chuàn 촨

串數(관삭) 익숙하여 자주함
串子(천자) 엿으중

꿸 천, 버릇 관

고깃덩이를 몸에 꿰여있는 **버릇**처럼 **꿰**다

tū 투

凸形(철형) 凹凸(요철)

볼록할 철

가운데가 **볼록**한 모양을 본뜬자

(손 수) (도끼 근)
(입 구)

zhé 저

明哲(명철) 哲理(철리)
哲人(철인) 哲學(철학)

밝을 철

손에든 반달도끼로 나무를 꺾듯 **입으로 말**함이 **밝**다

(실 사)

약 缀 zhuì 주이

連綴(연철) 點綴(점철)
編綴(편철)

엮을 철, 꿰맬 철

실을 잡아당기고 당기고 당기고 또 당기어서 **엮**다

(흙 토)
(쇠 금) (임금 왕) (창 과)

약 铁 tiě 티에

鐵筋(철근) 鐵則(철칙)
鐵塔(철탑)

쇠 철

금속으로 땅과 입과 왕을 지키려고 창을 만들었던 물질이 **쇠**다

(기를 육)(두드릴 복)

敎

잘 기르려고 두들기다의 뜻을 가짐

갓을 쓸 정도로 몸을 잘 기르려고 두들기다

양손으로 괭이를 잡고 있는 모양 (손 수)

撤

chè 처

撤去(철거)
撤軍(철군)

거둘 철, 치울 철

손으로 잘 기르려고 두들겨주면 나쁜 버릇을 **거두다**

팔을 흔들며 총총 걸어가는 모양 (갈 척, 바삐갈 척)

徹

약 彻 chè 처

貫徹(관철) 冷徹(냉철)
徹夜(철야) 徹底(철저)

통할 철

걸을 때부터 잘 기르려고 두들겨주면 눈치가 밝아 사리에 **통하다**

물방울이 떨어지는 모양 (물 수)

澈

chè 처

鏡澈(경철) 鄭澈(정철)
淸澈(청철) 瑩澈(영철)

맑을 철

물에 씻기며 잘 기르려고 두들겨주면 몸이 정결해 **맑다**

차나 수레의 모양 (차 차, 수레 거)

轍

약 辙 chè 처

改轍(개철) 同轍(동철)
覆轍(복철) 車轍(거철)

바퀴자국 철

수레끄는 자를 잘 기르려고 두들겨주면 늘 달려 **바퀴자국**만 남다

(적을 소)(큰 대)

尖

jiān 지엔

尖端(첨단)
尖兵(첨병)

뾰족할 첨

위는 **작**고 밑으로 갈수록 **커지니 뾰족하다**

철
첨

tiān 티엔

別添(별첨)
添加(첨가)

더할 첨

물을 화초를 **예뻐**하는 **마음**으로 **더하여** 주다

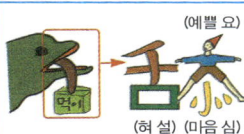  

tiān 티엔

舐脣(첨순) 입술을 핥다

핥을 첨

혀로 **예뻐**하는 **마음**으로 핥다

약 簽 qiān 치앤

籤子(첨자)
籤題(첨제)

제비 첨, 꼬챙이 첨

대나무를 **사람**이 **참빗**처럼 **창칼**로 쪼개 대를 만드러 **제비**를 뽑다

zhān 잔

瞻星臺(첨성대)
瞻望(첨망) 瞻仰(첨앙)

볼 첨, 쳐다볼 첨

눈으로 **사람**이 **바위**에서 **망원경**으로 말하는 곳을 **보다**

yán 이엔, 얜

檐雨(첨우)
처마에서 떨어지는 빗물

처마 첨, 차양 첨

나무 서까래가 많이 **보이는** 데가 **처마(차양)**이다

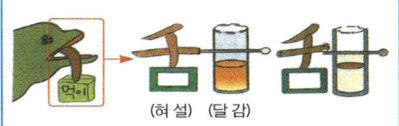 

tián 티엔

甜言蜜語(첨언밀어) 달콤한 말

달 첨

혀로 **단것**을 핥으니 맛이 **달다**

	zhān 잔
(물 수) (점칠 점)	**젖을 첨, 더할 첨**

물고인 데를 **점쳐**보면 **더할** 나위없이 **젖다**

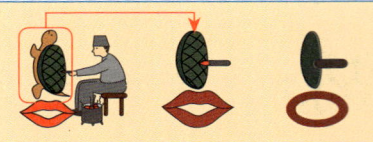 

	zhān 잔
	占領(점령)　占星(점성) 占術(점술)　占奪(점탈)
	점칠 점, 점령할 점

거북등을 지져 **점쳐**본 후 출병하여 땅을 **점령하다**　　※옛날에는 거북등을 지지어 점을 쳤음

	tiē 티에
	名帖(명첩)　墨帖(묵첩) 標帖(표첩)　下帖(하첩)
걸이에 수건같은 천이 걸려있는 모양 **(수건건,천건)**	**표제 첩, 문서 첩, 장부 첩**

천에 써서 **점령한** 재물에 대해 **문서**를 만들다

   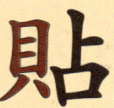

	약 誺 tiē 티에
	貼付(첩부)　販貼(판첩) 典貼(전첩)　妥貼(타첩)
돈이 든 자개장의 모양 **(자개 패,돈 패)**	**붙일 첩**

재물을 **점령하려**고 법에 따라 차압증을 **붙이다**

	yiè 예
지구의 씨줄과 날줄을 그린것 인간 세상을뜻함 **(인간/세상 세)** (나무 목)	**엷을 엽**

세상 밖으로 **나무**에서 돋아 나는 잎은 **엷다**

     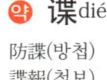 

	약 諜 dié 띠에
	防諜(방첩) 諜報(첩보)
수염을 들먹이며 입으로 말하는 모양 **(말씀 언)**	**염탐할 첩**

(대화하는) 말을 **엷은** 소리까지 다 들어가며 **염탐하다**

jié 지에

睫毛(첩모) 속눈썹(eyelashes)
目睫(목첩) 아주 가까운 눈과 눈썹

속눈썹 첩

눈에 십자가를 세운 듯 돋은 게 **속눈썹**이다

jié 지에

捷徑(첩경)　捷夬(첩쾌)
捷捷(첩첩)　雄捷(웅첩)

빠를 첩, 이길 첩

손에 십자가를 꽉 잡고 달리면 복받아 성공이 **빠르다**

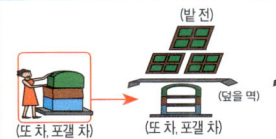  

약 疊 dié 디에

疊嶺(첩령)　疊峰(첩봉)
疊疊(첩첩)　疊出(첩출)

거듭 첩, 쌓을 첩

밭 고랑을 흙이 내려와 **덮으면** 둑에 또 포개어 거듭 쌓다

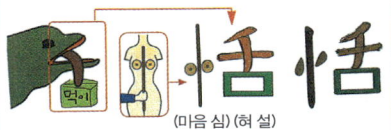 

tián 텐

恬然(첩연) 편안하고 태연하다

편안할 첩

마음을 혀로 핥듯 만져주니 **편안하다**

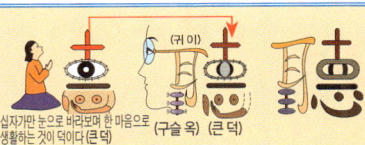 

약 听 tīng 팅

聽力(청력)　聽衆(청중)
聽聞(청문)　難聽(난청)

들을 청

귀에 구슬을 단 자도 덕 되는 소리를 듣는다

약 厅 tīng 팅

廳費(청비)　廳舍(청사)
官廳(관청)　區廳(구청)

관청 청, 마루 청

집에서 백성의 말을 듣고 일을 보는 곳이 관청이다

				약 青 qīng 칭
				青山(청산) 青色(청색) 青年(청년) 青雲(청운) **푸를 청**

화초가 화분에서 푸르다

					약 清 qīng 칭
					清純(청순) 清雅(청아) 清廉(청렴) 清算(청산) **맑을 청**
	물방울이 떨어지는 모양 (물 수)				

물이 푸르게 보일 정도로 맑다

					약 晴 qíng 칭
					晴昊(청호) 晴雨(청우) 晴天(청천) 快晴(쾌청) **갤 청**
	해의 모양(해가 떠서 새날이 온다는 뜻 (해 일,날 일))				

날이 하늘이 푸르게 되여 개다

				약 请 qǐng 칭
				請求(청구) 請負(청부) 請託(청탁) **청할 청**
수염을 들먹이며 입으로 말하는 모양(말씀 언)				

말로 푸르게 보이는 성성한 것을 달라고 청하다

				약 蜻 qīng 칭
				蜻蛉(청령) 귀뚜라미 **잠자리 청, 귀뚜라미 청**
벌레의 모양 (벌레 충)				

벌레로 푸르게 개인 날 나는게 잠자리다

				약 遞 dì 띠
				驛遞(역체) 郵遞(우체) 遞加(체가) 遞傳(체전) **우편 체, 갈릴 체, 번갈아 체**
(달릴 착) (범호)				

사람이 빠른 범이나 캥거루우처럼 달리며 우편일을 하다

머리를 땋고 활을 멘 자가 아우다. (아우 제)　(물 수)　(아우제)

tì 티

涕淚(체루)　泣涕(읍체)
涕泗(체사)

눈물 체, 울 체

물방울 같은 것을 **아우**가 떨어트리는 게 **눈물**이다

tì 티

交替(교체)
代替(대체)

바꿀 체, 쇠퇴할 체

두 **지아비**가 이야기 하느라 **말**을 **바꾸다**

(달릴 착)

dǎi, dài 다이, 따이

未逮(미체)　逮夜(체야)
逮捕(체포)

잡을 체, 미칠 체

손에서 **물** 새듯 빠져나온 놈을 **달려가서 잡다**

dì 띠

帝國(제국)　帝王(제왕)
帝位(제위)　帝政(제정)

임금 제, 하느님 제

궁중에 살면서 **비단천**을 두르고 있는 자가 **임금**이다

풀싹이 돋아나는 모양 (풀 초)

dì 띠

瓜蔕(과체) 오이꼭지
烟蔕(연체) 담배꽁초

꼭지 체

풀 포기에서 **임금**같이 열매를 거느리는 게 꼭지다

실타래의 모양 (실 사)

dì 띠

締結(체결) 얽어서 맺음
締約(체약) 조약을 맺음

맺을 체

실같은 전선을 통해 **임금**이 조약을 맺다

체

				qiē 치에
七刀	七刀	七刀	切	切迫(절박) 切實(절실)
(일곱 칠)	(칼 도)			**끊을 절, 온통 체**

일곱 등분 되게 **칼로 온통 끊다**

				qì 치
⺁	⺁	石	石	砌
		돌 (바위)의 모양 (돌 석)		笞砌(태체) 이끼낀 섬돌 碧砌(벽체) 雕砌(조체) **섬돌 체**

돌을 **온통 끊어**(다듬어) 만든 게 **섬돌**(층계돌)이다

ti 티
剃
剃髮(체발) 머리를 깎음, 중이 됨 **깎을 체**

머리를 땋고 활을 멘 자가 아우다. (아우 제)   (선칼 도, 칼 도)

아우가 **칼**로 장난감을 **깎다**

zhì 즈
滯
停滯(정체) 滯拂(체불) 滯賃(체임) 滯在(체재) **막힐 체, 쌓일 체**

고리에 꿰인 끈이 천을 겹쳐 만든 띠다 (띠 대)   (물 수) (띠 대)

물 흐름이 허리에 **띠**를 두르듯 **쌓**은 둑에 의해 **막히다**

약 体	tǐ, tī 티, 티
體	體軀(체구) 體能(체능) **몸 체**

(풍성할 풍)
(뼈 골) 농작물이 풍성한 모양   (뼈 골) (풍성할 풍)

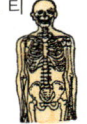

뼈마디가 **풍성**하게 모여 이루어진 것이 **몸**이다

약	tì 티
屉	屜
	屜子(체자) 찜통, 시루, 서랍 **서랍 체**

(집 시)
(세상 세)
(바삐갈 척)

집에서 **바삐살아가면서 세상** 서류를 넣는 곳이 **서랍**이다

체

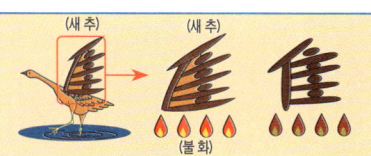	焦	jiāo 지아오 焦朽(초후) 焦急(초급) 焦眉(초미) 焦脣(초순) **구을 초, 태울 초**

새를 불에 **구워** 태우다

	憔	qiáo 챠오 憔廬(초려) 憔悴(초췌) **수척할 초**

마음을 태우니 몸이 수척하다

	瞧	qiáo 챠오 瞧得起(초득기) 존경하여 우러러 봄 **볼 초**

눈으로 애 태우는 그를 보다

	蕉	jiāo 지아오 甘蕉(감초) 綠蕉(녹초)  **파초**

풀로서 고기를 **태울때** 깔고 익히는 풀이 파초(잎)이다

	礁	jiāo 쟈오, 지아오 礁石(초석) 暗礁(암초) 危礁(위초) **암초 초**

돌중에 뱃사람의 애를 **태우는** 돌이 암초다

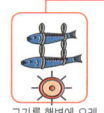   	醋	cu 추 醋醬(초장) 薄醋(박초) 醬醋(장초) 酒醋(주초) **식초 초, 술권할 작**

술이 오래되어 시어진 것이 **식초**다

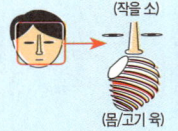		肖	xiào, xiāo 시아오, 시아오 不肖(불초) 肖似(초사) **닮을 초, 작을 초** 

자식의 **작은몸**이 아비를 **닮다**

		 哨	shào 샤오 哨堡(초보) 步哨(보초) 哨所(초소) **망볼 초**

입을 **작은 몸** 되게 모으고 소리를 죽여 **망보다**

	 梢	shào, sào 샤오, 싸오 老梢(노초) 末梢(말초) 茂梢(무초) 蕭梢(소초) **나무끝 초**

나무줄기에서 가장 **작은 몸**피가 **나무끝**이다

	稍	shāo, shào 샤오, 샤오 稍食(초식) 稍遠(초원) 稍人(초인) 稍侵(초침) **점점 초, 작을 초, 벼줄기끝 초**

벼알인 **작은 몸**에서 싹이 나와 **점점**자라다

	 硝	xiāo 시아오 硝石(초석) 硝藥(초약) 硝煙(초연) 硝子(초자) **초석 초**

돌같고 유리성분인 **작은 몸** 알맹이가 **초석**이다

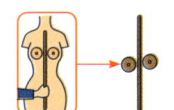	悄	qiǎo, qiāo 치아오, 치아오 悄然(초연) 근심하는 모양, 고요한 모양 **근심할 초, 고요할 초**

마음으로 **작은 몸** 이 될 (몸무게가 줄) 정도로 **근심하다**

초

사람이 서 있는 모양 (사람 인)

qiào 챠오

俏皮(초피) 예쁘고, 멋지다

예쁠 초

사람이 작은몸이(살이 빠지게) 되니 예쁘다

산 봉우리의 모양 (메 산)

qiào 챠오

峭立(초립) 우뚝 솟다
峭壁(초벽) 낭떠러지, 절벽

가파를 초

산봉우리가(날씬한) 작은몸처럼 우뚝 솟아 가파르다

zhào 자오

召喚(소환)
召命(소명)

부를 소

칼로 위협하며 입으로 오라고 부르다

팔을 휘저으며 달아나는 모양 (달이날 주)

chāo 챠오

超迹(초적) 超擢(초탁)
超然(초연) 超遙(초요)

뛰어넘을 초

달리며 부르심을 받은 자가 장애물을 뛰어넘다

양손으로 괭이를 잡고 있는 모양 (손 수)

zhāo 자오

招待(초대) 招來(초래)
招福(초복) 招聘(초빙)

부를 초

손짓하며 오라고 부르고 또 부르다

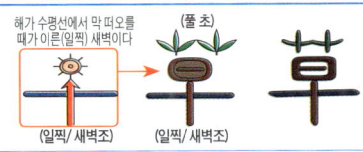

cǎo 차오

草本(초본) 草案(초안)
海草(해초) 草屋(초옥)

풀 초

풀싹이 일찍부터 나와 풀이 되다

 	少	shǎo 사오 少女(소녀) 少量(소량) 少數(소수) 少時(소시) **적을 소, 젊을 소**

눈, 코 밑에 **입**이 비뚤어진 자는 그 수가 적다

 양손으로 괭이를 잡고 있는 모양 (손 수)		chāo 차오 抄錄(초록) 抄本(초본) **베낄 초/ 뽑을 초** 

손으로 **적은** 것까지 모두 베끼어 뽑다

 장작에 불이 붙어 타는 모양 (불 화)	 炒	chǎo 차오 炒麵(초면) 炒黑(초흑) **볶을 초**

불에 음식물을 **적게** 넣고 볶다

 벼의 모양 (벼 화)		miǎo 미아오 分秒(분초) 閏秒(윤초) 秒速(초속) 秒針(초침) **까끄라기 묘/초(침) 초**

※벼 까끄라기 같이 생긴 것이 초침이다   **벼**에 있어서 **적은** 부분이 벼 까끄라기다

입의 모양 (입 구)		chāo, chǎo 차오, 차오 吵架(초가) 말다툼하다 **떠들 초, 지저귈 묘**

입으로 **적은** 일을 들추며 떠들다

쇠를 다루는 대장간의 모양 (쇠 금)	鈔	약 钞 chāo, chào 차오, 차오 鈔略(초략) 노략질함 鈔寫(초사) 책을 베낌 **지폐 초, 베낄 초, 노략질할 초**

(쇠)**철**로 된 **적은** 펜촉으로 베끼다

 楚	chǔ 추 清楚(청초) 楚葵(초규) 楚棘(초극) 楚楚(초초) **높을 초, 초나라 초**
나무가 **발**이(뿌리가) 잘 뻗어가니(키가) **높다**	※국민들의 콧대가 높았던 나라가 초나라다
▭ ▭ 石 石  礎 돌 (바위)의 모양 (돌 석)	🔴약 础 chǔ 추 基礎(기초) 定礎(정초) 柱礎(주초) 礎石(초석) **주춧돌 초**
돌로 **높은** 돌이(큰돌이) 주춧돌이다	
初 初 初 初 (옷 의) (칼 도)	chū 추 初聞(초문) 初犯(초범) **처음 초** 
옷감에 **칼**질을 하는 것이 **옷**을 만드는 **처음** 과정이다	
 椒 콩싹을 집어내는 (나무 목)(콩 숙)(또 집어낼 우) 자가 어린 아재비다	jiāo 쟈오 椒酒(초주) 산초로 빚은 술 椒化頌(초주) 산초로 빚은 술 **산초나무 초, 향기 초**
나무로 **어린 아재비**같이 작은 열매가 달리는 게 **산초나무**다	
 鍬 (쇠 금) (가을 추)	qiāo 치아오 一鍬深(일초심) 한 삽 깊다 **가래 초(삽)**
쇠로 된 농기구로 **가을**에 주로 쓰는 게 **가래**다	
    剿 (새집 소)(선칼 도) (선칼 도, 칼 도)	jiāo,jiǎo,chāo 지아오,챠오,챠오 剿滅(초멸) 도둑을 쳐 무찌르다 **토벌할 초, 노곤할 초**
새집을 **칼**로 휘젓듯하며 **토벌하다**	

				chǎo 챠오
 (새집 소)	 (선칼 도, 칼 도)	剿	剿	剿說(초설) 남의 학설을 표절함 **표절할 초**
새집을 칼로 헤쳐보듯 해 **표절하다**					

				cù 추
(사람 인)	 (발 족)	促	促	促	促求(촉구) 促急(촉급) 促迫(촉박) 促成(촉성) **재촉할 촉, 급할 촉**
사람이 빨리 걸으며 발걸음을 **재촉하다**				

				약 矗 chù 추
 십자가가 교회에 곧게 선 모양 (곧을 직)	 (곧을 직)(곧을 직)			矗石樓(촉석루) 경남 진주시 소재 **우뚝 솟을 촉, 우거질 촉**
곧게 곧게 곧게 서서 **우뚝 솟다**				

				shǔ 수
			蜀	諭蜀(유촉) 蜀道(촉도) 蜀魄(촉백) **큰 닭 촉/ 나라이름 촉**
벌레를 물고 있는 **큰 닭**의 모양				

				약 烛 zhú 주
 장작에 불이 붙어 타는 모양 (불 화)		燭		燭臺(촉대) 燭淚(촉루) **촛불 촉**
불꽃이 **큰 닭** 벼슬같이 생긴 게 **촛불**이다				

				약 触 chù 추
		 코뿔소의 뿔 모양 (뿔 각)	觸		觸手(촉수) 接觸(접촉) 觸覺(촉각) **닿을 촉/ 찌를 촉**
뿔로 **큰 닭**을 **찌르다** (닿게 하다)				

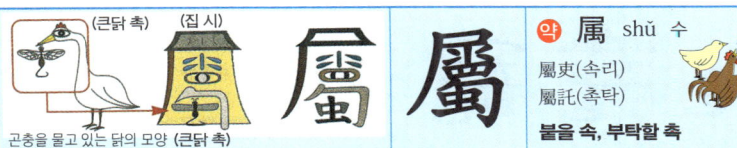

곤충을 물고 있는 닭의 모양 (큰닭 촉)	약 属 shǔ 수 屬吏(속리) 屬託(촉탁) **붙을 속, 부탁할 촉**

집에서 **눈물** 흘리며 우는 **큰 닭**에게 많은 암탉이 **붙다**

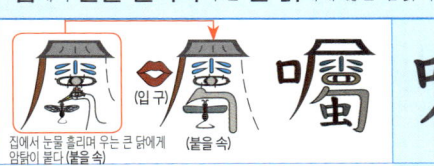 

약 嘱 zhǔ 주
委囑(위촉) 依囑(의촉)
囑言(촉언) 囑託(촉탁)
부탁할 촉, 청촉할 촉

입으로 시험에 **붙게**하여 달라고 **부탁하다**

약 数 shǔ 수
數量(수량) 수와 분량
數罟(촉고) 촘촘한 그물
빽빽할 촉

(여러개 포갤 루) (두들길 복)

여러개 포개여인 물건을 **두들겨보니** 속이 꽉차 **빽빽하다**

 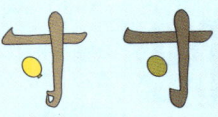 

cùn 촌
寸誠(촌성) 四寸(사촌)
寸數(촌수) 寸陰(촌음)
손 촌/ 마디 촌

풍선을 잡은 **손**의 모양을 본 뜬 글자. **손**을 뜻함

cūn 촌
村落(촌락)
江村(강촌)
시골 촌/ 마을 촌

나무의 모양 (나무 목)

나무의 **손** (나뭇가지)에 싸여 있는 곳이 시골 마을이다

약 丛 cōng 총
叢林(총림) 叢祀(총사)
叢煩(총번)
모을 총

귀를 취하여 가지다 (가질 취)

만발하게 핀 꽃을 많이 **가지려고 모으다**

(집 면)	(용 용)		寵	약 宠 chǒng 충 寵兒(총아) 寵愛(총애) 寵恩(총은) **사랑할 총**

서 있는 몸이 옆 그림과 같은게 용이다(용 용)

궁궐 **집**에서 **용**(임금)이 후궁을 **사랑하다**

				悤	약 总 zǒng 종 悤部(총부) 총본부 **바쁠 총/ 총총할 총**

상투를 한자가 **안면**이 일그러질 정도로 **마음**이 바쁘다

		糸	糸 실타래의 모양 (실 사)	總	약 总 zǒng, cōng 종, 총 總計(총계) 總和(총화) **거느릴 총, 묶을 총**

실끈을 **바쁘게** 돌리며 거느려 하나로 묶다

		耳	耳 귀의 모양 (귀 이)	聰	약 聪 cōng 총 薛聰(설총) 聰敏(총민) 聰氣(총기) 聰明(총명) **귀밝을 총**

귀로 **바쁘게** 말하는 소리를 잘 들으니 귀가 밝다

				囱	cōng 총 烟囱(연총) 굴뚝 **굴뚝 총**

일그러진 **얼굴**이 **굴뚝**같다

		젖가슴의 모양 (가슴 심,마음 심)	怱	약 匆 cōng 총 怱忙(총망) 바쁨 怱擾(총요) 바쁘고 부산함 **바쁠 총**

닭목을 묶어 매려는 **마음**같이 **바쁘다**

		(풀 초)(마음 심)	葱	약 葱 cōng,chuāng 총,추 葱靈(창령) 葱蘢(총롱) 葱葱(총총) **파 총, 푸를 총**

풀(식물)로 **바쁘게**(빠르게)자라는 게 푸른 파다

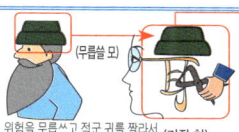		撮	cuō 추오 撮壤(촬양) 撮影(촬영) 撮土(촬토) 抄撮(초촬) **사진찍을 촬/ 모을 촬**

손으로 가장 최근의 사진을 찍어 모으다

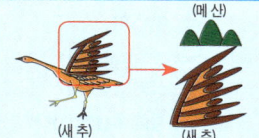			崔	cuī 추이, 췌이 崔嵬(최외) 崔瑩(최영) **높을 최/ 성 최**

산이 새만이 오를수 있을 정도로 **높다**

				催	cuī 췌이 主催(주최) 催告(최고) 催淚(최루) 催眠(최면) **재촉할 최**

사람이 **높은** 지위에 앉아 일을 빨리 하도록 재촉하다

				摧	cuī 췌이 摧抑(최억) 摧辱(최욕) **꺾을 최(파괴하다)**

손으로 **높은** 위에 것을 꺾다

	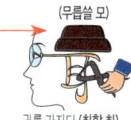		最	zuì 쮀이 最近(최근) 最後(최후) 最上(최상) 最善(최선) **가장 최**

전쟁터에서 위험을 **무릅쓰고** 적을 죽여 그 증거로 **귀**를 잘라 가지고 음을 **가장** 큰 무공으로 치다

	芻	<**약**> 刍 chú 추 芻米(추미) 芻言(추언) 芻場(추장) 牧芻(목추) **꼴 추/ 짐승먹이 추**
새들이 깃들이는 **풀밭**에서 풀을 베어 말린게 **꼴**이다		
   가죽 신을 깁는 모양 **(가죽 피)**	皺	<**약**> 皱 zhòu 저우 皺眉(추미) 눈살을 찌푸리다 皺紋(추문) 주름살 **주름 추, 밤송이 추**
말릴 **꼴**(잎) **가죽**에 나있는 게 **주름**이다		
  팔을 휘저으며 달아나는 모양 **(달아날 주)**	趨	<**약**> 趋 qū 취 趨陪(추배) 趨翔(추상) 歸趨(귀추) 趨拜(추배) **달릴 추, 주창할 추(빨리가다)**
짐승이 **달아나듯 꼴**있는 곳으로 **달리다**		
  날개를 편 새의 모양 **(새 추)**	雛	<**약**> 雏 chú 추 雛僧(추승) 어린 중 **병아리 추**
(털이) **꼴** 같이 조금 돋은 **새**새끼가 **병아리**다		
(손 수) (새 추)   (새 추)		tuī 퉤이 推理(추리) 推尋(추심) **밀 추, 옮길 추** 
손에 든 것으로 **새**를 밀다		
(나무 목) (새 추)   (새 추)		zhuī 주이 椎擊(추격) 椎埋(추매) 椎鑿(추착) 椎打(추타) **쇠뭉치 추/ 뻣뻣할 추**
나무위 **새**가 앉는 가지는 **쇠뭉치**처럼 **뻣뻣하다**		

  錐	**약** 錐 zhuī 주이 錐臺(추대) 錐刀(추도) 錐指(추지) 置錐(치추) **송곳 추**
금속으로 새의 부리같이 뾰족한 것이 **송곳**이다	
  	chuí 추이 捶扑(추복) 종아리채 捶打(추타) 종아리를 침 **종아리칠 추, 채찍 추**
매를 든 손을 드리우고(늘어트리고) 채찍으로 종아리를 치다	
 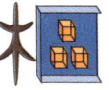 錘	**약** 錘 chuí 추이 紡錘(방추) 秤錘(칭추) **저울 추, 드리울 수**
쇠를 배에 돛을 드리우듯해(늘어트려) 무게를 다는것이 **저울**이다	
   樞	**약** 樞 shū 수 道樞(도추) 萬樞(만추)  **지도리 추, 고동 추**
나무 기둥에 문을 달아 문을 나눌(열)수 있게 한게 **지도리**다	
   墜	**약** 墜 zhuì 주이 墜廢(추폐) 墜下(추하) 傾墜(경추) 飄墜(표추) **떨어질 추, 쇠할 추**
언덕위로 울을 가르고 나온 돼지가 땅 아래로 **떨어지다**	
 醜	**약** 丑 chǒu 처우 醜惡(추악) 醜雜(추잡) 醜態(추태) **추할 추, 부끄러워할 추**
술을 마시고 귀신같이 행동하니 **추하다**	

chōu 처우

抽擢(추탁)
抽象(추상)

뽑을 추, 당길 추

꼭지가 있는 까닭에 과일이 달려 있다 (까닭 유) (손 수) (까닭 유)

손이 있는 **까닭**에 뽑고 당기다

qiū 치우

秋穀(추곡)   秋夕(추석)
秋分(추분)   秋波(추파)

가을 추

(벼 화) (불 화)

벼가 **불**에 익은 듯 누렇게 될 때가 **가을**이다

jiū 지우

揪心(추심) 마음을 졸이다

모을 추(붙잡다, 끌어당기다)

양손으로 괭이를 잡고 있는 모양 (손 수)

손으로 **가을**에 추수할 곡식을 붙잡아 모으다

zhuī 줴이

追加(추가)   追擊(추격)
追念(추념)   追悼(추도)

따를 추, 쫓을 추

(달릴 착)

쌓인 서류를 지고 달리며 따르다

(어린 아재비 숙)

jiāo 쟈오

椒酒(초주) 산초로 빚은 술
椒花頌(초화송) 신년의 축사

산초나무 초, 추

콩싹을 집어내는 자가 어린 아재비다   나무의 모양 (나무 목)

나무로 **어린 아재비**같이 작은 열매가 달리는 게 **산초나무**다

약 帚 zhǒu 저우

追加(추가)

비 추(빗자루)

대나무로 만들어 **손**에 잡고 쓰는 게 **빗자루**다

(손 수) (벼 화)	zòu 쩌우 埃揍(애주) 매를 맞다 **세게 때릴 주, 추**

손에 도리깨로 **추수한 벼**를 타작하느라 **세게 때리다**

동생에게 입으로 좋게 타이르는 사람이 형이다 (젯상 시) (맏 형)	zhù 주 祝杯(축배) 祝手(축수) 祝福(축복) 祝賀(축하) **빌 축**

젯상을 차리고 형이 복을 빌다

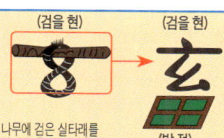   

(검을 현) (검을 현) 나무에 검은 실타래를 걸어 놓은 모양(검을 현) (밭 전)	chù, xù 추, 쉬 牧畜(목축) 畜舍(축사) **기를 축**

(짐승으로 뒤덮혀) **검게 밭**이 보일 정도로 가축을 **기르다**

풀싹이 돋아나는 모양 (풀 초)	xù 쉬 蓄妾(축첩) 蓄積(축적) **쌓을 축, 다칠 축**

풀을 가축을 **기르려고 쌓다**

(돼지 시) (갈 착, 달릴 착)	zhú 주 角逐(각축) 驅逐(구축) 驅逐艦(구축함) **쫓을 축**

돼지가 달아나는 것을 **쫓다**

 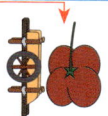  

꼭지가 있는 까닭에 과일이 달려 있다 (까닭 유) (수레 거) (까닭 유)	**약** 軸 zhóu, zhòu 저우, 저우 權軸(권축) 基軸(기축) 機軸(기축) 主軸(주축) **굴대 축**

수레가 이동할 수 있는 **까닭**은 **굴대**가 있기 때문이다

chǒu 처우

癸丑(계축) 乙丑(을축)
丑方(축방) 丑時(축시)

소 축

손에 소 고삐를 잡고 있는 모양 소를 뜻함

약 筑 zhù 주

築城(축성) 新築(신축)
築庭(축정) 築港(축항)

쌓을 축

대나무마디같이 만든 손잡이가 달린 나무공이로 흙을 다져가며 쌓다

약 缩 suō, sù 쑤어, 쑤

縮小(축소) 縮刷(축쇄)
緊縮(긴축) 伸縮(신축)

오그라들 축, 줄일 축

실을 물에 적셔 집에다 사람이 백여 시간 잠재우면 오그라든다

 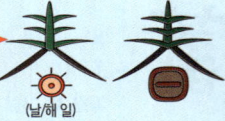 

chūn 춘

春分(춘분) 春陽(춘양)
春秋(춘추) 春風(춘풍)

봄 춘

무성하게 아지랭이가 햇빛 속에 아른거리는 계절이 봄이다

chūn 춘

椿堂(춘당) 椿府(춘부)
椿壽(춘수) 椿庭(춘정)

대춘나무 춘, 참죽나무 춘

나무 중에 봄에 싹을 나물로 먹었던 게 대춘나무다

chū 추

出世(출세) 脫出(탈출)
出願(출원) 出處(출처)

날 출

초목의 싹이 차츰 위로 자라 나오는 모양

		shú 수 秫米(출미) 수수쌀 **차조 출(수수, 고량)**
벼과 식물로 뿌리가 실한 작물이 차조다		
		chōng 총 充滿(충만)　充員(충원) 充分(충분)　擴充(확충) **가득할 충/ 채울 충**
갓 쓴 사람의 머리에 지식이 가득하다		
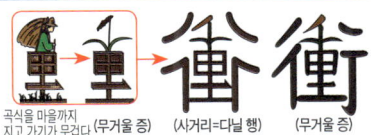	衝	약 冲 chōng,chòng 총,충 緩衝(완충)　要衝(요충) 折衝(절충)　衝擊(충격) **부딪칠 충/ 찌를 충**
걸어 다닐때 무거운 걸 지고 다니면 잘 부딪친다		
		zhōng 종 忠臣(충신)　忠節(충절) 忠情(충정)　忠魂(충혼) **충성 충**
가운데 가슴에서 우러나는 마음이 충성심이다		
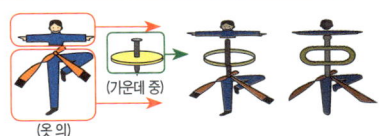		jong 쭝 衷誠(충성) 衷心(충심) **속마음 충, 가운데 충**
옷 가운데 (속)에 깊이 간직된 것이 속마음이다		
 		약 虫 chóng 총 蟲災(충재)　毒蟲(독충) 蟲齒(충치)　蟲害(충해) **벌레 충**
벌레의 모양		

(가운데 중) 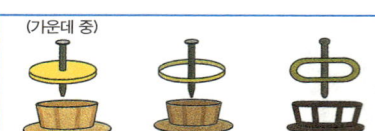 (그릇 명)	盅	zhōng 중 盅子(충자) 작은 잔 **잔 충(손잡이가 없는 잔)**

잔으로 **중앙**에 손잡이 없는 (잔)**그릇**이 충잔이다

(옷 의) 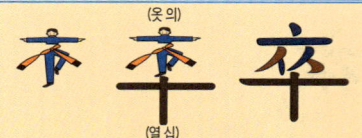 (열 십)	卒	zú 주 卒倒(졸도) 卒兵(졸병)  **군사 졸, 마칠 졸**

똑같은 **옷**을 입고 **십**자로 모여 선 자들이 **군사**이다

 젖가슴을 짚어보이는 모양 (가슴 심/마음 심)	悴	cuì 추이 悴容(췌용) 悴賤(췌천) 憔悴(초췌) 疲悴(피췌) **췌할 췌/ 파리할 췌**

(전쟁으로) **마음**이 긴장된 **군사**들의 얼굴이 초췌하다

(두들길 복) (흙 토) (사방 방)  (돈/재 패)	贅	약 贅 zhuì 주이 贅句(췌구) 贅談(췌담) 贅文(췌문) 附贅(부췌) **군더더기 (혹) 췌/ 모을 췌**

땅을 **사방 두들겨** 파서 **돈**이 되는 **군더더기** 폐물을 **모으다**

(메 산)  (손 수) (수염 이)	揣	chuāi, chuǎi, chuài 촤이 揣測(취측) 추측(짐작)하다 **헤아릴 췌, 취**

손으로 **산**사람이 **수염**을 **헤아려** 다듬다

(스스로 자)    (개 견)	臭	chòu, xiù 처우, 시우 臭柚(취유) 狐臭(호취) 惡臭(악취) 體臭(체취) **냄새 취**

스스로 코로 **개**가 **냄새**를 맡다

 사람이 선 비위밑에 구부림은 위태하다 (위태할 위)	 (위태할 위)	 (몸 육)	 (위태할 위)	脆	cuì 췌이 脆薄(취박) 脆弱(취약) 肥脆(비취) 新肸(신취) **무를 취/ 연할 취**

몸이 위태하리 만큼 무르고 연하다

 (서울 경) 서울의 성문	 (서울 경) 절름발이 개라서 더욱 보기 싫다 (더울 우)			就	jiù 지우 就任(취임) 就學(취학) 就職(취직) 成就(성취) **이룰 취/ 나아갈 취**

서울로 개놈까지 더욱 뜻을 이루려고 나아가다

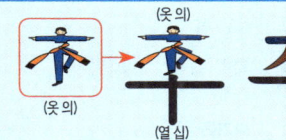 (옷 의) (열 십)			卒		zú 주 卒倒(졸도) 卒兵(졸병) **군사 졸/ 마칠 졸**

똑같은 옷을 입고 십자로 모여선 자들이 군사이다

	羽 羽 羽 깃털의 모양 (깃 우)		翠	cuì 췌이 濃翠(농취) 晩翠(만취) 疏翠(소취) 野翠(야취) **물총새 취/ 비취 빛 취**

※물총새는 그 색깔이 비취 빛이다
깃이 고운 새가 군사처럼 물총놀이를 하니 물총새다

 술은 닭이 홰에 오른 저녁에 먹는 음식이라는 데서 술과 닭의 뜻을 가짐.			 술병을 본뜬 자 (술 유닭유)		zuì 췌이 滿醉(만취) 霑醉(점취) 陶醉(도취) 痲醉(마취) **취할 취**

술을 군사들이 마시고 취하다

 (입 구) (입크게 벌릴 흠)			吹	chuī 췌이 吹螺(취라) 鼓吹(고취) **불 취**

입을 크게 벌리고 입김을 불다

 (불 화) (입크게 벌릴 흠)

chuī 추이

自炊(자취)
炊飯(취반)

불땔 취

불을 입을 크게 벌리고 불며 **불때다**

qǔ 취

取捨(취사)　爭取(쟁취)
取消(취소)　取材(취재)

가질 취/ 취할 취

전쟁터에서 적군을 죽여 그 증거물로 **귀**를 **가지고 (취하여)** 온다는 데서 생긴 자임

   여자의 모양 (계집녀)

qǔ 취

娶得(취득)　娶妻(취처)
嫁娶(가취)

장가들 취

부인을 **가지려고 여자**에게 **장가들다**

  팔을 휘저으며 달아나는 모양 (달아날 주)

qù 취

趣旨(취지)　趣向(취향)
興趣(흥취)　深趣(심취)

취미 취/ 뜻 취

달리듯 흥미를 **가지고** 늘 그쪽으로 가는 것이 **취미**다

   사람이 많이 모인 모양 (사람 모일음)

jù 쥐

屯聚(둔취)　斂聚(염취)
聚落(취락)　聚斂(취렴)

모을 취

일꾼을 가지려고 **많은 사람을 모으다**

 (말 마) (사람 모일 음)

약 骤 zhòu 저우

驟雨(취우) 소나기

달릴 취, 빠를 취

말을 (탄) **가지고** 있는 **사람들이 빠르게 달리다**

취

 (메 산) (손 수)(수염 이)	chuǎi 촤이 揣知(취지) 헤아려 앎 **헤아릴 취, 잴 취**
손으로 산사람이 수염을 헤아려 다듬다	
    (이 차) (뿔 각)	zuǐ 쮀이, 쭈에이 嘴子(취자) 부리 **부리 취(입, 부리, 주둥이)**
입에 이렇게 뿔같이 붙어 있는 게 부리다	
    (사람 인)(돈 패)(칼 도)	약 側 cè,zè,zhāi 처,저,자이 側註(측주) 側跌(측질) 貴側(귀측) 兩側(양측) **곁 측**
사람이 돈(돈통)을 지키려고 칼을 곁에 두다	
   (물 수)(돈 [궤]패)(칼 도)	약 測 cè 처 測算(측산) 實測(실측) 測定(측정) 測候(측후) **헤아릴 측/ 잴 측**
물 쓴 양을 돈으로 받으려고 칼로 베듯 헤아리다	
    (돈 [궤]패)(칼 도)	약 厠 cè 처 男厠(남측) 남자 변소 **뒷간 측**
바위 밑에 돈과 칼을 써 지은 게 뒷간이다	
덮개와 만두접시를 찬합위에 포개다 (집 시)     (포갤 증) (포갤 증)	약 层 céng 청 高層(고층) 層面(층면) **층 층**
집을 거듭 포개어 지은 것이 집의 층이다	

   (발 족) (모을 회)		약 蹭 cèng 청 蹭脚(층각) 다리를 문지르다 **문지를 층(문지르다, 쓸리다)**
발을 손을 모아서 문지르다		
 십자가가 교회에 곧게 선 모양 (곧을 직)	   (사람 인) (곧을 직)	약 値 zhí 즈 價値(조치) 雇値(고치) 相値(상치) 數値(수치) **가치 치/ 값 치**
사람의 행동이 곧으면 가치가 있다		
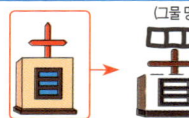 십자가가 교회에 곧게 선 모양 (곧을 직)	   (그물 망)	약 置 zhì  置重(치중) 配置(배치) **놓을 치/ 둘 치**
(새 잡는) 그물을 곧게 세워 쳐 놓다(두다)		
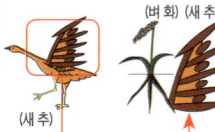 (새 추)	  (벼 화) (새 추)	zhì 즈 稚筍(치순) 幼稚(유치) 稚氣(치기) 稚魚(치어) **어릴 치**
벼가 새의 꼬리처럼 짧게 자랐으니 어리다		
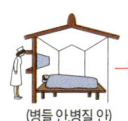 (병들 안·병질 안)	   (병들 안·병질 안) 편지가 묶인 화살 화살처럼 빨리 입으로 알아 맞히다.(알지)	chī 츠 痴愚(치우) 痴者(치자) **어리석을 치, 미치광이 치**
병을 알고도 고치지 않는 자는 어리석다		
 (말 마) (뱀 야)			약 馳 chí 츠  馳驛(치역) 馳走(치주) **달릴 치**
말을 타고 뱀같이 목도리를 날리며 달리다		

chī 츠

嘲蚩(조치)
蚩侮(치모)

비웃을 치

입으로 산에서 한마리의 벌레를 먹으니 **비웃다**

zhì 즈

致命(치명) 致詞(치사)
致死(치사) 致富(치부)

이를 치/ 도달할 치, 보낼 치

(목적지에) 이르게 두들기며 독촉하니 목적지에 **이르다**

약 緻 zhì 즈

緻密(치밀) 密緻(밀치)
堅緻(견치)

빽빽할 치, 고울 치

실을 빈틈없게 이르도록 하니 **빽빽하다**

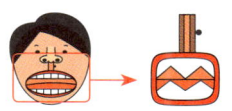  

약 齒 chī 츠

齒腔(치강) 齒石(치석)
齒骨(치골) 齒牙(치아)

이 치

이의 모양을 본뜬 글자

약 幟 zhì 즈

旗幟(기치) 疑幟(의치)
赤幟(적치) 標幟(표치)

깃발 치, 표기 치

수건 같은게 소리를 창칼 부딪치듯 내며 펄럭이는게 **깃발이다**

chá 차

茬子(치자) 그루터기

그루터기 치

풀이 난 곳에 재주것 흙에 묻혀 있는 게 **그루터기**다

 매 저녁마다 많은 밤을 독수 공방하다 (많을 다)	 (사람 인) (많을 다)		侈	chī 츠 邪侈(사치) 雄侈(웅치) 專侈(전치) **사치할 치**
사람이 몸에 **많은** 것을 치장하니 **사치하다**				
 매 저녁마다 많은 밤을 독수 공방하다 (많을 다)	 (입 구) (많을 다)		哆	chī 츠 **입 딱 벌릴 치, 클 치**
입을 **많은** 이가 놀라 **입 딱 벌리다**				
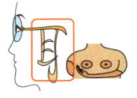 (귀 이) (마음 심)	耻	耻	耻	동 耻 chǐ 츠 國恥(국치) 廉恥(염치) 雪恥(설치) 恥部(치부) **부끄러울 치, 욕보일 치**
귀가 붉어지리만큼 **마음**이 **부끄러웁다**				
 찢어지게 입을 벌리고 웃으며 기뻐하다 (기쁠 태) (물 수) (기쁠 태)	治	治	治	zhì 즈 治水(치수) 治安(치안) 治癒(치유) 治粧(치장) **다스릴 치**
물을 **기쁘게** 쓸 수 있게 잘 **다스리다**				
 (돈(궤패)) (칼 도)				약 则 zé 저 規則(규칙) 原則(원칙)  **곧 즉/ 법칙/ 나눌 칙**
돈을 **칼**로 베듯 **곧 법칙**대로 **나누다**				
 (설립) (나무 목) (볼 견)			親	약 亲 qīn, qìng 친, 칭 親睦(친목) 親知(친지) 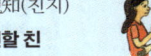 **친할 친**
서서 나무 곁에서 **보며 친하다**				

약 衬 chèn 천

襯衣(친의) 속옷, 셔츠

속옷 친

겉옷과 맞닿아 **친한** 옷이 속옷이다

qī 치

七情(칠정) 七星(칠성)
七言(칠언) 七月(칠월)

일곱 칠

은하수를 가로지른 북두칠성의 모양. **일곱**을 뜻함

qī 치

七의 갖은 자
柒拾(칠십) 70

일곱 칠

물속에 일곱번 나무를 넣어 담근 회수가 **일곱**이다

qī 치

漆瞳(칠동) 漆桶(칠통)
膠漆(교칠) 金漆(금칠)

옻나무칠 칠/ 옻칠 칠

물오른 옻나무를 쪼개 그 진액물을 칠한 게 **옻칠**이다

약 沉 shěn, shén 션, 션

沈降(침강) 沈眠(침면)
沈氏(심씨) 沈鬱(침울)

잠길 침(심)

물속에 머물러 있어 **잠기다**

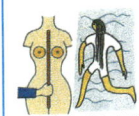

chén 천

忱恂(침순) 정성
熱忱(열침) 열정

정성 침

마음을 한 곳에 머무르게해 **정성**을 들이다

(나무 목) (머물러 있을 임)	枕 枕	枕	zhěn 전 木枕(목침) 枕頭(침두) **베개 침**	

나무로 (만들어) 머리가 머물러 있는 것이 베개다

(사람 인) (덮어쓸 침)		 侵	qīn 친 侵犯(침범) 侵入(침입) **침노할 침**	

사람이 복면을 덮어쓰고 침노하다

(물 수) (덮어쓸 침)			 浸	jìn 진 泛浸(범침) 浸灌(침관) 浸禮(침례) 浸水(침수) **잠길 침/빠질 침**

물로 덮어 씌워져 (물속에) 잠기다

(조각널 장) 손으로 덮개를 당기다(덮어쓸 침)	(집 면)(조각널 장)(덮어쓸 침)		 寢	약 寢 qǐn 친 寢室(침실) 寢具(침구) **잘 침**	

집에 있는 널판같은 침대에서 이불을 덮어쓰고 자다

(쇠 금) (열 십)			針	약 针 zhēn 전 針灸(침구) 針工(침공) 針孔(침공) 針母(침모) **바늘 침**

쇠로 만들어져 옷감과 십자 형을 이루면서 꿰매는 것이 바늘이다

				稱	약 称 chēng, chèn 청, 천 稱頌(칭송) 稱讚(칭찬) 稱號(칭호) 俗稱(속칭) **일컬을 칭, 맞을 칭**

벼, 손톱, 의자 등받이를 짚으며 이름을 일컫다

chèng 청

秤水(칭수) 秤心(칭심)
秤衡(칭형) 天秤(천칭)

저울 칭

저울같이 평평하다 (평평할 평) (벼 화) (평평할 평)

벼를 저울 추로 무게를 **평평하게**해 저울에 달다

 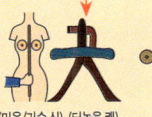 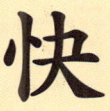 

kuài 콰이

快感(쾌감)
快晴(쾌청)

쾌할 쾌

목도리를 큰 사람이 터놓은 모양 (터놓을 쾌) (마음/가슴 심) (터놓을 쾌)

마음을 터놓고 노니 **쾌활하다**

kuài 콰이

筷子(쾌자) 젓가락

젓가락 쾌

대나무 이파리 모양을 본뜬 자 (대 죽)

대나무로 먹을 때 **쾌활하게** 하여 주는 게 **젓가락**이다

tā 타

他姓(타성) 他人(타인)
他地(타지) 他意(타의)

다를 타

(사람인) (뱀 야)

사람과 **뱀**은 (근본적으로) **다르다**

dǎ, dá 다, 다

打字(타자) 打電(타전)
打診(타진) 打合(타합)

칠 타

(손 수) (고무래 정)

손에 **고무래**를 들고 **치다**

(손톱 조)

tuǒ 투어

妥結(타결)
妥當(타당)

타협할 타, 온당할 타

(계집 녀)

손톱을 **여자**가 **타협하여** 기르는 것은 **온당하다**

칭
쾌
타

					tā 타
초가지붕에 사는 뱀 (뱀 타)	(뱀 타)	它	它	它	它們(타문) 그것들, 저것들 **뱀 타, 다를 타, 그것 타**

집 지킴이 **뱀**은 딴 뱀 **그것**과 **다르다**

					tuó 투오, 퉈
초가지붕에 사는 뱀 (뱀 타)	 (언덕 부) (뱀 타)		陀	陀	伽陀(가타) 頭陀(두타) 佛陀(불타) ※비탈진 바위에 조각하여 놓은 것이 부처다 **비탈질 타/ 부처 타**

언덕이 **뱀**도 못 오르게 **비탈지다**

					약 鴕 tuó 투오, 퉈
초가지붕에 사는 뱀 (뱀 타)		(뱀 타)	鳥它	鴕	鴕背(타배) 鴕峯(타봉) 鴕鳥(타조) **타조 타, 낙타 타**

새로 **뱀**처럼 목이 굽은 게 **타조**다

					duò 둬
초가지붕에 사는 뱀 (뱀 타)	(배 주)	(뱀 타)	舵	舵	舵工(타공) 舵手(타수) **키 타(배의 방향 타)**

배에서 **뱀**의 꼬리처럼 움직여 방향을 잡는게 **키**다

					약 駝 tuó 투어
초가지붕에 사는 뱀 (뱀 타)	(말 마)	(뱀 타)	駝	駝	駝鳥(타조) 駱駝(낙타)  **낙타 타, 곱사등이 타**

말과 비슷하며 등이 **뱀**처럼 굽은 것이 **낙타**다

					tuò 퉈, 투오
 (입 구)	 (드리울 수)		唾	唾	唾線(타선) 唾手(타수) 珠唾(주타) 涕唾(체타) **침 타, 버릴 타**

입에서 **돛**을 올리듯 **드리울** 때 흐르는 것이 **침**이다

타

| 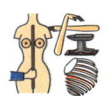 | 忄 (마음 심) | 惰 (왼쪽) (몸 육) | 惰 | duò 뚜오
惰民(타민)
惰貧(타빈)
게으를 타  |

마음 놓고 **왼쪽**으로 **몸**을 뉘여 잠만 자니 **게으르다**

|  | 木 (나무 목) |  (왼쪽) (몸 육) |  | 약 椭 tuǒ 투오
椭球(타구)
椭圓(타원)
길쭉할 타, 둥글고 길쭉할 타 |

나무로 부러진 **왼쪽몸**을 묶은 것이 **길쭉하다**

|  |  |  (언덕 부) (흙 토) |  | 약 堕 duò 뚜오
墮泪(타골) 墮屚(타루)
墮落(타락) 墮胎(타태)
떨어질 타 |

언덕에서 **왼편**으로 **몸**을 굴러 **흙**바닥에 **떨어지다**

|  |  (나무 목) | |  | 약 朵 duǒ 두어
一朵花(일타화) 꽃 한 송이
봉오리 타, 움직일 타 |

고리를 만들려고 **나무**에 대고 치며 **움직이다**

| |  싹이 흙위에 돋아나는 모양 (흙 토) |  | 약 垛 duǒ, duò 두어
大垛(대타) 큰 장벽
장벽 타 |

흙을 **움직여** 쌓은 게 장벽이다

|  |  무사의 몸을 본뜬 글자 (몸 신) |  | 약 躲 duǒ 두어
躲雨(타우) 비를 피하다
躲空(타공) 자리를 피하다
피할 타, 비킬 타 |

몸을 잽싸게 **움직여** 피하다(비키다)

타

새가 발목에 번호표를 달고 앉은 모양 (발 족)

약 跥 duò 두어

跥土(타토)
발을 구르며 흙을 털다

머뭇거릴 타

발을 조금씩 **움직이며** 머뭇거리다

말의 모양 (말 마) (큰 대)

약 駄 tuò,duò,tuó 투어,두어,투어

駄子(타자) 짐을 부리다

짐 타, 실을 타/태

말에 큰 짐을 실다

(계집 녀) (뱀 야)

她 tā 타

她們(타문) 그[저] 여자들

그녀 타

여자로 뱀같이 약은 자가 그녀다

(사람 인)

(이끼/뱀 야) 양손으로 괭이를 잡고 있는 모양 (손 수)

拖 tuō 투어

拖車(타차) 트레일러

끌 타 (잡아 당기다)

손으로 사람이 뱀을 잡아 끌다

(구슬 옥)　　　　(구슬 옥) (발묶인 돼지축)

琢 zhuó, zuó 주오

彫琢(조탁)
琢磨(탁마)

쪼을 탁, 옥다듬을 탁

구슬을 발묶인 돼지가 버둥대듯 탁탁 쪼아서 옥을 다듬다

(큰닭 촉)
벌레를 물고 있는 큰 닭의 모양 (물 수) (큰닭 촉)

약 浊 zhuó 주오

濁流(탁류)　濁世(탁세)
濁音(탁음)　濁酒(탁주)

흐릴 탁

물을 큰 닭이 들어가 흐트리니 흐리다

tuō 투어

托盞(탁잔)　托毒(탁독)
花托(화탁)　依托(의탁)

내밀 탁/ 맡길 탁

손으로 **의지할** 물건을 **내밀며 맡기다**

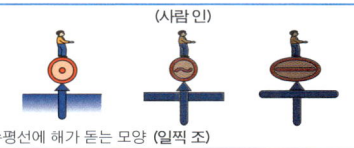

zhuó 주어

卓見(탁견)　卓論(탁론)
卓然(탁연)　卓越(탁월)

높을 탁/뛰어날 탁

사람이 해돋을 때부터 **일찍** 일어나 노력하면 **높기** 된다

chāi, cā 차이, 차

(대소변 따위를) 누다[보다]

터질 탁, 배설할 탁

손에 든 반달도끼로 찍어(·) **터지다**

duó 두어

度地(탁지) 토지를 측량함

헤아릴 탁

집에서 엮은 **고기를 집어들어** 값을 **헤아리다**

tà, tuò 타, 투오

干拓(간척)　開拓(개척)
石拓(석탁) 돌 탁본

개척할 척, 박을 탁

손으로 눌러 돌에 글씨를 탁본해 **박다**

zhuō 주어

桌子(탁자)
桌布(탁포) 테이블 보

탁자 탁, 높을 탁

(대부분의) **사람**이 **날마다** 일하는 데가 **나무 탁자**이다

		zhuó 주오 啄啄(탁탁) 물건을 쪼는 소리 **쪼을 탁**
(새가) **입**(부리)로 발묶인 돼지가 버둥대듯 나무를 **쪼다**		
		tūn 툰 吞聲(탄성) 吞天(탄천) 吞吐(탄토) 聲吞(성탄) **삼킬 탄**
하늘로 **입**을 향하게 하고 **삼키다**		
		약 誕 dàn 딴 誕生(탄생) 誕辰(탄신) **태어날 탄** 
고통의 **말**을 몸을 **기우뚱**이해 **끌**더니 애가 **태어나다**		
		약 単 dàn 딴 單獨(단독) 單身(단신) 孤單(고단) 單純(단순) **홀 단**
돌팔매를 창수레로 막으며 **홀로** 진격하다		
		약 弾 dàn, tán 딴, 탄 彈道(탄도) 彈力(탄력) 彈壓(탄압) 實彈(실탄) **탄알 탄/튀길 탄**
활시위를 떠나 **홀로** 날아가는 것이 **탄알**(화살)이다		
		약 揎 dǎn 단 撣子(탄자) 먼지떨이, 총채 **털 탄(먼지 따위를)**
손으로 **홀로** 먼지를 **털다**		

	약 歎 tàn 탄
	歎賞(탄상) 歎聲(탄성)
	慨歎(개탄) 歎息(탄식)
	탄식할 탄

진흙 속에 빠진 신세를 입을 크게 벌리고 탄식하다

약 灘 tān 탄

新灘(신탄)
灘上(탄상)
여울 탄

물살이 세어 건너기 어려운 곳이 여울이다

약 攤 tān 탄

攤開(탄개) 고르게 펴다

펼 탄(늘어놓다)

손으로 어렵게 물건을 늘어놓아 펴다

약 癱 tān 탄

癱子(탄자) 중풍 걸린 사람

중풍 탄

병 중에 낫기 어려운 병이 중풍이다

tàn 탄

炭末(탄말) 採炭(채탄)
炭酸(탄산) 炭素(탄소)

숯 탄/ 석탄 탄

나무를 산 속에서 손수 불태워 만든 것이 숯이다

tàn 탄

碳酸氣(탄산기) 탄산가스

탄소 탄

돌같이 굳어진 숯이 탄소다

				tǎn 탄
 (아침 단)	 (흙 토) (아침 단)	坦	坦	坦路(탄로) 坦腹(탄복) 坦率(탄솔) 夷坦(이탄) **넓을 탄/ 평탄할 탄**
	(지평선) 땅위로 뜨는 **아침 햇살**이 **넓고 평탄하다**			
 집에 손발(기둥)을 세워 고정시키다(고정할 정)	 (실 사) (고정할 정)		綻	약 綻 zhàn 잔 斷綻(단탄) 衣綻(의탄) **터질 탄** 
	실로 **고정시켜** 놓은 **옷**이 **터지다**			
 여자 영영이 같이 크다 (클 환)　병실의 모양 (병들 안병질 안)			瘓	약 瘓 huàn 환 **중풍 탄**
	병 중에 **큰**(무서운) 병이 **중풍**이다			
 찢어지게 입을 벌리고 사람이 마음을 기쁘게 바꾸다(바꿀 태)　(바꿀 태) (몸 육) (바꿀 태)			脫	약 脫 tuō 투어 脫穀(탈곡) 脫落(탈락)  **벗을 탈**
	(동물이) **몸의 껍질**을 **바꾸려고** 허물을 **벗다**			
(새 추)	(큰 대)			약 奪 duó 두어
	 (손마디 촌)			掠奪(약탈) 削奪(삭탈) 收奪(수탈) **빼앗을 탈**
	큰 새가 **손**(발 발톱)을 써서 작은 것의 먹이를 **빼앗다**			
	(이제 금)			약 貪 tān 탄
집에 있는 낫을 이제 곧 들다 (이제 금)	(돈(궤) 패)	貪	貪	貪吝(탐린) 貪穢(탐예) 貪官(탐관) 貪冒(탐모) **탐낼 탐**
	이제 곧 돈을 가질려고 **탐내다**			

탄
탈
탐

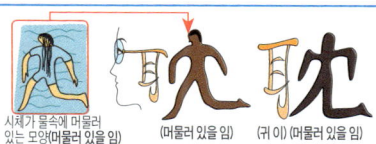

耽

dān 딴

耽溺(탐닉) 耽讀(탐독)
耽樂(탐락)

즐길 탐

귀를 머물러 있게 해 소리를 들으며 **즐기다**

探

tàn 탄

探査(탐사) 探索(탐색)
廉探(염탐) 探情(탐정)

더듬을 탐/ 찾을 탐

손으로 천막을 바칠 나무를 (더듬어) **찾다**

塔

tǎ, dā 타, 다

金塔(금탑)
佛塔(불탑)

탑 탑

흙위에 지붕을 풀짚으로 덮고 돌을 합하여 쌓은게 **탑**이다

搭

dā 다

搭船(탑선) 搭乘(탑승)
搭載(탑재)

실을 탑/ 탈 탑(걸치다)

손으로 벤 풀을 합하여 묶어 수레에 **싣다**

瘩

dá 다

瘩背(탑배)
등창, 등에 생기는 악성 종기

부스럼 탑

(피부에) 병이 풀이 합하여 번지듯이 퍼진게 **부스럼**이다

塌

tā 타

塌陷(탑함) 무너지다, 꺼지다
塌方(탑방) 사퇴, 토사 붕괴

무너질 탑

흙이 날마다 깃털이 빠지듯이 **무너지다**

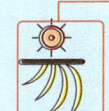햇살이 퍼지는 모양 (별 양) (물 수) (별 양)		**약** 汤 tāng, shāng 탕, 샹 熱湯(열탕)　雜湯(잡탕) 再湯(재탕)　湯藥(탕약) **끓일 탕**
물을 볕같은 열을 가해 끓이다		
풀싹이 돋아나는 모양 (풀 초)		**약** 荡 dàng 땅 動蕩(동탕)　放蕩(방탕) 紛蕩(분탕)　波蕩(파탕) **방탕할 탕/쓸어버릴 탕**
(대마초) 풀을 먹고 욕정을 끓이며 노니 방탕하다		
 장작에 불이 붙어 타는 모양 (불 화)	燙	**약** 烫 tàng 탕 燙髮(탕발) 머리를 파마하다 燙傷(탕상) 화상을 입다 **데울 탕**
(물을) 끓이려고 불에 데우다		
 (큰대) (큰대)		tài 타이 太古(태고)　太陽(태양) 太半(태반)　太陰(태음) **클 태**
크고 크니 더욱 크다		
물방울이 떨어지는 모양 (물 수)		tài 타이 汰兵(태병)　汰沙(태사) 汰沃(태옥)　沙汰(사태) **씻을 태/ 사태 태, 사치할 태**
물이 크게 흐르며 땅을 씻으니 사태가 나다		
입의 모양 (입 구)		dāi, tāi 다이, 타이 ① 다른 지방의 말씨를 쓰다 ② 주의를 환기시킬때 내는 소리 **야 소리 태(주의를 환기시키는)**
입을 크게 벌리고 야! 소리치다		

	台	tái 타이 台監(태감) 台德(이덕) 台傅(태부) 鉉台(현태) **기뻐할 태/ 기쁠 태**

찢어지게 **입**을 벌리고 **웃**으며 **기뻐하다**

 풀싹이 돋아나는 모양(풀 초)	苔	tái 타이 苔碑(태비) 苔石(태석) 石苔(석태) 陰苔(음태) **이끼 태**

풀 종류로 **기뻐하며** 먹는 김이 곧 이끼다

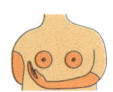			怠
	젖가슴의 모양(가슴 심마음 심)		

dài 따이
懶怠(나태) 惰怠(타태)
怠倦(태권) 怠慢(태만)
게으를 태

편한 일만 **기뻐하며** **마음**껏 골라 하니 게으르다

				胎
몸통 부분인 갈비뼈의 모양(몸 육.고기 육)				

tāi 타이
胎孕(태잉) 受胎(수태)
雙胎(쌍태)
아이 밸 태

몸속에 **기뻐할** 새 생명 아이를 베다

	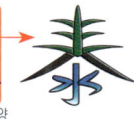무성한 풀	(물 수)	泰
무성하게 자란 풀의 모양			

tài 타이
泰斗(태두) 泰x(태호)
泰山(태산) 泰然(태연)
클 태

무성한 풀이 **물**이 충분하니 더욱 **크다**

	(능할 능)	態	약 态 tài 타이
(마음/가슴 심)	(마음 심)		

態度(태도)
態勢(태세)
모양 태

(재주 부리기에) **능한 곰**이 **마음**껏 **모양**내다

태

		(사람 인)	兌	**약** 兑 duì 뚜이 商兌(상태) 兌方(태방) 兌換(태환) **바꿀 태/ 기쁠 열**

찢어지게 입을 벌리고 웃으며 **사람**이 **기쁨**마음으로 **바꾸다**

		벌레의 모양 (벌레 충)		**약** 蜕 tuì 투이 蛻皮(태피) 탈피하다(곤충 따위의 허물) **허물 세, 태**

곤충이 벗어 **바꾸는**게 **허물**이다

	(달릴 착)		逮	dǎi 따이 逮捕(체포) 津逮(진체) **미칠 태, 잡을(쫓을) 체**

손에서 물 새듯 빠져나온 놈을 달려가 손을 **미치게**해 **잡다**

		말의 모양 (말 마) (큰 대)	馱	**약** 驮 tuó 투오 馱荷(태하) 馱背(태배) 馱負(태부) **짐 실을 태**

말에 큰 짐을 실다

				**약** 淠 睪 **엿볼 역**

눈으로 흙에 앉은 **잠자리**가 주위를 **엿보다**

		물방울이 떨어지는 모양 (물 수)		**약** 泽 zé 찌 沼澤(소택) 澤畔(택반) 德澤(덕택) 潤澤(윤택) **못 택**

물을 **엿볼** 수 는 곳이 못이다

 양손으로 괭이를 잡고 있는 모양 (손 수)	擇	약 择 zé, zhái 저, 자이  擇拔(택발) 擇伐(택벌) **가릴 택/뽑을 택**

손에 든 물건을 엿보며 좋은 것을 **가리어 뽑다**

 이삭이 줄기에 의지하여 있는 모양 (의지할 탁) (집 면)	宅	zhái 자이 宅地(택지) 社宅(사택) 家宅(가택) 宅內(댁내) **집 택**

지붕을 덮고 몸을 의지하는 곳이 **집**이다

   (손 수) (어금니 아) (높을 상) 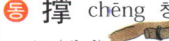	撐	동 撑 chēng 청  船(탱선) 刺(탱자) **버틸 탱/지탱할 탱**

손을 높이들어 어금니같이 버티며 **지탱하다**

	土	tǔ 투 土窟(토굴) 土臺(토대) 風土(풍토) 土木(토목) **흙 토**

풀이 **흙** 위에 돋는 모양. 즉 **흙**을 뜻함

 입의 모양 (입구) 	吐	tǔ 투 嘔吐(구토) 實吐(실토) 吐氣(토기) **토할 토**

입을 **흙**(땅)으로 향하게 하고 **토하다**

 	兎	약 兔 tù 투 家兎(가토) 兎脣(토순) 兎影(토영) **토끼 토**

토끼의 모양을 본뜬 자

 (말씀 언) (손 촌)	討	**약** 讨 tǎo 타오 討伐(토벌) 檢討(검토) **칠 토** 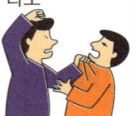
말로 따지며 손으로 치다		
		yǒng 용 甬道(용도) 양쪽에 담을 쌓은 길 **솟구칠 용/ 길 용**
거북이 목을 솟구치는 모양		
 캥거루가 달려가는 모양 (갈 착,달릴 착)		tōng, tǒng 통, 통 通過(통과) 通報(통보) **통할 통, 통과할 통** 
솟구치듯 달려가서 통과하다(통하다)		
 나무의 모양 (나무 목)	桶	tǒng 통 斗桶(두통) 水桶(수통) **통 통** 
나무로 사면을 솟구치게 막은것이 통이다		
병실의 모양 (병들 안병질 안)	痛	tòng 통 痛烈(통렬) 陣痛(진통) 痛快(통쾌) 痛歎(통탄) **아플 통**
병들어 통증이 솟구치니 아프다		
 양손으로 괭이를 잡고 있는 모양 (손 수)		tǒng 통 捅䄙子(통루자) 소동을 일으키다 **찌를 통**
손에 든 병기를 솟구치게 해 찌르다		

		(대 죽)		tǒng 통
 성문을 통해 한가지 길로 다닌다(한가지 동)		 (한가지 동)	筒	算筒(산통) 水筒(수통) **통 통** 

대나무를 한가지 모양으로 짧게 자른게 **통**이다

				약 统 tǒng 통
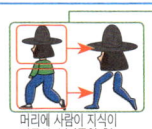 머리에 사람이 지식이 가득차다 (가득찰 충)	 (실 사)	 (가득찰 충)	統	統督(통독) 統帥(통수) **거느릴 통** 

실을 사람이 가득차게 감으려고 거느리다

(멈출 간) 	(멈출 간)			tuì 퉤이
 벼를 붓지 않으니 쌀 나오는 것이 멈추다	(달릴 착)	退	退	退步(퇴보) 敗退(패퇴) 退廳(퇴청) 退化(퇴화) **물러날 퇴**

전진을 멈추고 뒤로 달리어 물러나다

				tuǐ 퉤이
		 몸통 부분인 갈비뼈의 모양 (몸 육, 고기 육)		大腿(대퇴) 小腿(소퇴) **다리퇴, 정강이 퇴** 

몸을 뒤로 물러나게 하려고 다리와 정강이를 움직이다

				tùn 툰
			 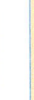 옷의 모양(옷 의)		褪色(퇴색) 褪英(퇴영) 褪紅(퇴홍) **바랠 퇴**

옷의 빛깔이 물러나듯 빛이 바래다

				duī, zuī 뒈이, 줴이
 (새 추)	 (흙토)			堆積(퇴적) 堆朱(퇴주) 堆疊(퇴첩) 堆紅(퇴홍) **쌓을 퇴/ 퇴비 퇴**

흙바닥에 새가 똥을 누어 쌓인 것이 **퇴비**다

561

 	推	tuī 투이 推尋(추심) 推進(추진) **밀 추, 밀 퇴** 
손에 든 것으로 새를 밀다		
 	頹	약 頹 tuí 투이 頹墜(퇴추) 頹波(퇴파) 頹風(퇴풍) **무너질 퇴**
벼처럼 듬성듬성 사람 머리털이 빠져 무너지다		
	妬	약 妒 dù 뚜 妬女(투녀) 妬昧(투매) 嬌妬(교투) 憎妬(증투) **투기할 투, 샘낼 투**
여자가 서로 돌같이 굳은 감정으로 투기하다		
	套	tào 타오 套書(투서) 套袖(투수) **덮개 투/ 씌울 투**
크고 긴 덮개를 씌우다		
  	透	tòu 터우 浸透(침투) 透明(투명) 透視(투시) 透徹(투철) **투명할 투/ 통할 투**
(빛처럼) 빼어나게 달려나가 통하다		
	鬭	약 斗 dòu 떠우 鬭牛(투우) 鬭志(투지) 鬭爭(투쟁) 血鬭(혈투) **싸울 투**
갈고리를 부딪쳐 '콩콩' 소리를 내며 손에 잡고 싸우다		

				tóu 터우
(손 수)	(두들길 복)		投	投機(투기) 投獄(투옥) 投書(투서) 投影(투서) **던질 투**

손으로 두들겨 부수려고 **던지다**

 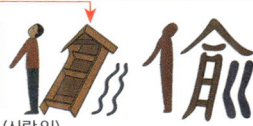 

| (거룻배 유) | (사람 인) | | | tōu 터우

偸盜(투도) 훔침, 도둑질하다

훔칠 투 |

사람이 거룻배로 물건을 **훔치다**

 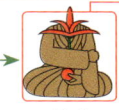  

| 연꽃과 여의주를 든
부처를 모신 절을 뜻함 | (절 사) | (소 우) | (절 사) | tè 터

特有(특유) 特異(특이)
特惠(특혜) 特採(특채)

유다를 특 |

소중에서 절에서 씨받이로 쓰는 놈은 **유다르**게 크다

(문 문) (말 마)

약 闯 chuǎng 추앙

闖闥(틈틈) 엿보는 모양
闖煉(틈련) 실생활에서 단련하다

엿볼 틈

문 틈으로 말이 있나 **엿보다**

| (갈라져흐를 비) | (물 수) (갈라져흐를 비) | | | pài, pā 파이,파

派黨(파당) 派閥(파벌)
派生(파생) 派爭(파쟁)

물갈래 파, 갈래 파 |

물이 갈라져 흐르는 것이 **물갈래**다

새가 발목에 번호표를 달고 앉은 모양 (발 족) (여덟 팔)

pā 파

趴伏(파복) 엎드리다
趴架(파가) 쓰러지다, 붕괴하다

엎드릴 파(땅에 엎드리다)

발을 여덟 팔자 같이 해 **엎드리다**

파

bā 빠

巴戟(파극)　巴豆(파두)
巴俚(파리)　卍巴(만파)

뱁 파/ 땅이름 파

뱀의 모양을 본뜬 자

양손으로 괭이를 잡고 있는 모양 (손 수)

bà, bǎ 빠, 바

把捞(파로)　把袂(파메)
把守(파수)　把手(파수)

잡을 파

손으로 뱀을 잡다

bā 빠

芭蕉(파초)　芭蕉扇(파초선)

파초 파

풀싹이 돋아나는 모양 (풀 초)

풀 줄기가 뱀처럼 긴 것이 파초다

새의 손(발)톱의 모양 (손톱 조)

pá 파

爬櫛(파즐)　爬蟲(파충)
爬行(파행)　搔爬(소파)

긁을 파/ 기어다닐 파, 잡을 파

손톱같은 비늘로 뱀이 땅을 긁으며 기어다닌다

쟁기의 모양 (쟁기 뢰, 따비 뢰)

bà, pá 파

釘耙(정파) 쇠갈퀴
木耙(목파) 나무갈퀴

써레 파(써레질하다)

쟁기의 일종으로 뱀같이 땅을 고르는 게 써레다

입의 모양 (입 구)

bā, ba 바, 바

走吧, 不好(주파 불호)...
가자니 그렇고(좋지 않고)...

어조사 파

입을 뱀같이 벌리고 어조사말만 연발하다

564

병실의 모양 (병들 안,병질 안)		bā 빠 瘡疤(창파) 헌터 像疤(상파) 흉터 **흉터 파**

병들어 수술하니 뱀같은 **흉터**가 남다

대나무 이파리 모양을 본뜬 자 (대 죽)		bā 빠 笆籬(파리) 대바자, 대나무 울타리 **가시대 파 (가시가 있는 대나무)**

대나무 중에서 뱀같이 무서운 게 **가시대**다

나뭇살을 대어 가죽을 말리는 모양 (가죽 혁)		bǎ 빠 靶子(파자) 과녁, 표적, 목표 靶場(파장) 사격장 **고삐 파, 과녁 파**

가죽판에 똬리튼 뱀같은 표적이 있는 게 **과녁**이다

아버지의 모양 (아비 부)		bà 빠 爸爸(파파) 아빠, 아버지 **아비 파**

부모 중에 뱀같이 무서운 자가 **아비**다

쟁기의 모양 (쟁기 뢰, 따비 뢰)		pá 파 耙子(파자) 갈퀴, 고무래, 쇠스랑, 써레 **써레 파 (갈퀴, 쇠스랑, 고무래)**

쟁기의 일종으로 뱀같이 땅을 고르는 게 **써레**이다

티끌과 쌀을 밭에서 차례로 가려내다 (차례 번) (손 수) (차례 번)		bō 뽀 播多(파다) 播種(파종) 播遷(파천) **뿌릴 파**

손을 **차례**로 흔들며 밭에 씨를 **뿌리**다

파

  	皮 pí 피 皮帶(피대) 皮脂(피지) 皮革(피혁) 皮相的(피상적) **가죽 피**
가죽신을 깁는 모양	
   물방울이 떨어지는 모양 (물 수)	波 bō 뽀 腦波(뇌파) 短波(단파) 電波(전파) 滄波(창파) **물결 파**
물 가죽(수면)에 생기는 것이 물결이다	
    (물 수) (계집 녀)	婆 pó 포 姑婆(고파) 老婆(노파) 孟婆(맹파) **할미 파**
피부에 주름이 물가죽에 물결같이 많은 여자가 할미다	
  싹이 흙위에 돋아나는 모양 (흙 토)	坡 pō 포 靑坡(청파) 坡塘(파당) 坡岸(파안) 坡州(파주) **언덕 파, 비탈 파**
흙표면에 가죽이 높은 곳이 언덕이다	
  돌(바위)의 모양 (돌 석)	破 pò 포 突破(돌파) 發破(발파) 打破(타파) 破格(파격) **깨뜨릴 파**
돌의 가죽(표면)을 깨뜨리다	
  새가 발목에 번호표를 달고 앉은 모양 (발 족)	跛 bǒ 뽀 跛行(파행) 笑跛(소파) 偏跛(편파) 跛立(피립) **절룩거릴 파, 절뚝발이 파**
발 가죽에 상처가 있어 절뚝발이 같이 절룩거리다	

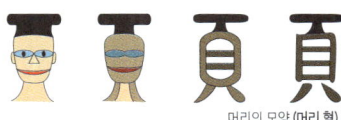 머리의 모양 (머리 혈)	頗	약 頗 pō 포 頗多(파다) 偏頗(편파) **자못 파/치우칠 파** 
(살갗)**가죽**에 머리만한 혹이나 한곳에 치우치다		
구슬이 꿰어 있는 모양 (구슬 옥)	玻	bō 뽀 玻璃(파리) 유리, 칠보의 하나 **유리 파**
구슬같이 **가죽(겉이)**이 투명한 게 유리이다		
 (풀 초) (물 수)	菠	bō 뽀 菠薐(파릉) 시금치 **시금치 파**
나물로 물에 **가죽(잎)**이 약한 게 시든치다		
 대나무 이파리 모양을 본뜬 자 (대 죽) 의자가 바로 그것이다 (그 기)	簸	bò 뽀 簸弄(파롱) 簸却(파각) 簸米(파미) 쌀을 키질하다 **까부를 파**
대나무키로 버릴 그 **가죽(껍질)**을 까브르다		
    (그물 망) (능할 능)	罷	약 罷 bà 빠 倦罷(권파) 拿罷(나파) 罷免(파면) 罷業(파업) **파할 파/깨어질 파**
법의 **그물**에 걸리면 곰같이 능한자도 일을 못하고 파하다		
 양손으로 괭이를 잡고 있는 모양 (손 수)	擺	약 摆 bǎi 바이 擺動(파동) 흔들거리다, 흔들다 擺設(파설) 장식품 **열 파, 벌여 놓을 파**
손으로 하던 걸 **파하고** 그 상태로 벌여놓다		

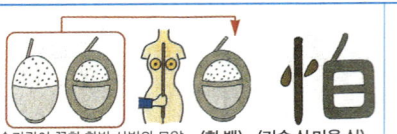

	pà 파
 숟가락이 꽂힌 흰밥 사발의 모양 (흰 백) (가슴 심,마음 심) 怕	怕懼(파구) 두려워함 **두려워할 파**

마음이 **하얗게**될 정도로 놀라 **두려워하다**

(수건 건)	pà 파
 숟가락이 꽂힌 흰밥 사발의 모양 (흰 백) 帕	帕腹(파복) 배를 감는 헝겊 **배띠 파(수건 옛날의 머리띠)**

수건 중에 **흰**것이 배를 감는 **배띠**다

(바위 엄) 反 反 反 反 (또잡을 우)	fǎn 판 反感(반감) 反擊(반격) **반대반, 뒤집을 반**

(포클레인으로) **바위를 잡고**(=집게) **반대**로 **뒤집다**

  木 木 木 板 나무의 모양 (나무 목)	bǎn 반 板金(판금) 板子(판자) **널빤지 판/널 판** 

통나무의 **반대**가 **널빤지**이다

片 片 片 片 版 통나무를 쪼갠 조각 (조각 편)	bǎn 반 重版(중판) 初版(초판) **인쇄할 판/쪽 판** 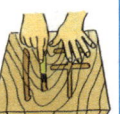

통나무조각의 **반대**쪽에 **인쇄하다**

 販 돈이 든 자개장의 모양 (자개 패,돈 패)	약 販 fàn 판 神販(비판) 街販(가판) 市販(시판) 販賣(판매) **팔 판**

돈을 받고 **반대**로 물건을 **팔다**

 判 pàn 판
判例(판례)
判事(판사)
판단할 판, 쪼갤 판

절반이 되게 **칼로 판단**하여 **쪼개다**

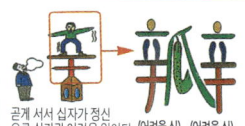  辨 약 办 bàn 빤
總辦(총판) 會辦(회판)
辦務(판무) 代辦(대판)
힘쓸 판

어려운 일을 **힘써**하려고 **어려운** 만큼 더 **힘쓰다**

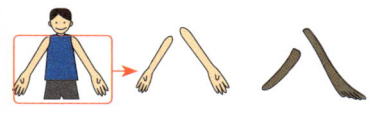  瓣 bàn 빤
花瓣(화판) 瓜瓣(과판)
꽃잎 판, 외씨 판

어렵게 구한 **오이씨**를 어렵게 심어 **외(오이)씨를 모으다**

  八 bā, bá 빠, 바
八達(팔달) 八道(팔도)
八方(팔방) 八字(팔자)
여덟 팔/조갤 팔

팔을 벌리고 양 손가락으로 **여덟**을 나타낸 모양

 叭 bā 빠
叭儿拘(팔인구) 발바리 개
입 벌릴 팔

입을 **여덟팔자** 모양 **입 벌리다**

捌 bā 빠
八의 갖은자
깨뜨릴 팔

손과 입으로 물어 **사람**이 **칼**로 베듯 **깨뜨리다**

팡 패

(받쳐들/들 공)

pàng 빵

乓球(팡구) 탁구

물건 부딪치는 소리 팡

도끼를 한손으로 들다가 놓치어 **물건 부딪치는 소리**가 나다

약 贝 bèi 뻬이

贝殼(패각) 螺貝(나패)
成貝(성패) 魚貝(어패)

조개 패/ 돈 패

자개를 붙인 **돈 통**의 모양

싹이 흙위에 돋아나는 모양 (**흙 토**)

약 坝 bà 빠

坝子(패자) 제방, 댐

방죽 패(댐)

흙을 돈을 드려 날라 쌓은 게 **방죽**이다

못을 집게로 잡고 두들겨 치는 모양 (**칠 복, 두드릴 복**)

약 败 bài 빠이

败亡(패망) 败因(패인)
败戰(패전) 败走(패주)

패할 패/ 무 질 패

돈때문에 두들겨 맞을 정도로 사업에 패하다

개가 서있는 모양 (**개 견**)

약 狈 bèi 뻬이

狼狽(낭패) 난감하다

이리 패, 낭패 패

개같이 생겨 돈(값)이 비싼 게 이리다

(**가죽 혁**) (**몸 육**)

동 霸 bà, pò 빠, 포

霸者(패자)
連霸(연패)

으뜸 패

(지갑)**가방**을 **가죽**으로 만들어 **몸**에 지니면 **으뜸**이다

				bēi 뻬이 卑怯(비겁) 卑陋(비루) **낮을 비**

체를 손에 잡고 술을 거르는 자는 신분이 **낮다**

			 통나무를 쪼갠 모양 (조각 편)	pái 파이 位牌(위패) 竹牌(죽패) **패 패, 간판 패** 

나무 **조각**을 **낮게** 깍아 글을 쓴 것이 **패다**

(시장 시)  장보러 시장에 가는 모양	 (물 수) (시장 시)			pèi 페이 沛宮(패궁) 沛艾(패애) 沛焉(패언) 沛澤(패택) **비 쏟아질 패, 늪 패**

물에 **시장**이 잠기도록 **비가 쏟아지다**

 (사람 인) (수건 건)	(안석 [책상]궤) 	pèi 페이 佩物(패물) 佩服(패복) **찰 패, 노리개 패** 

사람이 **책상** 곁에 둔 **하나의 수건**을 허리에 **차다**

(높을 고) 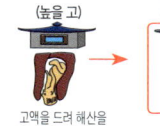 고액을 드려 해산을 형통하게 하다	(형통할 형) 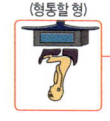	(형통할 형)  (불 화)	 pēng 펑 烹頭耳熟(팽두이숙) 兎死拘烹(토사구팽) **삶을 팽, 요리 팽**

형통하게 불에 모든것을 **삶다**

 (돌 석) (나란히 병)	 pèng 펑 碰杯(팽배) 건배하다 碰面(팽면) 만나다 **부딪힐 팽**

돌 옆으로 **나란히 가다**가 **부딪히다**

 	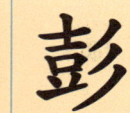	péng 펑 彭彭(방방) 彭祖(팽조) **성 팽/부풀 팽, 많을 방**	

북을 치니 소리가 부풀어 퍼지다

   물방울이 떨어지는 모양 (물 수)		pēng 펑 澎湃(팽배) **물소리 팽, 물부딪칠 팽**	

물이 모여서 넘치고 부풀때 물소리가 난다

 몸통 부분인 갈비뼈의 모양 (몸 육, 고기 육)		péng 펑 膨脹(팽창) 膨大(팽대) **불을 팽, 부풀 팽**	

몸이 부풀어 오르니 배가 부르다

 돌 (바위)의 모양 (돌 석) (평평할 평)		pēng 펑 砰然(팽연) 電砰(전팽) 砰拜(팽배) 물결치는 소리 **돌구르는소리 팽, 여울물소리 팽**	

돌을 평평한 곳에서 굴리니 돌구르는 소리가 나다

(집 호) 		biǎn, piān 비엔, 피엔 扁鵲(편작) 扁題(편제) 扁舟(편주) 扁平(편평) **특별할 편/ 작을 편**	

※책은 부피가 납작하고 작다 집에서 책을 써내는 일은 특별하다

 사람이 서 있는 모양 (사람인)		piān 피엔 偏黨(편당) 偏母(편모) 偏重(편중) 偏執(편집) **치우칠 편**	

사람이 집에서 책을 쓴 내용이 자기 주장에 치우치다

 대나무 이파리 모양을 본뜬 자 (대 죽)		piān 피엔 篇首(편수) 下篇(하편) 篇章(편장) 篇次(편차) **책 편**
대나무 붓으로 집에서 책을 써서 책을 내다		
   실타래의 모양 (실 사)		약 编 biān 삐엔 續編(속편) 再編(재편) 編成(편성) **엮을 편**
실로 집에서 책을 엮다		
 말의 모양 (말 마)		약 骗 piàn 피엔 騙取(편취) 拐騙(괴편) 欺騙(기편) **속일 편**
(마구간인) 말집에서 책을 썼다고 속이다		
  캥거루우가 달려가는 모양 (갈 착달릴 착)		biàn 삐엔 遍窺(편규) 遍踏(편답) 普遍(보편) **두루 편**
작가가 집에서 책을 내려고 자료를 다니며 두루 모으다		
 벌레의 모양 (벌레 충)		biān 삐앤 蝙蝠(편복) 박쥐 **박쥐 편**
(먹이) 벌레를 잡고자 집에서 책퍼듯 날아드는게 박쥐다		
 깃털의 모양 (깃 우)		piān 피앤 翩翩(편편) 翩翻(편번) **나부낄 편, 홀쩍날 편**
(새가) 집에서 책을 펴듯 깃을 펴 훌쩍날다		

 (다시 갱/고칠 경) 실감개를 죄여서 다시 고치다	 (사람 인)	 (고칠 경)		biàn, bián, pián 삐엔,비엔,피엔 便乘(편승) 便痛(변통) 便宜(편의) 簡便(간편) **편할 편/ 똥오줌 변**

사람이 불편한 곳을 다시 고쳐 놓으니 편하다

			 나뭇살을 대어 가죽을 말리는 모양(가죽 혁)	biān 삐엔 鞭擊(편격) 鞭達(편달) **채찍 편** 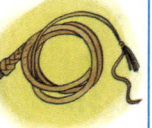

가죽으로 편하게 쓰려고 만든것이 채찍이다

				piàn, piān 피엔, 피엔 片鱗(편린) 片帆(편범) 斷片(단편) 阿片(아편) **조각 편**

통나무를 쪼갠 조각의 모양을 본뜬 자

	 (돈[궤]패) (모자랄 핍)			biǎn 삐엔 貶辭(폄사) 貶損(폄손) 抑貶(억폄) 自貶(자폄) **떨어뜨릴 폄**

나랏 돈을 먹어 모자라게 했으니 벌로 관직을 떨어뜨리다

				píng 핑 平等(평등) 平衡(평형) 平凡(평범) 平生(평생) **평평할 평**

저울의 모양을 본뜬 글자. 저울같이 평평하다

 싹이 흙위에 돋아나는 모양(흙토)				píng 핑 建坪(건평) 坪數(평수) 坪當價格(평당가격) **평수 평**

흙의 평평한 넓이가 평수다

 수염을 들먹이며 입으로 말하는 모양 (말씀 언)		약 评 píng 핑 評價(평가) 評決(평결) **평론할 평**	
말을 바르고 평평하게 하여 평론하다			
   (물 수) (풀 초)		píng 핑 浮萍(부평) 流萍(유평) **부평 평, 개구리밥 평**	
풀로 물 위에 평평하게 떠 있는 것이 부평초다			
  풀싹이 돋아나는 모양 (풀 초)		píng 핑 苹果(평과) 사과 苹苹(평평) **풀무성할 평, 사과 평**	
풀이 평평하게 솟아나 풀이 무성하다			
   (몸 육) (시장 시)		fèi 페이 塵肺症(진폐증) 肺病(폐병) 肺結核(폐결핵) 肺癌(폐암) **허파 폐, 마음 폐**	
몸에서 시장처럼 공기가 붐비는 곳이 폐다(허파다)			
  (재주 재) (재주 재)		약 闭 bì 삐 閉講(폐강) 閉幕(폐막) 閉門(폐문) 閉塞(폐색) **닫을 폐**	
문으로 재주부리는 것이 닫는 것이다			
 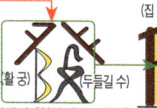  난간대의 모양 난간에서 활(화살)로 과녁을 두들기려고 쏘다 (쏠 발)		약 废 fèi 페이 存廢(존폐) 撤廢(철폐) **폐할 폐, 버릴 폐**	
집을 쏘아서 폐하여 버리다			

 (칠 복, 두드릴 복)			敝	bì 삐 敝甲(폐갑) 敝族(폐족) **해질 폐/해진옷 폐**
옷걸이에 구멍난 옷을 두들기니 더욱 해진 옷이 되다				
 두 손으로 들고 있는 모양 (받쳐들 공)			弊	bì 삐 民弊(민폐) 惡弊(악폐) **해질 폐** 
해진 옷이 살이 보여 받들고 있을 만큼 해지다				
 옷걸이에 수건같은 천이 걸려있는 모양 (수건건,천건)			幣	약 币 bì 삐 造幣(조폐) 紙幣(지폐) **비단 폐/ 화폐 폐**
쉽게 해진 옷이 되는 천이 비단이다				
 풀싹이 돋아나는 모양 (풀 초)			蔽	bì 삐 闇蔽(암폐) 甕蔽(옹폐) **가릴 폐** 
풀을 해진 옷같이 엮어 앞을 가리다				
		 앙상하게 뼈만 남기고 고꾸라져 사람이 죽다(죽을 사)	斃	약 毙 瘦斃(수폐) 殞斃(운폐) 誅斃(주폐) 疲斃(피폐) **넘어질 폐**
거지가 해진 옷을 입고 추위 죽어 넘어지다				
 (손 수) (압흡 구) (힘 력)			抛	pāo 파오 抛擲(포척) 抛車(포거) **던질 포/ 버릴 포** 
손에 많은(九) 힘을 써 던지다				

		bāo 빠오 包容(포용) 包裝(포장) 包圍(포위) 包含(포함) **쌀 포**
닭의 목을 천으로 싸다		
   양손으로 괭이를 잡고 있는 모양 (손 수)		bāo 빠오 抱擁(포옹) 抱主(포주) 懷抱(회포) **안을 포**
손으로 (감)싸서 안다		
   물방울이 떨어지는 모양 (물 수)		pào, pāo 파오, 파오 泡飯(포반) 泡山(포산) 泡影(포영) 電泡(전포) **물거품 포**
물위를 싸고 있는 것이 물거품이다		
 입의 모양 (입구)		嗚咆(명포) 哮咆(효포) **고함지를 포/포효할 포**
입안에 싸고 있던 분을 푸켜고 고함지르다		
 칼을 세워 놓은 모양 (선칼도, 칼도)		páo, bào 파오, 빠오 刨氷(포빙) 얼음 빙수 刨子(포자) 대패 **깎을 포**
싸놓은 것을 칼로 깎다		
 새가 발목에 번호표를 달고 앉은 모양 (발 족)		pǎo, páo 파오, 파오 동물이 발로 흙을 헤집다 **허빌 포**
(동물들이 흙을) 발로 싸고 허비다(헤집다)		

포

포

|  몸통 부분인 갈비뼈의 모양 (몸 육고기 육) | 胞 | bāo 빠오
胞宮(포궁) 胞胎(포태)
胞子(포자)
태 포 |

몸 속에 생명을 **싸고** 있는 것이 태다

|    장작에 불이 붙어 타는 모양 (불 화) | 炮 | pào 파오
炮煮(포자) 구움과 삶음
炮煎(포전) 굽고볶음, 굽고지짐
통째로 구을 포 |

불에 은박지에 **싸서** 통째로 굽다

|  풀싹이 돋아나는 모양 (풀 초) |  苞 | bāo 빠오
苞桑(포상) 뽕나무 뿌리
苞苴(포저) 뇌물의 성질을 띤 선물
쌀 포, 밑(근본) 포 |

풀(나물)을 붙이려고 **싸고** 또 **싸다**

|    옷의 모양 (옷 의) | 袍 | paó 파오
袍笏(포홀)
同袍(동포)
도포 포 |  |

옷 전체를 **싸고** 있는 겉옷이 도포다

|   집에서 정미기에 양식을 찧어 밥을 하다 (밥 식) | 飽 | 얄 飽 bāo 빠오
飽煖(포난) 飽滿(포만)
飽聞(포문) 飽食(포식)
배부를 포 |

밥을 배에 가득 **싸고** 있으니 배부르다

|  (옷 의) (보호할 보) 褒 褒 | 褒 | bāo 빠오
褒勸(포권) 褒賞(포상)
榮褒(영포) 族褒(족포)
보상할 포/ 기릴 포 |

옷을 주어 **사람이 먹는 과일 나무를 보호하니** 이를 보상하다

포

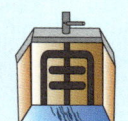

	fǔ 푸
甫 甫 甫	杜甫(두보) 皇甫仁(황보인) **클 보**

물이 크게 흐르는 큰 수문의 모양을 본뜬 자

물방울이 떨어지는 모양 (물 수)

	pǔ 푸
浦	浦口(포구) 浦邊(포변) 浦村(포촌) 浦港(포항) **물가 포**

물이 크게 흐르는 곳이 물가

(풀 초) (물 수)

	pú 푸
蒲	蒲黃(포황) 蒲版(포판) **창포 포 / 부들풀 포**

풀중에 물가에서 크게 잘자라는게 창포다

양손으로 괭이를 잡고 있는 모양 (손 수)

	bǔ 뿌
捕	捕拿(포나) 逮捕(체포) 捕繩(포승) **잡을 포**

손을 크게 벌리고 잡다

입의 모양 (입 구)

	bǔ 뿌
哺	反哺(반포) 乳哺(유포) **먹일 포 / 먹을 포**

입을 크게 벌리고 먹다(먹이다)

담장같이 사면을 에워싼 모양 (에물위,에워쌀위)

	pǔ 푸
圃	圃翁(포옹) 圃田(포전) 禁圃(금포) 場圃(장포) **밭 포**

주위를 에워싸고 크게 개간한 것이 밭이다

 (풀초)(감쌀포)	 葡	pú 푸 葡萄(포도) **포도 포**

식물로 옆에것들을 감싸고 크게 뻗는 넝쿨이 포도(나무)다

 몸통 부분인 갈비뼈의 모양 (몸 육, 고기 육)	 脯	pú 푸 脯資(포자) 福脯(복포) 肥脯(비포) 束脯(속포) **포 포/육포 포**

고기를 크게 베어 말린 게 육포(포)다

  쇠를 다루는 대장간의 모양 (쇠 금)	 鋪	약 鋪 pū, pù 푸, 푸 廛鋪(전포) 典當鋪(전당포) 店鋪(점포) 紙物鋪(지물포) **점포 포/펼 포**

금(돈)을 크게 투자해 점포를 펴다

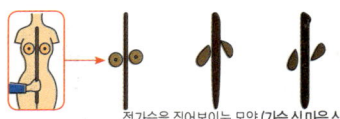 (수건 건)	 布	bù 뿌 布告(포고) 布敎(포교) 布袋(포대) 布石(포석) **베 포**

양 손에 들고 있는 수건이 베수건이다

 젖가슴을 짚어보이는 모양 (가슴 심, 마음 심)	怖	bù 뿌 怯怖(겁포) 恐怖(공포) **두려워할 포**

마음을 베수건같이 오그라트리고 두려워하다

(물 수)	暴 	bāo 빠오 暴徒(폭도) 暴力(폭력) **사나울 포**

입을 벌리고 얶은 고기를 찢고 침물을 흘리며 사납게 먹다

 (물 수)  	bào, pù 빠오, 푸 暴徒(폭도) 暴力(폭력) **사나울 폭, 사나울 포**	

입을 벌리고 엮은 고기를 찢고 침물을 흘리며 **사납게** 먹다

  물방울이 떨어지는 모양 (물 수)	 pù 푸 瀑潭(폭담) 瀑泉(폭천) 瀑布(폭포) **폭포 폭**

물이 **사납게** 흐르는 것이 **폭포**다

 장작에 불이 붙어 타는 모양 (불 화)	 bào 빠오 爆死(폭사) 爆笑(폭소) 爆音(폭음) 爆彈(폭탄) **불터질 폭**

불이 **사납게** 타며 탁! 탁! **불터지다**

  (수건 건) 술이 가득 차 넘치는 모양 (가득찰 복)	 fú 푸 旗幅(기폭) 大幅(대폭)  **폭 폭/너비 폭**

천을 옆으로 **가득차게** (최대로) 벌린게 **폭(너비)**이다

 닭목을 움켜잡는 모양 (움켜잡을 작) (맹수 치) (움켜잡을 작)	 bào 빠오 豹文(표문) 豹斑(표반) 豹尾(표미) **표범 표**

맹수로 먹이감을 잘 **움켜잡는** 동물이 **표범**이다

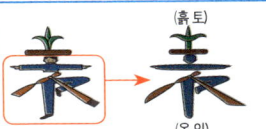 (흙 토) (옷 의)	biǎo 비아오 表章(표창) 表決(표결) 表出(표출) 表現(표현) **거죽 표/겉 표**

흙 옷이 지구의 **겉 거죽**이다

					piào 피아오
				票	開票(개표) 得票(득표) 傳票(전표) 郵票(우표) **쪽지 표**
	(보일 시)				

가방에 제 지낼 제물을 넣고 잘 **보이게 쪽지표**를 달다

					piáo 피아오
					瓢
(오이 과)					酒瓢(주표) 空瓢(공표) **바가지 표, 표주박 표**

쪽지표를 붙여 파는 외같은 **바가지가 표주박**이다

					piāo, piào 피아오, 피아오
				漂	漂寓(표우) 漂萍(표평) 漂流(표류) 漂母(표모) **떠다닐 표, 빨래할 표**
물방울이 떨어지는 모양 (물 수)					

물위에 **쪽지**가 **떠**다니다

					biāo 뱌오
				膘	上膘(상표) 지방이 많은 고기, 비게 **허구리살 표(가축의 지방이 많은 고기 비게)**
몸통 부분인 갈비뼈의 모양 (몸 육,고기 육)					

고기로 **쪽지표**를 붙여 파는 게 **허구리살**이다

					약 标 biāo 삐아오
				標	目標(목표) 物標(물표) 音標(음표) 座標(좌표) **표할 표**
			나무의 모양 (나무 목)		

나무에 **쪽지**를 붙여 **표하다**

					약 飘 piāo 피아오
				飄	飄落(표락) 飄泊(표박) 飄風(표풍) 飄忽(표홀) **회오리바람 표, 나부낄 표**
선풍기 날개 앞에 한 마리의 벌레가 바람을 타다(**바람 풍**)					

(하늘로) **쪽지**를 날려 올리는 **바람**이 **회오리바람**이다

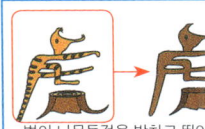			 (터럭 삼)	biāo 뱌오 彪形(표형) 우람한 체격 **범 표**
범이 나무등걸을 박차고 뛰어 오르는 모양 (범 호)				

범으로 **터럭**이 많이난 게 참 **범**이다

				pǐn 핀 品質(품질) 品評(품평) 品行(품행) 入品(인품) **물건 품/ 종류 품**

여러종류의 **물건**이 쌓여있는 모양

(쌀 창고름)  (벼 화)	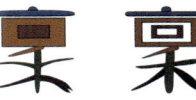			bǐng 삥 稟受(품수) 稟議(품의) 承稟(승품) 英稟(영품) **여쭐 품/ 받을 품**

창고에서 **벼**를 꺼낼 때는 **여쭈어** 보고 허락을 **받는다**

			약 风 fēng 펑 風貌(풍도) 風霜(풍상) 風潮(풍조) 風塵(풍진) **바람 풍**

선풍기날개앞에 **한마리**의 벌레가 **바람**을 타고 나르는 모양

				약 枫 fēng 펑 楓宸(풍신) 楓葉(풍엽) 丹楓(단풍) **단풍 풍**
		나무의 모양(나무 목)		

나무에 찬**바람**이 불어 단풍들다

					약 讽 fēng 펑 諷書(풍서) 諷刺(풍자) **풍자할 풍**
			수염을 들먹이며 입으로 말하는 모양 (말씀 언)		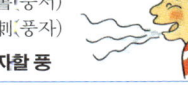

말을 **바람**처럼 하며 풍자하다

  병실의 모양 (병들 **안병질 안**)		**약** 疯 fēng 펑 瘋病(풍병) 정신병 瘋人(풍인) 미치광이, 광인 **미칠 풍(발광하다)**
병들어 **바람**맞은 자가 **미쳐 발광하다**		
  		**약** 丰 fēng 펑 豊滿(풍만) 豊盛(풍성) 豊足(풍족) 豊饒(풍요) **풍성할 풍/ 풍년 풍**
(농작물을) **광주리**에 넣어 **저울**에 다니 **풍성하다**		
		pí 피 桂皮(계피) 內皮(내피) 脫皮(탈피) 表皮(표피) **가죽 피**
가죽신을 깁는 모양		
 팔을 흔들며 총총 걸어가는 모양 (**갈 척,비쁘갈 척**)		bǐ 비 彼我(피아) 彼岸(피안) 彼此(피차) 彼隻(피척) **저 피**
빠른**걸음**으로 발**가죽**이 부르트게 걸어 **저리 가다**		
 양손으로 괭이를 잡고 있는 모양 (**손 수**)		pī 피 披覽(피람) 披麻(피마) 分披(분피) **헤칠 피/ 펼 피**
손으로 짐승의 **가죽**을 벗겨 **헤치다(펴다)**		
 옷의 모양 (**옷 의**)		bèi 뻬이 被告(피고) 被拉(피랍) 被害(피해) 被襲(피습) **입을 피**
옷을 살 **가죽**을 가리려고 **입다**		

 병실의 모양 (병들 안/병질 안)				pí 피 疲勞(피로) 疲兵(피병) 疲弊(피폐) 疲瘠(피척) **고달플 피**
병색이 살갖 **가죽**에 나타나니 **고달프다**				
 곧게 서서 십자가 정신으로 살기란 어려운 일이다 (어려울 신)		(어려울 신)  (달릴 착)		bí 비 避難(피난) 避亂(피란) **피할 피** 
집의 창문으로 어렵게 달려나와 피하다				
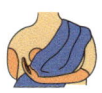				bì 삐 必需(필수) 必是(필시) 必然(필연) 必要(필요) **반드시 필**
가슴은 천으로 반드시 가려야한다				
(덮을 혜) (어진사람 인)				pǐ 피 馬匹(마필) 配匹(배필) 匹馬(필마) 匹夫(필부) **짝 필/필 필**
사랑으로 덮어주는 어진 사람이 짝이다				
(밭 전) 				약 **毕** bì 삐 畢竟(필경) 畢納(필납) 畢生(필생) 畢業(필업) **마칠 필**
밭에다 안테나 세우는 일을 마치다				
(대 죽)  (붓 율)				약 **笔** bǐ 비 筆力(필력) 筆跡(필적) 達筆(달필) 筆法(필법) **붓 필**
대나무로 붓대롱을 한 것이 좋은 붓이다				

fá 파

乏頓(핍돈)　乏劣(핍렬)
缺乏(결핍)　耐乏(내핍)

가난할 핍/모자랄 핍

(갈 지)

먹고 살아 갈것이 모자랄 정도로 **가난하다**

술이 가득차 넘치는 모양 (가득찰 복)

bí 비

逼迫(핍박)　逼眞(핍진)
畏逼(외핍)　進逼(진핍)

핍박할 핍

(달릴 착)

가득 찬 재물을 빼앗아 가며 **핍박하다**

pīng 핑

乒球(핑구) 탁구

물건 부딪치는 소리 핑

(받쳐들/들 공)

병기를 한손으로 **들다**가 놓치니 **물건 부딪치는 소리**가 나다

빌릴 가

자물통을 열려고 **열쇠**나 **고리**를 뽑을 **집게**를 **빌리다**

약 xiā,xiá,há 시아,시아,하

佳蝦(가하)
乾蝦(건하)

새우 하

벌레의 모양 (벌레 충)

벌레채집을 하려고 그물을 **빌려**서 잡은 게 **새우**다

xiá 시아

霞徑(하경)　夕霞(석하)
丹霞(단하)　晚霞(만하)

노을 하

구름에서 우산에 빗방울이 떨어지는 모양 (비 우)

비가 **빌려**간 것이 **노을**이다

※비올 때는 노을을 볼 수 없기 때문임

kě 커

可決(가결)　可望(가망)
可否(가부)　許可(허가)

옳을 가

굽혀 인사하며 예물드림은 옳은 일이다

사람이 서 있는 모양 (사람인)

hé 허

奈何(내하)
誰何(수하)

누구 하, 어찌 하

사람중에 옳은 자가 누구인지 어찌아랴!

(사람인)　(풀 초)

hé, hè 허, 허

入荷(입하)　出荷(출하)
荷物(하물)

짐 하/짐질 하, 연꽃 하

풀을 사람이 옳게 베어 묶어 짐지다

물방울이 떨어지는 모양 (물 수)

hé 허

河岸(하안)　河川(하천)
河海(하해)　山河(산하)

내 하/ 물 하

물이 옳게 모여 흘러가는 것이 냇물이다

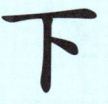

xià 시아-

下達(하달)　下宿(하숙)
下野(하야)　下獄(하옥)

아래 하

손아래로 나뭇가지를 쥐고 있으니 아래하다

입의 모양 (입 구)

吓

약 嚇 hè 허

嚇嚇(하하) 웃는 소리

웃을 하, 성낼 혁

입을 벌리고 아랫 놈이 웃으니 성내다

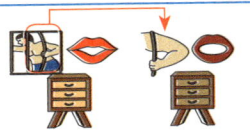 (힘력) (입구)   賀
(돈 패)

hè 허

敬賀(경하)
謹賀(근하)

하례할 하

힘내라는 말로 돈통에 돈을 주며 하례하다

(천천히 걸을 치)

xià 시아

夏服(하복) 夏雨(하우)
夏節(하절) 夏至(하지)

여름 하

(더워서) 머리를 떨구고 천천히 걸어가는 계절이 여름이다

(언덕 한)

shá 싸

大廈(대하) 큰 건물 빌딩
高樓大廈(고루대하) 고층 빌딩

큰집 하

(집이) 언덕같고 여름피서도 할이 만큼 크니 큰집이다

 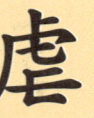

nuè 뉘에

汰虐(태학) 簒虐(찬학)
暴虐(포학) 虐待(학대)

모질 학/ 사나울 학

범의 발톱은 모질고 사나웁다

병실의 모양 (병들 안,병질 안)

약 疟 nuè 뉘에

瘧氣(학기)
瘧疾(학질)

학질 학

병중에 사나운 것이 학질이다

(아들 자)

약 学 xué 쉬에

學問(학문) 學術(학술)
學習(학습) 勉學(면학)

배울 학

손에 필기구를 들고 무식으로 뒤덮인 아들이 학문을 배우다

588

(높이오를 확) 새장덮개를 꿰뚫고 (높이오를 확) (새 조)	**약** 鶴 hè 허 鶴溝(학구) 鶴瘦(학수) 鶴髮(학발) 鶴膝(학슬) **학 학 / 두루미 학**

새중에 **높이 날아 오르는 새**가 학이다

gèn 껀

艮方(간방) 艮卦(간괘)

멈출 간/괘이름 간

벼를 붓지 않으니 쌀 **나오는** 것이 멈추다

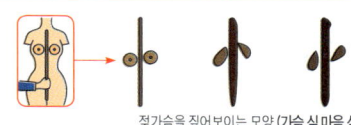 

젖가슴을 짚어보이는 모양 (가슴 심/마음 심)

hèn 헌

恨死(한사) 悔恨(회한)
怨恨(원한)

한할 한/ 한 한

마음속에 **멈추어** 있는 응어리가 한이다

지팡이의 모양 (글자 왼쪽에 붙을 시 → 언덕 부)

xiàn 시엔

限界(한계) 限度(한도)
限外(한외) 限定(한정)

막힐 한/ 한정 한

언덕이 앞에 **멈추어** 있으니 길이 막히고 한정되다

개가 서있는 모양(개 견)

hěn 헌

狠恣(한자)
패려궂고 제멋대로 굶. 방자함

사나울 한, 패려궂을 후

개가 **멈추어** 서서 으르고 있어 사나웁다

(집 면)

고드름의 모양 (고드름= 얼음빙)

hán 한

寒暑(한서) 寒雪(한설)
寒食(한식) 寒害(한해)

찰 한(춥다, 차다)

집이 벽을 가려도 얼음이 얼 만큼 차다

	干	gān 깐 干戈(간과) 干滿(간만) 干城(간성) 干恩(간은) **방패 간**
방패를 잡고 있는 모양		
   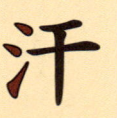 물방울이 떨어지는 모양(물 수)	汗	hán, hàn 한, 한 羞汗(수한) 腋汗(액한) 霑汗(점한) 汗眩(한현) **땀 한**
물중에 더위를 막는 **방패**역할을 하는 것이 땀이다		
    물방울이 떨어지는 모양(물 수)	汗	hàn 한 羞汗(수한) 腋汗(액한) 霑汗(점한) 汗眩(한현) **칸 한(중세기 몽골 등 종족어 군주 칭호)**
물중에 더위를 막는 **방패**역할을 하는 것이 땀이다		
 그물의 모양(그물 망)	罕	hǎn 한 罕見(한견) 罕旗(한기) 罕漫(한만) 族罕(족한) **새그물 한/드물 한**
그물로 새를 **방패**처럼 막는 것이 새그물이다		
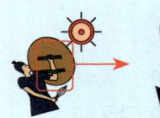   	旱	hàn 한 旱麓(한록) 旱災(한재) **가물 한**
햇볕이 **방패**로 막아야 할 만큼 강하고 비도 없어 **가물**다		
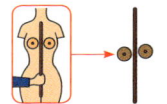   젖가슴을 짚어보이는 모양(가슴 심,마음 심)	悍	hàn 한 悍梗(한경) 悍毒(한독) 悍勇(한용) 果悍(과한) **사나울 한, 날랠 한**
사람 마음이 가뭄이 들면 사나와진다		

 양손으로 괭이를 잡고 있는 모양 (손 수)		hàn 한 捍撥(한발) 현악기의 채 捍塞(한색) 막음, 방지함 **막을 한**
손을 써 **가뭄**을 **막다**		
 장작에 불이 붙어 타는 모양 (불 화)		hàn 한 焊接(한접) 용접(하다) **땜질할 한**
용접불로 **가뭄**을 막으려고 물탱크를 **땜질하다**		
   연장통을 이고 진흙 속을 (물 수) (진흙 근) 헤매는 모양 (진흙 근)	 漢	약 汉 hàn 한 漢水(한수) 醉漢(취한) 怪漢(괴한) 惡漢(악한) **한나라 한**
물이 많은 양자강 유역의 기름진 **진흙** 평원에 세운 나라가 **한나라**다		
 (문 문)	 (나무 목)	 	약 闲 xián 시엔 閑暇(한가) 閑談(한담) 閑忙(한망) 閑散(한산) **한가할 한**
문에 **나무 빗장**이 걸려 있으니 **한가하다**		
   사다리를 이용해 가죽을 말리 초원에 해가 (해돋을 간)(에워쌀 위) 려고 사방을 묶어 에워싼 모양 돋는 모양		약 韩 hán 한 韓國(한국) 韓方(한방) 韓牛(한우) 韓紙(한지) **한국 한**
(동녘의) **해돋는** 땅으로 삼면이 바다로 **에워싸여** 있는 반도가 **한국**이다		
   (해돋을 간)(깃 우)		hàn 한 內翰(내한) 書翰(서한) **편지 한**	
해돋는 새벽부터 **사람**이 **깃털**로 **편지**를 쓰다		

 집안을 어지러운 풀이 되게 헐뜯어 해치다 (해칠/해할 해)	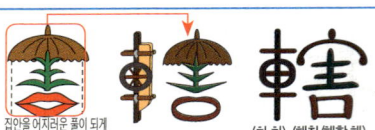 (차 차) (해칠/해할 해)			xiá 샤 分轄(분할) 所轄(소할) 輪轄(윤할) 直轄(직할) **관장할 할**

차탄 사람이 해를 입지 않게 잘 관장하다

(집 면)				gē 꺼 割截(할절) 割當(할당) 割禮(할례) 割腹(할복) **나눌 할 / 벨 할**
 (입구) (선칼 도)				

집안을 잡초무리가 헐뜯고 해치며 칼로 나누다

 집안을 어지러운 풀이 되게 헐뜯어 해치다 (해칠/해할 해)	 (눈 목)	 (해칠/해할 해)		xiā 시아 瞎子(할자) 장님 瞎兒(할아) 애꾸는 아이 **애꾸눈 할, 눈멀 할**

눈을 해침을 당해 눈멀어 애꾸눈이 되다

(이제 금, 곧 금)				hán 한 包含(포함) 含量(함량) **머금을 함**
 집에 있는 낫을 이제 곧 들다 (곧/이제 금)	(입 구)		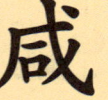	

이제 곧 입에 넣고 머금다

				xián 샌 咸萃(함췌) 咸登(함등) **다 함**

개를 창으로 때려잡아 입으로 다먹다

			 입의 모양 (입 구)	hǎn 한 喊默(함묵) 喊聲(함성) 高喊(고함) 鼓喊(고함) **큰소리칠 함**

입을 다모아 큰소리치다

|  | | |  | hán 한
函封(함봉) 函使(함사)
密函(밀함) 本函(본함)
함 함/ 상자 함 |

뚜껑이 있고 물을 담는 통같이 생긴 것이 함이다

|  | |  |  | hán 한
涵養(함양) 涵泳(함영)
涵咀(함저) 包涵(포함)
젖을 함 |

물방울이 떨어지는 모양 (물 수)

물이 함에 들어가 모든 것이 젖다

|  | |  |  | xiàn 시엔
誣陷(무함) 穽陷(정함)
缺陷(결함) 謀陷(모함)
빠질 함/ 함정 함 |

(사람 인) (언덕 부) (절구 구)

언덕 아래 사람이 절구 같이 파놓은 함정에 빠지다

|  |  |  |  | 약 馅 xiàn 시엔
餡餅(함병) 만두
소 함(떡만두 등에 넣는 소) |

(사람 인) (절구 구) (밥 식)

(만두) 음식을 만들때 사람이 절구 같이 파고 안에 넣는 게 소다

|  |  |  |  | jiān 지엔
監督(감독)
監房(감방)
볼 감/ 살필 감  |

(신하 신)(사람 인) 평면 (그릇 명)

신하된 사람같이 평면이 되게 엎드려 물 그릇에 얼굴을 비춰 살피다

|  |  | | 약 舰 jiàn 지엔
軍艦(군함) 大艦(대함)
砲艦(포함) 艦隊(함대)
군함 함/ 큰배 함 |

배의 모양 (배 주)

배로 적의 동태를 살피는 것이 군함이다

   사거리의 모양 (다닐 행)		약 銜 xián 시앤 馬銜(마함) 新銜(신함) **재갈 함** 
말을 타고 **다닐**때 입에 물리는 **쇠**가 재갈이다		
		hé, gě 허, 꺼 合理(합리) 合併(합병) 結合(결합) 和合(화합) **합할 합**
뚜껑을 **그릇**에 덮어 **합하다**		
 벌레의 모양 (벌레 충)		gé 꺼 蛤仔(합자) 魁蛤(괴합) **조개 합/대합조개 합** 
벌레같은 게 살며 양쪽에 **합해**진 껍질을 가진 게 조개다		
그릇을 받침대(접시)에 놓은 모양 (그릇 명)		hé 허 寶盒(보합) 盆盒(분합) 粉盒(분합) 饌盒(찬합) **뚜껑 합/뚜껑있는 그릇 합**
합해 놓은 듯 **그릇**을 덮은 것이 뚜껑이다		
입의 모양 (입 구)		hā, hǎ, hà 하, 하, 하 哈巴(합파) 안짱다리, 안짱다리로 걷다 **마실 합**
입에 음료수를 **합해** 마시다		
 새의 모양 (새 조)		약 鴿 gē 거 鴿子(합자) 비둘기 **비둘기 합**
(여럿이) **합해** 생활하는 **새**가 비둘기다		

  亢

kàng 캉

高亢(고항) 驕亢(교항)
絕亢(절항) 進亢(항진)

높을 항, 올라갈 항

갓을 쓴 머리위가 **높다**

 抗

양손으로 괭이를 잡고 있는 모양 (손 수)

kàng 캉

抗拒(항거)
抗命(항명)

막을 항, 겨룰 항

손을 **높게** 올려 막다

 杭

나무의 모양 (나무 목)

Háng, háng 항

杭州(항주) 고을 이름

고을 이름 항, 건널 항

나무가 높게 자라는 기름진 땅이 항주다

 航

배의 모양 (배 주)

háng 항

航路(항공)
航海(항해)

배 항, 건널 항

배에 돛을 **높게** 달고 물길을 배로 건너다

    肮

몸통 부분인 갈비뼈의 모양 (몸 육, 고기 육)

āng 앙

肮交易(항교역) 더러운 거래

목구멍 항, 더러울 항

몸에서 **높게** 나있는 게 목구멍이다

   吭

입의 모양 (입 구)

háng 항

伸吭(신항) 嘍吭(농항)
喉吭(후항) 목구멍

목 항, 목구멍 항

입의 통로로 **높게** 나있는 게 목구멍(목)이다

항

항

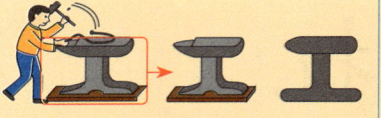
장작에 불이 붙어 타는 모양 (불 화)

炕
kàng 강

炕席(항석) 온돌에 까는 돗자리

구들 항(온돌)

불길을 **높게** 펴 바닥을 데우는 게 **구들**이다

gōng 공

工藝(공예)　工人(공인)
工程(공정)　工拙(공졸)

만들 공/ 장인 공

모루의 모양을 본뜬 자. 모루위에 놓고 **장인**이 물건을 **만들다**

몸통 부분인 갈비뼈의 모양 (몸 육.고기 육)

gāng 강

肛門(항문)　脫肛(탈항)

항문 항, 똥구멍 항

몸에서 대변을 내 보내려고 **만들어진** 것이 항문이다

질그릇 장군의 모양 (질그릇 부)

gāng 강

缸硯(항연)　玉缸(옥항)
酒缸(주항)　花缸(화항)

항아리 항

장군같이 만든 질그릇이 **항아리다**

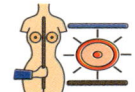 
머리의 모양 (머리 혈)

xiàng 시앙

各項(각항)　事項(사항)
條項(조항)　項目(항목)

목 항/조목 항

조물주가 **만든 머리** 받침대가 **목**이다

恒
héng 형

恒卦(항괘)　恒套(항투)
恒常(항상)　恒星(항성)

항상 항

(가슴/마음 심)

마음이 하늘과 땅사이에 해가 늘 뜨듯 **항상** 같다

 巷	xiàng, hàng 시양, 항 巷間(항간) 巷談(항담) **거리 항** 
엮은 고기를 나누어 함께 뱀모양의 길에서 파는곳이 **거리**다	
 港 (물수) (거리 항)	gǎng 강 港都(항도) 漁港(어항) 回港(회항) 軍港(군항) **항구 항**
물의 **거리**가 **항구**다	
 行	xíng 씽 行列(항렬) 行具(행구) **항렬 항, 다닐 행**
사거리 모양, **사거리**는 많은 사람이 다니므로 **다닐 행**자가 됨	
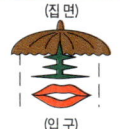 (큰 대) 夯 철창살을 팔로 힘을 써 벌리는 모양 (힘 력)	동 碎 hāng 항 夯具(항구) 달구 뜻을 다지는 도구 **멜 항, 달구질 항(땅을 다지다)**
큰 힘을 드려 **메다(달구질하다)**	
(집 면)   害 害 (입 구)	hài 하이 害心(해심) 加害(가해) **해칠 해, 해할 해** 
집안을 어지럽게 난 풀같이 입으로 헐뜯어 **해치다**	
(사람 인) 아이를 안은 어머니의 모양 (어미 모) 海 海 (물수) (어미 모)	hǎi 하이 海洋(해양) 海運(해운) 黃海(황해) 黑黃(흑해) **바다 해**
물이 사람이 어머니를 찾듯 늘 찾는 곳이 **바다**다	

항
해

	皆	皆	皆	jiē 지에 皆勤(개근) 皆勤賞(개근상) **다 개**	
나란히 앉아 흰밥을 **다** 먹다					
		言	言	諧	**약** 谐 xié 시에 諧聲(해성) 諧語(해어) 諧易(해이) 諧暢(해창) **웃을 해/화할 해**
 수염을 들먹이며 입으로 말하는 모양 (**말씀 언**)					
말을 하여 모두**다** 웃게**해** 화하게 하다					
	木	木	木	楷	kǎi 카이 楷書(해서) 楷字(해자) ※해나무는 곧게 자라는 굽지 않은 나무이기 때문임 **본뜰/해나무 해, 해서 해**
 나무의 모양 (**나무 목**)					
나무중에 곧은 것을 **다** 갖추어 **본뜰**만한 것이 해나무다					
	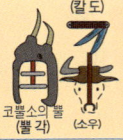	解	解	解	jiě, jiè, xiè 지에, 지에, 시에 解明(해명) 和解(화해) 解放(해방) 解散(해산) **풀 해/가를 해**
(**칼 도**) 코뿔소의뿔 (**뿔 각**) (**소 우**)					
뿔 사이를 **칼**로 쳐 **소**의 뼈와 살을 발라내 **풀다**(가르다)					
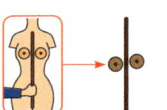	忄	忄	忄	懈	xiè 시에 懈倦(해권) 懈慢(해만) 懈弛(해이) **게으를 해**
젖가슴을 짚어보이는 모양 (**가슴 심/마음 심**)					
마음에 긴장이 **풀어**지니 **게으르다**					
		虫	虫	蟹	xiè 시에 蟹甲(해갑) 蟹黃(해황) **게 해**
벌레의 모양 (**벌레 충**)					
(몸을) **풀어** 전후좌우로 가는 **벌레**같은 게 게다					

hài 하이

仇亥(구해) 亥囊(해낭)
辛亥(신해) 乙亥(을해)

돼지 해

돼지의 모양을 본뜬 자

입의 모양 (입구)

ké, hāi, kài 커, 하이, 카이

咳嗆(해영) 咳唾(해타)
咳喘(해천)

기침할 해

입으로 돼지 목따는 소리를 내며 기침하다

수염을 들먹이며 입으로 말하는 모양 (말씀 언)

약 该 gāi 까이

該當(해당) 該敏(해민)
該博(해박) 該地(해지)

갖출 해

말한 바를 돼지 같이 욕심을 내 다 갖추다

(아들 자)

hái 하이

孩子(해자) 젖먹이

어린아이 해

아들이 돼지같이 통통한 어린아이다

말의 모양 (말 마)

hài 하이

駭擧(해거) 駭怪(해괴)
駭浪(해랑)

해괴할 해/놀랄 해

말이 돼지를 보고 해괴하여 놀라다

(나무 목)(돼지 해)

hé, hú 허, 후

核家族(핵가족)
核心(핵심)

씨 핵

나무 열매 속에 돼지같이 통통한 알이 씨다

 	 行	xìng, háng 씽, 항 行軍(행군) 行動(행동) 行使(행사) 行爲(행위) **다닐 행**
사거리 모양. **사거리**는 많은 사람이 다니므로 **다닐 행**자가		
	 杏	xìng 씽 杏林(행림) 杏花(행화) 杏仁(행인) **살구 행/은행 행**
나무 밑에 서면 **입**에 침을 돌게 하는 것이 **살구**다		
 	幸	xìng 씽 幸福(행복) 幸運(행운) 幸姬(행희) 多幸(다행) **다행 행**
흙에 앉은 **잠자리**가 살아 있는 것도 **다행**한 일이다		
(마을 읍)  	鄕	약 乡 xiāng 시앙 鄕校(향교) 鄕里(향리) 鄕愁(향수) 鄕友(향우) **시골 향/ 고향 향**
문고리 옆에 둔 **흰 밥**을 **숟가락**으로 퍼먹고 거닐던 **마을**이 **시골고향**이다		
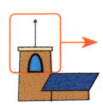  서서 입으로 소리를 내다 (소리 음)	響	약 响 xiǎng 시앙 沸響(비향) 嗣響(사향) 反響(반향) 影響(영향) **울릴 향**
고요한 **시골고향**에서는 **소리**가 잘 **울린다**		
 向	向	xiàng 시앙 向上(향상) 向性(향성) 向進(향진) 向時(향시) **향할 향**
지붕위에 세운 안테나가 위로 **향하다**		

행
향

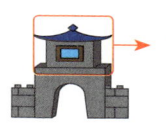 (높을 고)	 (아들 자)			xiǎng 샹 祭享(제향) 秋享(추향) 致享(치향) 享年(향년) **누릴 향**

높게된 자식을 두어 부귀영화를 누리다

 (벼 화) (입벌릴 왈)				xiāng 시양 香氣(향기) 香味(향미) **향기 향**	

벼로 빚은 술을 입벌리고 맛보니 향기롭다

 시침과 분침이 합쳐진 때가 곧 정오, 낮이다. (낮 오)	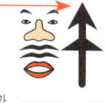 (말씀 언) (낮 오)			약 許 xǔ 쉬 許久(허구) 許多(허다) 許容(허용) 特許(특허) **허락할 허**

말씀한 바를 낮에 허락하다

 (범 호)				xū 쉬 虛無(허무) 虛費(허비) 虛勢(허세) 虛僞(허위) **빌 허**

범이 빠지게 파놓은 함정이 비어 있다

	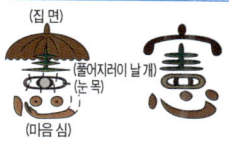 (집 면) (풀어지러이 날 개) (눈 목) (마음 심)			약 宪 xiàn 시엔 制憲(제헌) 憲兵(헌병) 憲章(헌장) 憲政(헌정) **법 헌**

집 안에 잡초같은 송사를 눈으로 보듯 마음(양심)껏 해결해 주는 것이 법이다

			약 献 xiàn 시엔 貢獻(공헌) 文獻(문헌) **드릴 헌**	

범의 발 같은게 달린 오지병에 개술을 담아서 드리다

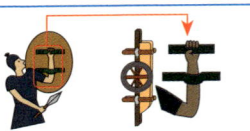	(수레 거) (방패 간)	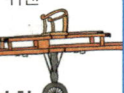	약 軒 xuān 쉬앤 軒帆(헌범) 東軒(동헌) **초헌 헌/ 집 헌/추녀 헌**
※ 초헌의 모양이 집의 추녀같음으로 [집 헌/추녀 헌]의 뜻을 지님	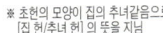 **수레**같이 생겨 위가 **방패**같이 넓적한 것이 **초헌**이다		
 날을 잡아 닭 목을 칼로 치니 숨이 그치다 (그칠 간)	 (그칠 간) (입크게 벌릴 흠)		xiē 시에 歇價(헐가) 歇看(헐간) 歇拍(헐박) **쉴 헐, 값쌀 헐**
	(일을) 그치고 입을 크게 벌려 숨을 몰아 쉬며 **쉬다**		
			약 佥 qiān 치앤 僉位(첨위) 僉意(첨의) 僉知(첨지) **다(모두) 첨**
	집의 세간을 **사람**이 이고 **모두 다** 옮기다		
			약 险 xiǎn 시엔 險難(험난) 險談(험담) 險狀(험상) 險相(험상) **험할 험**
지팡이의 모양 (글자 왼쪽에 붙을 시 → 언덕 부)			
	언덕은 **모두 다 험**하다		
	 말의 모양 (말 마)		약 验 yàn 이엔 經驗(경험) 試驗(시험) 實驗(실험) 體驗(체험) **시험할 험**
	(무사될 자에게) **말**을 **모두 다** 타게 해 **시험하다**		
			gé, jí 거, 지 革命(혁명) 革世(혁세) 革新(혁신) 革政(혁정) **가죽 혁/ 고칠 혁**
	나뭇살을 대어 **가죽**을 말리는 모양		

 칼에 베인 거북의 목피가 붉다 (붉을적)	 (붉을적) (붉을적)		赫	hè 허 赫怒(혁노) 赫赫(혁혁) 赫然(혁연) **빛날 혁/밝을 혁**

(불이) **붉고 붉게 빛나다**

			 입의 모양 (입 구)		약 吓 xià, hè 시아, 허 吓人(하인) 사람을 놀라게 하다 吓死(하사) 몹시 놀라다 **으를 하, 성낼 혁**

입으로 낯빛을 붉히며 성내며 으르다

		(불 적)  양팔과 다리를 크게 벌린 모양 (큰 대)		yì 이 奕世(혁세) 대대, 여러 대 **겹칠 혁(중첩되다)**

붉고 큰 천으로 에워싸려고 **겹치다**

 (매달 계)				약 县 xiàn 시엔 縣鉤(현구) 縣丞(현승) 縣監(현감) 縣令(현령) **고을 현**

(죄인의) 목을 베어 매달아 두었던 곳이 **고을**어귀다 ※(옛날에는 큰 죄를 범한 죄인이 생기면 백성의 경각심을 고취시킬 목적에서 목을 베어 종종 고을 어귀에 매달아 두었음)

		 젖가슴의 모양 (가슴 심.마음 심)		약 悬 xuán 쉬엔 懸垂幕(현수막) 懸板(현판) **달 현, 매달 현**	

(죄인의 목을) 고을 사람이 마음에 새기고 보게 **매달다**

(머릿수건 모)  (실사) (머리 혈)				약 显 xiǎn 시엔 顯考(현고) 顯達(현달) **나타날 현**	

모자나 실타래같은 것을 머리에 쓰고 **나타나다**

혁
현

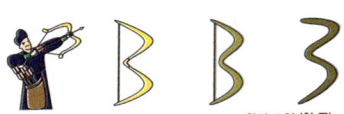 

xuán 쉬앤

玄木(현목) 玄妙(현묘)
玄武(현무) 玄米(현미)

검을 현

나무에 검은 실타래를 걸어 놓은 모양

xián 시앤

正弦(정현) 下弦(하현)
弦矢(현시) 弦影(현영)

활줄 현/ 시위 현

활에서 검은 색으로 보이는 것이 활줄이다

xuàn 쉬앤

炫炫(현현) 炫煌(현황)

밝을 현/ 빛날 현

불은 검은 밤에 더욱 밝게 빛난다

xián 시앤

船舷(선현) 右舷(우현)
左舷(좌현)

뱃전 현

배에서 검은 부분이 뱃전이다

약 贤 xián 시앤

賢母(현모) 賢婦(현부)
賢人(현인) 賢妻(현처)

어질 현

신하들이 마음을 거듭잡고 나라돈을 아껴쓰니 어질다

약 现 xiàn 시앤

現金(현금) 現象(현상)
現在(현재)

나타날 현

구슬이 볼 수 있게 나타나다

	xué 쉬에 穴隙(혈극) 掘穴(굴혈) 窟穴(굴혈) 洞穴(동혈) **구멍 혈/굴 혈**
굴이 뚫렸으니 **구멍**이 나 있다는 뜻	
 	xiě, xuè 시에, 쉬에 血肉(혈육) 血族(혈족) 血統(혈통) 血鬪(혈투) **피 혈**
피를 그릇에 받는 모양	
  	약 嫌 xián 시엔 譏嫌(기혐) 嫌家(혐가) 嫌忌(혐기) **싫어할 혐**
여자를 둘이나 **겸하여** 데리고 살면 여자는 **싫어한다**	
 	xié 셰 叶韻(협운) 叶吉(협길) **화합할 협**
입으로 열명이 동의해 **화합하다**	
   	약 協 xié 시에 協心(협심) 協議(협의) 協定(협정) 協助(협조) **도울 협, 합할 협**
열 사람이 힘과 힘과 힘을 내어 **돕다**	
   	약 脅 xié 시에 脅逼(협핍) 威脅(위협) 脅迫(협박) 脅痛(협통) **위협할 협, 겨드랑이 협**
세명이 힘으로 상대방의 **몸**에 고통을 주며 **위협하다**	

협

 	夾 jiā,gā,jié 지아,까,지에 夾門(협문) 夾攻(협공) 夾谷(협곡) **낄 협**

큰 사람이 양쪽 팔에 사람을 끼고 있는 모양

|  사람이 서 있는 모양 (사람인)  | 俠 xiá 시아
俠烈(협렬) 俠士(협사)
鋒俠(봉협) 勇俠(용협)
의기로울 협, 낄 협 |

약한 사람을 끼고 부축하니 의기로웁다

|   양손으로 괭이를 잡고 있는 모양 (손 쉬)  | 挾 xié 시에
挾私(협사) 挾詐(협사)
詭挾(궤협) 扶挾(부협)
가질 협/낄 협, 품을 협 |

물건을 손에 끼고 가지다

|   개가 서있는 모양 (개 견) | 狹 xiá 시아
狹小(협소) 狹隘(협애)
狹窄(협착)
좁을 협 |

틈이 개가 끼일 정도로 좁다

|   산 봉우리의 모양 (메산) | 峽 xiá 시아
峽谷(협곡) 峽路(협로)
峽水(협수)
골짜기 협 |

산이 끼고 있는 것이 골짜기다

|   머리의 모양 (머리 혈) | 頰 jiú 지아
頰輔(협보) 頰適(협적)
赤頰(적협) 豊頰(풍협)
뺨 협 |

두개골을 감싸 끼고 머리를 보호하는게 뺨이다

 풀싹이 돋아나는 모양 (풀 초)		**약** 荚 jiá 지아 荚物(협물) 荚錢(협전) **꼬투리 협**	협 형
풀에 끼여 있는 게 꼬투리다			
 (입구) (사람인)		xiōng 시옹 兄夫(형부) 兄丈(형장) **맏 형**	
동생에게 입으로 좋게 타이르는 사람이 형이다			
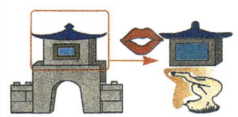 (높을 고) (마칠 료)	 	hēng, hug 형, 흥 哼哧(형적), 헐떡헐떡, 헐레벌떡 **끙끙거릴 형, 겁낼 형**	
입으로 높은소리를 내며 해산을 마치려고 끙끙거리다			
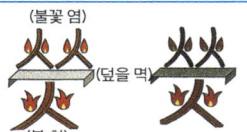 (불꽃 염) (덮을 멱) (불 화)	 	**약** 荧 yíng 잉 荧光(형광) 荧燭(형촉) 荧惑(형혹) **희미할 형**	
불꽃이 덮혀있으니 불빛이 희미하다			
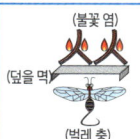 (덮을 멱) (벌레 충)	(불꽃 염)  		**약** 萤 yíng 잉 萤光(형광) 萤雪(형설) **개똥벌레 형/반딧불 형** 
불꽃을 덮어쓰고 있는 벌레가 개똥벌레다			
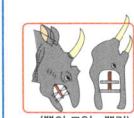 (뿔의 모양=뿔각)	(뿔 각)  (다닐 행) (큰 대)		héng 형 均衡(균형) 度量衡(도량형) **저울대 형** 
다닐때 뿔에 다치지 않게 큰 나무를 걸쳐놓은게 저울대 같다			

607

		**평평할 견**
방패를 맞잡고 붙여놓으니 평평하다		
 칼을 세워 놓은 모양 (선칼도,칼도)	刑	xíng 씽 刑罰(형벌) 刑法(형법) **형벌 형** 
	평평한 목칼과 칼로 형벌하다	
 (평평할 견) (흙 토)	型	xíng 씽 舊型(구형) 大型(대형) 類型(유형) **거푸집 형/모양 형, 본보기 형**
버무린 시멘트를 **평평한 칼틀로 흙**처럼 찍는 것이 **거푸집**이다		
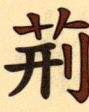 (평평할 견) (평평할 견) (선칼도)	荊	jīng 징 負荊(부형) 識荊(식형) 拙荊(졸형) **가시(나무) 형**
식물의 평평한 줄기에 칼같이 돋은 것이 가시다		
 머릿결의 모양 (터럭 삼)	形	xíng 씽 形像(형상) 形成(형성) **형상 형** 
얼굴을 (반반하게) **평평하게** 하려고 **머릿결**의 **형상**을 고치다		
 지팡이의 모양 (글자 우측에 붙을 시 → 읍 읍,마을 읍)	邢	xíng 싱 邢人(형인) **형나라 형/성씨 형**
	평평한 땅에 고을을 많이 세운 나라가 형나라다	

 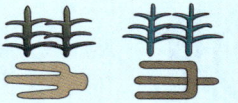

huì 후이

彗星(혜성) 彗掃(혜소)
掃彗(소혜)

빗자루 혜/ 살별 혜

빗자루를 손에 잡는 모양. 빗자루를 뜻함

※빗자루 모양으로 은하를 이루고 운행하는 별이 살별이다

혜

huì 후이

慧灌(혜관) 慧縛(혜박)
智慧(지혜) 知慧(지혜)

슬기로울 혜

빗자루로 쓸듯 마음을 맑게 하니 슬기롭다

huì 후이

惠念(혜념) 惠賜(혜사)
惠書(혜서) 惠送(혜송)

은혜 혜

물레를 세모돌로 눌러 놓고 마음껏 길쌈을 해 은혜를 갚다

xié 시에

鞋廛(혜전) 鞋韈(혜말)
芒鞋(망혜)

신 혜

가죽으로 영토(흙)위를 다니려고 만든 게 신이다

hù 후

戶別(호별) 戶籍(호적)
戶主(호주) 戶口(호구)

집 호/지게문 호

방문의 모양 집을 뜻함

🔴 동 滬 hù 후

① 중국 오송강 하류 황포강을 일컬음
② 상해의 다른 이름

물이름 호

물이 집주위를 돌아 흐르는 곳이 황포강이다

hū 후

虎叱(호질)　虎癡(호치)
客虎(객호)　猛虎(맹호)

범 호

범이 나무등걸을 박차고 뛰어 오르는 모양. 범을 뜻함

(입 구)

hǔ, xià 후, 샤

으를 호

입으로 범이 으르다(으르렁거리다)

약 号　hào, háo 하오, 하오

雅號(아호)　稱號(칭호)
號令(호령)　號外(호외)

부르짖을 호

입을 드릴 길이만큼 벌리고 범이 부르짖다

(개 견) (오이 과)

hú 후

狐狼(호랑)
狐白(호백)

여우 호

개 비슷하며 오이처럼 등이 굽은 짐승이 여우다

(활 궁) (오이 과)

hú 후

弧剌(호랄)　弧矢(호시)
桃弧(도호)　桑弧(상호)

활 호

활은 오이처럼 휘어 활을 만든다

풀에서 새를 잡아 보살피다

약 护　hù 후

看護(간호)
辯護(변호)

보호할 호, 지킬 호

(말씀 언) (보살필 약)

말씀대로 풀에서 새를 잡아 보살피며 보호하다

오래된 십자가 비석의 모양 (오랠 고/옛 고) (오랠 고) (몸 육)	胡

hú 후

胡貊(호맥) 胡狄(호적)
胡亂(호란) 胡壽(호수)

오랑캐 호/ 어찌 호

목적없이 **오래 몸**만 생각하고 사는 늠이 오랑캐다

물방울이 떨어지는 모양 (물 수)

湖

hú 후

江湖(강호) 畿湖(기호)
湖畔(호반) 湖南(호남)

호수 호

물이 오래 몸을 담고 있는 곳이 호수다

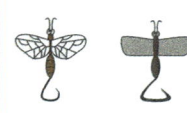  

벌레의 모양 (벌레 충)

蝴

hú 후

나비 호

벌레로 오래 몸을 숨겼다 환생한 게 나비다

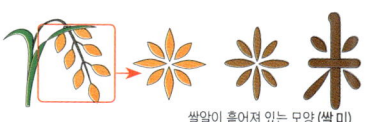

쌀알이 흩어져 있는 모양 (쌀 미)

糊

hū, hú, hù 후

糊口(호구) 糊塗(호도)
糊名(호명)

풀 호/ 죽 호

쌀을 오래 몸이 흐물흐물하게 끓인게 풀이다

풀싹이 돋아나는 모양 (풀 초)

葫

hú 후

마늘 호

풀(뿌리)로 오래 몸에 원기를 주는 게 마늘이다

互

hù 후

互異(호선) 互讓(호양)
互惠(호혜) 互換(호환)

서로 호/ 어긋매낄 호

두개의 갈고랑이가 서로 어긋매끼어 있는 모양

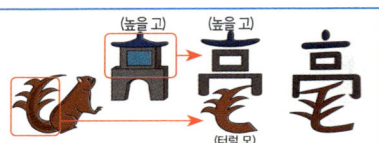 

hào 하오

鋒毫(봉호) 秋毫(추호)
毫末(호말) 毫髮(호발)

터럭 호

높게 자란 털이 터럭이다

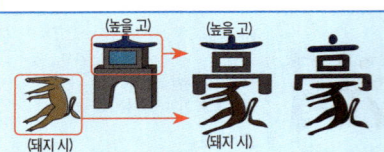 

háo 하오

豪桀(호걸) 豪放(호방)
豪言(호언)

호걸 호

사람이 높게 자란 멧돼지처럼 강하니 호걸이다

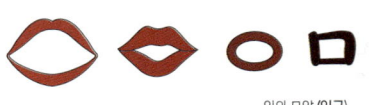 

háo 하오

長嚎(장호) 길게 울부짖는
소리, 대성통곡하다

울부짖을 호

입을 열고 호걸이 울부짖다

háo 하오

塹壕(참호)

참호 호/해자 호

땅을 파서 호걸이 진지를 지키게 만든 것이 참호다

 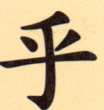

hū 후

澹乎(담호) 稻乎(도호)
頹乎(퇴호) 沛乎(패호)

탄식할 호/어조사 호

입을 벌리고 탄식하다

hū 후

呼出(호출) 呼稱(호칭)
呼吸(호흡) 歡呼(환호)

부를 호

입으로 탄식하듯 큰소리로 부르다

 (쇠 금) (높을 고)			 鎬	약 鎬 gǎo, hào 가오, 하오 鎬京(호경) **냄비 호/ 호경 호**

금속으로 굽을 **높게** 만든 조리기구가 **냄비**다

	(풀 초)  (높을 고)		 蒿	hào 하오 蒿子(호자) 쑥 **쑥 호**

풀로 줄기가 **높이** 자라는 게 **쑥**이다

 (계집 녀)(아들 자)			 好	hǎo, hào 하오, 하오 好感(호감) 好言(호언) **좋을 호** 

여자가 아들을 안고 **좋아하다**

			壺	약 壺 hú 후 白瓷大壺(백자대호) 壺狀花冠(호상화관) **항아리 호, 병 호**

선비가 덮어놓고 쓰는 **항아리**의 모양을 본뜬 자

(소 우)  (입 구)	 		 告	gào 가오 告別(고별) 告示(고시) **고할 고/알릴 고** 

소를 잡아 놓고 **입**으로 신에게 **고하다**

			浩	hào 하오 浩曠(호광) 浩渺(호묘) 浩歌(호가) 浩氣(호기) **넓을 호**

물이 **고하듯** 소리내 흐르는 곳에 물폭이 **넓**다

	huò 후어 或是(혹시) 或曰(혹왈) 間或(간혹) 設或(설혹) **혹시 혹/ 혹 혹**

창을 들고 **입**으로 **성벽**에서 **혹시** 적인가 하고 암호로 묻다

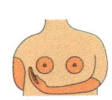 	 huò 후어 當惑(당혹) 魅惑(매혹) 迷惑(미혹) 幻惑(환혹) **미혹할 혹/ 의심할 혹**

혹시나 하는 **마음**에서 미혹하다

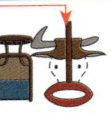 酉告	酷 kù 쿠 酷毒(혹독) 酷評(혹평) 酷虐(혹학) **독할 혹**

술병에 **고한대로** (기록된 도수대로) 술이 **독하다**

 昏 昏	 hūn 훈 昏闇(혼암) 昏頑(혼완) 昏迷(혼미) 昏睡(혼수) **어두울 혼**

뿌리가 내린 땅밑으로 **해**가 지니 **어둡다**

	婚 hūn 훈 婚談(혼담) 婚禮(혼례) 婚事(혼사) 婚主(혼주) **혼인할 혼**

여자를 **어두운** 저녁에 맞아 혼인하다 ※(옛날에는 결혼식을 저녁에 올렸음)

(해/날 일)  混 混	混 hùn, hún 훈, 훈 混亂(혼란) 混線(혼선) **섞일 혼** 

물가 **햇볕**아래 **나란히** 앉아 **섞이다**

　(물 수) (군사 군)		약 浑 hún 혼 **섞일 혼/ 흐릴 혼**
물에 군사들이 들어가 **섞이니** 물이 **흐리다**		
　확성기=말하다　(말할 운) (귀신 귀)		hún 훈 游魂(유혼) 蜀魂(촉혼) 靈魂(영혼) 商魂(상혼) **넋 혼**
흔히 **말하는 귀신**이라는 것이 곧 **넋**이다		
  		wù 우 勿論(물론) 勿驚(물경) 四勿(사물) 勿忘草(물망초) **없앨 물/ 말 물**
닭을 **목매여** 죽여 **없애다**		
 　젖가슴의 모양 (가슴 심.마음 심)	忽	hū 호 疎忽(소홀) 奄忽(엄홀) 疏忽(소홀) 忽待(홀대) **갑자기 홀/ 소홀히할 홀**
없던 **마음**이 **갑자기** 떠오르다		
  		hé 허 合當(합당) 合理(합리) 合併(합병) 一合(일홉) **홉 홉, 합할 합**
뚜껑을 덮은 **그릇**이 한 **홉** 정도이다		
 	弘	nóng 훙 弘毅(홍의) 弘綽(홍작) 弘益人間(홍익인간) **클 홍**
활시위를 **쟁기**모양이 되게 **크게** 벌리다		

gòng 꿍

共同(공동) 共益(공익)

함께 공

엮은 고기를 **나누어 함께** 가지다

hóng 훙

洪瀾(홍란) 洪饒(홍요)
葛洪(갈홍) 洪範(홍범)

넓을 홍, 큰물 홍

물방울이 떨어지는 모양 (물 수)

물이 사방에서 **함께** 흘러오니 **넓다**

hōng, hòng 훙, 훙

哄動(홍동) 哄笑(홍소)
哄然(홍연) 哄唱(홍창)

떠들썩할 홍

입의 모양 (입 구)

입으로 **함께** 모여 이야기하니 **떠들썩하다**

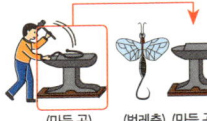  

hōng 훙

烘箱(홍상) 烘柿(홍시)
烘霽(홍제)

불에 쬐어 말릴 홍

장작에 불이 붙어 타는 모양 (불 화)

불 앞에 모여 **함께 불에 쬐어 말리다**

hóng 훙

白虹(백홍)
雄虹(웅홍)

무지개 홍

(만들 공) (벌레 충) (만들 공)

벌레같이 만들어진 것이 **무지개**다

약 紅 hóng 훙

紅疫(홍역) 紅塵(홍진)
紅茶(홍차) 紅桃(홍도)

붉을 홍

(만들 공) (실 사) (만들 공)

실을 좋게 **만들려고 붉게** 물들이다

(물 강) (새 조)

약 鴻 hóng 홍
蜚鴻(비홍)
鴻毛(홍모)
기러기 홍

강위를 나는 새가 기러기다

huà, huā 화, 화
化生(화생) 化合(화합)
感化(감화) 文化(문화)
변할 화/화할 화

사람이 꼬부라진 몸으로 변하다

풀싹이 돋아나는 모양 (풀 초)

huā 화
花冠(화관)
化郎道(화랑도)
꽃 화

풀이 변하여 꽃이 되다

돈이 든 자개장의 모양 (자개 패/돈 패)

약 貨 huò 후어
貨主(화주) 貨幣(화폐)
通貨(통화) 外貨(외화)
재화 화

팔면 변하여 돈이 되는 것이 재화다

나뭇살을 대어 가죽을 말리어 고치다 (가죽/고칠 혁)

xuē 쉬에, 쉐
短靴(단화) 洋靴(양화)
長靴(장화) 着靴(착화)
신 화

가죽이 변하여 신는 신발이 되다

혀의 모양 (혀 설) (말씀 언) (혀 설)

약 話 huà 화
話法(화법) 話題(화제)
話術(화술)
이야기할 화/말할 화

말씀을 혀를 놀려 이야기하다

		hé 허 禾穗(화수) 嘉禾(가화) 田禾(전화) 禾苗(화묘) **벼 화**
벼의 모양		
 입의 모양 (입구)	和	hé, huó, huò 허, 후어, 후어 和睦(화목) 和色(화색) 和音(화음) 和暢(화창) **화목할 화/화할 화**
벼를 입으로 같이 먹고 사니 화목하다		
 (풀 초) 	華	약 华 huá, huà 화, 화 華年(화년) 華麗(화려) 華奢(화사) 華燭(화촉) **화려할 화/빛날 화**
풀(꽃)이 담장을 타고 화려하게 꽃피다		
  입의 모양 (입구)	嘩	약 哗 huá, huā 화, 화 嘩然(화연) 떠들썩하다 **떠들썩할 화**
(설교를) 입으로 화려하게 꽃핀 듯 외치니 떠들썩하다		
 나무의 모양 (나무 목)	樺	약 桦 huà 후아 樺太(화태) **벗나무 화/ 자작나무 화**
나무로 화려하게 꽃피는게 벗나무다		
   스패너로 입을 돌리는 모양 (입삐뚤어질 괘) (제사 시) (입삐뚤어질 괘)	禍	약 祸 huò 후어  輪禍(윤화) 士禍(사화) **재앙 화**
제사를 잘못 지내 **입이 삐뚤어지는 재앙**을 당하다		

	huǒ 후어
 火	火急(화급) 火氣(화기) 火色(화색) 火因(화인) **불 화**

장작에 **불**이 붙어 타는 모양. **불**을 뜻함

	huǒ 후어
伙	伙子(화자) 무리 伙食(화식) 공동 식사 **세간 화, 무리 화**

사람이 서 있는 모양(사람 인)

사람이 **불**을 쬐며 **무리지어** 있다

	약 画 huà 화
畵	畵廊(화랑) 畵面(화면) **그림 화**

붓으로 밭을 그려 액자에 넣은 것이 **그림**이다

	약 确 què 취에
確	確保(확보) 確信(확신) 確認(확인) 確證(확증) **굳을 확/ 확실할 확**

(뜻이) 돌같이 굳고 높으니 성공할 것이 **확실하다**

	약 获 huò 후오
穫	耕穫(경확) 秋穫(추확) 收穫(수확) **거둘 확**

벼를 보살펴서 거두다

	약 扩 kuò 쿠어
擴	擴散(확산) 擴聲(확성) 擴張(확장) 擴充(확충) **넓힐 확**

손으로 넓게 하려고 **넓히다**

화
확

(높을 고)(집 엄) (아들 자)(마을 읍)		kuò 쿼 輪廓(윤곽) 廓大(확대) **넓을 확, 둘레 곽**
집에 높이 올라 아들이 마을의 둘레를 보니 **넓다**		
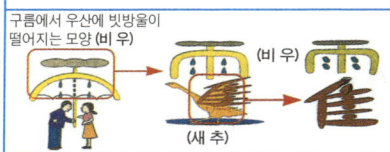구름에서 우산에 빗방울이 떨어지는 모양 (비 우) (비 우) (새 추)		huò 훠 霍然(확연) 갑자기, 급한 모양 **빠를 곽, 확**
비가 오니 새의 날라감이 **빠르다**		
		약 环 huán 후안 **(눈)둥그렇게 할 경/환**
놀라서 눈을 양파같이 둥그렇게 하다		
 구슬이 꿰어 있는 모양 (구슬 옥)		약 环 huán 후안 環境(환경) 環狀(환상) 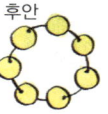 **고리 환, 두를 환**
구슬로 둥그렇게 만든게 **고리**다		
  캥거루우가 달려가는 모양 (갈 착/달릴 착)		약 还 hái huán 하이·후안 召還(소환) 送還(송환) **돌아올 환, 갚을 환**
둥그렇게 된 길을 **달려가**면 제자리로 **돌아온다**		
   (꿸 관) (마음 심)		huàn 후안 患苦(환고) 患難(환난)  **근심 환**
(두 사람에게 연정을) **꿰고** 있어 **마음**에 **근심**이 생기다		

		**약** 奐 huàn 환, 후안 奐奐(환환) 伯奐(백환) **클 환 / 엉덩이를 환**
머리를 엉덩이까지 느린 큰 아씨의 엉덩이가 크다		
 입의 모양 (입 구)		**약** 喚 huàn 후안 喚問(환문) 喚聲(환성) 召喚(소환) 追喚(추환) **부를 환**
입을 크게 하여 부르다		
 양손으로 괭이를 잡고 있는 모양 (손 수)		**약** 換 huàn 후안 轉換(전환) 置換(치환) 換拂(환불) 換算(환산) **바꿀 환**
손에 크고 무거운 걸 들고 가느라 손을 바꾸다		
 장작에 불이 붙어 타는 모양 (불 화)		**약** 煥 huàn 후안 燦煥(찬환) 煥爛(환란) **빛날 환**
불이 크게 번져 빛나다		
  물방울이 떨어지는 모양 (물 수)		**약** 渙 huān 후안 渙爛(찬환) 찬란한 모양 渙然(찬환) 흩어지는 모양 **흩어질 환**
물을 크게 뿌리니 흩어지다		
		wán 완 一丸(일환) 彈丸(탄환) 砲丸(포환) 丸藥(환약) **둥글 환, 탄알 환**
드릴로 구멍을 파니 구멍이 둥글다		

幻 huàn 후안
幻覺(환각)
幻滅(환멸)
허깨비 환, 환상 환

조롱박같이 작은 팔을 흔드는 것이 보임이 허깨비의 환상이다

   (집 면)  (신하 신)

宦 huàn 후안
宦福(환복) 宦侍(환시)
內宦(내환) 冷宦(냉환)
벼슬(아치) 환/내시 환

궁궐집에서 임금을 섬기는 신하가 벼슬아치나 내시다

  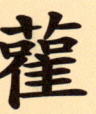

雚
황새 관

풀속에서 주위를 살피며 우는 황새의 모양

입을 크게 벌리고 하품하는 모양 (입 크게 벌릴 흠.하품 흠)

약 欢 huān 후안
歡談(환담)
歡樂(환락)
기뻐할 환

황새가 입을 크게 벌리고 기뻐하다

혀의 모양(혀 설) (물 수) (혀 설)

活 huó 후어
活力(활력) 活路(활로)
活字(활자) 活着(활착)
살 활/살릴 활

물이 혀같이 살아서 움직이다

문의 모양을 본뜬 자 (문 문)

闊
약 阔 kuò 쿠어
闊別(활별) 闊步(활보)
廣闊(광활) 空闊(공활)
넓을 활

문이 살아서 움직이듯 왕래가 잦고 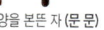넓다

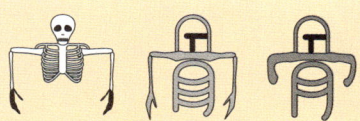  骨	gǔ 꾸 骨肥(골비) 骨髓(골수) 骨折(골절) 筋骨(근골) **뼈 골**
뼈의 모양을 본뜬 글자	
  물방울이 떨어지는 모양 (물 수)  滑	huá 화, 후아 滑汨(활골) 潤滑(윤활) 圓滑(원활) **미끄러울 활/어지러울 골**
물의 **뼈**는(얼음은) 미끄럽다	
 개가 서있는 모양 (개 견)  猾	huá 후아 猾吏(활리) 猾民(활민) 輕猾(경활) 巧猾(교활) **교활할 활**
개같이 **뼈**에 붙은 살을 발라 먹는 짐승은 교활하다	
 집안을 어지러운 풀이 되게 헐뜯어 헤치다 (해칠/해할 해) (골 곡) (해칠/해할 해)  豁	huō, huá, huo 후어, 화, 후어 豁達(활달) 탁 트이고 시원스러움 豁悟(활오) 환히 깨달음 **내기할 활, 넓을 활**
불도저로 **해쳐** 개간한 **골짜기**가 **넓고 넓다**	
   (해 일) (빛 광)  晃	huǎng, huàng 후앙, 후앙 眩晃(현황) 晃耀(황요) 晃昱(황욱) 晃晃(황황) **밝을 황(빛나다, 반짝반짝하다)**
해의 **빛**은 **밝다**	
 (수건 건)   (해 일) (빛 광)  幌	huǎng 황 幌子(황자) 실물, 간판 **휘장 황**
수건같은 천으로 **햇볕**(빛)을 가리려고 친 게 **휘장**이다	

 	huáng 후앙 皇考(황고)　皇國(황국) 皇宮(황궁)　皇帝(황제) **임금 황**
밥같이 흰 면류관을 쓴 왕이 임금이다	
  	huáng 황 鳳凰(봉황) **봉황 황**
책상 전면에 임금님의 상징으로 그린 새가 봉황이다	
  	huáng 후앙, 황 蝗災(황재)　蝗旱(황한) **누리 황(곤충 누리 황충)**
벌레 떼로 임금에 해당하는 떼가 황충(누리) 떼다	
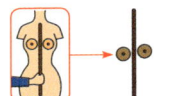  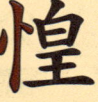	huáng 후앙, 황 惶悚(황송)　惶擾(황요) 憂惶(우황)　戰惶(전황) **두려워할 황**
마음이 임금앞에 서니 두려워하다	
  	약 況 kuàng 쿠앙 況且(황차)　狀況(상황) 盛況(성황)　情況(정황) **불어날 황/상황 황**
물에 맏형벌이 되는 물이 합류해 물이 불어나는 상황이다	
 	huǎng 후앙, 황 恍然(황연)　恍惚(황홀) 恍游(황유) **황홀할 황**
마음에 밝은 빛이 빛이니 황홀하다	

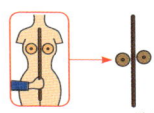  荒

huāng 후앙

荒凉(황량) 荒城(황성)
荒野(황야)

거칠 황/ 황폐할 황

땅이 풀이 망할 정도로 물이 할퀴고 가 거칠다

   慌

huāng 후앙

慌悴(황췌) 慌惚(황홀)
慌忙(황망) 慌罔(황망)

당황할 황

젖가슴을 짚어보이는 모양 (가슴 심,마음 심)

마음이 거칠게 행동하는 자를 만나니 당황하다

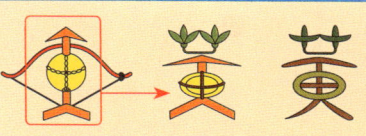  谎 huǎng 후앙, 황

謊言(황언) 거짓말

속일 황

수염을 들먹이며 입으로 말하는 모양 (말씀 언)

말을 거칠게 하며 속이다

 黃

huáng 후앙

黃金(황금) 黃銅(황동)
黃毛(황모) 黃牛(황우)

누를 황

시들은 풀과 황이 묶인 불화살은 누런색이다

   磺

huáng 후앙, 황

硫磺(유황)

유황 황

돌 (바위)의 모양 (돌 석)

돌같이 단단하고 누런색이 나는 게 유황이다

淮

huái 화이

淮水(회수) 淮陽(회양)
淮夷(회이)

회수 회/ 강이름 회

(새 추) (물 수) (새 추)

강물중에 새가 많이 서식하는 강이 회수이다 ※회수: 중국 안휘성 강소성 일대에 흐르는 강이름

 (사람인) (어미 모) (어미 모)	每 měi 메이 每回(매회) 每事(매사) 每朔(매삭) 每樣(매양) **매양 매**
사람은 어머니를 매양(늘) 그리워한다	
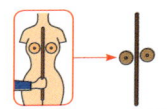 젖가슴을 짚어보이는 모양 (가슴 심/마음 심)	悔 huǐ 훼이 悔吝(회린) 悔懊(회오) 憾悔(감회) 收悔(수회) **뉘우칠 회**
마음속으로 매양(늘) 뉘우치다	
 해의 모양(해가 떠서 새날이 온다는 뜻 (해 일/날 일)	晦 huì 후이 晦匿(회닉) 晦昧(회매) 明晦(명회) 冥晦(명회) **어두울 회/그믐 회**
해는 매양(늘) 저서 어두운밤 그믐이 온다	
 수염을 들먹이며 입으로 말하는 모양 (말씀 언)	**약** 诲 huì 후이 誨育(회육) 敎誨(교회) 慈誨(자회) 胎誨(태회) **가르칠 회/ 깨우칠 회**
말로 매양(늘) 가르치니 깨우치다	
	回 huí 훼이 回顧(회고) 回覽(회람) 回報(회보) 回想(회상) **돌 회/돌아올 회**
바퀴가 돌아가는 모양. 돌다	
 풀싹이 돋아나는 모양 (풀 초)	茴 huí 훼이 茴香(회향) 회향풀 **회향풀 회**
풀로 은은한 향을 돌리듯 풍기는 게 회향풀이다	

팔을 흔들며 총총 걸어가는 모양 (갈 척, 바삐갈 척)

huái 화이

徘徊(배회) 低徊(저회)
遲徊(지회)

배회할 회

바삐 걸어서 돌아다니며 배회하다

벌레의 모양 (벌레 충)

huí 후이

蛔蟲(회충) 蛔痛(회통)
蛟蛔(교회)

회충 회/거위 회

벌레로 뱃속을 돌아다니는 것이 회충이다

약 会 huì, kuài 훼이, 콰이

會期(회기) 會談(회담)
會社(회사) 會話(회화)

모을 회

집 안에서 입을 모아서 회의를 하다

실타래의 모양 (실 사)

약 绘 huì 훼이

繪圖(회도) 繪事(회사)
墨繪(묵회) 文繪(문회)

그림 회

색실을 모아 그림수를 놓다

칼을 세워 놓은 모양 (선칼도,칼도)

약 刽 guì 꾸이

劊子手(회자수)
사형수의 목을 자르는 사람

끊을 회

여러 절단기를 모아서 그 칼로 끊다

손에 고기를 가지고 있다 (있을 유) (돈(궤) 패) (있을 유)

약 贿 huì 후이

方賄(방회) 收賄(수회)
容賄(용회) 資賄(자회)

뇌물 회

돈을 써 편한 데 있게 해 달라고 받치는 게 뇌물이다

회

회
획

huī 훼이

洋灰(양회)　灰分(회분)
灰色(회색)　石灰(석회)

재 회

손으로 잡을 수 있는 **불** 탄 찌꺼기가 재다

   恢

huī 훼이

恢奇(회기)　恢復(회복)
恢然(회연)　恢闡(회천)

넓을 회/돌이킬 회

마음이 **재**같이 타면 **넓은** 마음으로 **돌이켜진다**

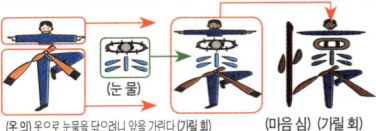 

kuī 쿠이

盔甲(회갑) 투구와 갑옷

투구 회(뚝배기 모양의 그릇)

재를 담는 **그릇**(화로)같이 만든 게 **투구**다

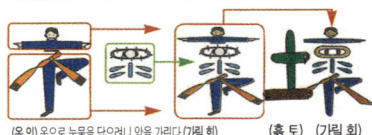

약 怀 huái 화이

懷繃(회붕)　懷孕(회잉)
所懷(소회)　述懷(술회)

생각할 회/품을 회

마음을 **가릴**만큼 많은 **생각을 품다**

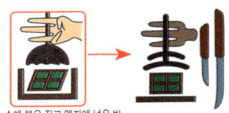 

약 坏 huài 화이

倒壞(도괴)　崩壞(붕괴)

혹 회(망치다), 무너뜨릴 괴

(발파해) **흙**을 앞을 **가릴**정도로 **무너뜨리다**

약 划 huà, huá, huái 화, 화, 화이

計劃(계획)
區劃(구획)

새길 획/그을 획/계획할 획

그림을 **칼**로 **새기려고 그을**데를 **계획하다**

 (개 견) (보살필 약)				**약** 获 huò 후어 禽獲(금획) 濫獲(남획) 漁獲(어획) **잡을 획/얻을 획**
개가 숲속의 새를 잡으려고 살피며 **잡다**

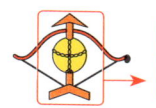				**약** 画 huà 화 畵面(화면) 畵伯(화백) **그림 화, 획 획**

붓으로 밭을 그려 **액자**에 넣은 것이 **그림**이다

				héng, hèng 헝, 헝 縱橫(종횡) 橫斷(횡단) 橫帶(횡대) **가로 횡**

나무를 베어 **누런색**을 칠해 **가로**로 걸쳐 놓다

				xiào 샤오 孝心(효심) 孝子(효자) 孝親(효친) 孝行(효행) **효도 효**

늙은이에게 **아들**이 **효도** 하다

				xiào 샤오 哮吼(효후) 怒哮(노효) 跳哮(도효) 咆哮(포효) **성낼 효/울부짖을 효**
			입의 모양 (입구)	

입으로 **효도**를 못했음을 후회하며 **울부짖다**

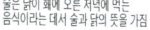술은 닭이 홰에 오른 저녁에 먹는 음식이라는 데서 술과 닭의 뜻을 가짐		술병을 본뜬 자 (술 유/닭 유)		xiào 샤오 酵素(효소) 發酵(발효) 酸酵(발효) 糟酵(조효) **발효 효/삭일 효**

술이 **효도**를 하는 때란 **발효**되어 **삭일**때다

 (사귈 교)  (사귈 교)(두드릴 복) 效 效	效 xiào 시아오 無效(무효) 發效(발효) 奏效(주효) 特效(특효) **본받을 효/효험 효**

좋은 친구와 **사귀라고** 늘 두들기면 좋은 점을 **본받는다**

   曉	약 曉 xiāo 시아오 猝曉(졸효) 曉魄(효백) 曉梵(효범) 拂曉(불효) **새벽 효**

해가 **높은 풀무덤**위로 떠오르는 때가 **새벽**이다

   	yáo 야오 肴蔬(효소) 肴核(효핵) **안주 효(술안주)**

가위를 잡고 갈비 **고기**를 구워 놓은 게 **안주**다

물방울이 떨어지는 모양 (물 수) 	yáo 야오 淆紊(효문) 紛淆(분효) **섞일 효, 어지러울 효**

물에 술 **안주**가 빠지니 **섞이여 어지러웁다**

머리의 모양    (입 구)  (머리 혈)	xiāo 샤오 囂塵(효진) 囂嘩(효화) **시끄러울 효, 들렐 효(떠들석하다)**

입으로 전후 좌우에서 **한머리**(사람)에게 따지니 **시끄러웁다**

   朽	xiǔ 시우 朽老(후로) 朽滅(후멸) 枯朽(고후) 老朽(노후) **썩을 후**

나무가 **드릴**에 뚫린듯 구멍이 나며 **썩다**

 (사람 인) 편지가 묶인 화살 (화살 시)	侯	hóu 허우 侯鵠(후곡) 侯蹄(후제) 諸侯(제후) 土侯(토후) **과녁 후/제후 후**
사람이 걸어놓은 표적에 화살을 쏘는 곳이 과녁이다 ※과녁을 화살로 잘 맞히는 사람이 제후이다		
 단도의 모양		hòu, hóu 허우, 허우 候鳥(후조) 測候(측후) 天候(천후) 候補(후보) **날씨 후/살필 후**
단도로 과녁을 맞힐 수 있나 날씨를 살피다		
 입의 모양(입구)	喉	hóu 허우 扼喉(액후) 咽喉(인후) 喉頭(후두) 喉門(후문) **목구멍 후**
입을 벌렸을때 과녁처럼 보이는 것이 목구멍이다		
 개가 서있는 모양(개 견)		hóu 허우 猴猿(후원) 沐猴(목후) 狙猴(저후) **원숭이 후**
(사냥꾼이) 개 몰이를 해 과녁삼아 쏜 게 원숭이다		
(스스로 자)  (개 견)	臭	chòu 처우 惡臭(악취) 體臭(채취) 臭覺(취각) **맡을 후, 냄새 취**
코로 스스로 개가 냄새를 맡다		
	嗅	xiù 씨우 嗅覺(후각) 嗅感(후감) 嗅官(후관) **냄새맡을 후**
입과 코로 스스로 개가 냄새를 맡다		

후
훈

(입 구) (구멍 공)
아들이 굽은 태줄 구멍에 의존하다 (구멍 공)

吼

hǒu 허우

吼怒(후노) 吼號(후호)
鯨吼(경후)

울 후

입을 **구멍**이 나게 벌리고 **울다**

(바위 엄)
(머릿수건 모)
(아들 자)

厚

hòu 허우

厚生(후생)
厚顔(후안)

두터울 후

바위 밑을 가리고 **덮어 쓴 아들**의 안전모는 **두텁다**

(작을 요)
(갈 척)(천천히걸을 치)

약 后 後

hòu 허우

後面(후면) 後發(후발)
後輩(후배) 後世(후세)

뒤 후

걸어**갈때** 보폭을 조롱박처럼 **작게** 하여 **천천히** 걸으면 **뒤**서게 된다

(술 유) (흉할 흉)

酗

xù 쉬

淫酗(음후) 沈酗(침후)
兇酗(흉후)

주정할 후

술을 마시고 **흉하게 주정하다**

(일천 천)
재떨이와 숯이 검다 (검을 흑) (검을 흑)

熏

xūn 쉰

熏胥(훈서) 熏夕(훈석)
熏燒(훈소)

불길 훈, 연기낄 훈

(곡식) **일천**개를 쉬 **검게** 태우는게 **불길**이다

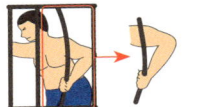 

철창살을 팔로 힘을 써 벌리는 모양 (힘력)

약 勋 勲

xūn 쉰

邁勳(매훈) 功勳(공훈)
勳蔭(훈음) 勳章(훈장)

공훈

불길같은 **힘**으로 세상에 **공**을 세우다

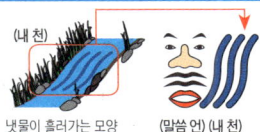냇물이 흘러가는 모양	(말씀 언)(내 천)		訓	**약** 训 xùn 쉰 訓告(훈고) 訓民(훈민) 訓示(훈시) 訓育(훈육) **가르칠 훈**

말을 냇물이 흐르듯 해가며 가르치다

			暈	**약** 晕 yūn,yún,yùn 윈,윈,윈 暈圍(훈위) 船暈(선훈) **(해 달)무리 훈** 

해 주위에 군사들이 진친 것처럼 보이는게 해무리다

(풀 초) (군사 군)			葷	**약** 荤 hūn 훈 북방 종족의 이름 파, 마늘 따위의 냄새나는 채소 **훈채 훈(생선이나 육류로 만든 요리)**

야채와 육류를 섞어 군사들을 먹이려고 만든 게 훈채음식이다

집 천정까지 햇볕의 따스함이 펼쳐지다 (펼칠 선)	(입 구) (펼칠 선)		喧	xuān 쉬엔 塵喧(진훤) 赫喧(혁훤) **지껄일 훤, 싸움할 훤** 

말을 입으로 펼쳐서 지껄이며 싸움하다

(만들 공)	(절구 구) (만들 공)(두들길 수)		毀	huǐ 훼이 毀焠(훼체) 毀瑕(훼하) 毀損(훼손) 毀慕(훼모) **헐 훼**

절구를 만들때 함부로 두들기면 바닥이 헐어진다

(덮을 멱) (고슴도치 계) (과실 과)			彙	**약** 汇 huì 후이 語彙(어휘) 字彙(자휘) 條彙(조휘) 品彙(품휘) **무리 휘/ 모을 휘**

고슴도치가 덮어서 열매를 숨기려고 낙엽을 모으다

633

(손 수) (군사 군)			揮	**약** 揮 huī 훼이 指揮(지휘) 揮發(휘발) **지휘할 휘** 
		손으로 군사들을 **지휘하다**		
(빛 광) (군사 군)			輝	**약** 輝 huī 훼이 再輝(재휘) 輝光(휘광) 輝點(휘점) 輝炭(휘탄) **빛날 휘**
		빛이 **군인**진지에서 **빛나다**		
사다리를 이용해 가죽을 말리려고 사방을 묶어 에워싼 모양	(말씀 언) (에위쌀 위)		 諱	**약** 讳 huì 후이 諱言(휘언) 諱字(휘자) 隱諱(은휘) 藏諱(장휘) **꺼릴 휘**
		말내용을 **에워싸서** 숨기려고 말하기를 **꺼리다**		
(이을 계)	(바삐갈 척) (이을 계) (칠 복)	 徽	 徽	huī 후이 徽文(휘문) 徽索(휘삭) 徽言(휘언) **아름다울 휘/좋을 휘**
		바삐가서 **산**이 이여진 곳에서 **징을 치며** 노니 **좋다**		
(사람 인) (나무 목)			休	xiū 시우 休憩(휴게) 休眠(휴면) **쉴 휴** 
		사람이 **나무**밑에서 **쉬다**		
(흙 토) (밭 전) (흙 토)			畦	qí 치 荒畦(황치) 황폐한 밭 **두둑 휴(두렁)**
		밭경계 따라 **흙과 흙**을 쌓아 높인 게 **두둑(두렁)**이다		

 携 携 携

xié 시에

提携(제휴) 携貳(휴이)
携帶(휴대)

들 휴/ 이끌 휴

손으로 새를 층계위로 들다

약 亐 kuī 퀘이

虧損(휴손) 적자(나다)

이지러질 휴(부족하다, 모자라다)

범이 새를 드릴로 뚫듯해 형채가 이지러지다

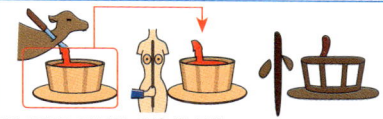 

xù 쒸

恤民(휼민) 恤貧(휼빈)
保恤(보휼) 優恤(우휼)

불쌍히여길 휼

마음으로 피흘리는 것을 보고 불쌍히 여기다

xiōng 시옹, 슝

匈奴(흉노)

흉할 흉/오랑캐 흉

흉한 것을 감싸끼고 있으니 더 흉하다

약 汹 xiōng 시옹, 슝

洶動(흉동) 洶淵(흉연)
洶溶(흉용) 洶洶(흉흉)

용솟음칠 흉

물이 흉하게 보이며 용솟음치다

xiōng 시옹, 슝

胸背(흉배) 胸部(흉부)
胸像(흉상) 胸圍(흉위)

가슴 흉

몸에서 흉한 장기를 싸고 있는 부위가 가슴이다

				xiōng 시옹
				凶物(흉물) 凶惡(흉악) 凶作(흉작) 凶彈(흉탄) **흉할 흉**
금이간 사발 모양				

금이 간 사발이 보기 흉하다

				hēi 헤이 黑幕(흑막) 黑白(흑백) 黑色(흑색) 黑心(흑심) **검을 흑**

재떨이와 **숯**이 검다

			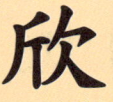	xīn 신 欣快(흔쾌) 欣歡(흔탄) 欣幸(흔행) **기쁠 흔**
(반달도끼 근)	(입크게벌릴 흠)			

(입을) **도끼**로 찍은 모양이 되게 **입을 크게 벌리고 기뻐하다**

					xiān 시엔 掀掀(흔흔) 높이 솟는 모양 **번쩍들 흔**
	양손으로 괭이를 잡고 있는 모양 (손 수)				

(선물을) **손**에 쥐고 **기뻐하며 번쩍들다**

					xiān 시엔 木鍁(목흔) 목제 삽(가래) **삽 흔**
		쇠를 다루는 대장간의 모양 (쇠 금)			

금속 농기구로 농부가 **기뻐하며** 사용하는 게 **삽**이다

				xìn 씬 衅壇(흔단) 싸움의 원인 (가축의 피를 북이나 종에 발라 신께 제 지내다) **피칠할 흔**
피를 그릇에 받는 모양 (피 혈)	(반 반)			

(무당이) **피를 반쯤발라** 액땜하려고 **피칠하다**

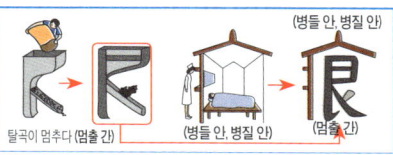
탈곡이 멈추다(멈출 간) (병들 안,병질 안) (병들 안,병질 안) (멈출 간)

hén 헌

痕垢(흔구) 痕迹(흔적)
殘痕(잔흔) 潮痕(조흔)

흉터 흔/흔적 흔, 자취 흔

병이 **멈추고** 간 자리에 남는 것이 **흉터(흔적)** 이다

탈곡이 멈추다(멈출 간) (바쁘갈 척)

hěn 헌

很多(흔다) 매우 많다

매우 흔(대단히, 몹시)

바쁘게 잘 나가던 사업이 **멈추게** 되니 **매우(몹시)** 당황하다

 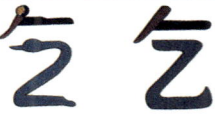 
(사람 인) (새 을)

qǐ 치

乞食(걸식) 乞命(걸명)
乞人(걸인) 求乞(구걸)

빌 걸, 거지 걸

사람중에 **새**같이 구부리고 **빌어**먹는 자가 **거지**다

입의 모양 (입 구)

chī 츠

吃水(흘수) 수분을 흡수하다

먹을 흘

입으로 밥을 **빌어 거지**가 **먹다**

산 봉우리의 모양 (메 산)

gē 거

屹塔(흘탑) 구릉, 언덕

쭈뼛할 흘(구릉, 언덕)

산이 헐벗은 **거지**모양으로 서있는 꼴이 **쭈뼛하다**

병실의 모양 (병들 안,병질 안)

gē 거

長了疙(장료흘) 종기가 났다

쥐부스럼 흘(종기, 부스럼)

피부병든 **거지**의 몸에 돈은 게 **쥐부스럼이다**

캥거루우가 달려가는 모양 (갈 착,달릴 착)

qì 치

迄今(흘금) 지금까지

이를 흘(에[까지]이르다

거지가 되어 살아 **가며** 지금에 **이르다**

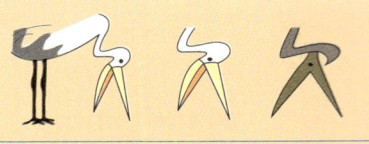 

qiàn 치엔

欠伸(흠신)　欠身(흠신)
負欠(부흠)　伸欠(신흠)

입크게벌릴 흠/하품할 흠, 모자랄 흠

새가 **입을 크게 벌리고 하품**하는 모양

   金

쇠를 다루는 대장간의 모양 (쇠 금)

약 qīn 친

欽命(흠명)　欽慕(흠모)
欽服(흠복)　欽仰(흠앙)

공경할 흠

금을 주니 **입을 크게 벌리고** 감사하며 **공경하다**

층층대 앞쪽으로 손을 미치게 하다 (미칠 급)　(입 구)(미칠 급)

xī 시

吸力(흡력)
吸收(흡수)

숨들이쉴 흡

입으로 공기를 폐에 **미치게** 하려고 **숨을 들이쉬다**

   洽

뚜껑을 그릇에 덮어 합하다
(합할 합)　(물 수) (합할 합)

qià 치아

洽然(흡연)　洽足(흡족)
洽暢(흡창)

흡족할 흡, 화목할 흡

부족한 **물**이 **합해져** 흐르니 **흡족하다**

   恰

뚜껑을 그릇에 덮어 합하다
(합할 합)　(마음 심) (합할 합)

qià 치아

恰可(흡가)　恰似(흡사)
恰然(흡연)　恰好(흡호)

흡사할 흡, 꼭 흡

마음이 **합해질** 정도로 서로가 **흡사하다**

  		**약** 兴 xīng, xìng 씽, 씽 興味(흥미) 興奮(흥분) 興盛(흥성) 興趣(흥취) **흥할 흥**

두 손으로 잡고 같이 들어주니 하는일이 **흥하다**

 		xī 시 希求(희구) 希望(희망) 希世(희세) 希願(희원) **바랄 희**

가위를 손에 쥐고 **천(파륙)**을 떠주기를 **바라다**

 		xī 시 稀年(희년) 稀代(희대) 稀少(희소) 稀壽(희수) **드물 희, 묽을 희**

벼농사가 **바라는** 만큼 풍년이 드는 일은 **드물다**

  		xī 시 熙笑(희소) 熙熙(희희) **빛날 희** 

거울의 방향을 **구부려 불**쪽으로 하니 반사되어 **빛나다**

 		xī 시 喜報(희보) 喜捨(희사) 喜壽(희수) 喜悅(희열) **기쁠 희**

북을 치며 **입**으로 노래하니 **기쁘다**

	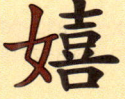	xī 시 嬉樂(희락) 嬉遊(희유) 嬉怡(희이) **아름다울 희, 놀 희**

여자가 **기쁘게** 노는 모습이 **아름답다**

범이 빠지게 파놓은 함정이 비어 있다 (빌허)　(빌허)　(창과)

동 戲　**약** 戏　xì,hū 시,후

戲曲(희곡)
戲劇(희극)

희롱할 희/놀 희

속이 **빈** 탈을 쓰고 **창**을 휘두르며 **희롱**하며 놀다

(양양)　(벼 화)　(창 과)

xī 시

伏羲氏(복희씨)

기운 희/복희 희

양고기와 **쌀**밥을 먹고 **드릴**과 **창**을 잡을 **기운**을 **복희씨**가 얻다

소 머리를 본뜬 자 (소 우)

약 牺　xī 시

犧象(희상)　犧牲(희생)
犧羊(희양)

희생 희

소를 **기운**을 낸 **복희씨**가 죽여 **희생**시키다

현대 중국 常用漢字 암기사전

2016년 11월 15일 초판발행
2022년 10월 15일 3판발행

저　자: 퀸출판사 편집부
발행인: 노부강
발행처: 퀸 출판사

주　소: 서울특별시 영등포구 신길로 15가길 8
등　록: 1999년 10월 25일 (제12-268호)

ISBN 978-89-92620-07-9 (03710)

전　화: 02) 848-7618 / FAX: 02) 832-0618
핸드폰: 010-9112-7618, 010-6668-7618

값: 25,000원